I0129621

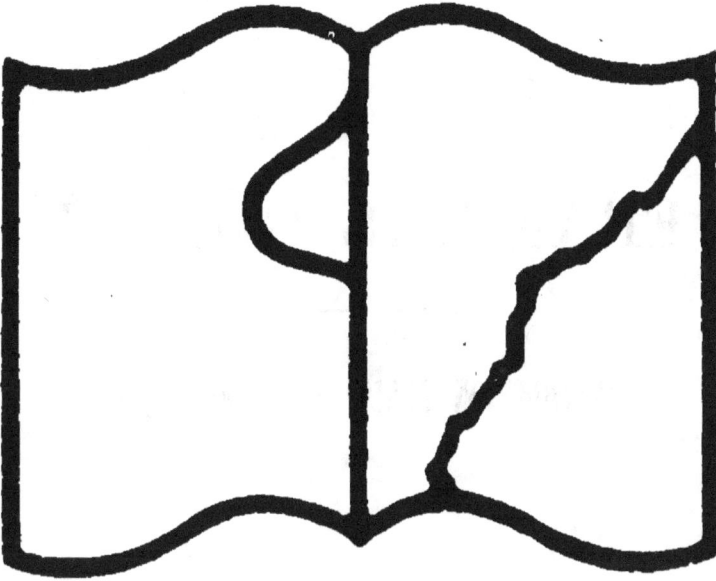

85

8332

³R
9057

FRANÇOIS GUIZOT

INSTRUCTION PUBLIQUE — ÉDUCATION

FRANÇOIS GUIZOT

INSTRUCTION PUBLIQUE — ÉDUCATION

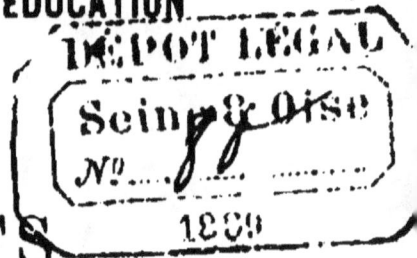

EXTRAITS

PRÉCÉDÉS D'UNE INTRODUCTION

PAR

Félix CADET

INSPECTEUR GÉNÉRAL HONORAIRE DE L'INSTRUCTION PUBLIQUE

DÉPÔT LÉGAL
Seine & Oise
N° 88
1889

BIBLIOTHÈQUE NATIONALE

EB

PARIS

LIBRAIRIE CLASSIQUE EUGÈNE BELIN

VVE EUGÈNE BELIN ET FILS

RUE DE VAUGIRARD, N° 52

1889

Tout exemplaire de cet ouvrage non revêtu de ma griffe sera répu.é contrefait.

SAINT-CLOUD. — IMPRIMERIE Vᵉ LCG, BELIN ET FILS.

INTRODUCTION

———

Quel que soit le jugement qu'on porte sur le rôle joué par M. Guizot dans l'histoire politique de notre pays, je ne crains pas de l'affirmer tout d'abord, l'auteur de la première loi organique de l'instruction populaire en France a des droits tout particuliers au souvenir et à la reconnaissance de la démocratie. Certes, il ne l'aimait guère, cette démocratie, il a fait profession de la combattre sans trêve et sans relâche. En réalité, il l'a servie, lui, son adversaire irréconciliable, mieux que bien de ses partisans les plus dévoués, en lui assurant par l'école la condition indispensable de son existence, la principale garantie de sa durée, les moyens de s'instruire, de s'élever et de conquérir ainsi les droits politiques qu'il lui déniait avec tant de morgue. Non seulement il a fait adopter par les deux Chambres la loi du 28 juin 1833, mais il en avait préparé, il en a assuré l'application par les mesures les plus sages et les plus efficaces : création du *Manuel général de l'instruction primaire*, 19 octobre 1832 ; règlement général des écoles normales, 14 décembre 1832, dont le nombre fut, en quelques années, porté de 13 à 73 ; création du service de l'inspection primaire, 26 février 1835. Ces questions d'enseignement avaient de bonne heure passionné sa studieuse jeunesse ; dès 1811, il avait fondé les *Annales de l'Éducation*, où il a écrit tant de pages dignes d'être conservées. L'histoire de la pédagogie française ne saurait donc oublier son nom illustre et ses éminents services.

Dans sa longue carrière, de 1787 à 1874, M. Guizot a exercé son infatigable activité en tous sens : publiciste, professeur, historien, orateur, homme d'État, il offre bien des sujets d'étude. Le plus intéressant pour nous c'est, sans contredit, l'éducateur.

De récentes publications[1], dues à la piété filiale, nous permettent de le voir au sein de la famille, tendrement occupé de l'éducation de ses enfants. Ses écrits pédagogiques, ses circulaires aux divers fonctionnaires de l'enseignement, ses actes comme ministre de l'instruction publique méritent un examen détaillé. Après plus d'un demi-siècle, il y a encore un réel profit à les méditer. Le zèle brouillon pourrait y apprendre à se régler, la logique farouche à tenir compte davantage des faits, la manie de la réglementation à laisser plus d'initiative et de responsabilité aux fonctionnaires de tous les degrés, à ne plus prétendre tout prévoir, tout imposer. Quant à ceux qui ont charge d'âmes, ils peuvent apprendre à l'école de M. Guizot les secrets les plus délicats de la science de l'éducation.

I

François-Pierre-Guillaume Guizot est né à Nîmes, le 4 octobre 1787, de parents protestants, quelques mois avant que la loi civile eût reconnu le mariage des non-catholiques[2]. Il perdit le 8 avril 1794, dans la longue et sanglante crise de la Terreur, son père André-François, avocat distingué, que son républicanisme modéré avait rendu suspect. C'était un homme de cœur : « Le gendarme qui avait découvert sa retraite le connaissait depuis longtemps ; il était au désespoir. — Voulez-

---

1. *M. Guizot dans sa famille et avec ses amis*, par Mme de Witt, née Guizot, 1880, Hachette. — *Lettres de M. Guizot à sa famille et à ses amis*, recueillies par Mme de Witt, 1884, Hachette.
2. Les protestants n'ont un état civil, en France, que depuis l'édit du 19 janvier 1788. Le parlement de Paris combattit vivement ce progrès : « On allait crucifier le Christ une seconde fois », s'écriait d'Eprémesnil, un des conseillers. On lit dans une lettre de Voltaire, 18 décembre 1767 : « L'édit pour légitimer leurs mariages a été quatre fois sur le tapis du conseil privé du roi. A la fin il n'a point passé, pour ne pas choquer le clergé trop ouvertement ; mais on a écrit secrètement une lettre circulaire à tous les intendants du royaume ; on leur recommande de traiter les protestants avec une grande indulgence. »

vous que je vous laisse échapper? dit-il au prisonnier. —
Es-tu marié? demanda vivement celui-ci. — Oui, répondit
le gendarme, j'ai deux enfants. — Et moi aussi, dit M. Guizot, mais tu payerais pour moi, marchons. » La courageuse
victime n'avait que vingt-neuf ans!

Sa mère, Elisabeth-Sophie Bonicel, qu'il eut le bonheur de
conserver jusqu'en mars 1848, se chargea virilement de son
éducation, et l'influence qu'elle exerça sur lui fut profonde et
décisive. « On reconnaît une femme de mérite, disait Gœthe,
à ce signe que, si son mari venait à disparaître, elle pourrait
devenir le père de ses enfants. » Mme Guizot a pleinement
mérité cet éloge. Tout d'abord elle quitta la France, où venait
de se briser pour toujours le bonheur de sa vie, et se réfugia à
Genève, dont la célèbre académie, fondée par Calvin en 1559,
offrait tous les moyens d'éducation pour ses deux fils, François et Jacques. Sa gaîté naturelle fit place à la tristesse, et
la vie sombre et austère de la famille marqua à jamais son
empreinte sur le caractère du futur homme d'État. Il devait
aussi contracter quelque peu « cette gravité génevoise, un
peu pédante et superbe », dont il se moquerait, dit-il dans
une de ses lettres, s'il ne savait « qu'il y a vraiment de l'âme
et de la force sous cet empois puritain et républicain ».

La discipline maternelle s'exerçait avec une autorité souveraine. Mme Guizot « assistait à toutes les leçons, elle prenait part à tous les travaux, elle étudiait avec ses enfants
et pour eux; parfois, lorsque, en hiver, le climat rude de
Genève couvrait d'engelures les petites mains, les devoirs
étaient écrits sous la dictée des élèves par leur mère ». Plus
tard, lorsque, à l'âge de soixante-neuf ans, elle accepta la tâche
d'élever les trois jeunes enfants de son fils, devenu veuf pour
la seconde fois, « son incomparable dévouement, écrit l'une
de ses élèves, ne s'abaissait pas souvent jusqu'aux caresses,
et la faiblesse n'y tenait guère de place ».

De onze à dix-huit ans, François Guizot suivit tous les
cours du gymnase, reçut des leçons de dessin, de natation,
d'équitation, et, suivant les idées préconisées par Rousseau,
apprit l'état de menuisier et de tourneur. Travailleur acharné,

il était en butte aux tracasseries de ses condisciples, qui ne lui pardonnaient guère sa précoce sagesse : « C'était l'amusement de la classe, de lui tirer les cheveux ou de lui pincer les bras, sans réussir à lui faire lever les yeux ; plus d'une fois les pans de son habit étaient restés entre les mains de ses persécuteurs. »

En 1805, il arrivait à Paris pour y faire ses études de droit et se préparer au barreau. Un passage de sa correspondance avec sa mère nous révèle les sérieuses préoccupations de son austère jeunesse : « Dieu et la religion du Christ, voilà mes guides ; la morale, voilà le centre auquel je veux tout rapporter ; je regarderai comme dangereux tout ce qui pourra m'en écarter, et comme futile tout ce qui ne m'y ramènerait point... Dussé-je tomber dans l'extrême sévérité, elle est moins dangereuse à mon âme que l'extrême faiblesse ; comme tout va en s'affaiblissant avec le temps, celui qui à vingt ans aura professé la morale d'Épicure, à cinquante ans n'aura plus ni principes, ni vigueur. » Comme il se connaît bien et se dépeint fidèlement, quand il ajoute ce trait saillant de caractère : « Je possède une chose qui sera peut-être favorable à mes principes, quoique proscrite par le monde : de l'entêtement ; je puis avoir tort, mais, toutes les fois que je crois avoir raison, l'univers entier n'a aucune influence sur ma manière de penser, et, pour la changer, il faut me prouver que je me trompe ! »

Mᵐᵉ Guizot désirait que son fils embrassât, comme son mari, la profession d'avocat. Mais les goûts du jeune homme le portaient vers l'histoire, la littérature, et la politique devait bientôt le captiver tout entier. Avec quel accent de tristesse et de soumission il écrit, le 23 novembre 1806, à sa mère, qu'il vient d'ouvrir par hasard le tiroir où il a enfermé docilement les premiers essais de sa plume ! « J'étais né pour faire un homme de lettres distingué ; je suis dévoré quelquefois du besoin d'écrire, ne fût-ce que pour moi seul ; mes idées m'oppressent, et je suis éternellement occupé à lutter contre mon penchant. Maintenant que ma résolution est prise, je n'en reviendrai pas ; mais je ne puis m'empêcher d'avoir quelquefois du regret. Je devrais jeter au feu tous ces premiers essais, dont la vue me tourmente, et je n'en ai pas le courage ; leur inspection m'irrite ; je me sens entraîné vers les lettres et la poésie [1] par un charme qui fait toute ma peine. »

Grâce à M. Stapfer [2], ancien ministre de la République helvétique près la République française, qui l'avait pris en affection et lui donnait l'hospitalité dans sa maison de campagne du Bel-Air, François Guizot obtint de sa mère la permission de suivre ses goûts littéraires. En reprenant ses études sous la direction éclairée de son ami, il donnait des soins à l'éducation des jeunes Stapfer. Avec quelle vive tendresse il en parle à sa mère ! « Je n'aimerai pas plus mes enfants que je n'aime ceux-là ; la seule idée d'un danger pour eux glace tout mon sang ; et ils me le rendent bien : ces bons petits sont tout heureux avec moi ; nous causons, je les fais un peu travailler, je leur conte des histoires ; il ne manque à mon bonheur que de t'avoir ici. »

Son activité intellectuelle est, dès ses débuts, très intense. Désireux d'acquérir, non la fortune, mais « une douce aisance », qu'il serait heureux de faire partager à sa mère, pressé surtout de sortir de l'obscurité et d'attirer l'attention publique sur son nom, il entreprend toutes sortes de travaux pour les revues, les journaux, les libraires : il traduit un *Voyage en Espagne*, il annote Gibbon, *Histoire de la décadence et de la chute de l'empire romain*, il s'occupe de l'histoire des hérésies, publie un *Dictionnaire des synonymes*, écrit dans *le Mercure* des articles sur l'histoire ancienne de la Prusse par Kotzebue, rédige une biographie de l'historien Muller ; il collabore au *Publiciste*, où il défend *les Martyrs* de Chateaubriand, puis à la *Gazette de France ;* il est un des collaborateurs secondaires de la *Biographie universelle* de Michaud ;

---

1. Il avait adressé cette même année à Chateaubriand une épître en vers.
2. M. Stapfer, chargé en 1798 du ministère des arts et des sciences de la République helvétique, avait été un des plus dévoués protecteurs de Pestalozzi. De 1800 à 1803, il représenta son pays près du gouvernement français.

il rédige pour le *Musée royal*, publié par Laurent, une introduction et les notices des planches[1].

L'ouvrage qui nous intéresse le plus, ce sont les *Annales de l'Éducation*, qu'il publia de 1810 à 1812 avec Mlle Pauline de Meulan. Les articles qu'il y rédigea et qui, revus et corrigés, sont devenus depuis les *Conseils d'un père sur l'éducation*, révèlent une aptitude pédagogique vraiment supérieure. Dans les deux premiers volumes, avec un rare talent d'analyse et une grande sûreté de jugement, il traite des questions générales dont on appréciera l'importance dans les extraits que j'ai recueillis[2]. Leurs titres suffiraient à les recommander à la méditation des éducateurs : *Des modifications que doit apporter dans l'éducation la variété des caractères. — De l'inégalité des facultés, de ses inconvénients et des moyens de la prévenir. — Des moyens d'émulation. — De l'éducation qu'on se donne à soi-même.* Les deux volumes suivants sont plus particulièrement consacrés à l'histoire de la pédagogie : *Des idées de Rabelais en fait d'éducation. — Des idées de Montaigne. — Une consultation du bonhomme Richard, ou moyen sûr d'avoir de bons fils. — On ne fait ni tout ce qu'on veut, ni tout ce qu'on peut,* critique particulièrement adressée à Rousseau. Je reviendrai bientôt sur cette importante publication.

M. Stapfer avait rendu à M. Guizot un autre service, non moins utile à son éducation et à son avenir : il l'avait présenté à M. Suard, secrétaire perpétuel de l'Académie française, et lui avait ainsi ouvert les salons de la bonne société, de Mme d'Houdetot, de Mme de Rumford, de l'abbé Morellet. Dans ce milieu intellectuel, sa pensée active et ses aspirations élevées trouvèrent la satisfaction que ne lui offraient ni « les

---

1. L'auteur a eu trop de complaisance pour ces faibles essais de sa jeunesse, en les publiant de nouveau, au moins en partie, en 1851, sous ce titre : *Études sur les beaux-arts en général.* Comment, par exemple, a-t-il laissé subsister cette étrange assertion, que les statuaires, « dans leurs études, construisent d'abord le squelette, le recouvrent ensuite de muscles, et placent enfin sur *ces muscles la chair* et la peau » ?

2. M. le Dr E. Darin m'a prêté son concours sûr et dévoué pour le choix et le classement de ces matériaux. Je ne saurais trop l'en remercier.

distractions agréables et faciles de la vie de Paris », ni ses
« médiocres études de droit ». Il conserva toujours le plus reconnaissant souvenir de ces attrayantes et fécondes relations :
« La haute littérature, les études et les conversations philosophiques, historiques, politiques, devinrent ma préoccupation
assidue, mon travail et mon plaisir. J'y portais autant de
liberté que d'ardeur... Je vivais au milieu des opinions et des
tendances les plus diverses : les traditions graves de la
France du dix-septième siècle, les aspirations généreuses du
dix-huitième, les institutions et les mœurs politiques de
l'Angleterre, les systèmes philosophiques de l'Allemagne,
Rome païenne et Rome chrétienne, le catholicisme et le pro-
testantisme, les souvenirs de la monarchie de Louis XIV et
les perspectives de la république de Washington, toutes ces
fortes apparitions de l'intelligence et de la société humaines
avaient, dans le monde où je vivais, et parmi mes relations
habituelles et intimes, des disciples et des adversaires, des
admirateurs et des détracteurs, des survivants fidèles et des
successeurs jaloux. Le premier résultat que produisirent en
moi le spectacle de cette société, pour moi si nouvelle, et le
souffle puissant de tant d'esprits divers fut un élan nouveau
et très libre de ma pensée. » L'anecdote que raconte P. Véron
montre quelle estime il avait su inspirer à cette société si
distinguée : « Le savant mathématicien Lagrange, dans le
salon de Suard, prit la main de M. Guizot et lui dit en le
quittant : Jeune homme, si vous persévérez dans toutes vos
études, vous tiendrez certainement un jour une grande place
dans votre pays. »

Avec quelle joie M. Guizot se rappelait aussi que c'était là
qu'il avait connu Mlle Pauline de Meulan et apprécié la rare distinction de son esprit et de son caractère! Le 7 avril 1812,
bien qu'elle fût plus âgée que lui de quatorze ans, il l'épousa.
Elle lui avait inspiré, avec le plus profond respect, la passion
la plus vive : « Sa tendresse me va à l'âme, écrit-il à sa
mère, au delà de tout ce que je puis dire; j'ai besoin de t'en
parler comme du bonheur le plus grand et le plus sûr de ma
vie; j'ai peine à m'imaginer que tu ne connais pas comme

moi ce caractère si élevé et si simple, cette âme si tendre et si forte, cette humeur si active et si douce... Depuis que je la connais, et il y aura bientôt cinq ans, j'ai senti chaque jour mon estime et mon affection pour elle s'accroître à mesure que je la voyais davantage; elle est de ce petit nombre d'êtres dont on ne peut jamais épuiser, en vivant avec eux, les qualités et les vertus... Je me demande ce que j'ai fait pour obtenir du ciel un tel bien... »

Quelques jours après son mariage, M. de Fontanes, grand maître de l'Université, le nomma professeur suppléant à la Faculté des lettres de Paris et bientôt professeur titulaire d'histoire moderne. Il n'avait pas encore vingt-cinq ans! Peu sympathique à l'empire[1], il refusa absolument d'adresser, dans sa leçon d'ouverture (décembre 1812), le moindre éloge à l'empereur[2].

II

En 1814, à la première Restauration, M. Guizot entra dans la vie publique; nommé secrétaire général de l'intérieur, il passa au ministère de la justice après les Cent-jours. Dans l'intervalle, il avait fait le fameux voyage de Gand, pour porter à Louis XVIII « ses conseils » ou, comme il se reprit devant les sourires de la Chambre, « les conseils des royalistes constitutionnels ». Quelle fut son attitude à cette époque difficile de notre histoire? Il n'entre pas dans le plan

---

1. « Il y avait pour moi, sous l'empire, dit-il dans ses *Mémoires*, trop d'arrogance dans la force et trop de dédain du droit, trop de révolution et trop peu de liberté. »

2. En février 1857, à la réception de M. Biot à l'Académie française, M. Guizot n'eut plus les mêmes scrupules; il rendit justice, mais toujours avec de grandes réserves, aux efforts de Napoléon pour relever le culte des belles-lettres, à la création de l'Université notamment : « C'est quelquefois la condition des despotes, quand ils sont des grands hommes, de créer des institutions qui leur échappent, et de voir rentrer peu à peu dans leurs œuvres une liberté qui n'entrait pas dans leurs plans... Heureuse imprévoyance de ces redoutables dominateurs du monde, à qui la grandeur de leur génie fait quelquefois oublier l'égoïsme de leurs passions, et qui, dans l'élan de leur pensée, font plus et mieux qu'ils n'avaient prémédité!... »

de cette étude de le rechercher en détail. Ses ennemis l'accusent d'avoir dissimulé, « sous les dehors de la froideur et de la rigidité, une ambition dévorante et la morale politique la plus souple (Vaulabelle) » ; d'avoir signé l'Acte additionnel, dont l'article final excluait à perpétuité les Bourbons du trône et du territoire, et de n'en avoir pas moins déployé un grand zèle monarchique au retour du roi légitime ; d'avoir applaudi même, dans le *Moniteur de Gand*, au désastre de Waterloo ; d'avoir pris part aux lois de représailles sur la censure, sur la presse, à l'épuration de la magistrature, à l'organisation des cours prévôtales.

Les erreurs ne manquent pas et la passion est visible dans ce réquisitoire. Tout d'abord, la note officielle insérée au *Moniteur*, 14 mai 1815 [1], en omettant un prénom, a permis de confondre M. François Guizot avec son frère Jean-Jacques, chef de bureau au ministère de l'intérieur, qu'elle pouvait seule viser. Quant à l'article sur Waterloo, c'est une pure infamie, contre laquelle M. Guizot a toujours protesté, ainsi que Chateaubriand et ses amis, au rapport du docteur Véron, à qui ils ont affirmé que M. Guizot est même toujours resté étranger à cette publication. Au reproche de versatilité, on trouvera sans doute qu'il fait une bien habile réponse : « J'ai défendu tour à tour la liberté contre le pouvoir absolu, et l'ordre contre l'esprit révolutionnaire. » La formule est évidemment assez commode pour évoluer avec souplesse [2] entre les partis, ou pour donner après coup à sa vie politique plus de suite et d'unité.

On ne peut nier la part très active qu'il a prise aux lois de

---

1. « Il est si faux que le refus de voter pour l'Acte constitutionnel ait influé en rien sur la décision du ministre, que des employés qui ont signé oui pour l'Acte constitutionnel, notamment M. Guizot, n'en ont pas moins reçu leur démission, tandis que d'autres employés, à qui leur conscience n'a point dicté un vote aussi empressé que celui de M. Guizot, n'en sont pas moins conservés. »

2. Cette expression de souplesse semble peu appropriée à l'attitude raide et tout d'une pièce que M. Guizot affectait un peu ; mais c'est lui-même qui écrit à M. de Broglie, juin 1832 : « Il faut que nous fassions pour arriver jusqu'au public comme le chat pour passer sous les portes : se baisser et s'amincir, c'est la condition *sine quâ non*. Je m'en ennuie souvent, je m'en irrite quelquefois, et pourtant j'aime mieux la subir que de renoncer à l'action. »

représailles qui marquent assez tristement les premières
années de la Restauration. Il était secrétaire général de l'intérieur, lorsque le ministre, l'abbé de Montesquiou, proposa,
le 5 juillet 1814, dans un projet de loi sur la presse, des
mesures restrictives en contradiction avec la Charte : l'autorisation royale pour les journaux, la censure[1] pour tout ouvrage
comptant moins de trente feuilles d'impression. Le 25 octobre
suivant, il acceptait les fonctions de censeur, en compagnie
de MM. Frayssinous, Lacretelle, Lemontey, Silvestre de
Sacy. Secrétaire général de la justice sous Pasquier, puis
sous Barbé-Marbois, il a pris part, avec Cuvier, Royer-Collard,
de Serre, commissaires du gouvernement, aux lois répres-
sives par lesquelles le duc de Richelieu crut satisfaire les passions de la Chambre introuvable (octobre et novembre 1815 :
contre les cris séditieux et les provocations à la révolte[2], —
mesures de sûreté générale[3], — cours prévôtales pour le jugement des crimes politiques[4], — suspension pour un an de
l'inamovibilité de la magistrature). On s'explique qu'en 1835,
un député, M. Comte, impatienté d'entendre M. Guizot attaquer l'opposition et faire sa propre apologie, lui ait vivement
rappelé la censure et les cours prévôtales. « Un effroyable
hourra, raconte M. Dupin, couvrit la voix de l'orateur », et
M. Jaubert ne trouva que ce seul moyen de protéger M. Guizot : « La Charte, s'écria-t-il en gesticulant avec fureur et en
adressant à M. Dupin, qui présidait, les interpellations les

---

1. Dans deux brochures publiées avant et après le vote de la loi sur la presse,
M. Guizot défendait en principe la liberté, et, en fait, la censure, mais, disait-il,
dans l'intérêt même de la liberté de la presse !
2. Les peines étaient correctionnelles, pour enlever aux accusés la garantie du
jury.
3. Un pouvoir discrétionnaire était accordé au gouvernement, jusqu'à la prochaine session des Chambres, sur les personnes soupçonnées de crimes contre le
roi ou la sûreté de l'État. « Ce sacrifice des droits sacrés de la liberté individuelle, disait M. Decazes, ministre de la police générale, est immense, mais com-
mandé par l'intérêt et la sûreté de l'État. »
4. C'était la suppression des formes ordinaires de la justice. Dans la recherche
et la poursuite des crimes, le prévôt militaire devait apporter, dit le duc de
Feltre, ministre de la guerre, « l'énergie naturelle à sa profession ». Les arrêts
étaient rendus en dernier ressort et sans recours en cassation (art. 45) et exécu-
toires dans les 24 heures (art. 46). La Chambre rejeta un amendement timide qui
demandait au moins 48 heures !

plus véhémentes, défend de rechercher les actes et les opinions antérieurs à sa promulgation. »

Quand on s'est bien rendu compte des passions violentes des ultra-royalistes après les Cent-jours, on ne peut refuser les circonstances atténuantes à ceux qui ont essayé d'y apporter au moins quelque modération et dont les efforts ont été plusieurs fois couronnés de succès. Un mémoire de M. Guizot contribua, avec ceux de Decazes, Pasquier et Lainé, à faire prononcer par le roi la dissolution de la Chambre introuvable (5 septembre 1816). La politique modérée triomphait pour quatre années. M. Guizot collabora encore à la loi électorale[1] qui accordait l'élection directe à environ 140000 citoyens âgés de trente ans, payant 300 francs de contributions, et faisait concourir tous les électeurs du département à la nomination des députés. On croit rêver quand on lit, dans les débats de la Chambre, que Royer-Collard approuve la loi, malgré son aspect démocratique! Rien ne fait mieux comprendre combien il faut entrer dans les idées de cette époque pour juger avec équité les hommes d'État d'alors. Conseiller d'État, M. Guizot défendit avec Royer-Collard, Camille Jourdan, de Barante, le principe du jury, qui ne réussit pas à entrer dans la nouvelle loi sur la liberté de la presse, en décembre 1817. C'est à lui qu'il faut faire honneur du beau discours que prononça le maréchal Gouvion Saint-Cyr (janvier 1818) sur le recrutement militaire, discours qui était un grand acte de réparation envers l'armée, tenue en suspicion depuis le 20 mars, et qui mettait en lumière une loi libérale et nationale. Nommé directeur de l'administration communale et départementale au ministère de l'intérieur (janvier 1819), il fit, quelques mois après, ses débuts à la tribune de la Chambre. Commissaire du gouvernement avec Cuvier, il soutint la discussion d'une loi vraiment libérale sur la presse, désormais affranchie de la censure, de l'autorisation préalable, justiciable du jury, et admise à fournir la

---

1. Il rédigea l'exposé des motifs, que lut M. Lainé dans la séance du 28 novembre 1816.

preuve de la diffamation contre les fonctionnaires publics. Il est vrai que, le mois suivant, une fâcheuse restriction, établissant des droits élevés de timbre et de poste, tendait à réserver la presse pour les classes aisées. Après l'assassinat du duc de Berry, la réaction triomphante renversa le ministère Decazes et renvoya M. Guizot du conseil d'État (juin 1820). Le professeur remonta dans sa chaire, où nous allons le suivre, depuis ses débuts, jusqu'au moment où la carrière politique lui fut de nouveau ouverte.

III

En 1812, étudiant devant son auditoire, alors peu nombreux, de la Sorbonne, les premiers siècles de l'histoire moderne, M. Guizot en cherchait le berceau dans les forêts de la Germanie; puis, après avoir constaté la situation de l'empire romain au moment de l'invasion des barbares, il suivit leur lutte contre Rome jusqu'à la fondation des principales monarchies modernes. C'est le sujet qu'il a traité à diverses reprises, en se plaçant à divers points de vue, mais en le creusant chaque fois, au jugement d'Augustin Thierry, avec « plus de profondeur dans l'analyse, plus de hauteur et de fermeté dans les vues ».

De 1820 à 1822, il entreprit de retracer l'histoire des origines du gouvernement représentatif. Sans toucher directement aux questions de la politique contemporaine, en se renfermant scrupuleusement dans la sphère des idées générales et des faits anciens, il rencontrait à chaque pas les grands problèmes qui passionnaient l'époque, la souveraineté du peuple et le droit divin, la monarchie et la république, l'aristocratie et la démocratie, l'unité ou la division des pouvoirs, les divers systèmes d'élection, de constitution et d'action des assemblées politiques. « J'abordais toutes ces questions, écrit-il, avec le ferme dessein de passer au crible les idées de notre temps, et de séparer les ferments ou les rêveries révolutionnaires des progrès de justice et de liberté conci-

liables avec les lois éternelles de l'ordre social. » Il était plus
dans son véritable rôle d'historien, quand il ajoutait : « J'avais
à cœur de faire rentrer la vieille France dans la mémoire et
l'intelligence des générations nouvelles; car il y avait aussi
peu de sens que de justice à renier ou à dédaigner nos pères
au moment où nous faisions, en nous égarant beaucoup à
notre tour, un pas immense dans les mêmes voies où, depuis
tant de siècles, ils avaient eux-mêmes marché. »

Dès le début du cours, il avait fait une profession de foi
libérale, dont il ne s'est pas assez souvenu quand il a été à la
tête des affaires du pays. S'élevant contre le culte superstitieux du passé, il constatait cette tendance des intérêts qui
ont possédé le monde à vouloir le rendre stationnaire en
lui offrant de sa situation une séduisante image : « Il n'est
pas à craindre, dit-il avec l'accent de la conviction et de la
jeunesse, que le monde se laisse prendre à cette ruse de
guerre. Le progrès est la loi de sa nature. L'espérance, et non
le regret, est le principe de son mouvement. L'avenir seul
possède la vertu de l'attraction. » Dans une vingtaine d'années,
M. Guizot traitera dédaigneusement cet amour du progrès de
« prurit d'innovation ». L'esprit de caste qui a perdu la Restauration s'inquiétait alors de ses tendances libérales et se
sentait directement atteint par les principes qu'il aimait à
exposer : Le pouvoir appartient aux meilleurs et aux plus
capables ; le pouvoir doit respecter les libertés légitimes. —
Le professeur dut descendre de sa chaire.

De 1828 à 1830 enfin, lorsque M. de Vatimesnil, ministre
de l'instruction publique sous le ministère de Martignac,
autorisa la réouverture de son cours, M. Guizot prit pour
sujet de ses leçons l'histoire de la civilisation en Europe, puis
en France. « C'est une époque dans ma vie, dit-il avec une
légitime fierté, et peut-être m'est-il permis aussi de dire un
moment d'influence dans mon pays. » Quel éclat jetait alors
la Sorbonne! «MM. Guizot, Cousin et Villemain, dit avec
verve M. Demogeot, avaient presque donné à l'enseignement
l'importance et le retentissement d'une institution politique.
Lorsqu'ils rouvrirent, en 1827 et 1828, leurs cours suspendus

par ordre depuis six années, tout Paris vit en eux les organes
de la pensée libre, trop longtemps comprimée ; tout le monde
voulut voir, entendre les éloquents professeurs. L'âge mûr
disputait à la jeunesse ses places dans leur amphithéâtre ; la
sténographie, qui saisissait leur parole au passage, pour la
livrer à l'impression, ne suffisait pas à l'empressement du public : il fallut que les journaux même politiques réservassent,
après le compte rendu des séances des Chambres, une partie
de leurs colonnes pour analyser les cours de la Sorbonne. »

La France n'était pas seule à témoigner son admiration
enthousiaste[1]. L'Europe savante ne suivait pas avec moins
de sympathie ces éloquentes leçons. L'illustre Gœthe aimait
à rendre hommage aux trois éminents professeurs, à la
manière libre et hardie dont ils considéraient tout, à leur
marche nouvelle vers le but qu'ils poursuivaient. « C'était,
dit-il, comme si, jusqu'à présent, on n'était arrivé dans
un jardin que par des chemins sinueux et détournés ; ces
hommes sont assez hardis et assez libres pour renverser les
murs et bâtir à leur place une porte qui conduit immédiatement à l'allée centrale du jardin. » Mais ses préférences
sont nettement déclarées pour M. Guizot : « Au lieu de
l'esprit superficiel et léger de Voltaire, il y a chez eux l'érudition que l'on ne trouvait autrefois que chez les Allemands.
Et avec cela, un esprit, une pénétration, un talent pour
épuiser un sujet ! C'est admirable ! On croirait les voir au
pressoir ! Tous trois sont excellents, mais je donnerais l'avantage à M. Guizot ; c'est celui que j'aime le mieux. » Et ailleurs : « Je continue à lire ses leçons ; elles se soutiennent
excellentes. Je ne connais aucun historien qui lui soit supérieur par la profondeur et l'étendue des vues. Des choses
auxquelles on ne pense pas prennent à ses yeux la plus grande
importance, comme origine de grands événements. Guizot
est un homme selon mes idées ; il est solide, il possède de pro-

1. De Tocqueville écrit à M. Gustave de Beaumont, le 30 août 1829 : « Il faut
que nous relisions cela ensemble cet hiver, mon cher ami ; c'est prodigieux
comme décomposition des idées et propriété des mots, *prodigieux*, en vérité. »

fondes connaissances, unies à un libéralisme éclairé, et il poursuit sa route en se maintenant au-dessus des partis. » A
cette observation d'Eckermann, que quelques personnes l'ont
dépeint comme « un peu pédant », Gœthe réplique : « Il reste
à savoir quelle espèce de pédantisme on lui reproche. Tous
les hommes qui, dans leur manière de vivre, ont une certaine
régularité et des principes arrêtés, qui ont beaucoup réfléchi,
et ne se font pas un jeu des événements de la vie, peuvent
très bien paraître des pédants à un observateur superficiel.
Guizot est un homme calme, ferme, à vue perçante, et inappréciable si on songe à la mobilité française ; c'est un homme
comme il leur en faut un. »

Dans l'intervalle de ces deux derniers cours, M. Guizot
n'avait pas rendu de moins signalés services aux études historiques par d'importantes publications. Le grand maître de
l'Université, l'évêque Frayssinous, lui avait retiré la parole
le 12 octobre 1822. L'année suivante, paraissait la volumi-
neuse collection des *Mémoires sur l'histoire ancienne de la
France* (31 volumes)[1] ; puis la collection, presque aussi importante, des *Mémoires sur l'histoire de la Révolution d'Angleterre* (26 volumes). En 1826, il publia les deux premiers
tomes de l'histoire de cette révolution, qu'il ne compléta
qu'en 1834, *Cromwell* (2 volumes), et en 1856, *Rétablissement des Stuarts* (2 volumes) : œuvre capitale, qui mit le
comble à sa réputation d'historien.

---

1. « Publiée et traduite par M. Guizot », lit-on au-dessous du titre. La vérité
est que c'est l'œuvre de nombreux collaborateurs, dont les noms n'auraient pas
dû rester inconnus. Sa femme traduisit Grégoire de Tours. M. Vacherot nous
apprend que Dubois, le fondateur du *Globe*, depuis directeur de l'École normale
supérieure, traduisit Flodoard. Pierre Véron signale aussi Armand Carrel comme
auteur de plusieurs traductions. « Un autre, dit M. Vacherot, mit son nom, le
nom de l'homme illustre qui avait déjà acquis une grande et juste célébrité, et
qui n'eût certes rien perdu, si un calcul de librairie le lui eût permis, à laisser
aux modestes ouvriers de cette laborieuse tâche la première occasion d'inscrire
leur nom dans une œuvre commune, dont il n'était que le directeur. » Il a rédigé
la notice de chaque auteur de Mémoires.

IV

Il est un mérite qu'il faut de suite lui reconnaître, c'est d'avoir été parmi les premiers à remonter aux sources, à soumettre à une critique sévère les traditions trop facilement acceptées. Dès 1811, il reconnaissait la nécessité de ce travail immense de revision : « Peu de gens, écrivait-il, savent à quel point l'histoire nous est mal connue, combien nous sommes mal instruits de la marche réelle des événements, de leurs véritables causes et du vrai caractère des acteurs ; il n'est presque aucun livre historique dans lequel un examen un peu attentif ne fasse découvrir une foule d'erreurs, de jugements faux, de conjectures hasardées, et la plupart de nos idées, sur ce sujet, ne résisteraient peut-être pas à un pareil examen. »

C'est à M. Guizot lui-même que j'emprunterai maintenant quelques règles de critique pour l'appréciation générale de son œuvre historique, tant au point de vue du fond que de la forme. Rencontrant, dans le cours de ses leçons sur le moyen âge, l'important ouvrage de M. de Savigny sur la persistance du droit romain, il pose, pour motiver son jugement, ces principes : L'histoire, telle que la veut la vérité, comprend la recherche des faits, qu'il compare à l'anatomie ; l'étude de leur organisation : ce serait la physiologie ; et enfin la reproduction de leur forme et de leur mouvement, qu'il appelle leur physionomie extérieure et vivante. Sur les deux premiers points, il rend hommage à M. de Savigny, mais il le trouve en défaut sur le dernier, et il s'en exprime avec assez de véhémence : « Ni l'anatomie, ni la physiologie historiques ne sont l'histoire complète, véritable. Vous avez examiné les faits ; vous savez suivant quelles lois générales et intérieures ils se sont produits. Connaissez-vous aussi leur physionomie extérieure et vivante ? Sont-ils devant vos yeux sous des traits individuels, animés ? Assistez-vous au spectacle de la destinée et de l'activité humaines ? Il le faut abso-

lument, car ces faits qui sont morts ont vécu ; ce passé a été
le présent ; s'il ne l'est pas redevenu pour vous, si les morts
ne sont pas ressuscités, vous ne les connaissez pas ; vous ne
savez pas l'histoire [1]. »

M. Guizot a-t-il, dans ses diverses études historiques,
satisfait à cet excellent programme ? N'a-t-il pas été beaucoup
plus anatomiste et physiologiste que peintre et narrateur ?
Les idées générales, les thèses philosophiques ne l'attirent-
elles pas beaucoup plus vivement que les faits ? Ne prévient-
il pas ses auditeurs qu'ils ont à étudier l'histoire avant de
venir à son cours [2], qu'il les en suppose instruits ; qu'il leur
demandera même de le croire sur parole ? Il ne dit pas assurément comme Royer-Collard : « Les faits ! Les faits ! Rien
n'est bête comme un fait ! » Mais ce ne sont pas eux qui
l'intéressent, qu'il se préoccupe de ressusciter par le coloris
de ses descriptions. « Ce qui importe, écrit-il, ce que l'homme
cherche surtout, ce sont les faits généraux, l'enchaînement
des causes et des effets. C'est là, pour ainsi dire, la portion
immortelle de l'histoire... Ce besoin de généralité, de résultat rationnel est le plus puissant et le plus glorieux de tous
les besoins intellectuels. » Il est même assez étonnant, au
point de vue de la méthode, de l'entendre dire à chaque
instant qu'il va apporter les événements en preuve de toutes
les conjectures, de toutes les inductions qu'il vient de tirer
de la nature même de tel régime.

1. En rendant compte, dans la *Revue française*, de l'*Histoire constitutionnelle
d'Angleterre*, de Hallam, M. Guizot n'est pas moins vif : « Vous annoncez au
public l'histoire, c'est-à-dire la représentation, l'image fidèle et vivante d'un siècle
ou d'un peuple ; et vous lui donnez une série de dissertations où le siècle et le
peuple gisent mutilés, épars, méconnaissables. Que voulez-vous qu'il fasse de vos
ruines savantes, de vos ossements numérotés ?... C'est à vous de remonter la pièce
si bien que rien n'y demeure obscur, et qu'on en voie de nouveau se succéder
les scènes et se mouvoir les acteurs. »
2. C'est surtout l'*Histoire de France* de Sismondi qu'il leur recommande. Il
s'est prononcé depuis sur les travaux de Michelet et d'Henri Martin avec une
étrange passion : « Voltaire et Michelet, écrit-il à M. de Barante le 26 juin 1856,
reprennent faveur. Voltaire ne pardonnera, j'espère, ce voisinage. Si j'étais absolument forcé de choisir, j'aimerais mieux le cynisme sensé que le cynisme fou. »
Quant à l'œuvre si consciencieuse d'Henri Martin, c'est, pour lui, « de la mauvaise
histoire, de la mauvaise philosophie et de la mauvaise littérature » !

C'est surtout dans son cours sur l'*Histoire de la civilisation en Europe* (il avoue, du reste, avoir eu bien peu de jours pour le préparer[1], et bien peu de mois pour le traiter) que les faits cèdent presque toute la place aux considérations philosophiques. Il le reconnaît lui-même : « Je n'ai guère fait et pu faire, dans ce cours, que des tentatives de généralisation, des résumés généraux de faits que nous n'avons pas étudiés de près et ensemble... Je vais si vite que je suis obligé d'omettre, pour ainsi dire, des peuples et des siècles. » Mais quelle brillante esquisse, tracée de main de maître, dans cette course rapide à travers dix-huit siècles, « pour ainsi dire de sommité en sommité — presque sans respirer » !

L'*Histoire de la civilisation en France*, plus restreinte quant au sujet, plus étendue quant au nombre des leçons, est certainement une œuvre plus mûrie, mieux équilibrée, plus approfondie, où l'étude des faits et la discussion des textes occupent une plus large place à côté des vues générales. « C'est, dit Augustin Thierry, l'œuvre la plus vaste qui ait encore été exécutée sur les origines, le fond et la suite de l'histoire de France... L'ensemble est vraiment imposant... Il a ouvert, comme historien de nos vieilles institutions, l'ère de la science proprement dite. » Mais c'est toujours plutôt une analyse philosophique, appuyée sur une très solide érudition, qu'un tableau vivant et animé du passé, l'histoire vraie et complète, comme il l'a si bien définie. Les faits y sont plutôt, suivant l'expression pittoresque de M. Jules Simon, « rangés en bataille derrière ses idées » qu'ils ne sont ressuscités.

Même dans son *Histoire de la Révolution d'Angleterre*, a-t-il pleinement réussi à faire revivre sous les yeux du lecteur ce drame si passionnant ? Certes il avait vivement senti tout l'intérêt de son sujet, quand il écrivait à M. de

---

1. On s'aperçoit de cette préparation hâtive dans quelques contradictions du plan. Après avoir expliqué qu'il y a dans la civilisation deux éléments intimement unis, l'homme et la société, il déclare qu'il sera forcé de ne s'occuper que du second, et, à plusieurs reprises, il les traite également tous les deux. Il est facile, en outre, de signaler, dans plusieurs des leçons, bien des longueurs, des digressions, des lieux communs, des thèses politiques ou religieuses, qui tiennent trop la place de l'histoire absente.

Broglie : « On tient à ce que je termine mon ouvrage, et j'y tiens plus que personne, car personne ne sait tout ce qu'il est dans ma pensée. Une admirable tragédie sous Charles Ier et Cromwell, la plus grande et la plus poignante comédie sous Charles II et Jacques II, l'effervescence d'un peuple et l'habileté d'une cour, le sublime de la passion et de l'intrigue, toute la folie des espérances et toute la sottise des découragements humains; le triomphe du bon sens au terme de cette carrière, et d'un bon sens fort peu populaire, de toutes parts attaqué et pourtant invincible; voilà ce que je voudrais faire voir et toucher au doigt par la seule mise en scène, vraie et complète, des événements et des hommes... » Quelques épisodes, en effet, comme la mort de Strafford, le procès et la mort de Charles Ier, les incidents de la fuite de Charles Stuart à Worcester, le repentir de lord Capell, l'un des juges de Strafford, la mort héroïque de Falkland, l'impudente défense de Cromwell devant la Chambre des communes, sont des scènes réussies. On regrette d'autant plus que l'auteur ait cédé si souvent, même en plein récit, au plaisir de formuler des principes, de tirer des faits des lois générales, des considérations morales ou philosophiques, et de donner aussi des leçons de politique à la France.

Que, de temps en temps, une énergique et brève réflexion à la Tacite vienne résumer une situation et l'apprécier, rien de mieux. M. Guizot réussit parfois à donner à l'esprit du lecteur ce mâle plaisir : « On invoque la nécessité pour les lâchetés comme pour les violences. — Le fanatisme compte la haine et la vengeance parmi ses devoirs. — Qui recherche la borne des droits d'un maître recherchera bientôt leur origine, etc. » Mais la fréquente répétition de ce genre de maximes alourdit le récit, le rend monotone, froid, et fatigue à la longue le lecteur. Parfois la réflexion s'allonge intempestivement en une petite dissertation. Ainsi, Cromwell vient de mourir. Le volume qui commence le protectorat de son fils Richard débute ainsi : « Quand les révolutions penchent vers leur déclin, c'est un triste, mais grand enseignement que le spectacle des mécomptes et des angoisses

de leurs chefs longtemps puissants et triomphants, mais
enfin arrivés au jour où, par un juste retour de leurs fautes,
leur empire s'évanouit sans que leur obstination soit éclairée
ou vaincue : divisés entre eux comme des complices devenus
des rivaux, détestés comme des oppresseurs, décriés comme
des rêveurs, frappés à la fois d'impuissance et d'une amère
surprise, s'indignant contre leur pays, qu'ils accusent de
lâcheté et d'ingratitude, et se débattant sous la main de Dieu
sans comprendre ses coups. » — Monck est à Londres, intri-
guant habilement pour le retour de Charles II. M. Guizot se
livre de nouveau à des réflexions vraiment peu utiles à son
récit : « Les hommes qui, en poursuivant des desseins contraires, ont cependant besoin les uns des autres, peuvent
réussir longtemps, quand ils sont séparés, à se tromper mutuellement sur leurs sentiments secrets ; mais quand ils
approchent du but, quand ils se voient face à face, contraints
à tout moment de parler et d'agir, la tromperie et la duperie
deviennent difficiles ; et il faut, pour les prolonger, un rare
degré, chez les uns, d'audace imperturbable, chez les autres
d'aveuglement passionné. » L'historien devait-il s'attarder à
ces analyses de moraliste ? « Le récit, dit M. Schérer en
termes assez piquants, est trop raisonnable, trop raisonneur,
trop raisonné, pour une histoire aussi bizarre et aussi sai-
sissante. »

V

Une question plus importante que celle de la forme littéraire et de l'art de la composition se présente ici, et elle
intéresse trop la pédagogie pour ne pas s'y arrêter. Elle a
trait au fond même de la science et à l'esprit général de
l'enseignement. C'est M. Quinet qui l'a soulevée dans un très
remarquable article sur *La philosophie de l'histoire de France*.

On ne saurait trop louer et trop admirer l'élan du dix-
neuvième siècle vers les études historiques. Mais, sous l'influence de la philosophie et de l'érudition allemandes, nos

historiens se laissèrent volontiers aller à dogmatiser, à enfermer les faits dans de savantes formules, dans un système rigide de déductions, sans trop avoir conscience d'organiser une sorte de fatalisme historique et de glorification du succès. L'humanité suivait une marche déterminée par la théorie : toutes les étapes en étaient marquées d'avance. Si quelque individu ou quelque génération voulait en avancer l'heure, c'était une vaine tentative, forcément condamnée à l'insuccès comme prématurée et troublant l'ordre, quelque sympathie qu'elle pût d'ailleurs exciter pour ses bonnes intentions ou pour son courage.

Appliquant cette donnée générale à la France, Quinet fait ainsi raisonner nos modernes théoriciens : « Nous avons le régime parlementaire ; or cet état a été précédé d'une succession de rois absolus dans la vieille France… ; donc la formule générale de notre histoire est celle-ci : en France, c'est le pouvoir absolu qui engendre la liberté. » Une fois le principe posé, les conséquences en découlent tout naturellement : il fallait que tout obstacle à l'œuvre bienfaisante de ce pouvoir absolu fût détruit ; il fallait, par exemple, que les Vaudois et les Albigeois fussent écrasés ; — il fallait que les communes disparussent ; — il fallait que les états généraux du quatorzième siècle fussent réduits à l'impuissance ; — il fallait que le despotisme royal comprimât toute velléité de résistance. « A chaque plainte des générations écoulées, continue l'éloquent critique, nous avons une réponse uniforme : L'oppression était pesante ; sans doute. — La tyrannie était cruelle ; nous en convenons. — La conscience et la nature étaient incessamment violées ; d'accord. — Mais cela était absolument nécessaire pour établir la balance des trois pouvoirs qui est désormais notre système de gouvernement. Les générations brisées par le pouvoir absolu ont eu le plus grand tort de se plaindre. C'était là une puérilité de petits bourgeois, dont la courte vue n'apercevait pas dans le despotisme qu'ils subissaient les prémices des franchises dont nous jouissons. »

Tous nos historiens, au jugement de Quinet, « depuis

M. Guizot jusqu'à Louis Blanc », — « excepté vous, le seul »,
écrit-il à Michelet, ont adopté cette fausse philosophie, ce
sophisme dangereux. Il cite, en effet, un passage de l'*Histoire
de la civilisation en Europe*, qui est assez formel : « Les
patriotes du quinzième siècle ont déploré cette révolution qui
de toutes parts faisait surgir ce qu'ils avaient droit d'appeler
le despotisme. Il faut admirer leur courage ; mais il faut
comprendre que cette révolution était non seulement inévitable, mais utile. » On s'étonne de cette facilité et de cette
désinvolture à légitimer la défaite du droit et le triomphe de
l'absolutisme, quand l'historien lui-même n'hésite pas ailleurs
devant cet aveu : « Les bienfaits du despotisme sont courts,
et il empoisonne les sources mêmes qu'il ouvre. » Il a même
fait une déclaration assez explicite contre « une sorte de
fatalisme absurde et honteux » où l'école historique tombait,
faute de tenir assez compte du droit. Arrivé à la transforma-
tion de la royauté en despotisme sous le règne de Philippe
le Bel, il s'exprime ainsi : « S'il fallait en croire une théorie
qui n'est pas nouvelle, mais qui a repris de nos jours confiance
en elle-même et quelque crédit, s'il était vrai que toutes
choses ici-bas s'enchaînent nécessairement, fatalement, sans
que la liberté humaine y soit pour rien et réponde de rien,
nous aurions tout simplement à reconnaître qu'à la fin du
treizième siècle les circonstances au milieu desquelles se
déployait la royauté, l'état social et intellectuel de la France
faisaient, de cette invasion du pouvoir absolu, une nécessité ;
que personne ne l'amena et n'eût pu la prévenir ; qu'ainsi il
ne faut s'en prendre à personne, et que, dans ce mal, il n'y a
point de coupable. Heureusement, Messieurs, la théorie n'est
pas vraie, et l'observation tant soit peu exacte des faits historiques la dément, aussi bien que la raison. » Aussi Michelet
put-il lui rendre hommage dans une note de son discours
d'ouverture, en 1834 : « Ce reproche ne peut être adressé à
M. Guizot. Il a respecté la liberté morale plus qu'aucun
historien de notre époque ; il n'asservit l'histoire ni au fatalisme de races, ni au fatalisme d'idées ; un esprit aussi étendu
repousse naturellement toute solution exclusive. » L'accusa-

tion de Quinet doit tout au moins être atténuée ; son but, déclare-t-il du reste, était de combattre plutôt une tendance générale de l'époque que l'erreur particulière de quelques écrivains.

Un reproche que je me permettrai d'adresser à M. Guizot, d'après l'idée qui s'impose à mon esprit de la sévère méthode de l'histoire, c'est de trop faire intervenir Dieu dans ses récits historiques et de se donner avec tant d'assurance comme le confident et l'interprète de ses desseins. En dehors de l'idée générale de Providence, de quel fait particulier peut-on affirmer sérieusement que l'intention de Dieu a été telle ou telle ? Chacun le fera parler à sa guise, suivant ses croyances, ses préjugés, sa condition, ses passions de parti ou de secte. On quitte le terrain solide de la réalité pour se lancer dans la rhétorique. Autant je respecte et j'admire la profonde conviction de M. Guizot en son intimité immédiate et confiante avec Dieu pour les besoins de sa vie religieuse[1], autant je trouve étrange et inadmissible sa prétention de nous révéler les desseins cachés de la Providence dans la marche de l'humanité : « C'est là surtout que l'intervention divine, écrit-il à sa femme, a éclaté à mes yeux, que j'ai reconnu clairement, irrésistiblement, la pensée et la volonté suprêmes... Quand il s'agit des desseins de Dieu sur chacun de nous, je me confie, je m'humilie, car je me sens dans les ténèbres ; quand il s'agit des desseins de Dieu sur le genre humain, je contemple et j'adore, car le jour m'inonde de toutes parts. »

Ce langage est plus à sa place dans la chaire chrétienne que dans l'œuvre critique de l'histoire. Montesquieu cite des faits qui ont beaucoup servi à l'établissement du christianisme, « indépendamment, ajoute-t-il, des voies secrètes que Dieu choisit et que lui seul connaît », dont personne, par conséquent, ne peut se faire fort de donner l'explication. Il dit plus loin, avec son lumineux bon sens : « Ce n'est pas la

---

1. « Je m'adresse à lui directement, écrit-il à Mᵐᵉ Lenormand ; spontanément je lui parle, et il me parle. » 3 novembre 1853.

fortune qui domine le monde... Il y a des causes générales soit morales, soit physiques, qui agissent dans chaque monarchie, l'élèvent, la maintiennent ou la précipitent ; tous les accidents sont soumis à ces causes. » Rechercher ces causes, les mettre en lumière, voilà l'œuvre du véritable historien, et il n'a pas plus, je crois, à faire la part inconnue de Dieu dans les événements que le physicien ne serait admis à invoquer son intervention dans l'explication des phénomènes de la nature. Combien, d'ailleurs, ne risquons-nous pas de compromettre la divinité en lui prêtant nos imaginations ! « N'outrageons pas la majesté divine », dit avec raison Herder, par nos gratuites suppositions. Il échappe à M. Guizot, dans une lettre à M. de Rémusat, un aveu dont il est loisible de s'armer contre lui : « La Providence, écrit-il, doit bien sourire quelquefois des moyens qu'elle emploie pour ses plus glorieux desseins. » Elle doit rire surtout, à mon avis, de la trop confiante imagination d'interprètes sans mandat.

VI

La réputation que M. Guizot s'était acquise par ses cours, par ses écrits politiques[1], par ses ouvrages historiques, et aussi son rôle très actif, depuis 1827, dans la société *Aide-toi, le ciel t'aidera*[2], dont le but hautement avoué était de préparer les nouvelles élections, assurèrent le succès de sa candidature à la députation pour les arrondissements, alors réunis, de Pont-l'Évêque et de Lisieux, le 23 janvier 1830. La

---

1. *Du gouvernement de la France depuis la Restauration et du ministère actuel*, 1820. — *Des conspirations et de la justice politique*, 1821. — *Des moyens de gouvernement et d'opposition dans l'état actuel de la France*, 1821. — *De la peine de mort en matière politique*, 1822. « Ces quatre ouvrages, dit l'auteur, publiés coup sur coup dans l'espace de deux ans, frappèrent assez vivement l'attention publique. Tous les hommes considérables de l'opposition dans les Chambres m'en remercièrent comme d'un service rendu à la cause de la France et des institutions libres : — Vous gagnez sans nous des batailles pour nous, me dit le général Foy. »

2. « La société *Aide-toi, le ciel t'aidera*, qui agissait ostensiblement, écrit Béranger, a seule rendu de véritables services à notre cause. »

mort du savant chimiste Vauquelin avait rendu ce siège vacant. On le proposa à M. Guizot, qui fut appuyé par « toutes les nuances de l'opposition, M. de La Fayette et M. de Chateaubriand, M. d'Argenson et M. le duc de Broglie, M. Dupont de l'Eure et M. Bertin de Vaux ».

La carrière politique lui était donc enfin ouverte. Sa joie éclate et déborde dans une lettre adressée à sa femme, où il rend compte d'une visite à ses électeurs : « J'ai eu tous les honneurs imaginables, les gardes nationales, la mousqueterie, l'artillerie même; car, à Beaumont, on a tiré trois coups à mon arrivée et trois coups à mon départ, avec des pièces qui servaient jadis à la défense des moines de l'abbaye dans leurs querelles avec les habitants du bourg. Pauvres moines ! que diraient-ils, s'ils voyaient leurs pièces braquées sur la place du marché à côté de leur abbaye en ruine, et servant à fêter l'arrivée d'un bourgeois venu de loin, comme l'un des maîtres du pays ! »

La part qu'il prit à la protestation contre les ordonnances de Charles X et au changement de dynastie le désignait pour entrer dans le conseil du nouveau roi. Il fut appelé au ministère de l'intérieur, le 11 août 1830, et y déploya une activité passionnée[1]. Son intervention dans le procès des ministres de Charles X, dont il voulait au moins sauver la tête, lui valut ce bel éloge de Royer-Collard : « Vous ferez de plus grands discours; vous ne vous ferez jamais, à vous-même, plus d'honneur. » Mais la révolution une fois faite, « le plus bel événement de notre histoire », il ne pensa plus qu'à l'enrayer. Les scènes populaires auxquelles il avait assisté l'avaient impressionné profondément. Le duc d'Orléans s'était rendu à l'Hôtel de Ville « à travers les barricades à peine ouvertes..., au milieu d'une foule sans violence, mais sans respect, et comme se sentant souveraine dans ces rues où se

---

1. « Sire, dit Casimir Périer au roi Louis-Philippe, vous aurez besoin encore longtemps de M. Guizot; dites-lui de ne pas se tuer tout de suite à votre service. » La réforme du personnel administratif avait été assez radicale. En un mois, M. Guizot avait changé 76 préfets sur 86, 196 sous-préfets sur 277, 53 secrétaires généraux sur 86, 127 conseillers de préfecture sur 315 !

2.

préparait pour elle un roi. Nous étions obligés, écrit-il encore tout confus, pour nous préserver et pour préserver M. le duc d'Orléans de cette irruption populaire, de nous tenir fortement par la main, et de former ainsi, à sa droite et à sa gauche, deux haies mouvantes de députés... J'en entrevis assez pour me vouer, corps et âme, à la résistance, comme à un devoir d'homme sensé, d'homme civilisé, d'honnête homme et de citoyen. »

Y avait-il autant de sens, d'honnêteté et de civisme qu'il s'en flattait à résister ainsi de parti pris au mouvement nettement accentué, et d'autant plus irrésistible, de l'opinion publique ? N'eût-il pas été plus sage, plus utile et plus glorieux de s'appliquer à le diriger, à le maintenir dans la voie d'un progrès régulier ? C'était pourtant le judicieux programme qu'il traçait à Rossi le 7 mai 1847, précisément au moment où il s'obstinait si fatalement à ne pas le suivre; tant il y a de distance entre la théorie et la pratique ! « En même temps, lui écrivait-il, que nous sommes des conservateurs décidés, nous sommes décidés aussi à être des conservateurs sensés et intelligents. Or nous croyons que c'est pour les gouvernants les plus conservateurs une nécessité et un devoir de reconnaître et d'accomplir sans hésiter les changements que provoquent les besoins sociaux, nés du nouvel état des faits et des esprits, et qui ne sauraient être refusés sans amener, entre la société et son gouvernement, et au sein de la société elle-même, d'abord un profond malaise, puis une lutte continue, et tôt ou tard une explosion très périlleuse. »

Il a vérifié, à ses dépens et à ceux de la France, sa trop exacte prophétie. Cette « sérénité intérieure qu'il n'a pas encore été au pouvoir des hommes de troubler », écrivait-il à sa mère en 1840, la révolution de 1848 a dû cruellement l'éprouver. Quel cri de douleur, bien que contenu, dans cette simple phrase des *Mémoires :* « Le dénouement a été si grave et si douloureux que toute mon âme s'émeut et se soulève à ces souvenirs ! » Mais, le croirait-on ? le coup qui l'a frappé, lui et la monarchie de Juillet, ne l'a nullement désabusé : « Je ne suis ni troublé dans ma pensée, ni découragé de ma cause », écrit-il, le 15 avril 1848, à M. de Barante; et, le 1er juillet, à M. Vitet : « Notre grande faute a été de ne pas assez savoir combien nous avions raison et de ne pas assez dire et agir en conséquence. » N'est-ce pas pourtant à lui surtout que la France peut s'en prendre, si elle a été jetée de nouveau en pleine révolution et dans un essai éphémère de république, alors que, de l'aveu des républicains les plus convaincus, la nation était loin d'être prête à faire ses affaires elle-même ? 1830 avait abaissé le cens électoral de 300 francs à 200. En poursuivant cette réforme, n'était-on pas assuré d'augmenter progressivement le nombre des électeurs et d'arriver, sans brusque secousse et avec moins de danger, au suffrage universel ? Béranger l'a dit d'une façon pittoresque : « Nous avions un escalier à descendre, et voilà que nous sautons par la fenêtre ! » La part de responsabilité de M. Guizot dans cette aventure qui nous a valu les journées de juin, puis la dictature et enfin les désastres du second empire, me semble, quoiqu'il s'en défende, bien lourde à porter.

Par la plus heureuse des contradictions, cet homme d'État « né bourgeois », qui se vante d'avoir, de 1814 à 1848, « hautement soutenu et quelquefois d'avoir eu l'honneur de porter lui-même le drapeau des classes moyennes »; qui n'est pas tendre pour le peuple, « ou, pour parler plus vrai, ce chaos d'hommes qu'on appelle le peuple..., ces milliers peut-être d'inconnus, sans foi, sans loi, sans cœur, sans pain »; qui a horreur de la démocratie, « de toutes les séductions politiques la plus tentante, mais la plus corruptrice et la plus trompeuse »; qui n'a jamais assez de dédain amer et de raillerie indignée contre « cette absurde égalité politique, cette aveugle universalité des droits politiques..., ces vieilles idées révolutionnaires, ces absurdes préjugés..., qui ont été, partout où ils ont dominé, la mort de la vraie justice et de la liberté[1] », cet homme d'État aux convictions si

<hr/>

1. Le 11 août 1831, à la Chambre, dans la discussion des affaires de Belgique, il définissait ainsi le parti républicain : « Passez-moi l'expression, c'est la col-

absolument arrêtées est précisément le ministre de l'instruction publique qui a le plus fait pour le développement intellectuel du peuple, de la multitude, de ces classes auxquelles il refusait toute vie politique. Il y a là une inconséquence tout à son honneur et à celui de la monarchie de Juillet. La loi du 28 juin 1833 est peut-être, au point de vue de la civilisation, le fait capital de notre histoire intérieure dans ce siècle. Il faut insister sur son mérite particulier : elle n'était pas, comme nos lois plus récentes, une nécessité plus ou moins logiquement imposée par le développement de nos institutions démocratiques, par l'établissement du suffrage universel, par exemple. Sous le règne de Louis-Philippe, un très petit nombre d'électeurs (moins de 200 000) constituaient une petite oligarchie bourgeoise, avec laquelle seule on croyait avoir à compter. Le « *pays légal* » — cette bizarre dénomination est bien de M. Guizot — n'était qu'une infime minorité. L'ignorance de la masse, qui n'avait aucun rôle à jouer, ne semblait pas un danger pressant, immédiat, qu'il fallût conjurer au plus tôt par la plus large diffusion de l'enseignement. Avec sa théorie étroite de politique bourgeoise, n'y avait-il pas, au contraire, quelque imprudence à élever le niveau intellectuel de cette multitude à laquelle on refusait le droit de voter ? Ne préparait-on pas, à bref délai, un inévitable conflit[1] ? Des gouvernants que l'égoïsme seul eût animés se seraient bien gardés d'une pareille faute. M. Guizot a certainement été inspiré par un sincère amour du bien public et par un réel pressentiment des besoins de la génération suivante[2].

---

lection de tous les débris, c'est le *caput mortuum* de ce qui s'est passé chez nous de 1789 à 1830 ; c'est la collection de toutes les idées fausses, de toutes les mauvaises passions, de tous les intérêts illégitimes, etc. »

1. Le *Manuel général de l'instruction primaire* donne précisément, dès son second volume, ces vers significatifs de Barthélemy :

L'alphabet est mortel aux pouvoirs absolus,
Et l'homme veut ses droits sitôt qu'il les a lus.

2. Ses vues à ce sujet devenant plus précises avec l'expérience, il a écrit, dans ses *Mémoires*, ce passage frappant : « Un grand géologue, M. Élie de Beaumont, nous a fait assister aux révolutions de notre globe ; c'est de sa fermentation intérieure que proviennent les inégalités de sa surface ; les volcans ont fait les

VII

A deux reprises, il a été ministre de l'instruction publique, du 11 octobre 1832 au 22 février 1836, puis du 6 septembre 1836 au 15 février 1837. Son premier ministère est une date à jamais mémorable dans l'histoire de l'éducation en France.

Tout d'abord, il adresse au roi, le 29 octobre, un rapport pour motiver la publication spéciale qui sera l'instrument de la réforme et du progrès : le *Manuel général* ou *Journal de l'instruction primaire*, destiné à porter à la connaissance des instituteurs et des autorités scolaires : 1° tous les documents relatifs à l'instruction populaire en France ; 2° tous ceux qui intéressent l'instruction primaire dans les principaux pays du monde civilisé ; 3° l'analyse des ouvrages relatifs à l'instruction primaire ; 4° les conseils et directions propres à assurer le progrès de cette instruction dans toutes les parties du royaume. Un inspecteur général, M. Matter, puis M. Lorain en 1834, avait la direction de ce recueil périodique, qui devait propager les bonnes méthodes, combattre la routine, rendre efficace la surveillance des écoles et fonder l'éducation nationale[1].

Le 14 décembre 1832, paraissait le premier *Règlement des écoles normales*. Profondément convaincu de ces deux prin-

montagnes. Que les classes qui occupent les hauteurs sociales ne se fassent point d'illusion ; un fait analogue se passe sous leurs pieds ; la société humaine fermente jusque dans ses dernières profondeurs, et travaille à faire sortir de son sein des hauteurs nouvelles. Ce vaste et obscur bouillonnement, cet ardent et général mouvement d'ascension est le caractère essentiel des sociétés démocratiques, c'est la démocratie elle-même. » Ne croirait-on pas bien plutôt entendre le langage de Gambetta ?

1. Le *Manuel général* est toujours debout et continue avec succès l'œuvre commencée par son fondateur. Le seul regret qu'il me sera permis d'exprimer, en compagnie de bons juges, c'est qu'il ait trop suivi le fâcheux exemple donné, je crois, par M. Rapet, de dispenser les instituteurs d'un travail personnel en leur fournissant, jour par jour, classe par classe, pour chacun de leurs cours, toute la matière de leur enseignement. Des conseils, des exemples, des modèles de leçons, des directions pour leurs études et leurs lectures, exerceraient une plus féconde influence en développant leur initiative.

cipes incontestables : — « le succès de l'instruction élémentaire dépend du maître qui la donne; — c'est dans les écoles normales que se prépare l'avenir des écoles primaires », M. Guizot a, dès le début de son administration, puissamment organisé ou, pour mieux dire, créé ce service. Pour apprécier cette partie considérable de son œuvre, il faut se représenter le peu de ressources que trouvaient les maîtres d'alors pour leur préparation professionnelle.

La Convention nationale, par son décret du 9 brumaire an III (30 octobre 1794), avait décidé l'établissement à Paris d'une école normale où devaient être appelés de toutes les parties de la République, à raison d'un élève pour vingt mille habitants, de jeunes citoyens, âgés de moins de vingt et un ans, pour apprendre l'art d'enseigner la lecture, l'écriture, les premiers éléments du calcul, de la géométrie pratique, de l'histoire et de la grammaire française. La durée du cours normal devait être au moins de quatre mois. A leur sortie, les élèves ainsi formés à la hâte devaient ouvrir, dans les chefs-lieux de canton, une école normale, pour transmettre les méthodes d'enseignement « aux citoyens et aux citoyennes qui voudront se vouer à l'instruction publique ». Ces cours étaient également réduits à quatre mois. Lakanal, l'inspirateur de ce décret, avait parfaitement senti que toute réforme serait prématurée et tout progrès impossible, tant qu'on n'aurait pas formé un personnel capable. L'idée de ces cours professionnels lui fait le plus grand honneur; mais l'application donna de si pauvres résultats que l'essai, commencé le 19 janvier 1795, ne dura pas plus de trois mois. Les professeurs, assurément très distingués[1], mais fort étrangers à l'enseignement primaire, ne surent pas maintenir leurs leçons dans le domaine utile de la pratique. Leurs quatorze cents élèves n'y auraient pas appris à devenir des instituteurs. La

---

1. Lagrange, Laplace, Berthollet, Monge, Hauy, Daubenton, Thouin, étaient chargés des sciences physiques et naturelles; Sicard, La Harpe, Volney, Buache, Mentelle, Bernardin de Saint-Pierre, enseignaient la littérature, l'histoire et la morale.

Convention reconnut sa méprise, et donna l'ordre de fermer l'école.

Vingt ans après ce regrettable échec, au mois d'août 1815, Napoléon, appliquant enfin l'article 107 du décret du 17 mars 1808[1], décréta l'ouverture à Paris d'une « *école d'essai* d'éducation primaire, organisée de manière à pouvoir servir de modèle et à devenir école normale, pour former des instituteurs primaires ». Ce nouveau projet, perdu au milieu des événements politiques, ne fut mis à exécution que le 11 mars 1831[2], par une ordonnance de Louis-Philippe. L'école normale primaire de l'académie de Paris était établie à Versailles, par l'ordonnance du 7 septembre suivant.

Dans un intéressant rapport au roi (voy. p. 112), M. Guizot rappelle les essais heureux tentés à Strasbourg en 1811, à Heldefange, près de Metz, et à Bar-le-Duc, en 1820. Jusqu'en 1828, il n'y eut en France que trois écoles normales! Le réveil de l'opinion libérale, la révolution de Juillet ouvrirent une nouvelle période de développement. Les départements des Vosges, de la Meurthe, des Ardennes, de la Côte-d'Or, de la Haute-Saône, du Jura, etc., c'est-à-dire surtout cette partie orientale de la France qui occupe encore aujourd'hui le premier rang dans la statistique scolaire, s'empressèrent d'assurer le bon recrutement du personnel enseignant. Le règlement de 1832 assura le triomphe de la réforme : le progrès ne s'accomplit plus avec lenteur, par la seule contagion du bien; l'impulsion était donnée partout, si bien que le nombre des écoles normales s'est élevé de treize à quarante-sept en 1832, à soixante-sept en 1833, à soixante-treize en 1834. Ces chiffres dispensent de tout éloge.

C'était, en outre, un réel progrès que de donner une organisation régulière et méthodique à une institution qui, jusque-là,

1. « Il sera pris par l'Université des mesures pour que l'art d'enseigner à lire, à écrire et les premiers éléments de calcul ne soit exercé désormais que par des maîtres capables. »

2. Il est de toute justice de mentionner les cours établis à Paris, vers 1817, par M. de Chabrol, préfet de la Seine. M. de Gérando y fit seize leçons, qu'il publia plus tard sous le titre : *Cours normal des instituteurs primaires.*

livrée à l'inspiration isolée d'un recteur, d'un préfet ou même d'honorables citoyens, manquait de règles fixes et de direction sûre. Le cours d'études, par exemple, durait ici quatre ans, ailleurs trois, généralement deux. Les programmes ne concordaient pas davantage. Ainsi, à Strasbourg, l'enseignement comprenait les langues française et allemande, la géographie, l'arithmétique, les éléments de physique, la calligraphie, le dessin, la musique et le chant, l'étude des meilleures méthodes d'enseignement, quelques notions d'agriculture, enfin des exercices de gymnastique. A Heldefange, on y joignait la géométrie, des éléments de mécanique et d'astronomie, des notions d'histoire naturelle, d'hygiène, la rédaction et la tenue des actes de l'état civil. A Bar-le-Duc, il n'est question ni de physique, ni d'histoire naturelle, ni d'hygiène, ni des actes de l'état civil, mais des principales notions de l'histoire générale, d'un précis d'histoire de France et de leçons d'arpentage.

Ce désordre cesse avec le règlement de 1832, qui fixe ainsi le programme des études à voir, en deux années, « dans toute école destinée à former des instituteurs primaires :

» L'instruction morale et religieuse, la lecture, l'arithmétique, y compris le système légal des poids et mesures, la grammaire française, le dessin linéaire, l'arpentage et les autres applications de la géométrie pratique, des notions de sciences physiques applicables aux usages de la vie, la musique et la gymnastique, les éléments de la géographie et de l'histoire de la France.

» Durant les six derniers mois du cours normal, les élèves-maîtres sont particulièrement exercés à la pratique des meilleures méthodes d'enseignement, dans une ou plusieurs classes primaires annexées à l'école normale.

» On les forme également à la rédaction des actes de l'état civil et des procès-verbaux.

» On leur enseigne la greffe et la taille des arbres. »

C'était simple, pratique, sans ambition. Nos programmes actuels gagneront à s'en rapprocher. L'opinion générale semble se prononcer très nettement en ce sens. M. Jules

Simon réclame contre l'extension donnée à l'analyse psychologique et à la discussion des doctrines morales, en même temps que M. Berthelot se déclare prêt à réduire l'étude de la chimie. Nous avons trop voulu faire grand. L'enseignement primaire, visiblement sorti de son lit sous le souffle de la faveur publique, justement préoccupée des besoins de notre société et des droits des individus, mais cédant aussi à un engouement tout français, tend à y rentrer, sans rien perdre toutefois du terrain qu'il a sérieusement et utilement conquis. Ce sera le fortifier que de le ramener dans ses justes limites.

L'école normale admettait des internes, des externes[1]. On ne demandait, comme conditions d'admission, outre le certificat de bonne conduite et le certificat du médecin, que de savoir lire et écrire correctement, de posséder les premières notions de la grammaire française et du calcul, et une connaissance suffisante de la religion. Les examinateurs ne devaient pas se borner à constater jusqu'à quel point les jeunes gens possédaient ces connaissances; il leur était recommandé de s'attacher aussi « à connaître les dispositions des candidats, leur caractère, leur degré d'intelligence et d'aptitude». Très judicieuse prescription, mais qui a dû rester à l'état de théorie jusqu'à la circulaire de M. Jules Ferry, 17 juin 1881, et à l'arrêté du 6 janvier 1882, aux termes duquel les candidats admissibles viennent passer dans l'établissement, aux frais de l'État, huit ou dix jours, non seulement pour subir les épreuves orales, mais plus encore pour permettre au directeur et aux professeurs de l'école de s'assurer, autrement et mieux que par les chances d'un examen rapide, de leur aptitude intellectuelle et de leur valeur morale.

Une réglementation extrêmement large, qui ne prétendait pas devancer l'expérience et enchaîner l'avenir, confiait au

---

1. M. Guizot préférait l'internat, où il trouvait plus facile d'obtenir les conditions d'une bonne discipline; il constate l'infériorité des externats. M. Cousin, au contraire, était partisan de l'externat. M. Villemain constate, en 1841, la défaveur croissante de ce second régime; des neuf écoles qui, en 1837, admettaient des externes, il n'en restait plus que deux, quatre ans après. On le met de nouveau à l'essai aujourd'hui.

recteur, sur le rapport de la commission de surveillance et
sauf l'approbation du ministre, le choix des maîtres « qu'il
est nécessaire d'adjoindre au directeur pour diverses parties
de l'enseignement ». Aucune prescription ne délimitait leur
nombre et leurs attributions. Le programme des leçons devait
être arrêté chaque année par le conseil royal, sur la propo-
sition du recteur.

Quelle sagesse et quel bon sens dans la circulaire adressée
aux directeurs à propos de l'enseignement ! Le ministre, qui
accorde quelque latitude dans l'observation des programmes
en raison de la diversité des circonstances locales[1], recommande avec instance de ne pas les dépasser « pour étendre,
sans mesure et un peu au hasard, les objets de l'enseignement... N'oublions jamais que le but des écoles normales est
de former des maîtres d'école, et surtout des maîtres d'école
de village : toutes les connaissances doivent être solides,
pratiques, susceptibles de se transmettre sous la forme d'un
enseignement immédiatement utile aux hommes que leur
laborieuse condition prive du loisir nécessaire pour la réflexion
et l'étude. Une instruction variée et étendue, mais vague et
superficielle, rend presque toujours ceux qui l'ont reçue
impropres aux fonctions modestes auxquelles ils sont destinés.
Ainsi on ne sait pas lire avec les inflexions de voix convenables, on n'écrit pas correctement, on fait des fautes de
grammaire et d'orthographe, et cependant on s'occupe de
recherches subtiles et presque savantes sur le mécanisme et
la philosophie des langues[2]... Ou bien, parce qu'il convient

---

1. « Les limites de l'enseignement peuvent ne pas être les mêmes dans l'école
normale d'une grande ville et dans celle d'un département où la population
est plus dispersée. » Les régions industrielles et les régions agricoles réclament quelque variété d'aptitudes et de connaissances chez les instituteurs qui ont
à préparer à la vie les enfants de ces régions. L'idéal n'est pas évidemment de
jeter tout le monde exactement dans le même moule.
2. Dans le premier engouement qu'excita chez nous, il y a quelques années,
l'introduction de la grammaire historique, on délaissa pour ces intéressantes
curiosités l'étude de la langue actuelle. Je constatai, en inspectant une grande
école normale, qu'un élève de troisième année ne savait plus faire une analyse
grammaticale. Le mot *dans* lui parut d'abord un adverbe ! puis une conjonction !
Il fallut lui prouver son erreur par le rappel des définitions, et lui montrer que
c'était une préposition.

que les instituteurs sachent rédiger les actes de l'état civil et soient au courant des principales fonctions des autorités municipales, on prétend leur enseigner le droit civil et administratif. Ce sont là des aberrations aussi contraires au vœu de la loi qu'au réel et légitime intérêt des instituteurs et du peuple[1]. »

VIII

Après avoir pourvu, dans un avenir prochain, au bon recrutement du personnel par la constitution solide des écoles normales, M. Guizot entreprit l'œuvre qu'il avait particulièrement à cœur, l'éducation intellectuelle et morale du peuple par l'organisation de l'instruction primaire. Au moment de rendre compte de son ministère, il débute, dans le troisième volume de ses *Mémoires*, par cette déclaration élevée et fière, qui le peint bien : « Parce que j'ai combattu les théories démocratiques et résisté aux passions populaires, on a dit souvent que je n'aimais pas le peuple, que je n'avais point de sympathie pour ses misères, ses instincts, ses besoins, ses désirs... Si ce qu'on appelle aimer le peuple, c'est partager toutes ses impressions, se préoccuper de ses goûts plus que de ses intérêts, être en toute occasion enclin et prêt à penser, à sentir et à agir comme lui, j'en conviens, ce n'est pas là ma disposition ; j'aime le peuple avec un désintéressement profond, mais libre et un peu inquiet ; je veux le servir, mais pas plus m'asservir à lui que me servir de lui pour d'autres intérêts que les siens ; je le respecte en l'aimant, et, parce que je le respecte, je ne me permets ni de le tromper, ni de l'aider à se tromper lui-même. On lui donne la souveraineté ; on lui promet le complet bonheur ; on lui dit qu'il a droit à tous les pouvoirs de la société et à toutes les jouissances de

---

1. J'aime assez cette formule de M. Villemain : « L'instituteur doit avoir toutes les connaissances qui peuvent améliorer sa condition, sans lui donner le désir de la quitter. »

la vie. Je n'ai jamais répété ces vulgaires flatteries; j'ai cru que le peuple avait droit et besoin de devenir capable et digne d'être libre, c'est-à-dire d'exercer sur ses destinées privées et publiques la part d'influence que les lois de Dieu accordent à l'homme dans la vie et la société humaines. C'est pourquoi, tout en ressentant pour les détresses matérielles du peuple une profonde sympathie, j'ai été surtout touché et préoccupé de ses détresses morales, tenant pour certain que, plus il se guérirait de celles-ci, plus il lutterait contre celles-là, et que, pour améliorer la condition des hommes, c'est d'abord leur âme qu'il faut épurer, affermir et éclairer. »

Après examen et discussion au conseil royal de l'instruction publique, où siégeaient MM. Villemain, Cousin, Poisson, Thénard, Guéneau de Mussy, Rendu, M. Guizot se prononça contre les trois principes qui dominent aujourd'hui, non sans de vives résistances, toute notre organisation scolaire : l'obligation, la gratuité, la laïcité.

L'obligation ne lui paraissait guère exister que chez des peuples jusqu'ici peu exigeants en fait de liberté; il ne la croyait pratique qu'au moyen de « prescriptions et de recherches inquisitoriales, odieuses à tenter et presque impossibles à exécuter, surtout dans un grand pays ». La Convention y a échoué, et notre succès est encore bien incomplet. « C'est le caractère et l'honneur des peuples libres, d'être à la fois confiants et patients, de compter sur l'empire de la raison éclairée, de l'intérêt bien entendu, et de savoir en attendre les effets. Je fais peu de cas des règles qui portent l'empreinte du couvent ou de la caserne[1]. » Cependant il paraît absolument incontestable que notre société a le droit et le devoir d'exiger que le suffrage universel ait au moins pour corollaire ce qui eût dû en être la condition : l'instruction universelle. M. Guizot, après les malheurs de 1870, ne persévéra pas dans cette

---

1. M. Cousin s'était nettement prononcé en faveur de l'obligation : « Invoquer et accueillir avec enthousiasme une loi d'expropriation forcée, et ne pas enjoindre aux familles qui ne peuvent donner elles-mêmes et à leurs frais l'instruction à leurs enfants, d'envoyer ces enfants aux écoles publiques, c'est à mes yeux une contradiction déplorable. »

antipathie contre l'obligation scolaire. On lit, en effet, dans un discours qu'il prononçait le 23 avril 1873, cette déclaration formelle : « Il peut arriver que l'état social et l'état des esprits rendent l'obligation légale, en fait d'instruction primaire, légitime, salutaire et nécessaire. C'est là que nous en sommes aujourd'hui. Le mouvement en faveur de l'enseignement obligatoire est sincère, sérieux, national. De puissants exemples l'autorisent et l'encouragent : en Allemagne, en Suisse, en Danemark, dans la plupart des États d'Amérique, l'instruction primaire a ce caractère, et la civilisation en a recueilli d'excellents fruits. La France et son gouvernement ont raison d'accueillir ce principe, en y rattachant des garanties efficaces pour le maintien de l'autorité paternelle et la liberté des consciences et des familles. »

Quant au principe de la gratuité, il le déclara, à la Chambre des députés, « faux en raison et mauvais dans ses applications ». Le vrai principe, pour lui, c'est que « l'État doit offrir l'instruction primaire à toutes les familles et la donner à celles qui ne peuvent pas la payer ». Les arguments en faveur de la gratuité absolue, je l'avoue, ne me paraissent pas le moins du monde décisifs, surtout quand on dépasse le degré élémentaire de l'instruction; il y entre plus de sentiment que de raison; et les charges énormes qu'on a ainsi imposées au budget de l'État pourraient bien finir par ébranler l'opinion publique. Mais on aura autant de peine que de mauvaise grâce à retirer les largesses qu'on a imprudemment prodiguées.

La laïcité est le troisième principe que nous a légué la Révolution. On se doute bien que M. Guizot y est hostile plus encore qu'aux deux premiers. Quoiqu'il n'hésite pas à reconnaître « le caractère essentiellement laïque de notre société », il professe hautement que « l'action de l'État et de l'Église est indispensable pour que l'instruction populaire se répande et s'établisse solidement... et qu'elle soit profondément religieuse..., donnée et reçue au sein d'une atmosphère religieuse... Si le prêtre se méfie ou s'isole de l'instituteur, si l'instituteur se regarde comme le rival indépendant, non comme l'auxiliaire fidèle du prêtre, la valeur morale de l'école est perdue, et elle est près de devenir un danger. » Il obtint de la Chambre des pairs, contre le vote de la Chambre des députés, que le curé ou le pasteur fût, de droit, membre du comité chargé dans chaque commune de surveiller l'école. Absolument muet sur la question de la laïcité du personnel[1], il se prononce formellement contre la laïcité du programme, par la place importante qu'il réclame pour l'instruction religieuse. Les statuts du 25 avril 1834 sont fort explicites sur ce point[2].

En constatant ainsi, tout d'abord, l'esprit si profondément différent qui a inspiré la loi de 1833 et nos lois actuelles (16 juin 1881, gratuité; — 28 mars 1882, obligation; — 30 octobre 1886, laïcité), je n'ai pas le moins du monde l'intention de conclure, avec M. Louis Blanc, que l'œuvre de M. Guizot « trahissait une extrême pauvreté de vues ». Sans aucun doute, Condorcet et les grands conventionnels avaient eu des conceptions plus larges, plus élevées, plus grandioses. Mais M. Guizot était beaucoup plus frappé de la stérilité de leurs efforts que de la grandeur de leurs projets, et la cause de cette stérilité lui paraissait résider précisément dans cette grandeur même et dans l'esprit systématique qui les paraly-

---

1. M. Guizot, vingt-cinq ans plus tard, écrivait cependant ces lignes très explicites : « Le caractère et l'esprit laïques dominent essentiellement dans la société moderne; pour bien comprendre cette société et en être accepté avec confiance, *le corps enseignant doit aussi être laïque*, associé à tous les intérêts de la vie civile, aux intérêts de famille, de propriété, d'activité publique, etc. » — « Quand on dit que, de nos jours, l'État est athée, on confond toutes choses pour exprimer en termes choquants une complète fausseté. Ce qu'on a parfaitement raison de dire, c'est que l'État est devenu laïque... C'est l'un des caractères essentiels, peut-être le caractère le plus essentiel des sociétés modernes. »

2. « Art. 4. Dans toutes les divisions, l'instruction morale et religieuse tiendra le premier rang. Des prières commenceront et termineront toutes les classes. Des versets de l'Écriture sainte seront appris tous les jours. Tous les samedis, l'Évangile du dimanche suivant sera récité. Les dimanches et fêtes consacrées, les élèves seront conduits aux offices divins... — Art. 5. Indépendamment de lectures pieuses faites à haute voix, ils (enfants de 6 à 8 ans) seront particulièrement exercés à la récitation des prières... — Art. 6 (de 8 à 10 ans). L'instruction morale et religieuse consistera dans l'étude de l'histoire sainte... — Art. 7 (de 10 ans jusqu'à la sortie de l'école). Ils étudieront spécialement la doctrine chrétienne... »
Il est bon de rappeler qu'un grand nombre de ces prescriptions ont été conservées dans la réorganisation pédagogique des écoles de la Seine, en 1868.

sait. Ne pas tenir compte du passé et du présent, vouloir
créer de toutes pièces l'avenir lui semblait une utopie fatalement condamnée à l'insuccès. Il n'avait donc eu garde de
suivre ces errements, auxquels il n'a pas su rendre la justice
qu'ils méritaient [1], et le principal mérite qu'il revendique pour
la loi de 1833, c'est justement d'être « conçue dans un esprit
pratique, sobre de dispositions ambitieuses et de prescriptions
absolues », et de ne pouvoir être confondue « avec ces lois
ambitieuses qui, faites pour la vanité d'un jour, ne préparaient que l'inaction en décrétant l'impossible ».

Ce singulier mérite d'avoir réussi, grâce à « une impulsion
vigoureuse et une grande réserve », à faire passer dans la
réalité ce qui était jusque-là à peu près resté sur le papier,
on ne saurait le lui contester. C'est bien, comme il l'a dit lui-
même, « la première charte de l'enseignement populaire en
France ».

IX

Cette loi, si féconde en résultats, ne comprend cependant
en tout que 25 articles. Car elle n'est intervenue directement
que pour fixer les caractères de l'instruction primaire, les
preuves de capacité requises du personnel enseignant, les
obligations des communes et des départements, la composition et la compétence des comités scolaires. « Par cette sage
économie, le droit et la responsabilité de l'administration demeurent complets; la loi a posé des bases sans élever des
obstacles; elle a indiqué le but sans prétendre tracer pas à
pas la meilleure voie pour l'atteindre [2]. »

---

1. Une des plus injustes accusations de M. Guizot contre les hommes de la
Révolution, c'est d'avoir « rarement considéré l'éducation nationale comme un
moyen d'attacher à l'État et de former pour l'État les générations naissantes, de
soutenir et d'améliorer les mœurs publiques »; à moins d'être aveuglé par un
parti pris de dénigrement, on verra là, au contraire, la pensée maîtresse de
toutes les lois scolaires de cette époque.
2. « L'ordonnance royale du 16 juillet 1833 elle-même, continue M. Guizot, a
été fort sobre en dispositions de détail et en prescriptions minutieuses... On aurait

On distinguait, dans l'instruction primaire, le degré élémentaire, qui devait mettre à la portée de tous les connaissances indispensables ; le degré supérieur, pour les enfants mieux doués, ou moins pressés par les exigences de la vie.

Toute commune était tenue, soit par elle-même, soit en se réunissant à une ou plusieurs communes voisines, d'entretenir au moins une école primaire élémentaire (art. 9). Un détail statistique éclaire d'un assez triste jour la situation scolaire d'alors. On dut imposer d'office 21 000 communes en 1833, et plus de 15000 en 1834 !

Une très sage prescription de l'ordonnance du 16 juillet 1833 imposait aux communes qui n'avaient pas d'école l'obligation de voter néanmoins les trois centimes affectés à l'instruction primaire. Les sommes ainsi recueillies devaient être, en attendant leur emploi, déposées au Trésor. « Ainsi s'est formé en quelques années, disait M. Villemain en 1841, même pour les plus pauvres communes, un fonds d'épargnes et de réserves qui me permet, en ce moment, de presser, sur une foule de points à la fois, la création de nouvelles écoles, et d'en réaliser prochainement un grand nombre, avec l'addition de quelques modiques secours des départements et de l'État. »

Les communes chefs-lieux de département, et celles dont la population excédait 6000 âmes, devaient avoir, en outre, une école primaire supérieure (art. 10). Ces écoles ne servaient pas seulement de complément à l'enseignement primaire ; elles devaient aussi « poser les bases de l'instruction dite intermédiaire ». M. Guizot exprimait l'espoir qu'après leur complète organisation, elles suffiraient pleinement, dans la plupart des lieux, aux besoins de cette instruction nouvelle, dont il a nettement reconnu le besoin [1]. Il avait certai-

paralysé l'influence des autorités locales en leur prescrivant d'atteindre sans délai des améliorations aujourd'hui impossibles. Le zèle se refroidit lorsqu'on s'aperçoit que les efforts les plus soutenus ne peuvent cependant produire tous les résultats qui, aux yeux de l'autorité supérieure, paraissent assurés. On travaille sans ardeur lorsqu'on désespère du succès. » Dans notre temps d'excessive centralisation et de réglementation à outrance, ce beau rapport est bon à méditer.

[1]. Le 20 août 1832, il disait de son fils François, qui entrait en philosophie :

nement raison de chercher à combler l'intervalle qui séparait l'enseignement secondaire de l'enseignement primaire.

Si attentif d'ordinaire à ne pas légiférer dans le vide, M. Guizot n'a pas évité ici l'écueil de la réglementation purement théorique. Cette prescription de 6 000 âmes était illusoire et inapplicable dans la plupart des cas. Telle petite ville, qui fait vivre à grand'peine son collège communal par l'adjonction de cours primaires, ne pouvait raisonnablement être obligée de le ruiner par la concurrence d'une école supérieure, condamnée d'avance, elle aussi, à végéter. D'ailleurs, faut-il tenir compte uniquement du chiffre de la population ? L'industrie d'une localité, son commerce, sa situation, même au-dessous de 6 000 âmes, justifient bien mieux la création d'une école supérieure, et offrent plus de ressources pour en assurer le succès. Enfin, il est bon d'observer que le nombre des villes au-dessus de 6 000 âmes n'est pas très considérable (on en comptait alors 263). Plusieurs de nos départements, sans même chercher dans les régions montagneuses, n'ont pas, en dehors du chef-lieu, une seule ville qui réponde à cette condition : l'Aube, par exemple. La plupart n'en ont pas plus de deux ou trois, et ainsi le bienfait de ce complément d'instruction serait bien parcimonieusement distribué. Il ne doit pas plus être question de 6 000 que de 4 000 âmes, comme le demandait Condorcet, ou de 2 000, comme le proposa M. Larabit. Une base plus solide, c'est le nombre des élèves aptes à recevoir cet enseignement. Suivant qu'il est plus ou moins considérable, il y a lieu d'établir ou simplement un cours complémentaire, ou une école supérieure proprement dite[1].

« Il a fallu toute sa douceur et sa confiance en moi pour que cette dernière année de grec et de latin ne lui fût pas nauséabonde. Évidemment il y a là quelque chose qui ne répond plus à l'état actuel, à la pente naturelle de la société et des esprits. Je ne sais pas bien quoi, je le cherche... Je suis de plus en plus frappé de tous les avantages de l'éducation classique ; et cependant, je conviens, je vois dans la personne de mon fils qu'il y a là quelque chose, et quelque chose d'important, à changer. L'enseignement est trop maigre et trop lent ; il y a trop loin de l'atmosphère intellectuelle du monde réel à celle du collège... »

1. L'arrêté du 15 janvier 1881 exige au moins six élèves pour un cours complémentaire ; vingt en première année et dix en deuxième, pour une école de deux ans ; trente en première année, vingt en deuxième, dix en troisième, pour une école de trois ans.

Le programme général de l'enseignement fixait le minimum nécessaire de connaissances, en laissant à l'autorité la latitude d'approuver l'extension et le développement que réclameraient les besoins et que permettraient les ressources des localités.

« L'instruction primaire élémentaire, disait l'article 1er, comprend nécessairement l'instruction morale et religieuse, la lecture, l'écriture, les éléments de la langue française et du calcul, le système légal des poids et mesures. » On regrette de n'y trouver aucune mention de l'histoire et de la géographie. Les statuts du 25 avril 1834 vinrent bientôt permettre de combler cette réelle lacune. L'article 1er ajoute à l'énumération des matières ce paragraphe : « Des notions de géographie et d'histoire, et surtout de la géographie et de l'histoire de la France, pourront, en outre, être données aux élèves les plus avancés. »

« L'instruction primaire supérieure comprend nécessairement, en outre, les éléments de la géométrie et ses applications usuelles, spécialement le dessin linéaire et l'arpentage, des notions des sciences physiques et de l'histoire naturelle applicables aux usages de la vie, le chant, les éléments de l'histoire et de la géographie, et surtout l'histoire et la géographie de la France. » — « Sans parler, ajoute M. Guizot dans l'exposé des motifs, de telle ou telle langue moderne qui, selon la province où nous sommes placés, peut nous être indispensable ou du plus grand prix. »

Il y a dans ce programme, d'ailleurs très bien tracé, une lacune grave à signaler, et ce ne fut pas un oubli, mais une intention formelle : c'est l'absence de toute instruction civique. A la Chambre des députés, MM. Salverte et Laurence avaient précisément demandé qu'on insérât dans le programme des notions sur les droits et les devoirs sociaux et politiques. M. Guizot aurait pu répondre que, dans son enseignement soit moral, soit historique, pas un instituteur n'oublierait de dire à ses élèves qu'ils seront un jour appelés à défendre leur patrie, qu'ils auront à payer l'impôt, prix légitime des services de l'État, qu'ils devront obéissance aux lois et aux autorités ; — et conclure, en conséquence, à l'inutilité d'introduire dans la loi une mention particulière de ces leçons. Il se contenta de répliquer assez sèchement qu'on ne pouvait, selon lui, exiger cet enseignement de tous les maîtres d'école du royaume; que cela lui paraîtrait « un hors-d'œuvre », dans des écoles qui ne sont fréquentées en général que par de très jeunes enfants. Il craignait, évidemment, que des maîtres peu expérimentés ne se laissassent entraîner, soit à des discussions politiques très déplacées, soit à des considérations au-dessus de la portée des enfants. Cette crainte, il faut bien l'avouer, n'était pas sans fondement. Pour mon compte, j'ai entendu plus d'une fois des élèves sortis d'une école normale débiter, devant des bambins de dix à douze ans, le cours qu'ils avaient suivi de dix-huit à vingt ans ! Ils étaient stupéfaits quand on leur déclarait, après la classe bien entendu, que leur leçon était détestable, ridicule [1]. Il y a là une question de tact et de mesure, que les efforts réunis des directeurs des écoles normales et des inspecteurs sauront résoudre; mais évidemment ces notions appartiennent légitimement à l'enseignement primaire.

L'article 3 des statuts du 25 avril 1834 établissait, dans toute école communale, « trois divisions principales, à raison de l'âge des élèves et des objets d'enseignement ». Ce sont, en germe, nos trois cours, élémentaire, moyen et supérieur. Cette idée féconde n'a pris réellement un corps qu'en 1868, par l'initiative de M. Gréard, qui donna cette organisation aux écoles du département de la Seine. Ce règlement, destiné à faire le tour de la France et à régénérer l'enseignement primaire, fut approuvé le 10 juillet 1868 par M. Duruy, qui s'empressa de signaler aux préfets et aux recteurs l'utile réforme.

1. On a pu lire récemment, dans la *Revue pédagogique*, cette piquante anecdote. Les élèves d'un cours élémentaire viennent de subir une leçon sur... l'inamovibilité de la magistrature! L'inspecteur général, pour toute critique, demande à un enfant son âge, et le bambin répond naïvement : Je ne sais pas, Monsieur !

X

En ce qui concerne le personnel enseignant, sa situation était certainement relevée et un peu améliorée, bien que d'une façon encore très insuffisante. La loi lui garantissait un logement convenable, un traitement fixe de 200 francs pour une école élémentaire, de 400 pour une école supérieure (art. 12). Une rétribution mensuelle, fixée par les conseillers municipaux et payée par les parents[1], complétait le traitement, et, pour sauvegarder la dignité et les intérêts de l'instituteur, elle était perçue dans les mêmes formes que les contributions directes (art. 14)[2].

En cas d'insuffisance des ressources ordinaires des communes et d'une imposition spéciale de trois centimes additionnels, les départements, puis l'État, devaient fournir aux dépenses scolaires (art. 13).

A défaut d'une pension de retraite, la loi établissait, dans chaque département, une caisse d'épargne et de prévoyance, formée par une retenue annuelle d'un vingtième sur le traitement fixe seulement. Le capital et les intérêts devaient être rendus au fonctionnaire à la fin de sa carrière, ou, en cas de décès dans l'exercice de ses fonctions, à sa veuve ou à ses héritiers (art. 15).

L'instruction primaire avait désormais, dans chaque département, son budget particulier, soumis au ministre de l'instruction publique. Le double but de M. Guizot était ainsi atteint : dans toutes les localités, l'instruction primaire, ainsi

---

1. Sur la désignation des conseils municipaux, les enfants dont les familles ne pouvaient payer la rétribution étaient admis gratuitement dans l'école élémentaire. Pour l'école supérieure, le nombre de ces places gratuites était limité, et il y avait un concours (art. 11).

2. Cette intervention du percepteur entre l'instituteur et les parents provoqua une assez vive sortie de M. Dupin. Il quitta le fauteuil de la présidence pour combattre cet article, sous prétexte qu'à la campagne, on avait l'habitude de payer avec du blé, des œufs, une poule, des journées de travail, plutôt qu'avec de l'argent. Le rapporteur, M. Renouard, demanda si, par humanité pour les parents, il fallait être inhumain pour l'instituteur, et décida le vote de la Chambre.

mise « à part et en relief », devenait « une véritable institution locale et permanente, investie de droits et objet de soins particuliers ». D'autre part, elle était fortement rattachée au ministère de l'instruction publique, comme le premier degré de l'Université de France. Si l'instituteur était, sur la présentation du conseil municipal, nommé par le comité d'arrondissement, M. Guizot avait fini par obtenir de la Chambre des députés, après un premier vote contraire, qu'il fût institué par le ministre (art. 22), et reçût ainsi le caractère de fonctionnaire public. En cas de révocation, il trouvait des garanties de justice dans le recours au ministre en conseil royal (art. 23). Dans le comité d'arrondissement, dont les pouvoirs étaient fort étendus, figurait un instituteur désigné par le ministre (art. 19).

Ajoutons à cette nomenclature des principales dispositions de la loi : l'obligation pour tout département d'entretenir une école normale primaire, soit par lui-même, soit en se réunissant à un ou plusieurs départements voisins (art. 11) ; — la suppression de la lettre d'obédience[1], par la nécessité imposée à tout instituteur et à toute institutrice de subir un examen devant un jury (art. 4) ; — et enfin, la consécration de la liberté de l'enseignement, promise dans l'article 4 de la Charte, par la suppression de l'autorisation préalable pour l'ouverture d'une école (art. 4). Jusque-là, les instituteurs privés devaient être autorisés, tantôt par le recteur, tantôt par l'évêque. La loi de 1833 réalisait une réforme importante, un progrès libéral, qu'il faut saluer et défendre. Il ne manque pas encore de nos jours de ces esprits absolus, autoritaires, centralisateurs à outrance, prompts à absorber tout pouvoir dans l'État, quand ils arrivent aux affaires, et n'hésitant pas à déclarer, avec Louis Blanc, par exemple, que « ce qu'on appelle la liberté de l'enseignement n'est que la gestation de l'anarchie » ; imprévoyants déserteurs de la liberté, qu'ils se

[1]. Ce n'était pas toutefois l'avis personnel de M. Guizot. Il déclare qu'il approuvait la lettre d'obédience et qu'il aurait voulu la mettre dans la loi ; mais il n'affronta pas un échec certain à la Chambre des députés.

condamnent à ne plus pouvoir invoquer en leur faveur, le jour
où un retour de l'opinion publique les mettrait en minorité.

Le projet de loi comprenait un article 26, qui fut retiré au
cours de la discussion. Il était ainsi conçu : « Selon les besoins et les ressources des communes, sur la demande des
conseils municipaux, il pourra être établi des écoles spéciales
de filles ; — les dispositions précédentes de la présente
loi sont applicables auxdites écoles. » M. François Delessert,
qui regrettait vivement cette lacune, aurait désiré au moins
une prescription impérative, obligeant le gouvernement à
présenter dans la prochaine session un projet de loi. M. Guizot
ne se déclara pas assez renseigné pour prendre un engagement à si bref délai : il s'était borné à faire une promesse ;
il se résigna à la retirer devant l'espèce de sommation de
M. Delessert, plutôt que devant les plaisanteries de M. Vatout
sur l'introduction de l'arpentage et de la géométrie dans l'enseignement des filles, ou l'assurance optimiste de M. Pelet
de la Lozère[1] que les écoles de filles étaient dans une situation, à beaucoup d'égards, meilleure que celle des écoles de
garçons ; et l'ensemble de la loi fut voté par 249 suffrages
contre 7.

XI

Les points faibles de la loi de 1833 sont, en somme, peu
nombreux ; on peut les réduire à trois : 1° La nomination
des instituteurs sur la présentation des conseils municipaux
rendait fort difficile leur avancement.

2° Leur traitement était d'une insuffisance notoire[2] et

1. Ce fut précisément sous le ministère de M. Pelet de la Lozère que fut rendue, le 23 juin 1836, l'ordonnance du roi qui réglementa les écoles de filles.
2. Et encore ne le touchaient-ils souvent qu'en partie. « On ne s'imagine pas,
écrit M. Lorain, toutes les rubriques inventées pour faire perdre à l'instituteur le
bénéfice de ce traitement... Combien de magistrats municipaux qui, ne voulant
pas affronter la loi, mais encore moins l'exécuter, l'ont tournée sournoisement
contre elle-même... en abaissant le prix des élèves payants, dont en même temps
on diminue le nombre pour les comprendre dans la catégorie des indigents !... On

d'une lésinerie que rien, en vérité, ne saurait justifier, puis-qu'on proclamait si hautement la grandeur et l'utilité de leur mission, de leur « sacerdoce », de leur « magistrature » ! C'était une injustice de ne pas imposer à la société les sacri-fices nécessaires pour acquitter une dette vraiment sacrée ; et il m'est difficile de prendre plus au sérieux toutes les pieuses exhortations à demander à Dieu le payement de leurs services, que la raison morale si odieusement imaginée par Fourcroy, au Corps législatif, 30 avril 1802, à savoir que « le traitement est une prime à la négligence » !

3° Enfin, la loi de 1833 ne s'occupe que de l'instruction des garçons, et son auteur n'a pas tenu à honneur, dans la suite de sa carrière politique, de consacrer les mêmes soins à l'éducation des filles. Que cette ambition eût mieux valu pour sa gloire et la prospérité de la France ! Comme elle lui serait reconnaissante aujourd'hui de l'avoir tirée plus tôt de son incroyable indifférence, qu'entretenaient d'une façon si sin-gulière les orateurs officiels ! Dans ce même discours que j'ai cité plus haut, Fourcroy expliquait pourquoi le projet de loi (1er mai 1802) ne s'occupait pas de l'instruction des filles : « Ne prévoit-on pas, disait-il, que, dans les communes aux-quelles cette organisation est confiée, on ne négligera pas de faire ce qui est convenable à cet égard ? Ne sait-on pas encore que c'est dans les familles que cet apprentissage domestique, comme celui des ouvrages qui conviennent aux filles, s'établit naturellement ? » M. Guizot, que de récentes publications nous ont montré si tendre, si vigilant, dans sa famille, si occupé de diriger, de près ou de loin, l'éducation de ses chères filles, Henriette et Pauline, n'eût pas manqué de faire là une œuvre utile ; et la statistique de 1847 n'eût pas eu à enre-gistrer ces deux chiffres si peu d'accord : 43614 écoles de

---

fait à l'instituteur un payement simulé de 200 francs, mais il en abandonne la moitié, plus ou moins, que l'on emploie à une autre destination. » Une circulaire de M. Guizot, 17 avril 1834, signale aux préfets cet inqualifiable abus, que l'on retrouverait peut-être encore dans quelques communes rurales, en cherchant bien. Mais M. Guizot menaçait de révocation l'instituteur qui aurait eu la faiblesse de céder à de pareilles injonctions. N'était-ce pas assurer l'impunité aux maires coupables ? Le volé n'avait garde de se plaindre : il aurait tout perdu.

garçons, et seulement 19114 écoles de filles! Comme si l'instruction de la femme n'était pas, pour le moins, aussi nécessaire que celle de l'homme !

Malgré ces réserves, on ne doit pas hésiter à déclarer, avec
M. Jules Simon, que « c'est une de ces lois qui honorent à
jamais ceux qui les ont faites [1] et qu'on admire davantage à
mesure qu'on les connaît mieux ».

On ne peut apprécier à sa juste valeur l'immensité du service rendu au pays qu'en lisant le *Tableau*, si curieux et si
navrant, *de l'instruction primaire en France à la fin de 1833*,
tracé par M. P. Lorain, d'après tous les documents recueillis
dans la mémorable enquête dont je parlerai bientôt. Quelques
citations suffiront pour édifier le lecteur.

Tout d'abord, voici un aperçu de la situation matérielle
des écoles : « Rien ne donne une plus triste idée du mépris
qu'on fait généralement en France de l'instruction primaire
que le petit nombre de bâtiments spéciaux affectés à cet
emploi. Des Pyrénées aux Ardennes, du Calvados aux montagnes de l'Isère, sans en excepter même la banlieue de la
capitale, les inspecteurs n'ont poussé qu'un cri de détresse;
et, si les récits de quelques-uns n'étaient capables d'émou-
voir jusqu'aux larmes, en songeant à ces pauvres enfants
qu'on entasse dans ces foyers d'infection et d'épidémie, qui
pourrait garder son sérieux à la lecture de ces combinaisons
comiques, de ces réunions contre nature, inventées par la
plus extrême misère ou par le plus sordide intérêt, pour
reléguer l'instruction primaire dans un repaire qui ne coûte
rien à personne ?... — C'est un phénomène assez rare,
dans le logement habité par le maître, de le voir consacrer à
tous les usages domestiques une chambre séparée de la classe.
Il lui est plus commode, en faisant réciter le catéchisme, de

---

1. Dans un intéressant volume récemment publié, M. J. Simon indique la part
importante que M. Cousin a prise à la loi de 1833 : « Il s'en attribuait la pater-
nité, qu'il faut maintenir à Guizot. Cousin n'a écrit la loi que d'après ses inspi-
rations et sous ses ordres. Il n'en est pas moins vrai qu'il l'a écrite, et que même
l'exposé des motifs est de sa main. » Il en fut le rapporteur à la Chambre des
pairs.

verser une chopine aux buveurs, ou de battre sur la forme la semelle des chaussures qu'il débite dans le voisinage, de surveiller son pot-au-feu et d'écumer la marmite... — Lors de mon passage, dit un inspecteur dans la Meuse, la femme de l'instituteur était accouchée la veille dans le local de la classe... — On voit quelquefois les maîtres rechercher plus volontiers les écuries et les étables pour y tenir leur classe, dans l'espérance de mettre à profit la chaleur des bêtes qui l'habitent... — Souvent l'école se tient dans des granges humides, des salles basses, des caves où l'on est obligé de descendre en rampant, dans un local d'une petitesse incroyable... »

Voici maintenant pour le personnel :

« Je crois que les maîtres savaient tous lire, bien ou mal, dit un inspecteur...; je me suis assuré qu'ils ne savaient pas tous écrire... — Telle était l'ignorance stupide de quelques-uns d'entre eux, que, l'inspecteur ayant demandé dans une école si l'on enseignait la grammaire française, l'instituteur triomphant prit entre les mains d'un enfant hébété, pour la remettre à M. l'inspecteur, une grammaire... latine; et je ne sais s'il est encore bien convaincu de son erreur aujourd'hui, car il y a pourtant, disait-il, plus de français que de latin dans cette grammaire... — La misère des instituteurs est égale à leur ignorance, le mépris public mérité souvent par leur ignominie. C'est un spectacle immonde..., et le cœur se soulève à la lecture de ce chaos de tous les métiers, de ce répertoire de tous les vices, de ce catalogue de toutes les infirmités humaines !... — L'instituteur était souvent regardé dans la commune sur le même pied qu'un mendiant... Les maires (et Dieu sait si les maires de campagne appartiennent à la classe aristocratique), quand ils voulaient donner à l'instituteur une marque d'amitié, le faisaient manger à la cuisine; bien des instituteurs ne gagnaient pas leur pain; 100 fr., 60 fr., 50 fr. même étaient exactement tout le produit annuel de leur profession... Dans bien des endroits, ils n'étaient jamais payés en argent, mais chaque famille mettait de côté ce qu'elle avait de plus mauvais dans sa récolte, pour donner à l'instituteur, quand il viendrait, le dimanche, mendier à chaque porte, la besace sur le dos... L'instituteur n'était pas toujours bienvenu à réclamer dans un ménage un petit lot de pommes de terre, parce qu'il faisait tort aux pourceaux... »

Quant à l'opinion publique, elle était généralement assez peu favorable : « Nous avons mangé du pain sans savoir lire et écrire, nos enfants feront de même », disaient beaucoup de parents. « Quand tous les enfants du village sauront lire et écrire, s'exclamaient les propriétaires, où trouverons-nous des bras? nous avons besoin de vignerons, et non de lecteurs... »

XII

Désireux d'assurer le succès de sa loi, en ne se contentant pas d'en remettre l'exécution au mécanisme administratif, mais en s'assurant le concours actif et zélé des autorités, des instituteurs, de la population elle-même, M. Guizot lança plusieurs circulaires, dont l'une principalement est célèbre, et il organisa dans toute la France une inspection générale, qui est restée historique.

On trouvera dans ce recueil la belle circulaire aux instituteurs, qu'il fit rédiger par M. de Rémusat. « Avec quelle touchante familiarité, dit fort bien M. de Loménie, le ministre tend la main au pauvre et obscur magister de village! Comme il le relève aux yeux de tous, et surtout à ses propres yeux! comme il le pénètre de l'importance de sa mission! C'est presque son ami, son collègue, son égal! » Cet appel élevé et chaleureux au sentiment du devoir, de la responsabilité envers les familles et envers le pays, à la vigilance et à la tendresse pour les enfants, à l'éducation du cœur et de l'âme non moins que de l'intelligence de leurs élèves, au respect de la dignité professionnelle comme à la déférence pour les autorités, cet appel n'a en rien vieilli, et notre personnel y trouvera encore le *sursum corda* que nous avons tous besoin d'entendre souvent résonner à nos oreilles

pour rester à la hauteur de notre tâche. Le prêtre n'ayant plus
entrée à l'école[1], ce qui ne signifie pas le moins du monde
qu'on en a chassé Dieu, nous n'avons plus à leur relire les
recommandations de la circulaire sur leurs rapports avec
l'autorité ecclésiastique, dont la loi les a affranchis. Mais il
est un conseil qui est toujours de mise. M. Guizot recommandait d'éviter « l'hypocrisie à l'égal de l'impiété ». Ce
n'est plus l'hypocrisie qui est un danger aujourd'hui. Retour-
nons la phrase, et elle conviendra bien à notre situation :
« Évitez l'impiété à l'égal de l'hypocrisie. »

Un seul passage de cette belle circulaire est vraiment
regrettable et ne soutient pas l'examen. Sous une apparence
de grandeur, il me semble, je le dis à regret, une pure
déclamation. Qu'on dise à des fonctionnaires que les charges
actuelles du Trésor ne permettent pas, pour le moment,
de rémunérer dignement leurs services, ils seront les
premiers à répondre que, par dévouement pour la patrie, ils
sauront patiemment attendre de plus heureux jours ; et tout
le monde aura été dans la vérité de son rôle. Mais quand on
érige cette situation, qui ne doit être que passagère, en état
régulier et permanent ; quand on avance, ce qui est parfaitement faux, et dangereux même, que la « société ne saurait
rendre à celui qui s'y consacre tout ce qu'il fait pour elle[2] » ;
quand on propose à l'instituteur, pour « digne salaire que lui
donne sa conscience seule, l'austère plaisir d'avoir servi les
hommes » ; quand on essaye de lui persuader que « sa gloire
est de s'épuiser en sacrifices à peine comptés, de travailler
pour les hommes et de n'attendre sa récompense que de

---

1. Nos modernes Jacobins ont cru remporter une victoire signalée en fermant
absolument l'école au prêtre, même en dehors des heures de classe. Ils ont fait
le jeu des écoles congréganistes, ils ont mécontenté bien gratuitement les populations. Dans certaines localités, les enfants ont plusieurs kilomètres à parcourir
pour se rendre à l'église. N'y avait-il pas moyen de délivrer l'instituteur de l'autorité religieuse qui avait si longtemps pesé sur lui, sans faire du fanatisme à
rebours ?

2. Rappelez-vous cette jolie page où Bastiat montre, en passant en revue les
diverses consommations d'un simple menuisier de village dans un jour, comment,
grâce à la vie sociale, un modeste ouvrier peut se procurer, en échange de
quelques heures de travail, ce que, réduit à lui-même, il n'aurait pu obtenir de
plusieurs années d'efforts.

Dieu », j'avoue que je suis bien près de m'indigner de ces phrases solennelles, dont les ministres du culte eux-mêmes ne se seraient pas payés. Car enfin à qui tient-on ce langage? A des gens dont, treize ans après le vote de cette loi, « 18155 n'arrivent pas à 500 francs de traitement, 11155 à 400 francs, et, le croira-t-on? 3600 à 300 francs, c'est-à-dire à un taux auquel ne descend la journée de l'ouvrier, ni dans les contrées les plus misérables, ni pour les travaux les plus grossiers » ! Ces renseignements, que fournissait, avec une généreuse indignation, M. de Salvandy à la Chambre des députés, le 5 mai 1846, me rendent positivement odieuse cette sentimentalité sophistique, dont je regrette, plus que je ne veux le dire, de voir M. Guizot et M. de Rémusat se faire si sérieusement les interprètes.

Cette circulaire, dont j'admire tout le reste, fut envoyée par le ministre à 39300 instituteurs, avec prière de lui en accuser réception. Leurs réponses devaient fournir d'utiles renseignements sur leur zèle et leur aptitude. 13850 seulement répondirent, c'est-à-dire le tiers. C'était trahir beaucoup d'apathie ou d'incapacité et confirmer l'administration dans son dessein arrêté et son vif désir de régénérer ce service.

XIII

Une des mesures les plus efficaces qu'elle imagina dans sa sagesse et qu'elle exécuta avec un rare succès, ce fut une inspection générale des écoles primaires dans toutes les parties de la France : enquête solennelle, bien propre à frapper l'esprit des populations, à susciter le zèle des autorités, à établir et à éclairer l'action de l'administration centrale. 490 fonctionnaires de tout rang dans l'Université, ou personnes dévouées à l'instruction eurent ordre de visiter toutes les écoles de garçons[1], et de répondre, après avoir constaté les

1. Il est bien regrettable et bien incompréhensible qu'on n'ait pas constaté du même coup la situation des écoles de filles.

faits, à un questionnaire méthodiquement tracé. Du mois de septembre au mois de décembre, cette vaste enquête occupa 10 278 journées et ne coûta que 134 517 francs. Une masse considérable de documents précieux avait été recueillie. C'était la première fois qu'on portait au grand jour le mal, parce qu'on était bien résolu à le combattre.

La création de l'inspection primaire (ordonnance du 25 février 1835) en fut la preuve la plus sérieuse. L'instruction du peuple était désormais l'objet de la surveillance d'un fonctionnaire spécial, compétent, qui ne serait distrait par aucun autre souci. M. Guizot comptait sur lui pour réaliser les promesses de la loi. L'importance de ce service avait été si bien comprise en Hollande, dès le commencement du siècle, que la loi de 1806 s'était presque exclusivement occupée d'en assurer le fonctionnement. « Elle n'a pas voulu, disait avec infiniment de sens M. Cousin, faire un chef-d'œuvre, une codification où la matière de l'instruction primaire fût divisée et classée selon toutes les règles de l'analyse philosophique; elle a été droit au but qu'elle se proposait d'atteindre, par le chemin le plus court et le plus sûr; et puisque, au fond, dans l'instruction primaire, tout repose sur l'inspection, c'est l'inspection que la loi a constituée[1]. »

La circulaire que M. Guizot adressa, le 13 août 1835, aux nouveaux fonctionnaires, document historique à conserver, sera lue encore avec profit par leurs successeurs actuels. Quelques détails seulement se rapportent à l'organisation primitive de ce service. Placés alors sous la direction du recteur et du préfet (en 1854 seulement, ils furent mis sous les ordres des inspecteurs d'académie), ils avaient, avec des appointe-

---

1. Nous aimons tant à réglementer par le menu détail qu'il n'est pas inutile d'insister, avec M. Cousin, sur les bons exemples que nous offre la législation étrangère : « Je ne connais pas, ajoute-t-il, de loi d'instruction primaire plus courte et en même temps plus efficace. Elle ne contient que le gouvernement de l'instruction primaire. Tout le reste est renvoyé à des règlements généraux d'administration... Au lieu de cette précision facile et trompeuse qui a si bon air sur le papier, mais qui, dans la pratique, embarrasse tant et ne laisse rien à faire au temps et à l'expérience, la loi hollandaise présente cette généralité et cette latitude qui, à mes yeux, font tant d'honneur à notre admirable décret de 1808. »

ments bien plus modestes[1], des attributions plus étendues et une plus grande liberté d'action. Lors de la tournée de l'inspecteur dans son département, les comités scolaires étaient convoqués extraordinairement pour recevoir les vues de l'administration supérieure et lui fournir des informations. Le ministre invitait les préfets à donner les ordres nécessaires pour la réunion des conseils municipaux dans toutes les communes qui devaient être visitées. L'inspecteur avait à s'occuper très fréquemment de l'école normale, à « en suivre de très près les travaux », avec le droit de réclamer l'intervention du recteur ou du préfet, si on ne déférait pas à ses conseils ou à ses observations.

La situation est donc changée en quelques points ; mais ce qui subsiste, c'est l'essentiel des fonctions, « la propagation et la surveillance des écoles primaires » ; et les recommandations de M. Guizot sont toujours bonnes à répéter. Il est toujours à propos, dans une société essentiellement démocratique, d'appeler toute la sollicitude des inspecteurs primaires « spécialement sur les écoles de campagne », placées loin des ressources de la civilisation et sous la direction de maîtres moins éprouvés. Le ministre leur recommandait avec raison, mais un peu froidement, dans leurs relations avec les maîtres, au sein même de l'école, « de ne rien faire et de ne rien dire qui puisse altérer le respect et la confiance que leur portent les élèves ». Nous avons applaudi et retenu le langage autrement chaleureux de M. Jules Ferry, au congrès de 1880 : « Vous êtes des inspecteurs, mais je n'aime pas beaucoup ce titre, car vous devez être quelque chose de plus que des surveillants ; vous devez être des appuis, des collaborateurs, des supports bienveillants ; vous devez être, — j'ai dit le mot et je le reprends, — des amis vigilants pour l'instituteur. » Les derniers mots de la circulaire, surtout, expriment deux des principes les plus élevés et les plus féconds de la pédagogie : « Ne perdez jamais de vue que le succès dépend

1. 1500, 1800 et 2000 francs, suivant la classe.

essentiellement de la moralité des maîtres et de la discipline des écoles...; que le sentiment du devoir et l'habitude de l'ordre soient incessamment en progrès dans nos écoles. »

XIV

En dehors du domaine de l'enseignement primaire, qui nous intéresse plus particulièrement, je ne m'attarderai pas à rechercher ce que M. Guizot a fait pour l'instruction secondaire et pour les études supérieures. Je retiens les seules indications que nous donnent ses *Mémoires*. Il termine l'exposé de son second ministère de l'instruction publique, en exprimant le regret de n'avoir pu réaliser quelques-uns de ses projets. Il aurait voulu, par exemple, tout en maintenant l'Université, fonder la liberté de l'enseignement secondaire ; développer l'enseignement intermédiaire, dont il sentait le besoin; remplacer les grands internats par de petites pensions de famille ; organiser sur de larges bases l'instruction supérieure en constituant, outre Paris, quatre grands centres universitaires, soit Rennes et Strasbourg, Toulouse et Montpellier, etc. Quel dommage que, ces regrets, il ne les ait pas ressentis plus tôt ! En revenant aux affaires, il aurait demandé ce même portefeuille de l'instruction publique, au lieu de le repousser comme un amoindrissement et une insulte pour son parti, quand les vainqueurs de la coalition contre M. Molé le lui offrirent de nouveau[1]. « C'était, disait-il, une position secondaire » que ce ministère auquel il avait su donner tant d'importance[2], dont il avait projeté d'étendre encore les

---

1. Louis Blanc raconte la scène où M. Guizot s'expliqua vivement à ce sujet, en présence de MM. Odilon Barrot, Havin, Chambolle, Thiers, Mathieu de la Redorte, Roger, Duvergier de Hauranne, Rémusat. Voy. *Hist. de dix ans*, V, 371.
2. Le ministère de l'instruction publique n'était, à son origine d'ailleurs récente, qu'une division du ministère de l'intérieur. Le 26 août 1824, fut créé le ministère des affaires ecclésiastiques et de l'instruction publique, et le 4 janvier 1828, le ministère spécial de l'instruction publique. Ainsi se trouva réalisé le vœu de l'abbé de Saint-Pierre, qui demandait la création d'un *bureau perpétuel d'éducation*. « En 1832, dit M. Guizot, il devint, dans l'ensemble de nos institutions, un rouage complet et régulier, capable de rendre à la société et au pouvoir, dans l'ordre

attributions par l'adjonction des beaux-arts; qu'il finit par
proclamer «de tous les départements ministériels le plus
populaire, celui auquel le public porte le plus de bienveillance
et d'espérance »; où il savait qu'il pouvait de nouveau faire
tant de bien, en reprenant ce qu'il appelle à juste titre son
«travail au service des intelligences et des âmes dans les
générations futures ». Une position secondaire! Ne le déclare-
t-il pas, en réalité, le principal instrument du salut de la
France, quand il dit avec tant de sens et d'élévation : « Pour
améliorer la condition des hommes, c'est d'abord leur âme
qu'il faut épurer, affermir et éclairer » ?

La politique, qui a détourné ailleurs son ambition, n'a pas,
en somme, servi sa renommée. Ambassadeur à Londres
en 1840, son incroyable confiance en lui-même le rendit, lors
des affaires d'Orient, facilement dupe de Palmerston, qu'il
eut, il est vrai, le plaisir de jouer à son tour dans les mariages
espagnols. Ministre des affaires étrangères, la même année,
en remplacement de M. Thiers [1], et jusqu'en 1848, s'il fut
sage en refusant d'engager le pays dans une lutte européenne
à propos de l'Égypte, il ne sut pas ménager assez la susceptibilité nationale et sauvegarder l'honneur. Il parut humilier
la France devant l'Angleterre en sacrifiant trop à *l'entente
cordiale*, en soumettant nos vaisseaux au droit de visite, en
payant l'indemnité Pritchard. Pour entretenir plus tard de
bons rapports avec le prince de Metternich, il laissa la politique autrichienne libre en Suisse, en Italie, à Cracovie. On
ne lui savait pas gré de la paix extérieure, qui semblait achetée
par une attitude trop humble; quant à l'ordre intérieur,
d'ailleurs si souvent troublé, on regrettait de le devoir à un

---

intellectuel et moral, les services dont, aujourd'hui moins que jamais, ils ne
sauraient se passer. » Quand il en prit possession, il réclama dans ses attributions, et eut gain de cause, les grands établissements d'instruction, le Collège de
France, le muséum, l'École des chartes, l'École des langues vivantes, puis les
sociétés savantes, les bibliothèques, les encouragements scientifiques et littéraires.

1. Sa situation était étrange : il remplaçait le ministre qu'il avait si mal informé.
M. Thiers le lui fit sentir vertement en pleine Chambre : « Ambassadeur de cette
politique, confident intime de cette politique, vous étiez le dernier homme qui
pouvait remplacer le ministre qui l'avait pratiquée. »

ministre absolument opposé à toute réforme. Les concessions au dehors, la compression au dedans, c'était un programme irritant; car, si les intérêts matériels y trouvaient à peu près leur compte, les esprits n'étaient pas satisfaits. Il manquait au pouvoir ce que M. Guizot déclare lui-même si nécessaire : « un peu de grandeur dans les œuvres et sur le drapeau ».

Arrivé enfin au comble de ses vœux, à la présidence du conseil des ministres, en septembre 1847, il continua, avec une imperturbable sérénité, à mener la monarchie à sa ruine. Lamennais, dès novembre 1844, se réjouissait des succès parlementaires de M. Guizot : « Nul autre ne le vaudrait, écrit-il avec une joie féroce; c'est lui qui doit conduire la monarchie de Louis-Philippe à son dernier gîte ; il est né fossoyeur. Que la fosse soit profonde! » En vain ses amis, de Rémusat, Duvergier de Hauranne se séparent de lui ; en vain les avertissements les plus pressants lui sont-ils donnés à la tribune, du camp même des conservateurs[1]. Jusqu'au dernier moment, oubliant la nation[2] pour ne voir que le *pays légal*, se croyant sûr de trancher toutes les difficultés, de renverser tous les obstacles par un vote législatif, il mit son orgueil à ne faire aucune concession sur aucun point. M. Desmousseaux de Givré put résumer ainsi son programme : *rien, rien, rien!* et Lamartine alla jusqu'à lui dire qu'à cette façon d'entendre le gouvernement, « une borne suffirait ». Ses triomphes oratoires lui cachèrent jusqu'au bout l'abîme qui se creusait chaque jour plus profond : « L'admirable et spécieuse éloquence de M. Guizot, remarque très finement Sainte-Beuve, eut cela de singulier, de monter toujours et de faire illusion sur la force qui défaillait peu à peu, tellement que, vers la fin, l'éloquence était au comble quand la force intérieure était au plus bas. » Le 24 février 1848, la révolution éclatait, et

---

1. « Prenez garde au mouvement de colère qui peut un jour éclater dans le pays. » (LIUFAURE.) — « La tempête est à l'horizon, elle marche sur vous. » (DE TOCQUEVILLE, 28 janvier 1848.) — « Vous êtes les instruments d'un gouvernement aveugle, qui conduit le pays à sa perte. » (THIERS, 10 février 1848.)

2. « On a dit que je prenais plaisir à braver l'impopularité; on s'est trompé, je n'y pensais pas. » — « Il fallait y penser », réplique avec raison Sainte-Beuve.

M. Guizot, réduit à se cacher aux Tuileries, puis à fuir, le soir, déguisé en ouvrier, put entendre les cris de mort qui poursuivaient son nom[1] !

Après cette rude leçon, malheureusement fort inutile pour le convaincre de ses torts, le reste de sa vie, qui s'est prolongée jusqu'en 1874, fut consacré à l'achèvement de ses travaux historiques, à ses devoirs d'académicien[2], à la rédaction de ses *Mémoires*, à des *Méditations sur la religion chrétienne*. Le 18 mars 1870, président de la commission chargée par M. Segris d'un projet de loi relatif à la liberté de l'enseignement supérieur, il traçait, dans une large improvisation, un magnifique tableau de cet enseignement en Europe. « Pourquoi, murmurait-on en sortant de cette séance remarquable, M. Guizot n'est-il pas toujours resté ministre de l'instruction publique, en dehors des luttes de la politique? » (DUMAS, *Discours de réception*, 1er juin 1876.)

Depuis 1848, la politique ne figure plus dans sa vie qu'à l'état de regret et de souvenir. Tout d'abord, de sa retraite momentanée à Londres, il dit son mot à la démocratie : « Je ne pensais pas, écrit-il à M. Vitet le 5 octobre, que le diable gagnât la bataille contre nous comme il l'a gagnée... Il est devenu bête en restant coquin. » La démocratie a certainement besoin de recevoir des leçons et des avertissements; mais elle les accepte seulement de ses amis sincères et dévoués. M. Guizot, après son fatal aveuglement et sa chute lamentable, manquait d'ailleurs d'autorité; son vif ressentiment ne lui laissait pas le calme et l'impartialité nécessaires; le porte-étendard de la bourgeoisie se trouvait trop dépaysé dans cette évolution populaire pour prétendre y jouer

---

1. « Il avait été caché, raconte Mme de Witt, par Mme Duchâtel chez une portière de la rue Vanneau; le soir, Mme de Mirbel était venue le chercher et l'avait emmené chez elle; là, elle l'a caché et soigné avec une amitié infatigable jusqu'au mercredi 1er mars, où il est parti avec M. de Fleischmann, qui l'emmena jusqu'à Bruxelles par le chemin de fer du Nord, comme son valet de chambre. Là, mon père était hors de danger, et, à Ostende, il a pris le bateau à vapeur jusqu'à Douvres. » Sa mère le rejoignit quelques jours après et mourut le 31 mars.

2. Réception à l'Académie française de MM. Biot, 1857; Lacordaire, 1861; Prévost-Paradol, 1866.

encore un rôle. Un instant seulement, il eut quelque espérance de retrouver ses anciens électeurs : il écrivit aux journaux du Calvados qu'il restait toujours ce qu'il avait été, libéral, conservateur et monarchiste constitutionnel. Le bon sens public ne lui accorda pas « la réparation qui m'est due », écrit-il à M. de Barante, 16 février 1849, et lui épargna cette épreuve. Rentré au Val-Richer (juillet 1849), il écrivit, en novembre 1850, une note sur la fusion des deux branches de la maison de Bourbon, comme « le seul moyen de rétablir la monarchie et de sauver la France ». Le second empire lui paraissant « une ridicule et honteuse comédie..., effronterie et hypocrisie..., mensonge et brigandage », il resta définitivement dans sa « fière impartialité », en dehors de la politique : avec quelle résignation, on le sent à cette fin poignante d'une préface de ses *Méditations religieuses :* « Depuis vingt ans, j'essaye mon tombeau. J'y suis descendu vivant ! »

Un trait touchant, que je ne saurais omettre, c'est qu'en 1871, M. Guizot acceptait le titre de délégué cantonal et donnait à sa commune de Saint-Ouen-le-Pain la maison d'école qu'il avait fait bâtir à ses frais, dans un de ses champs. L'instruction lui a toujours porté bonheur ; il n'y touche jamais sans reconquérir aussitôt, comme administrateur ou comme pédagogue, les sympathies que s'est aliénées l'homme politique.

XV

La pédagogie de M. Guizot est bien nettement marquée à l'empreinte de son caractère. Cette force singulière de volonté qu'il s'est exercé à cultiver en lui dès sa jeunesse, comme l'instrument assuré de sa fortune, dont il aimait d'ailleurs à donner aux autres des marques extérieures[1], et à lui-même

---

1. « Comme il est intérieurement une volonté, dit M. J. Simon dans l'éloge qu'il a prononcé à l'Académie des sciences morales et politiques, le 10 mai 1883, il est extérieurement une force. Il préfère la force à tout le reste. Il l'aime tant qu'il en aime jusqu'à l'apparence. Sa règle dans la vie était d'être fort et de le paraître. »

parfois l'illusion [1], c'est la qualité maîtresse qu'il recommande à l'éducateur de développer dans l'enfant. D'accord avec Montaigne, dont il embrasse avec chaleur les idées humaines et libérales, il pose ces principes généraux : l'homme est né pour agir ; c'est donc à agir qu'il faut lui apprendre. Et comment, sinon en le faisant agir ? La seule chose qu'il importe véritablement d'apprendre, c'est juger et vouloir. « Est-ce un esclave ou un homme que l'on prétend former ? Si c'est un homme, permettons-lui d'en étudier de bonne heure le rôle ; il n'aura pas trop de temps pour s'en instruire. »

Il développe cette idée fondamentale avec une vivacité remarquable dans son commentaire sur le *Père de famille*, du Tasse : « Que, dès ses premières années, l'enfant dont on veut faire un homme apprenne qu'il est destiné à être fort, que son devoir sera de l'être, non seulement pour lui, mais pour les autres... L'enfant le plus petit, dès qu'il est capable d'une action sérieuse et d'une volonté réfléchie, acquiert le droit de considérer comme importante la direction de cette action et de cette volonté. Qu'il comprenne que tout ce qu'il fera de bien, quelque petite qu'en soit l'occasion, méritera d'être compté comme un pas vers le grand but auquel il doit tendre, et qu'il sente que son action, sans importance relativement à l'objet auquel elle s'applique, peut être d'une grande importance relativement à lui-même et aux devoirs qu'il a à remplir... Il pourra se dire : aujourd'hui j'ai été homme autant qu'il était en mon pouvoir. »

L'exercice et l'affermissement de la volonté, c'est la condition et l'instrument de notre amélioration morale, du perfectionnement de la nature humaine en nous-mêmes, selon l'incessante prédication de Kant. Les bonnes habitudes, la bonne discipline, ce qu'on appelle la bonne volonté, « qui

---

1. Parlant de la vie de société en Angleterre, il nous fait cette intéressante confidence : « Je ne suis pas insensible à ces petits plaisirs ; même quand je les trouve petits, quand j'ai l'air de m'en amuser plus que je ne m'en amuse réellement, je sais me défendre contre leur ennui ; je ne m'en impatiente pas ; l'impatience me déplaît et m'humilie ; j'ai besoin de croire que je veux ce que je fais, et j'accepte de bonne grâce la nécessité, pour échapper aux apparences de la contrainte. »

n'est pas la vraie », dit si finement Mme Necker de Saussure, ne suffisent pas à cette œuvre, qui réclame toute l'énergie de notre activité volontaire et personnelle : « La moralité est quelque chose de si saint, de si sublime, dit le philosophe de Kœnigsberg, qu'il ne faut pas la rabaisser au rang d'une discipline de tous les instants. Tous les efforts de l'éducation morale doivent tendre à former un caractère. Avoir du caractère, c'est être toujours prêt à agir d'après des principes. » C'est être toujours prêt à se dire à soi-même, sans céder à l'intérêt ou à la passion, quand le devoir commande : *Il faut*, parce que, dit avec accent M. Guizot, « c'est là le mot magique dans cette vie ». Pour accomplir cette œuvre essentiellement libérale, qui est le but suprême de l'éducation, c'est sur la liberté surtout qu'il faut compter : « Donnez à l'homme, dit-il avec un réel bonheur d'expression, une boussole et de bonnes ancres ; mais ne prétendez pas lui interdire l'approche de tous les écueils. Faites-le fort et laissez-le libre ; c'est le seul moyen de le rendre supérieur. »

Le progrès de l'instruction n'est pas moins que celui de la moralité sous la dépendance étroite de la volonté : « Le ressort moral est le seul qui soit vraiment utile et efficace. Ce n'est que de l'être moral, c'est-à-dire capable de volonté, que l'être intelligent peut recevoir une impulsion forte et durable. » Il n'y a d'étude sérieuse et féconde que là où l'attention volontaire a été énergique et soutenue; et, par une heureuse réciprocité, « le grand avantage de l'étude, l'avantage inappréciable », c'est qu'elle est « plus propre que toute autre chose à faire acquérir ce pouvoir de la volonté sur l'attention, si nécessaire dans tout le cours de la vie ».

Cette simple indication psychologique suffit à M. Guizot pour faire ressortir « le danger de ces méthodes légères qui veulent faire de tout un amusement pour l'enfance, et qui détruisent ainsi ce qu'il y a de plus nécessaire dans la vie, la puissance de la volonté sur l'exercice des facultés intellectuelles ». S'il était possible d'instruire un enfant sans lui demander un effort, en lui épargnant toute peine, par le seul attrait du plaisir, en ne le rendrait pas maître de ses facultés, on ne lui apprendrait pas à étudier seul, à vaincre des difficultés. Homme fait, il resterait un simple écolier, sans initiative et sans avenir. « Ce qui a trompé la plupart des inventeurs de ces méthodes frivoles, c'est qu'ils ont cru devoir et pouvoir instruire l'enfant sans y faire intervenir sa propre volonté; ils ont séparé l'instruction de l'éducation, tandis qu'elles doivent être intimement liées, et que l'une doit tirer de l'autre ses plus pressants mobiles. »

M. Guizot est bien loin cependant de trop exiger de l'enfance. Il respecte avec autant de scrupule sa liberté et son bonheur que son intelligence et sa volonté : « Je ne puis vous dire, écrit-il de Londres à sa mère, quel plaisir j'ai à penser que mes enfants vont vivre au grand air. Je crois cela si bon ! Laissez-les dehors le plus possible... Du loisir, du mouvement, de la liberté, c'est là ce qu'il faut soigner pour eux. » Et ailleurs : « L'intelligence de mes enfants est assez développée et continuera de se développer bien assez vite. C'est leur développement physique qu'il faut soigner, leur force physique; et pour cela, le grand air, le mouvement extérieur, la liberté physique, la variété des impressions sont les meilleurs moyens[1]. »

Comment concilier ces diverses exigences ? M. Guizot provoque utilement les réflexions sur ce point par une analyse délicate des données multiples de la question. Elle ne peut

---

1. Dans une lettre fort spirituelle, Doudan recommande également à Mme la baronne de Staël, 10 août 1841, de ne rien presser dans l'éducation de Paul, son neveu : « Ce qu'il faut d'abord obtenir, c'est le grand prix de santé... Dans ces premières années, rien ne dépend d'un peu plus d'orthographe ou de chronologie... Les qualités les plus précieuses même de l'esprit ne trouvent pas tant leur nourriture dans ces vilains petits livres élémentaires que dans les accidents et le repos animé de la vie de chaque jour. Entendre parler et penser autour de soi; deviner peu à peu, en voyant et en écoutant, ce qui est juste, délicat, élégant, simple, élevé; tout cela s'apprend de bonne heure ou jamais... Je ferais volontiers passer aux enfants des examens d'ignorance, dans les premières années. Si j'étais inspecteur des études, je tranquilliserais bien les maîtres, n'est-il pas vrai? — Mon petit, êtes-vous content? — Oui. — Êtes-vous souvent sage? — Oui. — Aimez-vous votre tante? — Oui. — Aimez-vous à lire ou à entendre lire des choses amusantes? — Oui... — En quelle année les Doriens se sont-ils établis dans le Péloponèse? — Je ne le sais pas. — En quelle année François Ier est-il né? — Je ne sais pas. — Quelle est la racine carrée de...? — Ah! je ne sais pas. — Très bien, mon petit; continuez encore quelque temps et le plus longtemps possible. Voilà un enfant qui, un jour, aimera très sincèrement l'étude sans vanité, sans pédantisme. . »

être tranchée d'une façon absolue. Des distinctions doivent être faites. « Il est des études dont le but principal est de former l'intelligence même de l'enfant, son attention et son jugement. » Celles-là, il serait franchement absurde de prétendre les rendre promptes et faciles, puisque c'est précisément par leur lenteur et leur difficulté qu'elles sont utiles à la formation de l'esprit. « Il est, au contraire, certaines études qui ont pour objet d'exciter la curiosité de l'enfant, de fournir à sa mémoire des matériaux, des faits sur lesquels puisse s'exercer son intelligence, selon sa portée et le degré de son développement. » Celles-ci, rien n'empêche de les rendre faciles et promptes. On pourrait discuter avec M. Guizot sur la répartition qu'il fait des diverses connaissances dans ces deux groupes (dans le premier, les langues anciennes; dans le second, l'histoire, l'histoire naturelle, l'observation des phénomènes naturels), et trouver qu'il fait trop bon marché, par exemple, de cette étude des faits physiques pour l'éducation des facultés intellectuelles. Mais la remarque générale est juste et féconde.

La diversité des âges doit également être prise en considération. M. Guizot rajeunit cette banalité par la finesse de ses aperçus : « Il ne faut pas demander à l'enfance plus d'efforts qu'elle n'en peut faire, et cependant il faut l'accoutumer à faire tous ceux qui sont en son pouvoir. Nous connaissons mal cette puissance : quand nous songeons peu à ce qu'est l'enfant et beaucoup à ce qu'il doit apprendre, nous en présumons trop; quand nous songeons surtout à l'enfant même, nous n'y croyons pas assez. C'est pour cela que tant de maîtres se fâchent de ce que l'enfant ne comprend pas assez vite et ne retient pas assez bien, tandis que tant de parents faibles trouvent qu'on exige trop de lui. »

Pour les premières études, la lecture et l'écriture, il est d'avis d'épargner le plus possible à l'enfant les difficultés, non seulement pour gagner du temps, mais pour éviter de le fatiguer sur des objets bien peu intéressants en somme pour lui, pour ne lui pas faire prendre l'étude en dégoût, et aussi afin de réserver son attention pour un travail plus réellement intellectuel que la lecture et l'écriture. « Sont-ce des sciences qu'on doive lui faire comprendre, qui aient des principes qu'il doive saisir, des conséquences dont l'étendue doive s'accroître pour lui à mesure qu'il grandira ? Sont-elles pour son intelligence, pour son jugement, un véritable exercice où il puisse apprendre à enchaîner une idée à l'autre, où il faille procéder avec lenteur pour lui faire observer les pas qu'il fait, les règles de logique qu'il doit suivre ? Nullement : ce ne sont que des instruments dont on veut lui faire acquérir l'usage, comme on lui apprend à se servir d'une fourchette et d'une cuiller pour manger. »

Une fois en possession de ces instruments, le jeune élève commence à devenir capable d'un effort de jour en jour plus sérieux. Le grand art de l'éducateur, c'est d'engager la volonté de l'enfant à mettre en jeu ses facultés, c'est de l'intéresser à son propre développement; c'est de si bien connaître et respecter les lois de sa nature qu'il donne de lui-même et spontanément son concours à l'œuvre de sa propre éducation, qu'il entre en émulation avec lui-même, et qu'il seconde nos efforts : lui seul, en effet, peut les rendre utiles. Ce sage principe, dont tout le monde reconnaît volontiers l'excellence, M. Guizot s'est attaché à en faciliter l'application, dans quelques pages vraiment admirables par la sûreté et la profondeur de l'analyse psychologique. Le travail qu'il a intitulé *Des moyens d'émulation* mérite d'être particulièrement signalé au lecteur.

Pour influer sur la volonté des enfants, il faut connaître et utiliser les mobiles de l'activité humaine, à savoir le besoin d'agir, l'intérêt, l'amour-propre, enfin le devoir.

C'est, tout d'abord, le besoin d'agir. Voyez-les dans leurs jeux : comme toutes leurs facultés se déploient avec énergie, parce que rien ne gêne ce besoin de leur nature ! Première conséquence pédagogique à tirer de cette observation : « Que leurs études soient arrangées de manière à leur fournir aussi les moyens de le satisfaire, ils s'y plairont et y feront des progrès... Ne pas les appliquer de trop bonne heure à des études où ils n'ont qu'à écouter ; prendre soin de les laisser agir eux-

mêmes dans les études qu'ils doivent nécessairement faire de
bonne heure : telle est la méthode à suivre, si vous voulez que
leur volonté, stimulée par le plaisir qu'ils trouvent à déployer
leur activité, concoure avec la vôtre à presser et à assurer
leurs progrès. »

Quant à l'intérêt, ce ressort si puissant, il ne faut en
user qu'avec « une extrême précaution ». La distinction sur
laquelle insiste M. Guizot est de la plus haute importance en
éducation : « Faire d'une récompense promise à l'enfant, s'il
remplit bien sa tâche, la source de son zèle, le mobile de sa
volonté, et le récompenser quand il a bien fait, sont deux
choses totalement différentes... Que le plaisir, qui est le bonheur de l'enfance, se place pour elle à la suite du devoir satisfait, c'est le meilleur moyen de faire aimer la vertu à l'enfant, jusqu'à ce qu'il puisse l'aimer pour elle-même, indépendamment de ses résultats...; mais si l'idée du bonheur
ne se sépare jamais de celle du devoir, celle du devoir marche
toujours la première, et elles se fortifient ainsi mutuellement. » Renversez l'ordre des choses, l'idée de devoir est
remplacée par un calcul intéressé : « La tâche pourra être
faite, mais il n'aura point appris à bien faire. » C'est une
éducation faussée.

L'amour-propre est un mobile assurément plus noble, puisqu'il est fondé sur un sentiment de dignité, et il est peut-être
encore plus puissant que le plaisir et l'intérêt. Toutefois,
à cause de ses dangers, M. Guizot propose, avec un rare
bonheur d'expression, de le mettre « à la rame et non au
gouvernail ». La sagesse du moraliste ne se dément pas dans
les conseils qu'il donne à ce sujet : ne jamais louer les enfants de ce qui n'a pas dépendu de leur volonté ; — ne pas les
louer d'un don naturel, « ce qui peut être un bonheur, mais
non un mérite », ni de ces bons mouvements spontanés qui
sont aussi des dispositions naturelles ; — se faire, au contraire,
de ces heureuses qualités un droit pour exiger et obtenir
davantage, pour proportionner la tâche aux facultés. « Un
enfant qui a de l'intelligence doit faire cela; il est honteux
pour un enfant qui a de l'intelligence de n'avoir pas fait ce

qu'il pouvait faire. » Un pareil langage ne risque pas d'exciter la vanité, tout en mettant en jeu le ressort de l'amour-propre. — Louer sans crainte ce qui a coûté un effort plus ou moins difficile de la volonté.

Pour le sentiment du devoir, n'ayons pas l'illusion d'exiger des enfants ce qu'on ne saurait prétendre de la majorité des hommes. Sans doute, fortifions chaque jour dans leur âme le respect de la sainte loi du devoir. « Placez toujours la morale devant les jeunes gens, et si haut que rien ne puisse leur en masquer la vue...; que la vertu soit toujours pour eux ce que sont les astres du ciel pour le voyageur qui s'égare : c'est le feu sacré qu'on ne peut laisser éteindre sans s'exposer à la mort. » Mais sachons bien mettre en œuvre les principes d'activité plus pressants et plus immédiats que nous avons reconnus dans la nature humaine ; surtout gardons-nous « de prêcher, d'endoctriner » les enfants pour leur inspirer du zèle ; ce langage est peu à leur portée, et il ne saurait être efficace. Quel contresens, d'ailleurs, quand ils ont bien fait, de les louer, de les vanter, d'exalter leur amour-propre! C'est précisément la marche contraire qu'il faut suivre : « Faites du besoin d'agir et d'être loué le principe de leur activité, la source de leur zèle, et tirez ensuite du sentiment d'un devoir rempli la récompense de ce zèle; ne prêchez point d'abord; excitez, encouragez par les moyens dont nous venons de parler; mais insistez ensuite sur le plaisir d'avoir bien fait, sur les joies que procure une bonne conscience; appelez sur ce point les idées et les émotions de l'enfant, toujours faciles à détourner, surtout quand il est heureux. »

On pourrait grouper autour de ce point central, la culture et la direction de la volonté, toute la doctrine de M. Guizot. C'est pour tenir en main cette clef qui ouvre l'esprit et le cœur, qu'il nous recommande d'étudier avec soin les dispositions naturelles de l'élève; et comme « il n'en existe aucune dans l'enfance qui n'ait son bon et son mauvais côté (ainsi se trouve tranché avec bon sens le débat entre Port-Royal et Rousseau), de trouver dans le bon côté les meilleurs moyens de corriger le mauvais ». Nous ferons ainsi tourner au profit de tous, « sans tromper ni aigrir » personne, notre diversité de conduite à l'égard de chacun, en montrant que l'inégalité de notre traitement ne vient pas de notre injustice, mais du tort du coupable, qui apprendra ainsi à se connaître et sera excité à se corriger. « Obligés, pour gouverner et diriger les enfants, de nous mettre en contact avec eux, nous devons chercher les points par lesquels ce contact peut s'établir, afin qu'il en résulte entre eux et nous une communication sûre et claire, et que nos volontés, nos reproches, dictés par un certain sentiment, prononcés d'un certain ton, trouvent, dans l'enfant auquel ils s'adressent, un sentiment correspondant qui les fasse recevoir sans objection, et leur laisse ainsi produire tout l'effet que nous en avons espéré. »

Dans une consultation imaginée d'après Franklin, le bonhomme Richard, entre autres avis qu'il donne à quelques fermiers, ses voisins, leur tient un langage élevé, qui ne s'adresse pas seulement aux parents : « Le désintéressement persuade mieux que l'éloquence. Quand vos enfants auront bien vu que vous ne pensez jamais à vous, ils croiront aisément que vous avez raison dans ce que vous pensez pour eux ; que leur confiance vienne à l'appui de votre autorité ; c'est le seul moyen de la leur rendre utile. » Et plus loin : « Pensez à vos devoirs plus qu'à ceux d'autrui et aux droits d'autrui plus qu'aux vôtres. »

C'est par ces larges et libérales directions que M. Guizot a cru, et il ne s'est pas trompé, servir le plus utilement la cause de l'éducation. Quant à la prétention de certains pédagogues, de prescrire « jour par jour, la manière dont la sagesse du maître doit arranger la vie de l'enfant », il la rejette comme aussi illogique qu'impraticable : « On n'arrange point une vie, on n'arrange point une journée ; on ne reproduit point des scènes et des aventures consignées dans un livre. » Il regrette que Rousseau soit tombé dans cette faute, comme la plupart des écrivains. « Portés à s'exagérer l'importance de leurs moindres idées, pleins d'une sorte d'amour paternel pour les moindres détails de leurs projets, ils semblent répéter sans cesse : « Si vous ne faites pas tout ce que nous vous disons, tout est perdu. » Et c'est là ce qui n'est jamais vrai, parce qu'il y a nécessairement dans un livre beaucoup de paroles perdues, inutiles à un grand nombre de lecteurs. C'est le principe lui-même, ce sont les vérités fondamentales qu'il faut prouver jusqu'à l'évidence, dont il faut remplir les esprits, qu'il faut rendre inattaquables. Cette conviction une fois produite, qu'on laisse aux parents le soin de les adapter aux circonstances dans lesquelles ils se trouvent, et la liberté de choisir le mode d'application qui leur convient. »

Je signalerai encore l'important article sur l'*Équilibre des facultés*. L'auteur, après avoir montré qu'il est aussi important à maintenir dans l'intelligence que l'équilibre des forces dans le monde physique, recommande de se garder d'une complaisance malsaine pour de brillantes dispositions, tout autant que de la folle prétention d'éteindre une faculté supérieure. L'équilibre doit être obtenu par la culture et l'exercice des autres facultés moins développées. Pour y réussir, il est nécessaire d'avoir des notions simples, mais précises, sur la philosophie de l'esprit humain. Nos maîtres liront avec profit quelques pages nettement pensées sur l'attention et sa double forme, l'observation et la réflexion, qu'il importe tant de distinguer, dans l'éducation de l'enfance, pour ne pas devancer l'ordre des temps et trop exiger d'elle, au mépris des lois naturelles de son développement. Le morceau sur la mémoire renferme également d'excellentes indications pédagogiques. La plus saillante est une distinction aussi judicieuse qu'importante en pratique. Il est loin d'être indifférent d'obtenir l'attention et l'application des enfants par un motif intéressé ou par l'amour de l'étude. Le résultat est tout autre, si l'on y regarde de près : « Qu'on leur promette d'aller jouer aussitôt qu'ils sauront la leçon, ils la sauront bien vite. Mais comme elle n'était pas le principal objet de leur activité, comme le jeu auquel ils se livrent ensuite éveille et fixe bien davantage leur attention, si vous essayez, au moment où ils en sortent, de leur demander ce qu'ils savaient si bien tout à l'heure, vous verrez avec quelle rapidité se sont effacés de leur esprit ces mots et ces idées qui n'ont pas été le premier but de leur application et de leurs efforts. » Si le désir de savoir, et non plus la passion du jeu, a présidé à l'étude, « vous verrez l'enfant, lors même qu'il aura récité, rester près de vous, vous questionner sur le sujet dont il s'occupait naguère : son attention se prolonge ; sa leçon fait naître en lui de nouvelles idées auxquelles elle s'associe : il n'oubliera pas ce qu'il aura appris ainsi ».

Je ne puis mieux terminer cette première partie de l'exposé de la pédagogie de M. Guizot que par cette excellente maxime, dont les parents et les maîtres ne sauraient trop se pénétrer, car c'est le précepte des préceptes : « Une bonne éducation n'est guère plus facile à donner qu'une bonne conduite à tenir ; pour bien enseigner comment on devient vertueux, il faut l'être... ; aussi l'éducation des pères serait-elle souvent à faire avant celle des enfants[1]. »

XVI

M. Guizot s'est peu occupé lui-même des questions d'instruction proprement dite, des méthodes et des procédés d'enseignement. Il était bien loin d'en méconnaître l'importance capitale : « En fait d'instruction primaire, écrit-il au roi, la difficulté n'est pas dans le sujet de l'enseignement, elle consiste surtout dans la méthode. Il est facile de déterminer ce qu'on doit enseigner dans de telles écoles, difficile de découvrir la voie la plus sûre pour que les idées passent, lucides et complètes, de l'esprit du maître dans celui des élèves. Le choix d'une bonne méthode est l'œuvre d'un esprit supérieur et très exercé[2]. » Il s'empressa donc de faire composer, pour

---

1. C'est l'idée qu'a si bien comprise et si agréablement traitée M. Legouvé, dans ses deux charmants volumes, *les Pères et les enfants*.
2. Pour ne pas exagérer la valeur des méthodes, il ajoute avec grand sens : « Quand des parents croient aux avantages d'une méthode quelconque et qu'ils en ont l'habitude, il faut qu'ils s'en servent : la manière dont ils l'appliquent, le soin qu'ils apportent à l'enseigner clairement et patiemment, ont souvent plus d'importance que la nature même de la méthode. Cela est indubitable ; mais cela n'empêche pas que telle méthode, à égalité de patience et de soins, ne puisse valoir mieux que telle autre, et que par conséquent il ne soit utile de l'indiquer. »

combattre la routine, cinq manuels assez simples pour être
employés dans les écoles élémentaires : un livre d'instruction
morale et religieuse, un manuel d'arithmétique, un manuel
de grammaire et d'orthographe, un manuel d'histoire et de
géographie.

Un des moyens les plus efficaces qu'il employa pour
répandre la connaissance et la pratique des bonnes méthodes
fut l'organisation de conférences pédagogiques dans un grand
nombre d'écoles normales, surtout à l'époque des vacances.
Des instituteurs en exercice venaient y compléter leur expérience professionnelle. Le Rapport au roi mentionne l'envoi
de trois cent quatre-vingt-dix-huit maîtres dans vingt-six
établissements, pour y passer quelques mois.

C'est incidemment que M. Guizot a été amené à traiter
quelques-unes des questions de détail que j'appellerai de
métier. Dans les *Annales de l'éducation*, il a, par exemple,
recommandé l'emploi de la nouvelle appellation (c'est le retour
à la méthode de Pascal et de Port-Royal) et l'exercice simultané de la lecture et de l'écriture. Il trouve dans la combinaison de ces études une application d'un des principes fon-
damentaux de la pédagogie : « Faire de l'enfant un être actif,
qui exerce sur ce qu'il apprend ses forces naissantes, et non
un être passif, placé là pour recevoir ce que l'on veut confier
à sa mémoire ou à sa pensée. »

Il approuve qu'on fasse à la poésie une large place dans
l'éducation de l'enfant : « Je suis charmé, ma chère enfant,
écrit-il à sa fille Henriette, que tu apprennes et retiennes
beaucoup de beaux vers. Dans le cours de ta vie, il te sera
souvent agréable de les retrouver dans ta mémoire, et puis
c'est un vif plaisir de voir ses propres sentiments, ses sentiments les plus chers, exprimés dans un beau langage. »

Sa correspondance m'a fourni une lettre charmante sur
l'utilité de la ponctuation, et une autre sur le profit qu'on tire
des longues lectures, continuées un peu chaque jour, de
manière à lire un bon ouvrage dans son entier plutôt qu'à en
effleurer un grand nombre.

La préface de son *Dictionnaire des synonymes* contient

quelques indications utiles pour l'étude de la signification des mots par l'examen des terminaisons, par la comparaison des langues, par la connaissance des mœurs et des usages, et par les citations des grands écrivains.

Il se plaint que la plupart des grammaires ne soient pas à la fois et plus complètes et plus courtes; qu'on revienne sans cesse sur des questions résolues depuis longtemps par Vaugelas, et Bouhours, et Ménage, et Régnier-Desmarais, et tant d'autres. A son avis, la plupart des grammaires modernes seraient réduites à bien peu de pages, si on en retranchait tout ce qui n'est qu'une fastidieuse répétition de ce qui a déjà été répété cent fois.

J'ai eu le vif déplaisir de trouver le jugement de l'éminent éducateur en défaut dans son article des *Annales* où il termine ainsi le compte rendu d'un ouvrage de M. Boinvilliers, *Cours analytique d'orthographe et de ponctuation:* « Ce qu'il y a de plus utile est placé à la fin de l'ouvrage : c'est un recueil d'exercices d'orthographe, composés de phrases où l'auteur a placé à dessein des fautes que l'élève doit s'exercer à corriger. *Je crois ce travail fort salutaire :* l'enfant, obligé d'agir, et de réfléchir avant d'agir, appliquera ainsi les petites connaissances qu'il a déjà acquises; elles se fixeront dans sa mémoire et s'étendront en même temps. Une telle méthode a de grands avantages, et l'on doit savoir gré à M. Boinvilliers de ce qu'il cherche à la mettre en crédit. » On a enfin compris le danger de ce procédé, et il ne se trouverait plus personne pour en prendre la défense.

Pour la composition française, exercice où tous les instituteurs constatent la faiblesse des enfants et sentent eux-mêmes la difficulté de leur apprendre à écrire passablement, je ne leur recommanderai pas une méthode que M. Guizot trouve, un peu légèrement, « aussi simple que sûre ». L'auteur, M. L. Gaultier, a choisi dans les meilleurs classiques français un certain nombre de passages, où il supprime graduellement des noms, des verbes, des régimes, des prépositions, des déterminatifs, des propositions même. L'élève, qui doit remplir les lacunes, exerce ainsi son attention, son jugement et ses facultés inventives. La comparaison avec le texte montre et corrige les fautes. — C'est sans doute un procédé qui peut parfois piquer la curiosité et exercer la sagacité des enfants; mais ce n'est pas là ce qu'on doit appeler une méthode de composition française. Nos maîtres ont aujourd'hui des guides plus sûrs et plus sérieux pour cette partie si délicate de leur enseignement.

M. Guizot est mieux inspiré, lorsque, à propos des *Leçons françaises de littérature et de morale*, de Noël et Delaplace, il écrit ces lignes judicieuses : « Mettre sous les yeux des jeunes gens, soit dans les collèges ou dans les familles, les plus beaux morceaux de nos bons auteurs, c'est travailler à leur inspirer de bonne heure le désir de faire un jour connaissance avec eux d'une manière plus intime et plus approfondie : tel est l'avantage des recueils de ce genre, et tel en doit être le résultat. Si l'élève qui les a bien lus croyait avoir des connaissances en littérature, s'il bornait là ses études, les recueils produiraient un très fâcheux effet. Il y a dans la circulation, en France, une certaine masse d'idées et de connaissances littéraires fort superficielles, dont on est trop accoutumé à se contenter, et qui ne servent qu'à empêcher les progrès de connaissances plus étendues et d'idées plus profondes. Les *Leçons françaises de littérature et de morale*, si les parents et les instituteurs savent en faire un usage convenable, ne favoriseront point cette routine, qu'il faut combattre; elles donneront aux enfants un avant-goût des richesses de notre langue; elles feront passer sous leurs yeux une grande variété de styles, de sujets, d'idées, et leur indiqueront d'avance les noms, les ouvrages auxquels ils devront s'attacher de préférence, quand ils étudieront, non pour se préparer et remplir des années qui, sans cela, seraient perdues, mais pour savoir. L'utilité de l'ouvrage est reconnue; seulement il faut prendre garde, en s'en servant, à ne pas en perdre tout l'avantage en le détournant de son véritable objet. »

Quant à l'enseignement de la morale, M. Guizot, sur les indications d'un ouvrage allemand, *Matériaux pour exciter et exercer l'esprit et le jugement des enfants*, a essayé de donner quelques exemples de la marche qu'on pourrait suivre, dans ses *Questions de morale, proposées par un père à ses enfants.* Le père leur raconte des histoires, leur demande leur avis sur la conduite des personnes, et tire des faits une leçon et des préceptes. J'ai recueilli deux de ces essais, qui me paraissent avoir une valeur pédagogique. Cette application pratique de la morale aux circonstances de la vie est, en vérité, le seul moyen de faire descendre la théorie des nuages de l'abstraction, et de lui assurer quelque influence sur notre manière d'agir. Cicéron, qui s'étonnait à bon droit que Posidonius eût à peine effleuré ce sujet, après avoir reconnu qu'il n'est pas dans toute la philosophie de point plus important, a consacré tout le troisième livre de son *Traité des devoirs* à discuter, pour son fils, force cas de conscience, empruntés soit à la mythologie, soit à l'histoire, soit à la vie ordinaire. Il n'y a, sur ce point, dans l'enseignement primaire surtout, qu'une recommandation à faire, mais elle est de la dernière importance : c'est de prendre garde de former de petits ergoteurs et de petits bavards, comme l'Émilie de Mme d'Épinay, l'Adèle et le Théodore de Mme de Genlis.

Quelques extraits des *Voyages d'Adolphe* donneront une idée de l'intérêt pédagogique que peuvent présenter les promenades scolaires, dans les localités où on retrouve, avec quelque souvenir historique, l'occasion d'éveiller la curiosité, de former l'esprit et le cœur. Ces recherches d'érudition, mises au service de l'éducation, avaient assez sérieusement occupé le futur historien[1]. Il a donné là un bien bon exemple.

Les sciences naturelles, malgré la faveur dont elles jouissent et la curiosité générale qu'elles excitent, sont, à son avis, « fort loin encore d'être partout l'objet d'une étude solide et raisonnée ». C'est surtout leur influence morale et religieuse qui l'intéresse, bien plus que leurs applications

---

1. Il écrit à sa mère, le 22 août 1811, en lui rendant compte de ses travaux : « J'ai rassemblé des matériaux sur Paris ; je lis plusieurs ouvrages historiques et descriptifs ; ces articles me prendront du temps, m'obligeront à des recherches, mais ils pourront faire grand bien au journal. » Il s'agit des *Annales de l'éducation.*

pratiques. Il approuve qu'on « entre dans le vaste sanctuaire de la nature, non seulement pour en observer et en décrire les objets, mais pour en sentir la majesté et l'harmonie; pour puiser dans la contemplation de ce monde régulier et tranquille ce calme hors duquel les agitations de la vie humaine jettent souvent les plus grandes âmes ».

Quels sont les meilleurs moyens d'arriver à une connaissance solide des faits et des personnages historiques ? Voici de précieux conseils à recueillir : Distinguer les époques marquées par quelque notable événement, pour mettre de l'ordre dans la chronologie et dans l'histoire, et s'arrêter à celles où de grandes révolutions ont bouleversé les idées des hommes, l'ordre social et les mœurs. Lorsqu'on connaît bien les faits, c'est dans la littérature d'un peuple qu'il faut étudier son esprit national. Ce vaste et magnifique programme dépasse certainement dans son ensemble les besoins et les limites de l'enseignement primaire. Mais je ne saurais trop engager les maîtres des écoles normales à s'en inspirer, de loin sans aucun doute, pour la direction de leurs études personnelles. Que chaque année, par exemple, le professeur d'histoire complète ses connaissances historiques par la lecture de quelques chefs-d'œuvre des grandes littératures anciennes ou modernes. Quel intérêt il prendrait lui-même à ses cours, sans cesse fortifiés et rajeunis !

A côté de ces larges directions ne fera pas trop bonne figure la recette suivante pour le tracé économique des cartes au tableau noir : exécuter une première fois le dessin à la craie, puis repasser les traits avec une pointe d'acier, de manière à creuser dans le bois une rainure, dont on pourra facilement retracer les contours au besoin ! C'est trop dispenser le maître d'acquérir une habileté qui lui fera plus d'honneur auprès de ses élèves.

Dans ses divers travaux historiques, M. Guizot aime à revenir sur une idée générale qu'on ne saurait trop recommander au personnel enseignant de nos diverses écoles : c'est que, dans l'étude du passé, il ne faut être ni injuste, ni ingrat envers ceux qui nous ont précédés. Si nous sommes, et à bon droit, fiers de 1789, il serait ridicule et impie de renier tout le passé, « parce que l'histoire, c'est la patrie à travers les siècles ; que, s'il ne faut pas approuver les faits par cela seul qu'ils existent, il n'est pas moins inadmissible de les condamner absolument, sous prétexte qu'ils choquent actuellement nos idées et nos institutions ; que, dans tout état social, il y a quelque part de bien, quelque progrès, qu'il est juste et bon de reconnaître et de saluer ».

Un beau passage de son cours de 1822 mérite d'être joint à ces excellentes recommandations. Il a trait au rôle important qu'il faut assigner à l'étude en général, au travail intellectuel, comme moyen d'éducation civique. « Appelés à posséder et à garder des institutions libres, elles nous imposent, dès la jeunesse, une préparation forte, des habitudes laborieuses et persévérantes. Elles veulent que, de bonne heure, nous apprenions à ne redouter ni la peine, ni la lenteur et l'intensité des efforts. Les études sévères préparent seules aux destinées graves. La liberté n'est pas un bien qu'on acquière ou qu'on défende en se jouant... Les générations laborieusement studieuses dans la jeunesse deviennent seules des générations d'hommes libres. » Ce langage, que l'illustre professeur n'adressait qu'à la bourgeoisie, nos maîtres doivent s'en pénétrer profondément, s'ils ont souci de l'œuvre patriotique que la République attend d'eux.

XVII

M. Guizot a également laissé sa trace dans l'histoire de la pédagogie, notamment pour la part d'honneur qui revient à la France. Il a appelé l'attention des éducateurs sur les utiles et judicieuses pages que Rabelais, Montaigne, Rousseau, Kant, Mᵐᵉ Necker de Saussure ont consacrées à l'art d'élever l'esprit et le cœur des enfants. Il a bien montré pourquoi Rabelais a mis à l'abri, dans un cadre fantaisiste jusqu'à l'extravagance, ses critiques contre l'éducation inhumaine et pédante de son temps et ses projets de réforme. Quel bon

sens, au milieu de tant de folie et de licence ! Suppression
du maillot pour la première enfance, du fouet pour la discipline de l'école ; appel à la liberté, à la gaîté, à l'initiative,
pour le développement des facultés intellectuelles et morales ;
préparation à la vie, à la vertu : tel est, en quelques mots, le
programme de la nouvelle éducation, sensée, douce et libérale, que Rabelais a conçue, et qui l'a placé au rang des
réformateurs et des maîtres. « Il a reconnu et signalé les
vices des systèmes et des pratiques d'éducation de son temps ;
il a entrevu, au début du seizième siècle, presque tout ce
qu'il y a de sensé et d'utile dans les ouvrages des philosophes
modernes, entre autres de Locke et de Rousseau. »

Avec Montaigne, la pédagogie quitte la marotte que Rabelais lui avait mise en main, et, passant de la fantaisie à la
réalité, s'occupe sérieusement, non plus d'élever des géants
imaginaires, mais un jeune gentilhomme. Dès son premier
pas dans la carrière, elle a pleine conscience de son rang élevé
parmi les sciences sociales : « La plus grande difficulté et
importance de l'humaine science semble estre en cet endroit
où il se traicte de la nourriture et éducation des enfants. »
L'étude développée que lui consacre M. Guizot met très vivement en relief le mérite supérieur des idées de Montaigne,
leur puissante originalité, tout d'abord. Ces conseils sont
devenus aujourd'hui presque une banalité courante, qu'on
répète toutefois plus encore qu'on ne sait les appliquer ; mais,
au seizième siècle, dans toute leur nouveauté, ils étaient
vraiment marqués au coin du génie. Quelle surprenante et
heureuse contradiction, de voir l'insouciant sceptique, le dé-
tracteur de la raison humaine, celui que Pascal célébrera avec
tant d'enthousiasme, combattre avec force les errements de
son temps en fait d'éducation, proposer avec conviction
de nouvelles méthodes, affirmer, en un mot, qu'il croit « à
la possibilité de perfectionner les hommes, leur intelligence,
leur caractère et leur conduite ! » Quelle sagesse, enfin,
quel solide bon sens, quelle haute direction dans ces principes
simples et féconds, qui résument toute la substance de la
doctrine de Montaigne ! — Former la raison et le caractère

de l'enfant; — rendre sa raison capable de gouverner par elle-même sa vie; — lui apprendre à agir, puisqu'il est fait pour l'action, en le faisant agir, en ne le traitant pas comme un être purement passif, dont on ait seulement à charger la mémoire et à comprimer les mouvements; — apporter, dans le développement de son esprit et la formation de sa conscience, une « sévère douceur », de la gaîté et de la liberté, parce que « il n'y a rien tel que d'alleicher l'appétit et l'affection[1] ».

S'il manque quelque chose à cette doctrine si élevée et si ferme; si Montaigne, tout préoccupé de la stricte raison et de la justice rigoureuse, n'a pas fait une assez large place à la générosité, au désintéressement, au dévouement; si la vertu qu'il conseille est un peu trop négative et en quelque sorte égoïste; s'il a « méconnu cette haute destination morale de l'homme qui le lie à ses proches, à ses amis, aux générations futures », il n'en reste pas moins un guide sûr et autorisé pour quiconque a mission d'élever la jeunesse. « On aura besoin de conduire l'élève plus loin qu'il ne l'a fait, conclut l'auteur de cette belle étude; mais il faut passer par la route qu'il a prise…; et, avant de prétendre à le devancer, qu'on s'applique à l'atteindre. »

Locke n'a obtenu, dans ces fragments d'histoire de la pédagogie, qu'une mention en passant; mais l'éloge est complet, et son ouvrage sur l'éducation traité d' « excellent ».

Dans un article des *Annales de l'éducation*, sous ce titre : *On ne fait ni tout ce qu'on veut, ni tout ce qu'on peut*, M. Guizot a pris à partie Rousseau et porté quelques jugements généraux sur l'*Émile*. Il relève son penchant à exagérer, les contradictions où l'entraîne sa vive sensibilité, sa prétention de régler tous les détails, sa trop confiante illusion sur l'utilité des scènes à effet, le ton tranchant et impérieux de ses prescriptions. « Nul homme n'a dit en éducation plus de

---

1. On doit à Montaigne de la reconnaissance pour sa double protestation et contre « l'horreur et cruauté » des collèges, « vraye geaule de jeunesse captive », et contre la « morgue austère et dédaigneuse » qu'affectait alors l'autorité paternelle.

vérités, et des vérités importantes ; nul homme ne les a mises plus rapidement et plus vivement en circulation[1] ; mais, ajoute-t-il, et avec beaucoup de sens, je ne crois pas qu'il les ait dites de la manière la plus utile et la plus sûre. » On regrette que cette discussion n'ait pas été plus approfondie, et le fonds même du système serré de plus près. La dernière phrase, si expressive malgré sa forme courtoise, suffit pour mettre le lecteur sur ses gardes dans l'étude de cette éloquente, mais un peu suspecte utopie, si riche cependant en observations justes, délicates, profondes, originales ou rajeunies par le talent de l'écrivain.

L'analyse rapide et sommaire consacrée à la pédagogie de Kant et au premier volume de l'ouvrage de Mᵐᵉ Necker de Saussure, *l'Éducation progressive*, est suffisante pour inspirer à tout lecteur sérieux le désir de faire plus ample connaissance, d'un côté avec l'éminent philosophe qui a conçu une si haute idée de la perfection morale à laquelle l'éducation pourrait conduire la nature humaine, et, de l'autre, avec cette femme distinguée, dont la rare sagacité et le remarquable talent nous ont retracé tout le développement intellectuel et moral de l'enfant, depuis sa naissance.

Dans le dernier volume des *Annales de l'éducation*, M. Guizot, préoccupé des intérêts de son ambition politique, a inséré, sans en faire l'objet d'un examen complet, quelques extraits d'un mémoire fort curieux, inédit jusque dans ces dernières années. Diderot, qui en est l'auteur, l'avait rédigé à la demande de l'impératrice de Russie, Catherine II. Ce n'est rien moins qu'un plan complet d'instruction. Les paradoxes n'y manquent pas, comme on le pense bien. Mais M. Guizot ne fait de réserve expresse que pour l'étude des langues anciennes, complètement sacrifiées, dans ce plan, aux études scientifiques, ajournées jusqu'à l'âge de dix-huit ans, comme n'étant utiles qu'aux états de la société les moins

---

1. « Rousseau, dit, avec sa verve spirituelle, M. Saint-Marc Girardin, a porté à la perfection l'art de tirer un coup de pistolet dans la rue, pour attrouper les passants. »

nécessaires, aux poètes, orateurs, érudits et autres littérateurs de profession. « Lorsqu'on les place (les langues anciennes) à la tête d'un cours d'études publiques, écrit Diderot, on annonce précisément le projet de peupler une nation de rhéteurs, de prêtres, de moines, de philosophes, de jurisconsultes et de médecins... » Tout en convenant qu'il y a d'urgentes réformes à introduire dans notre système d'enseignement, M. Guizot protestera plus tard, avec autrement d'énergie, contre cette funeste invasion de l'utilitarisme : « Pour rien au monde, écrira-t-il en 1832 à M. de Broglie, je ne voudrais abolir, ni seulement affaiblir cette étude des langues, la seule vraiment fortifiante et savante à cet âge. Je tiens extrêmement à ces quelques années passées en familiarité avec l'antiquité ; car, si on ne la connaît pas, on n'est qu'un parvenu en fait d'intelligence. La Grèce et Rome sont la bonne compagnie de l'esprit humain, et, au milieu de la chute de toutes les aristocraties, il faut tâcher que celle-là demeure debout. »

Pour l'enseignement de l'histoire, il déclare qu'il ne connaît aucune manière raisonnable d'appliquer le système proposé par Diderot : commencer par l'histoire de sa nation, et en remontant de l'époque actuelle jusqu'aux siècles les plus reculés !

Il y avait, au milieu de ces propositions plus ou moins hasardées, des vérités nouvelles, qui méritaient d'être accueillies avec quelque sympathie, et il semble que le futur auteur de la loi de 1833 eût dû y saluer l'aurore d'un grand progrès de la civilisation. On se rappelle le mot cruel de Rousseau dans l'*Émile* : « Le pauvre n'a pas besoin d'éducation ; celle de son état est forcée ; il n'en saurait avoir d'autre. » La même année, 1762, La Chalotais, dans son *Essai d'éducation nationale*, déplorait qu'on apprît « à lire et à écrire à des gens qui n'eussent dû apprendre qu'à dessiner et à manier le rabot et la lime. Le bien de la société demande que les connaissances du peuple ne s'étendent pas plus loin que ses occupations ». Et Voltaire l'approuve : « Je vous remercie, lui écrit-il le 28 février 1763, de proscrire l'étude chez les laboureurs. Moi qui cultive la terre, je vous présente requête pour avoir des manœuvres, et non des clercs tonsurés [1]. » Condillac ne sera pas moins dédaigneux dans son *Cours d'études :* « Il leur suffit de subsister de leur travail. » Eh bien! c'est à quelques années de distance, vers 1776, que Diderot, supérieur aux préjugés de ses contemporains, définit une Université « une école dont la porte est ouverte indistinctement à tous les enfants d'une nation... Je dis *indistinctement*, parce qu'il serait aussi cruel qu'absurde de condamner à l'ignorance les conditions subalternes de la société ». M. Guizot ne semble pas avoir été frappé de ce langage nouveau; car il glisse sur toute cette partie si intéressante du Mémoire [2].

Parmi les opinions de Diderot contraires à celles des *Annales de l'éducation*, et systématiquement mises de côté pour cette raison, il faut évidemment compter l'obligation de l'enseignement, la gratuité, même la nourriture des enfants à l'école, la laïcité du personnel. Sur ces divers points et sur bien d'autres, Diderot est un précurseur. On y trouve, par exemple, comme « la pierre angulaire de l'édifice », ce principe, que reprendra H. Spencer avec quelque éclat : classer les études d'après leur ordre d'utilité.

On sera sans doute frappé de voir M. Guizot sauter ainsi du seizième au dix-huitième siècle, sans s'arrêter soit à Fénelon, soit à Mme de Maintenon. Il semble que ce soit un parti pris. Dans son *Histoire de France racontée à mes petits-enfants*, il se borne à mentionner le *Traité de l'éducation des filles*, sans un seul mot d'appréciation. La scène si connue, et qu'il raconte tout au long, où Fénelon impose si victorieusement son autorité au jeune duc de Bourgogne, était cependant de nature à lui révéler un éducateur digne de quelque attention.

Mme de Maintenon, on le conçoit de reste, lui est encore

---

1. Dans la lettre à Linguet, 15 mars 1767, Voltaire est mieux inspiré : « Non, Monsieur, tout n'est point perdu quand on met le peuple en état de s'apercevoir qu'il a un esprit. Tout est perdu, au contraire, quand on le traite comme une troupe de taureaux; car, tôt ou tard, ils vous frappent de leurs cornes. »

2. On en trouvera une exacte et complète analyse dans l'ouvrage de M. Compayré, *Histoire des doctrines de l'éducation*, si on ne peut le lire en entier dans le tome III de l'édition de Diderot publiée par M. J. Assézat.

moins sympathique. Cette petite-fille de d'Aubigné, qui, par une « égoïste et lâche prudence », approuve, dit-elle, des choses tout opposées à ses sentiments (il s'agit des persécutions contre ses anciens coreligionnaires), et qui engage son frère à profiter de « la désolation des huguenots » pour acquérir des terres en Poitou, n'était pas faite pour lui plaire. Il la trouve «sans courage et sans hardiesse..., prudente et adroite, factice sans être fausse..., conservant son empire à force d'habileté et de prévoyante souplesse, sous les apparences de la dignité ». Il raconte les représentations dramatiques de Saint-Cyr, sans le moindre aperçu sur l'importance de la fondation de Mᵐᵉ de Maintenon. Son admirable dévouement à ses chères filles, pendant trente-cinq ans, disparaît presque dans un calcul d'intérêt personnel : « Plus prévoyante et plus modeste (que Mᵐᵉ des Ursins), elle n'avait aspiré qu'au repos dans le couvent qu'elle avait fondé et doté. » Et c'est tout pour cette grande et féconde innovation de l'illustre éducatrice !

Port-Royal même, dont M. Guizot ne pouvait manquer de sentir la grandeur morale, et qu'il appelle « une des plus belles tentatives de l'âme humaine pour s'élever ici-bas plus haut que ne permet la nature humaine[1] », ne l'a occupé qu'au point de vue religieux. Il ne dit rien de sa réforme pédagogique, si pleine d'intérêt[2]. Il s'est borné à vanter, dans une indication très laconique, « le bon caractère de tous les livres d'instruction sortis de Port-Royal et, en général, de ceux de cette époque, les logiques et les rhétoriques, les histoires, Fleury, Rollin et tant d'autres. A côté de leurs préjugés, on y trouve toujours l'association de l'idée et du sentiment de la vertu à toutes les connaissances ».

---

1. « Port-Royal, la maison des femmes aussi bien que celle des hommes, dit-il dans l'*Histoire de la civilisation en France*, fut l'asile des âmes les plus ardentes, les plus indépendantes, comme des esprits les plus élevés, qui aient honoré le siècle de Louis XIV ; nulle part, peut-être, la sensibilité humaine ne s'est déployée avec plus de richesse et d'énergie que dans l'histoire morale de ces pieuses filles, dont plusieurs participaient en même temps à tout le développement intellectuel de Nicole et de Pascal. »
2. Le lecteur me permettra de le renvoyer à mon ouvrage, l'*Éducation à Port-Royal*, Hachette, 1887.

L'explication de ce silence est très simple en ce qui concerne Mme de Maintenon. Les *Lettres et entretiens sur l'éducation* n'ont été publiés pour la première fois que par M. Lavallée, à qui M. Guizot écrivait, le 29 mai 1854, pour lui exprimer l'intérêt qu'il portait à son entreprise, « la plus importante qui reste à faire sur le siècle de Louis XIV ».

Au début du tome V des *Annales*, on promettait au lecteur la discussion « des idées de Fénelon, de Locke, de Rousseau, de Pestalozzi et de plusieurs autres ». L'interruption de la publication ne permit pas l'exécution de ce programme. Une belle occasion s'offrit pourtant à M. Guizot de rendre hommage à Rollin, lorsque, de 1821 à 1829, il publia une édition complète de ses œuvres, en 30 volumes. Mais il se borna à des notes historiques. L'éloge de Rollin placé en tête du premier volume est de Saint-Albin Berville.

On ne peut que regretter la brusque cessation de ces études sur les maîtres de la pédagogie. Pour moi, je donnerais volontiers deux ou trois volumes des discours parlementaires de l'homme d'État, que personne n'a plus guère ni l'occasion, ni la pensée de relire, pour un second recueil de notices sur l'histoire de l'éducation : elles rendraient encore aujourd'hui d'utiles services; elles n'auraient sans doute pas plus vieilli que celles qu'il a consacrées à Rabelais et à Montaigne.

XVIII

Avant de conclure cette étude par une appréciation générale, un mot seulement sur l'écrivain, puisqu'il a été absolument contesté.

Si la célèbre maxime de Buffon : « le style, c'est l'homme » s'est jamais vérifiée à la lettre, c'est bien dans les écrits de M. Guizot. Les qualités et les défauts du bourgeois, du protestant, du professeur, du savant, du doctrinaire, s'y retrouvent manifestement empreints. Un air général de grandeur est imprimé dans toutes ses pages par l'élévation morale de ses pensées et de ses sentiments. Si l'expression abstraite y

domine, c'est que son esprit, nourri de la philosophie et de la
littérature allemandes, se plaît surtout dans les idées générales. Le penchant à la dissertation méthodique ou au
sermon puritain trahit le professeur eu le calviniste. Si le
style est tendu, un peu raide, c'est que l'écrivain est, avant
tout, un homme de volonté, qui se préoccupe d'être fort et de
le paraître. L'expression est tranchante, absolue, parce que
la main qui tenait la plume était guidée par un esprit plein
de confiance en lui-même. On retrouve également dans ses
œuvres le bourgeois, fier, non sans raison, de l'importance que
le tiers état a su conquérir en 1789 [1], plus fier encore du
rang auquel il s'est élevé lui-même par le travail et la volonté; dont le moi se juge assez important pour n'avoir pas
besoin de se rehausser par un titre nobiliaire et d'être autre
chose que « M. Guizot tout court [2] ». Dès le début de sa carrière politique, racontant à sa femme ses succès auprès des
électeurs de Nîmes : « Vraiment, lui écrivait-il le 21 juin 1830,
je me plais à moi-même. » Et lorsque, dans sa retraite, il rédige ses *Mémoires*, les rapprochements les plus élogieux,
et les plus étranges parfois, avec le chancelier de L'Hôpital,
avec Jeanne d'Arc, ne l'embarrassent pas. Ne va-t-il pas
jusqu'à déclarer que lui et ses amis n'ont pas eu le goût des
grandes aventures, que le grand jour de l'histoire a montré
bien des taches dans l'œuvre de Charles-Quint, de Richelieu,
de Pierre le Grand; qu'ils avaient à cœur d'éviter un tel mélange : « Je conviens, ajoute-t-il, que, pour les spectateurs
comme pour les acteurs, il y a, dans cette politique, moins
de séduction que dans celle des *grands hommes ordinaires!* »

_____

1. « Je suis de ceux, dit-il presque au début de ses *Mémoires*, que l'élan de
1789 a élevés et qui ne consentiront point à descendre. »
2. La reine d'Espagne lui avait offert la *grandesse* et le *duché*. Il écrivit, en
refusant, à l'ambassadeur de France, M. Bresson : « Je ne suis ni un puritain, ni
un démocrate. Je n'ai pas plus de mépris pour les titres que pour tous les autres
signes extérieurs de la grandeur. Ni mépris, ni appétit. Je ne fais cas et n'ai envie que de deux choses : de mon vivant, ma force politique ; après moi, l'honneur
de mon nom... Je crois qu'il y a pour moi, aujourd'hui, plus de force, et, un jour,
plus d'honneur, à rester M. Guizot tout court. — Je suis bien aise que vous le
sachiez, ajoute-t-il en racontant le fait à Mme de Gasparin, et... que vous le
disiez. »

(*Mémoires*, vol. IV, p. 117-118.) La bourgeoisie reparaît, avec plus d'avantages, dans sa vie simple, désintéressée[1], dans son inaltérable attachement aux devoirs et aux joies de la famille[2].

L'œuvre de M. Guizot, si visiblement empreinte de noblesse et de distinction, manque de souplesse, de variété, de chaleur. « M. Guizot, disait Béranger, n'a pas su mettre dans son style la poésie de sa figure. Il a pris pour devise cet axiome de géométrie : *linea recta brevissima*. Cette maxime peut être très bonne en morale, elle est très mauvaise en fait de style. Son style est décoloré, terne et triste. » L'image vient, en effet, trop rarement donner corps à la pensée, toujours abstraite et générale. On voit dans la *Correspondance de M⁽ᵐᵉ⁾ de Rémusat* que son mari, malgré son amitié pour M. Guizot, lui trouvait « un peu de pesanteur et de monotonie dans les formes du style ».

Il faut quelque temps pour échapper à l'autorité magistrale du penseur, pour s'enhardir à regarder de près certaines phrases, qui font illusion tout d'abord par un certain air de grandeur et de force, et, tout en admirant ses conceptions élevées et puissantes, pour démêler de réelles faiblesses, des impropriétés, des incorrections même dans les lignes en apparence les mieux venues et les plus imposantes. M. Schérer

---

1. S'il a aimé passionnément le pouvoir, il n'a jamais songé à en faire l'instrument de sa fortune. Son désintéressement a été, sans nul doute, un des plus solides fondements de sa grande autorité morale : « J'aurais pu bien souvent, pendant que j'étais aux affaires, écrit-il à M⁽ᵐᵉ⁾ de Gasparin, le 19 juillet 1835, augmenter beaucoup ma fortune sans manquer à ce que le monde appelle la probité ; mais en toutes choses, et pour ma vie privée comme pour ma vie publique, c'est moi-même que je consulte et que je crois, et non pas le monde. Je n'ai donc jamais voulu d'autre moyen de fortune que l'ordre. Je me suis promis une fois pour toutes de ne jamais tenir compte dans ma vie publique d'aucune considération d'intérêt privé. » Et il a tenu sa promesse, même quand le tentateur était le roi Louis-Philippe lui-même : « En 1847, raconte-t-il dans ses *Mémoires*, la recette générale de Bordeaux vint à vaquer ; le roi me fit offrir de la donner à la personne que je désignerais et qui me ferait, dans le revenu de cette charge, une part convenable. Je priai le roi de n'y pas songer, et il n'en fut rien. » C'est un bel exemple à citer aux hommes d'État de tous les régimes.

2. « Ce que je sais aujourd'hui, au terme de ma course, écrit-il avec l'accent d'une profonde conviction, je l'ai senti quand elle commençait et tant qu'elle a duré ; même au milieu des grandes affaires, les affections tendres sont le fond de la vie, et la plus glorieuse n'a que des joies superficielles et incomplètes, si elle est étrangère au bonheur de la famille et de l'intimité. »

en a été choqué jusqu'au point de perdre, ce me semble, quelque peu la mesure, en ne reculant pas devant ce jugement absolu : « M. Guizot n'a jamais été un écrivain, ou, si l'on aime mieux, il n'a jamais été que le premier des écrivains qui ne savent pas la langue. » Et, comme Sainte-Beuve se récriait, trouvant la critique sévère jusqu'à l'injustice, l'éminent critique prit dans les *Mémoires*, l'œuvre de la maturité de l'auteur, qui a dû y apporter tout son talent[1], une page, qu'il disséqua sans pitié : « Qu'est-ce, demande-t-il, qu'un *résultat incurable?* Comment une *certaine mesure d'entente* peut-elle devenir une *base?* Et cette difficulté qui est *surmontée par un don!* cet emportement qui *écarte d'une acceptation!* Quant à *compromettre* les gens *les uns contre les autres*, c'est tout simplement un attentat contre la grammaire. Je n'ignore point que l'incorrection n'est pas toujours incompatible avec certaines qualités de l'écrivain, et même du grand écrivain ; mais j'estime que les défauts du style de M. Guizot sont précisément ceux qui trahissent l'ignorance de la langue et de son génie. »

Contre l'arrêt si dur de M. Schérer, Sainte-Beuve demandait grâce, au moins, pour les portraits que M. Guizot a tracés d'une main si sûre et si habile. Jamais, en effet, il n'a été plus heureux, plus fin, plus mordant. J'en citerai quelques-uns, non seulement pour faire apprécier le talent du peintre, la délicatesse, l'esprit ou la fermeté de sa touche, mais aussi pour recueillir quelques traits, soit élogieux, soit plus souvent satiriques[2], dont plusieurs serviraient, sans grand'peine, à composer le portrait du peintre lui-même.

M. de Bonald. « Il excelle dans l'exposition spécieuse et subtile avec élévation. »

Le comte Molé. « La gravité de sa figure et de ses manières

---

1. « Je n'ai rien écrit, dit en effet M. Guizot, de plus sérieux en soi et pour moi. »

2. Malgré sa prétention à l'impartialité et au scrupule dans ses jugements, M. Guizot s'est parfois laissé emporter par la passion. Que dire, par exemple, de ces deux lignes regrettables : « Carnot, habile officier, républicain sincère et honnête homme, autant que peut l'être un *fanatique badaud* »? J'ai rappelé ailleurs ses jugements sur Michelet, Henri Martin, Lamennais.

lui ôtait les apparences de la versatilité et de la faiblesse. »

M. Bermudez, ministre d'Espagne. « Peu d'hommes m'ont inspiré plus d'estime que M. Zéa Bermudez..., anti-révolutionnaire, avec plus d'honnêteté que de discernement...; il avait l'esprit plus ferme qu'étendu, et il prenait volontiers la limite de ses idées pour celle des besoins et des destinées de son pays. »

Le prince de Metternich. « ... Confiance étrangement, je dirais volontiers naïvement orgueilleuse dans ses vues et dans son jugement; en 1848, pendant notre retraite commune à Londres : — L'erreur, me dit-il un jour, avec un demi-sourire, qui semblait d'avance excuser ses paroles, l'erreur n'a jamais approché de mon esprit. — J'ai été plus heureux que vous, mon prince, lui dis-je ; je me suis plus d'une fois aperçu que je m'étais trompé; — et son air me disait qu'il approuvait ma modestie, sans être, au fond de son cœur, ébranlé dans sa présomption. »

M. Duvergier de Hauranne. « Un boulet de canon va droit au but quand il est lancé dans la bonne direction. L'esprit de Duvergier est de même nature... C'est une nature élevée, désintéressée, sincère, très honnête. Il est très intelligent dans la voie où il marche. Il ne voit rien en dehors; il a tout ce qui fait bien penser et bien agir quand on a bien commencé. Il lui manque ce qui préserve de se mal engager et d'aller loin dans l'erreur sans s'en douter. »

M. de Martignac. « ... Très fidèle à sa cause et à ses amis, il ne portait pourtant, soit dans le gouvernement, soit dans les luttes politiques, ni cette énergie simple, passionnée, obstinée, ni cette insatiable soif de succès qui s'animent devant les obstacles ou dans les défaites, et qui entraînent souvent les volontés, même quand elles ne changent pas les esprits... »

Lord Jeffrey. « Ce vaillant champion des idées libérales s'inquiétait vivement de la domination exclusive de la démocratie, autant pour la dignité humaine et la liberté politique que pour la sécurité des droits divers et de la forte constitution des États. Mais il m'exprimait ces judicieux sentiments avec cette nuance de découragement et d'humeur qui donne à l'esprit l'air vieux, et la vieillesse ne va pas mieux à l'esprit qu'au corps. »

Lord Clarendon, premier ministre d'Angleterre, 1660-1667. « Esprit ferme, droit et pénétrant, ami sincère de l'ordre légal et moral, attaché avec courage à la Constitution et avec passion à l'Église de son pays, plein de respect pour les droits écrits ou traditionnels du peuple ou du prince, il détestait les révolutions à ce point que toute nouveauté lui était indistinctement suspecte et antipathique. Premier ministre, il fut plus hautain que fier, manqua de largeur dans les idées et de générosité sympathique dans le caractère, et jouit de sa grandeur avec faste en exerçant le pouvoir avec raideur. »

XIX

C'est une noble figure, somme toute, que celle de ce bourgeois, vraiment fils de ses œuvres, arrivé au premier rang par son mérite personnel, par l'énergie de sa volonté. Il a été un caractère. Il venait d'avoir dix-neuf ans, quand il écrivait à sa mère, en 1806 : « Je puis avoir tort, mais, toutes les fois que je crois avoir raison, l'univers entier n'a aucune influence sur ma manière de penser. » Il lui tient le même langage en 1840 : « J'irai devant moi, par une ligne droite, aussi loin et aussi longtemps qu'il plaira à Dieu. » C'est par cette force de caractère qu'il a inspiré confiance et s'est de bonne heure imposé : « Je ne serai tranquille qu'avec Guizot », dit un jour Casimir Périer.

Figure plus imposante, toutefois, que sympathique. On sent, dans ses écrits et dans sa conduite, une morgue altière, une conviction profonde de sa supériorité, un sentiment de pitié dédaigneuse pour « ce chaos d'hommes qu'on appelle le peuple », pour « les régions très basses et très fangeuses », pour ses ennemis politiques, pour « toutes les pauvretés et les bassesses humaines ». — « Vingt fois par jour, écrit-il à Mᵐᵉ de Broglie, je trouvais le monde faux, froid, sec, grossier, subalterne. » La haute idée qu'il a de son mérite supérieur se trahit parfois avec une naïveté qui désarme la critique[1].

Il s'applaudit de ce mot de M. Royer-Collard : « Voici entre M. Thiers et M. Guizot la vraie différence : à M. Thiers, on passe tout ; à M. Guizot, on ne passe rien. » N'est-ce pas que son air froid et sec, sa physionomie austère, son attitude fière et raide lui aliénaient les esprits et les cœurs mêmes qu'il forçait de reconnaître et de subir son ascendant? « Ses vertus, dit Heine, agissaient d'une manière presque répulsive sur moi. » Lamartine n'est pas plus tendre : « M. Guizot me répugne et me repousse. » C'est en vain qu'il se défend d'être « ce personnage tragique, solitaire, tendu, qui finira par devenir une espèce de légende, fausse comme toutes les légendes ». C'est en vain que sa femme, qui reçoit de son mari des lettres charmantes, pleines de tendresse, ne peut penser à l'idée que beaucoup de gens se font de lui, « à cet orgueilleux, cet ambitieux, ce cœur froid, cette tête calculatrice », sans s'irriter de ces sots jugements. Il n'a pas su se faire aimer de ses compatriotes comme de sa famille, ou, pour mieux dire, il ne l'a pas voulu, il ne l'a pas cherché. Il lui répugnait, comme un humiliant charlatanisme, de leur faire des avances, de paraître céder aux vœux populaires : « Je puis regretter la popularité, a-t-il dit fièrement ; la rechercher, jamais. » Il a pris trop à la lettre cette ingénieuse pensée de Joubert : « Il faut porter son velours en dedans. » Il a réservé toute son amabilité pour les siens. En dehors de la famille, il a surtout voulu paraître fort et imposer son autorité.

Mais, qu'on l'aime ou qu'on ne l'aime pas, il faut lui rendre justice. Quelques reproches qu'on puisse légitimement lui adresser comme politique, il est une gloire que personne ne

---

1. Un jour, par exemple, il a trouvé François, un domestique, si ému, le lendemain d'un enterrement, que, du fond de l'âme, il lui a serré la main, et il écrit à sa femme : « Quand il y a eu *entre une créature de condition inférieure et moi* un moment, un seul moment de vraie, d'intime sympathie, je ne l'oublie jamais, et elle a un droit sur moi. »

peut lui contester, et qui restera attachée à sa mémoire, la gloire d'avoir organisé l'instruction primaire en France. Il a donné à la monarchie de Juillet son principal titre d'honneur ; il a préparé à la démocratie ses plus sûres garanties. La patrie doit lui en être éternellement reconnaissante. M. Guizot sentait bien que c'était là l'œuvre qui recommanderait son nom à la postérité. « C'est dans ma vie, écrit-il à Mme de Witt, à propos de son ministère de l'instruction publique, une des phases auxquelles je tiens et dont je désire laisser un souvenir un peu vrai et complet. Notre cœur est fait étrangement. C'est dans cette maison que j'ai perdu ta mère et ton frère, mes plus chers bonheurs avec vous ; je suis attaché à ce lieu comme si j'y avais toujours été heureux. »

Félix CADET.

Virollay, 1er mai 1858.

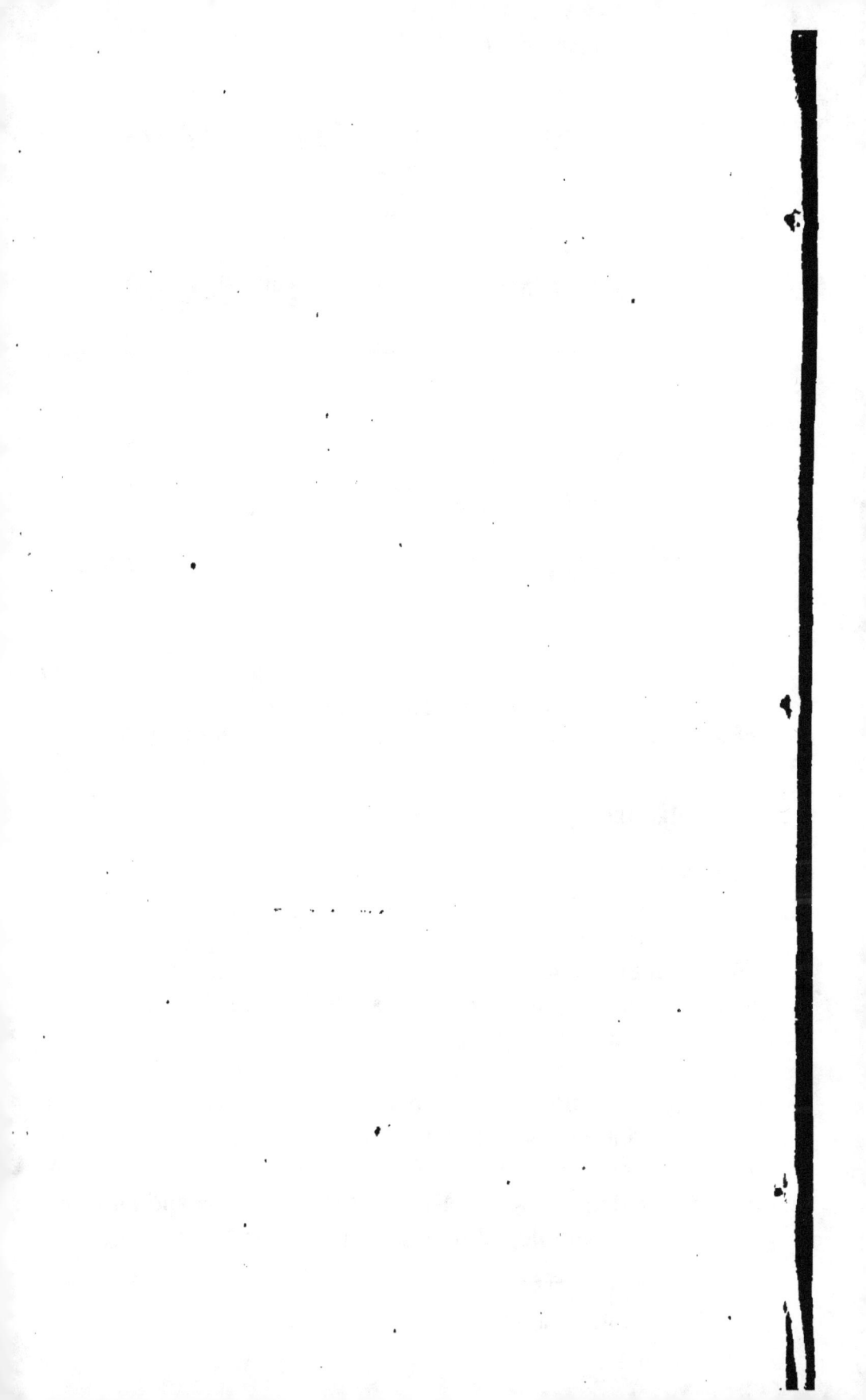

FRANÇOIS GUIZOT

INSTRUCTION PUBLIQUE — ÉDUCATION

PREMIÈRE PARTIE

LÉGISLATION ET ADMINISTRATION

**Exposé des motifs du projet de loi
présenté à la Chambre des députés le 2 janvier 1833[1].**

Messieurs,

Le caractère du projet de loi que nous avons l'honneur de vous présenter est d'être essentiellement pratique. Il ne repose, en effet, sur aucun de ces principes absolus que l'esprit de parti et l'inexpérience accréditent selon le temps et les circonstances, et qui, lorsqu'ils règnent seuls dans une loi, la rendent presque toujours vaine et stérile.

L'histoire de l'instruction primaire depuis quarante ans est une éclatante démonstration de ce danger. Quel principe, au premier coup d'œil, paraît plus favorable que celui-ci : « Quand un gouvernement est fondé sur les lumières générales, il doit à tous l'instruction nécessaire à tous »? Quoi de plus spécieux, de plus digne, ce semble, d'une grande nation? C'est presque

---

1. Voy. la note de la page 52.

l'honneur de l'Assemblée constituante, de s'être laissé prendre à cette illusion généreuse; et, sous l'empire de l'enthousiasme qui entraînait alors les meilleurs esprits, la loi des 13 et 14 septembre 1791 décida que *l'instruction serait gratuite à l'égard des parties d'enseignement indispensables pour tous les hommes*. Ce qu'avait dit l'Assemblée constituante, la Convention le fit, c'est-à-dire le tenta, et décréta partout un enseignement élémentaire, avec un traitement fixe de 1 200 francs à tout instituteur sur le trésor public, ainsi qu'une retraite proportionnée. Promesse magnifique, qui n'a pas produit une seule école[1]! Quand l'État veut tout faire, il s'impose l'impossible, et, comme on se lasse bientôt de lutter contre l'impossible, à des illusions gigantesques succèdent promptement le découragement, la langueur et la mort.

Du principe absolu de l'instruction primaire gratuite considérée comme une dette de l'État, passons au principe opposé, qui compte encore aujourd'hui tant de partisans, celui de l'instruction primaire considérée comme une pure industrie, par conséquent livrée à la seule loi de toute industrie, la libre concurrence, et à la sollicitude naturelle des familles, sans aucune intervention de l'État. Mais cette industrie que l'intérêt entreprend, l'intérêt seul la poursuit; l'intérêt peut donc aussi l'interrompre et l'abandonner. Les lieux où l'instruction primaire serait le plus nécessaire sont précisément ceux qui tentent le moins l'industrie, et le besoin le plus sacré demeure sans garantie et sans avenir.

Entre ces deux principes extrêmes, nous adresserons-nous au principe communal? Demanderons-nous à la commune, qui semble participer à la fois de la famille et de l'État, de se charger seule de l'instruction primaire, de la surveillance, et par conséquent des dépenses? Le principe communal nous jette bien loin des grandes vues de l'Assemblée constituante et de la Conven-

---

1. « Que l'on ne tire pas argument contre cette loi de son défaut d'exécution, non plus que contre toutes les lois qui ont été faites par la Convention sur le même sujet; la faute en est aux circonstances. Mais il est toujours beau de montrer l'idéal, alors même qu'on ne peut pas l'atteindre. » (M. Carnot, *Discours au Corps législatif*, séance du 7 avril 1865.)

tion; il nous mène sous le gouvernement du Directoire et sous
la loi de l'an IV, aussi étroite en matière d'instruction primaire
que le principe exclusif sur lequel elle repose ; loi, en vérité, trop
peu libérale et envers l'instituteur et envers le peuple, qui
n'assurait à l'instituteur que le logement, et n'exemptait de la
rétribution qu'un quart des élèves pour cause d'indigence. Encore
la loi de l'an X, conçue dans le même esprit, réduisit ce quart
au cinquième, pour ne pas trop diminuer le seul traitement
éventuel du maître, mais augmentant par là l'ignorance et la
misère de la commune.

C'est qu'il est bien difficile que la plupart des communes
supportent seules les dépenses nécessaires pour que l'instruction
primaire y soit réelle ; dans presque toutes, il faudra que l'instituteur se contente à peu près de la seule rétribution des élèves
qu'il attirera : traitement éventuel, incertain, insuffisant. Cet
instituteur, déjà si dépourvu, on le ruine entièrement si on le
force de donner l'instruction gratuite aux indigents, et, de conséquence en conséquence, on arrive à n'admettre dans l'école
qu'un très petit nombre de pauvres, c'est-à-dire que l'on prive
de l'instruction primaire ceux-là mêmes qui en ont le plus
pressant besoin. Rien n'est plus sage assurément que de faire
intervenir les pouvoirs locaux dans la surveillance de l'instruction primaire ; mais il n'est pas bon qu'ils y interviennent seuls,
ou il faut bien savoir qu'on livre alors l'instruction primaire à
l'esprit de localité et à ses misères. Si l'on veut que le maître
d'école soit utile, il faut qu'il soit respecté ; et, pour qu'il soit
respecté, il faut qu'il ait le caractère d'un fonctionnaire de l'État,
surveillé sans doute par le pouvoir communal, mais sans être
uniquement sous sa main, et relevant d'une autorité plus générale.

Cherchez toujours ainsi, Messieurs, et vous ne trouverez pas
un bon principe qui, admis à dominer seul dans l'instruction
primaire, ne puisse lui porter un coup mortel. Et, pour finir ces
exemples par le plus frappant de tous, supposons un gouvernement qui, pour établir la salutaire influence de la religion dans
l'instruction du peuple, irait, comme l'a tenté la Restauration
dans ses plus mauvais jours, jusqu'à remettre l'éducation du

6

peuple au clergé seul [1] ; cette coupable condescendance enlèverait à l'instruction primaire les enfants de toutes les familles qui repoussent, avec raison, la domination ecclésiastique ; comme aussi, en substituant dans les écoles ce qu'on appelle la morale civique à l'instruction morale et religieuse, on commettrait une faute grave envers l'enfance, qui a besoin de morale et de religion ; ensuite on soulèverait des résistances redoutables ; on rendrait l'instruction primaire suspecte, antipathique peut-être à une multitude de familles en possession d'une juste influence.

Nous espérons, Messieurs, avoir évité dans le projet de loi ces excès différents, également dangereux. Nous n'avons point imposé un système à l'instruction primaire ; nous avons accepté tous les principes qui sortaient naturellement de la matière, et nous les avons tous employés dans la mesure et à la place où ils ont paru nécessaires. C'est donc ici, nous n'hésitons pas à le dire, une loi de bonne foi, étrangère à toute passion, à tout préjugé, à toute vue de parti, et n'ayant réellement d'autre objet que celui qu'elle se propose ouvertement, le plus grand bien de l'instruction du peuple.

Quoiqu'elle renferme une assez grande variété de principes, cette loi est simple dans son économie. Elle réduit à trois questions fondamentales toutes celles que l'on peut se proposer sur l'instruction primaire, savoir :

1° Les objets d'enseignement que l'instruction primaire doit embrasser ;

2° La nature des écoles auxquelles elle doit être confiée ;

3° Les autorités qui doivent y être préposées.

La première question est résolue dans le titre I de la loi, qui contient comme la définition de l'instruction primaire.

Nous avons divisé l'instruction primaire en deux degrés, l'instruction primaire élémentaire et l'instruction primaire supérieure. Le premier degré est comme le minimum de l'instruction primaire, la limite au-dessous de laquelle elle ne doit pas des-

---

1. L'ordonnance royale du 8 avril 1824 plaçait les écoles catholiques sous l'autorité ecclésiastique. Le comte de Frayssinous, évêque d'Hermopolis, était alors grand maître de l'Université, et bientôt ministre des affaires ecclésiastiques et de l'instruction publique (août 1824).

cendre, la dette étroite du pays envers tous ses enfants. Ce degré d'instruction doit être commun aux campagnes et aux villes; il doit se rencontrer dans le plus humble bourg comme dans la plus grande cité, partout où il se trouve une créature humaine sur notre terre de France. Tel qu'il est constitué, vous reconnaîtrez qu'il est suffisant. Par l'enseignement de la lecture, de l'écriture et du calcul, il pourvoit aux besoins les plus essentiels de la vie; par celui du système légal des poids et mesures et de la langue française, il implante partout, accroît et répand l'esprit et l'unité de la nationalité française; enfin, par l'instruction morale et religieuse, il pourvoit déjà à un autre ordre de besoins tout aussi réels que les autres, et que la Providence a mis dans le cœur du pauvre comme dans celui des heureux de ce monde, pour la dignité de la vie humaine et la protection de l'ordre social.

Ce premier degré d'instruction est assez étendu pour faire un homme de qui le recevra, et en même temps assez circonscrit pour pouvoir être partout réalisé. Mais, de ce degré à l'instruction secondaire, qui se donne soit dans les institutions et pensions privées, soit dans les collèges de l'État, il y a bien loin, Messieurs, et pourtant, dans notre système actuel d'instruction publique, il n'y a rien entre l'un et l'autre. Cette lacune a les plus grands inconvénients; elle condamne ou à rester dans les limites étroites de l'instruction élémentaire, où à s'élancer jusqu'à l'instruction secondaire, c'est-à-dire jusqu'à un enseignement classique et scientifique extrêmement coûteux.

De là il résulte qu'une partie très nombreuse de la nation qui, sans jouir des avantages de la fortune, n'est pas non plus réduite à une gêne trop sévère, manque entièrement des connaissances et de la culture intellectuelle et morale appropriée à sa position. Il faut absolument, Messieurs, combler cette lacune; il faut mettre une partie si considérable de nos compatriotes en état d'arriver à un certain développement intellectuel sans lui imposer la nécessité de recourir à l'instruction secondaire, si chère et, je ne crains pas de le dire, car je parle devant des hommes d'État qui comprendront ma pensée, si chère à la fois et si périlleuse. En effet, pour quelques talents heureux que l'instruction scientifique et classique développe et arrache utilement à leur con-

dition première, combien de médiocrités y contractent des goûts
et des habitudes incompatibles avec la condition modeste où il
leur faudrait retomber, et, sorties une fois de leur sphère naturelle, ne sachant plus quelle route se frayer dans la vie, ne produisent guère que des êtres ingrats, malheureux, mécontents, à
charge aux autres et à eux-mêmes !

Nous croyons rendre au pays un vrai service en établissant un
degré supérieur d'instruction primaire qui, sans entrer dans
l'instruction classique et scientifique proprement dite, donne
pourtant à une partie nombreuse de la population une culture
un peu plus relevée que celle que lui donnait jusqu'ici l'instruction primaire.

... Déjà le projet qui vous a été présenté l'année dernière et le
rapport de votre commission rendaient un enseignement de ce
genre facultatif, selon les besoins et les ressources des localités ;
nous avons cru entrer dans vos vues en organisant d'une manière positive ce degré supérieur de l'instruction primaire, en le
rendant obligatoire pour toutes les communes urbaines au-dessus
de 6 000 âmes, comme le degré inférieur l'est pour toutes les
communes, si petites qu'elles soient.

S'il n'y a qu'un seul degré d'instruction primaire, et qu'on élève
ou qu'on étende trop ce degré, on le rend inaccessible à la classe
pauvre ; si on le resserre trop, on le rend insuffisant pour une
grande partie de la population, qui ne peut pas non plus atteindre
jusqu'à nos collèges ; et si, en admettant une instruction primaire
supérieure, on la laisse facultative, on ne fait absolument rien.
La loi se tait, ou elle prescrit et elle organise. C'est par ces considérations que nous avons établi et réglé un degré supérieur
d'instruction primaire, qui ajoute aux connaissances indispensables à tous les hommes les connaissances utiles à beaucoup :
les éléments de la géométrie pratique, qui fournissent les premières données de toutes les professions industrielles ; les notions
de physique et d'histoire naturelle, qui nous familiarisent avec
les grands phénomènes de la nature et sont si fécondes en
avertissements salutaires de tous genres ; les éléments de la
musique, ou au moins du chant, qui donnent à l'âme une véritable culture intérieure ; la géographie, qui nous apprend les

divisions de cette terre que nous habitons ; l'histoire, par laquelle nous cessons d'être étrangers à la vie et à la destinée de notre espèce ; surtout l'histoire de notre patrie, qui nous identifie avec elle ; sans parler de telle langue moderne, qui, selon les provinces où nous sommes placés, peut nous être indispensable ou du plus grand prix.

Les titres II et III déterminent la nature et les caractères des écoles auxquelles l'instruction primaire doit être confiée.

Ici, Messieurs, notre premier soin devait être et a été de restituer pleine et entière, selon l'esprit et le texte précis de la Charte, la liberté d'enseignement. Désormais tout citoyen âgé de dix-huit ans accomplis[1] pourra fonder, entretenir, diriger tout établissement quelconque d'instruction primaire, soit du degré inférieur, soit du degré supérieur, normal ou autre, dans toute espèce de commune urbaine ou rurale, sans autre condition qu'un certificat de bonne vie et mœurs, et un brevet de capacité obtenu après examen. Vous reconnaîtrez, avec votre commission de la session dernière, qu'exiger une preuve de capacité de quiconque entreprend l'éducation de la jeunesse n'est pas plus entraver la liberté de l'enseignement, qu'on ne gêne la liberté des professions de l'avocat, du médecin ou du pharmacien, en leur imposant des preuves analogues de capacité.

La profession d'instituteur de la jeunesse est, sous un certain rapport, une industrie, et, à ce titre, doit être pleinement libre ; mais, comme la profession de médecin ou d'avocat, ce n'est pas seulement une industrie, c'est une fonction délicate à laquelle il faut demander des garanties ; on porterait atteinte à la liberté si, comme jusqu'ici, outre la condition du brevet, on imposait encore celle d'une autorisation préalable. Là commencerait l'arbitraire. Nous le rejetons, et avec plaisir ; car nous ne redoutons pas la liberté de l'enseignement, Messieurs, car nous la provoquons au contraire.

Elle ne pourra jamais, à notre gré, multiplier assez les méthodes et les écoles ; et, si nous lui reprochions quelque chose,

---

1. La loi du 15 mars 1850 a sagement reculé jusqu'à 21 ans la condition d'âge exigée pour l'ouverture et la direction d'une école.

ce serait de ne pas faire davantage. Elle promet plus qu'elle ne donne, nous le croyons ; mais ses promesses sont assez innocentes, et une seule accomplie est un service envers le pays, que nous nous sentirions coupables d'avoir empêché. Encore une fois, nous sommes le premiers à faire appel à la liberté de l'enseignement ; nous n'aurons jamais assez de coopérateurs dans la noble et pénible entreprise de l'amélioration de l'instruction populaire. Tout ce qui servira cette belle cause doit trouver en nous une protection reconnaissante.

Tout le monde convient que le droit de surveillance exercé sur les écoles privées est, d'une part, nécessaire et légitime en soi, et que, de l'autre, il n'est nullement une entrave à la liberté de l'enseignement, puisqu'il ne porte point sur les méthodes. D'ailleurs, dans le projet de loi, la surveillance est au plus haut degré désintéressée, exercée par une autorité impartiale et qui doit rassurer les esprits les plus ombrageux ; car elle est en très grande partie élective. Enfin, nul maître d'école privée ne peut être interdit de l'exercice de sa profession, à temps ou à toujours, qu'après un procès spécial, comme le délit lui-même, et par une sentence du tribunal civil ordinaire.

Mais, quelque liberté que nous laissions, quelques sûretés que nous donnions aux écoles privées, quelques vœux que nous fassions pour qu'elles s'étendent et prospèrent, ce serait un abandon coupable de nos devoirs les plus sacrés, de nous en reposer sur elles de l'éducation de la jeunesse française. Les écoles privées sont libres et par conséquent livrées à mille hasards. Elles dépendent des calculs de l'intérêt ou des caprices de la vocation, et l'industrie qu'elles exploitent est si peu lucrative, qu'elle attire peu et ne retient presque jamais. Les écoles privées sont à l'instruction ce que les enrôlements volontaires sont à l'armée : il faut s'en servir sans y trop compter. De là, Messieurs, l'institution nécessaire des écoles publiques, c'est-à-dire d'écoles entretenues, en tout ou en partie, par les communes, par les départements ou par l'État, pour le service régulier de l'instruction du peuple. C'est le sujet du titre III.

Nous avons attaché à toute commune, ou, pour prévoir des cas qui, nous l'espérons, deviendront de jour en jour plus rares, à la réunion de plusieurs communes circonvoisines, une école publique élémentaire ; et, pour entretenir cette école, nous avons cru pouvoir combiner utilement plusieurs principes que trop souvent on a séparés. Il nous a paru que nulle école communale élémentaire ne pouvait subsister sans ces deux conditions : 1° un traitement fixe qui, joint à un logement convenable, rassure l'instituteur contre les chances de l'extrême misère, l'attache à sa profession et à la localité ; 2° un traitement éventuel payé par les élèves, qui lui promette une augmentation de bien-être à mesure qu'il saura répandre autour de lui, par sa conduite et ses leçons, le besoin et le goût de l'instruction.

Le traitement fixe permet d'obliger l'instituteur à recevoir gratuitement tous les enfants dont les familles auront été reconnues indigentes. Seul, le traitement fixe aurait deux graves inconvénients. D'abord, comme il devrait être assez considérable, il accablerait quiconque en serait chargé ; ensuite, il établirait le droit à l'instruction gratuite, même pour ceux qui peuvent la payer, ce qui serait une injustice sans aucun avantage ; car on profite d'autant mieux d'une chose qu'on lui fait quelque sacrifice, et l'instruction élémentaire elle-même ne doit être gratuite que quand elle ne peut ne pas l'être. Elle ne le sera donc que pour quiconque aura prouvé qu'il ne peut la payer. Alors, mais seulement alors, c'est une dette sacrée, une noble taxe du pauvre, que le pays doit s'imposer ; et, dans ce cas, il ne s'agit plus, comme dans la loi de l'an IV ou dans celle de l'an X, du quart ou du cinquième des élèves ; non, Messieurs, tous les indigents seront admis gratuitement. En revanche, quiconque pourra payer payera, peu sans doute, très peu, presque rien, mais enfin quelque chose, parce que cela est juste en soi, et que ce léger sacrifice attachera l'enfant à l'école, excitera la vigilance des parents et les relèvera à leurs propres yeux.

Voilà pour l'instruction élémentaire. Quant à l'instruction primaire supérieure, comme elle est destinée à une classe un peu plus aisée, il n'est pas nécessaire qu'elle soit gratuite ; mais la rétribution doit être la plus faible possible, et c'est pour cela qu'il fallait assurer un traitement fixe à l'instituteur. Nous espérons que ces combinaisons prudentes porteront de bons fruits.

Maintenant qui supportera le poids du traitement fixe? La commune, le département ou l'État? Souvent, et presque toujours, Messieurs, tous les trois : la commune seule, si elle le peut; à son défaut, et en certaine proportion, le département; et, au défaut de celui-ci, l'État, de telle sorte que, dans les cas les plus défavorables, la charge, ainsi divisée, soit supportable pour tous.

C'est encore là une combinaison dans laquelle l'expérience nous autorise à placer quelque confiance. Nous reproduisons le minimum du traitement fixe de l'instituteur élémentaire, tel qu'il a été fixé par le dernier projet de loi et accepté par votre commission ; et le minimum que nous vous proposons pour le traitement fixe de l'instituteur du degré supérieur ne nous paraît pas excéder les facultés de la plupart des petites villes.

L'ancien projet de loi et votre commission avaient voulu que toute commune s'imposât jusqu'à concurrence de cinq centimes additionnels, pour faire face aux besoins de l'instruction primaire. Trois centimes nous ont semblé suffisants, mais à condition d'imposer le département, non plus seulement à un nouveau centime additionnel, mais à deux, pour venir au secours des communes malheureuses. Quand les sacrifices de la commune et ceux du département auront atteint leur terme, alors interviendra l'État avec la subvention annuelle que vous consacrez à cet usage. Vous voyez dans quel intérêt ont été calculées toutes ces mesures, et nous nous flattons que vous les approuverez.

Il ne peut y avoir qu'une seule opinion sur la nécessité d'ôter à l'instituteur primaire l'humiliation et le souci d'aller recueillir lui-même la rétribution de ses élèves et de la réclamer en justice, et sur l'utilité et la convenance de faire recouvrer cette rétribution dans les mêmes formes et par les mêmes voies que les autres contributions publiques. Ainsi l'instituteur primaire est élevé au rang qui lui appartient, celui de fonctionnaire de l'État.

Mais tous ces soins, tous ces sacrifices seraient inutiles, si nous ne parvenions à procurer à l'école publique, ainsi constituée, un maître capable, digne de la noble mission d'instituteur du peuple. On ne saurait trop le répéter, Messieurs, autant vaut le maître, autant vaut l'école elle-même.

Et quel heureux ensemble de qualités ne faut-il pas pour faire un bon maître d'école?

Un bon maître d'école est un homme qui doit savoir beaucoup plus qu'il n'enseigne, afin de l'enseigner avec intelligence et avec goût; qui doit vivre dans une humble sphère, et qui pourtant doit avoir l'âme élevée, pour conserver cette dignité de sentiments, et même de manières, sans laquelle il n'obtiendra jamais le respect et la confiance des familles; qui doit posséder un rare mélange de douceur et de fermeté, car il est l'inférieur de bien du monde dans une commune, et il ne doit être le serviteur dégradé de personne; n'ignorant pas ses droits, mais pensant beaucoup plus à ses devoirs; donnant à tous l'exemple, servant à tous de conseiller, surtout ne cherchant point à sortir de son état, content de sa situation parce qu'il y fait du bien, décidé à vivre et à mourir dans le sein de l'école, au service de l'instruction primaire, qui est pour lui le service de Dieu et des hommes. Faire des maîtres, Messieurs, qui approchent d'un pareil modèle est une tâche difficile, et cependant il faut y réussir, ou nous n'avons rien fait pour l'instruction primaire.

Un mauvais maître d'école, comme un mauvais curé, comme un mauvais maire, est un fléau pour une commune. Nous sommes bien réduits à nous contenter très souvent de maîtres médiocres, mais il faut tâcher d'en former de bons; et pour cela, Messieurs, des écoles normales primaires sont indispensables. L'instruction secondaire est sortie de ses ruines, elle a été fondée en France le jour où, recueillant une grande pensée de la Révolution, la simplifiant et l'organisant, Napoléon créa l'école normale centrale de Paris. Il faut appliquer à l'instruction primaire cette idée simple et féconde. Aussi nous proposons d'établir une école normale par département.

Mais, quelle que soit la confiance que nous inspirent ces établissements, ils ne conféreront pas à leurs élèves le droit de devenir instituteurs communaux, si ceux-ci, comme tous les autres citoyens, n'obtiennent, après un examen, le brevet de capacité pour l'un ou l'autre degré de l'instruction primaire auquel ils se destinent.

Il ne reste plus, Messieurs, qu'une mesure à prendre pour

assurer l'avenir des instituteurs primaires. Déjà la loi du 21 mars 1832 exempte du service militaire tous ceux qui s'engagent pour dix ans au service, non moins important, de l'instruction primaire. Un article du dernier projet ménageait des pensions, au moyen de retenues assez fortes, aux instituteurs communaux dont les services auraient duré trente ans, ou qui, après dix ans, seraient empêchés de les continuer par des infirmités contractées pendant leurs fonctions. Votre commission de la session dernière avait rejeté cet article par diverses considérations, entre autres par la crainte que le trésor public n'eût quelque chose à ajouter aux produits des retenues pour former une pension un peu convenable. Après de sérieuses réflexions, un autre système nous a paru propre à atteindre le but que nous nous proposons. Dans le nouveau projet de loi, il ne s'agit plus de pensions de retraite, mais d'une simple caisse d'épargne et de prévoyance en faveur des instituteurs primaires communaux. Cette caisse serait établie dans chaque département; elle serait formée par une retenue annuelle sur le traitement fixe de chaque instituteur communal; le montant de la retenue serait placé en rentes sur l'État, et le produit total serait rendu à l'instituteur à l'époque où il se retirerait, ou, en cas de décès dans l'exercice de ses fonctions, à sa veuve ou à ses héritiers.

Il est expressément entendu que, dans aucun cas, il ne pourra être ajouté aucune subvention sur les fonds de l'État à cette caisse de prévoyance; mais elle pourra recevoir des legs et des dons particuliers. Ainsi se trouveraient conciliés les intérêts de l'État, chargé de trop de pensions pour consentir à voir s'augmenter encore cet énorme chapitre de ses dépenses, et ceux de l'instruction primaire, qui vit de peu, mais qui a besoin d'avenir.

Je me hâte de passer au titre IV de cette loi, relatif aux diverses autorités préposées à l'instruction primaire. C'est ici surtout, Messieurs, que nous nous sommes efforcés de nous dépouiller de tout esprit de système et d'accepter l'intervention de toute autorité réclamée par le bien du service.

Des écoles communales semées sur toute la surface de la France exigent évidemment des autorités rapprochées d'elles.

Celles qui, jusqu'ici, ont présidé partout à l'instruction primaire sont les comités de canton. Ces comités sont loin d'avoir été inutiles. Plusieurs ont rendu de vrais services ; cependant on peut faire à cette institution deux sortes de reproches opposés, également graves.

Les comités cantonaux sont encore trop loin des différentes écoles communales de canton pour exercer sur elles la surveillance permanente que celles-ci réclament, et, bien que trop éloignés, sous un rapport, de chaque commune, sous un autre ils n'en sont pas assez loin, ni placés dans une sphère assez élevée pour être étrangers à l'esprit de localité. Enfin, c'était une question épineuse de déterminer par qui et comment devaient être nommés les membres de ces comités. L'expérience générale de tous les pays où l'instruction primaire est florissante l'a démontré.

Il faut, pour qu'une école communale marche, qu'elle ait auprès d'elle un comité spécial qui ait cette école seule à surveiller, et qui la surveille sans efforts parce qu'elle est constamment sous ses yeux ; et il faut en même temps que ce comité local se rapporte à un comité plus général, placé à distance, ni trop près, ni trop loin, et dont les membres soient, par leur position, étrangers aux petitesses de l'esprit local, et possèdent la fortune, les lumières et le loisir que leurs fonctions demandent. Nous nous proposons donc de substituer aux anciens comités de canton un comité de surveillance par école communale, et un comité supérieur par arrondissement : l'un chargé des détails et particulièrement du matériel de l'inspection, l'autre chargé surtout de la direction morale ; l'un qui présente les candidats, l'autre qui les agrée (vous concevez qu'il s'agit toujours ici des écoles publiques) ; celui-ci qui, en cas de négligence habituelle ou de délit grave, accuse l'instituteur primaire ; celui-là qui le juge, le suspend ou le révoque.

Ces deux comités représentent, dans leur action combinée, l'intervention légitime de la commune et du département ; car ils ont encore sur les anciens comités cantonaux ce précieux avantage, que la plus grande partie de leurs membres pourra être et sera réellement empruntée aux pouvoirs électifs de la commune, de l'arrondissement et du département.

Cependant ces deux comités, bien que se soutenant, s'excitant, s'éclairant l'un l'autre, pourraient encore se relâcher ou s'égarer dans leur zèle, si une autorité supérieure, celle qui, à son tour, représente la puissance publique appliquée à l'instruction primaire, n'intervenait, soit pour recueillir des lumières, soit pour en donner, et pour imprimer partout l'impulsion et une direction nationale. Le ministre trahirait ses devoirs envers l'État et envers l'instruction primaire s'il s'en tenait uniquement aux rapports officiels qui lui seront transmis, et s'il n'envoyait souvent quelques délégués pour s'assurer en personne du véritable état des choses, convoquer extraordinairement les comités et prendre part à leurs délibérations. Nous affirmons ici en toute conscience que c'est à l'intervention active et éclairée de ces agents supérieurs du ministère de l'instruction publique qu'est due la plus grande partie des progrès de l'instruction primaire pendant ces derniers temps. Supprimer cette intervention, ce serait rendre l'État absolument étranger à l'instruction primaire, la replacer sous l'empire exclusif du principe local, revenir par une marche rétrograde à l'enfance de l'art, arrêter tout progrès et, en ôtant à la puissance publique ses moyens les plus efficaces, la dégager aussi de sa responsabilité.

C'est encore à l'autorité supérieure qu'il appartient de nommer les membres des commissions chargées de faire les examens pour l'obtention des brevets de capacité, ainsi que les examens d'entrée et de sortie des écoles normales primaires. Remarquez-le bien, Messieurs, il ne s'agit plus ici d'une surveillance matérielle ou morale, ni d'apprécier l'aptitude générale d'un candidat et de le juger sous quelques rapports de convenance ou de discipline; il s'agit d'une affaire toute spéciale, d'une œuvre de métier, s'il m'est permis de m'exprimer ainsi. D'abord cette opération exige, à certaines époques de l'année, beaucoup plus de temps, de suite et de patience qu'on n'en peut raisonnablement demander et attendre de personnes du monde, comme les membres du conseil d'arrondissement et de département, et d'hommes très occupés et nécessairement attachés à leur localité, comme les membres du conseil municipal.

Ensuite il faut ici des connaissances positives et techniques sur les diverses matières dont se compose l'examen ; et il ne suffit pas d'avoir ces connaissances, il faut encore avoir prouvé qu'on les a, afin d'apporter à ces examens l'autorité suffisante. Voilà pourquoi les membres de cette commission doivent être, au moins en grande partie, des hommes spéciaux, des gens d'école, comme, dans un degré supérieur, ce sont aussi des hommes spéciaux qui sont chargés des examens pour l'obtention des brevets du baccalauréat dans les lettres et dans les sciences, brevets qui ouvrent la porte de toutes les professions savantes. Il est évident que l'instruction primaire tout entière repose sur ces examens. Supposez qu'on y mette un peu de négligence, ou de complaisance, ou d'ignorance, et c'en est fait de l'instruction primaire. Il importe donc de composer ces commissions d'examen avec la sévérité la plus scrupuleuse, et de n'y appeler que des gens versés dans la matière.

Or ce choix, qui est en état de le mieux faire que le ministre de l'instruction publique ? Le lui enlever et lui demander compte ensuite des progrès de l'instruction primaire serait une contradiction trop manifeste et trop choquante pour que nous puissions la redouter de votre loyauté et de vos lumières.

Enfin, Messieurs, vous achèverez le système entier de l'instruction primaire en étendant vos soins sur ces écoles si intéressantes, mais qu'il est si difficile d'organiser, et qu'on ne peut aborder qu'avec une circonspection extrême ; nous voulons parler des écoles primaires de filles. Il est impossible d'imposer à toute commune une école spéciale de filles, mais toute commune doit être encouragée à en établir une, selon ses ressources, et d'après le vœu du conseil municipal. Il n'y a pas de raison pour que ces écoles ne soient pas soumises aux mêmes conditions que les autres écoles primaires [1].

La loi descendrait peut-être à un simple règlement d'admi-

---

1. On ne comprend pas pourquoi il était si difficile d'organiser l'enseignement des filles. M. Guizot essaie ici de donner une justification de la plus grave lacune de la loi de 1833. — Quant à l'impossibilité d'imposer à toute commune une école spéciale de filles, les lois de 1850 et de 1867 ont victorieusement répondu, en limitant l'obligation aux communes de plus de 800, puis de plus de 500 habitants.

nistration en statuant que, dans les écoles mixtes, le comité communal veillera à ce que les garçons et les filles soient convenablement séparés. Nous pensons, avec votre ancienne commission, que l'institution des dames inspectrices, praticable et utile dans quelques grandes villes, impossible dans les campagnes, a plus d'inconvénients que d'avantages, et qu'il vaut mieux confier la surveillance des écoles de filles aux comités ordinaires de la commune et de l'arrondissement, pour que cette surveillance soit plus effective et plus sérieuse. Du reste, cette matière délicate est susceptible peut-être d'innovations utiles ; mais on ne saurait les tenter avec trop de prudence, et nous avouons qu'avant de vous présenter avec quelque confiance rien de spécial en ce genre, nous avons encore besoin des leçons du temps et de l'expérience.

En effet, Messieurs, l'expérience est notre guide. C'est elle seule que nous voulons suivre et que nous avons constamment suivie. Il n'y a ici aucune hypothèse. Les principes et les procédés employés dans cette loi nous ont été fournis par les faits ; elle ne contient pas un seul article organique qui déjà n'ait été heureusement mis en pratique.

Nous avons pensé qu'en matière d'instruction publique surtout, il s'agit plutôt de régulariser et d'améliorer ce qui existe que de détruire pour inventer et renouveler sur la foi de théories hasardeuses. C'est en travaillant sur ces maximes, mais en travaillant sans relâche, que l'administration est parvenue à communiquer à cette importante partie du service public une marche forte et régulière, au point qu'il nous est permis de dire sans aucune exagération que, depuis deux ans, il a été plus fait pour l'instruction primaire par le gouvernement de Juillet que, depuis quarante années, par tous les gouvernements précédents. La première Révolution avait prodigué les promesses sans s'inquiéter des résultats. L'Empire épuisa ses efforts dans la régénération de l'instruction secondaire ; il ne fit rien pour celle du peuple. La Restauration, jusqu'en 1828, a consacré 50 000 francs par an à l'instruction primaire.

Le ministère de 1828 obtint des Chambres 300 000 francs. La révolution de Juillet nous a donné un million chaque année, c'est-à-dire, en deux années, plus que la Restauration en quinze années. Voilà les moyens, voici les résultats.

Vous le savez, Messieurs, l'instruction primaire est tout entière dans les écoles normales primaires. Ses progrès se mesurent sur ceux de ces établissements. L'Empire, qui le premier prononça le nom d'école normale primaire, en laissa une seule. La Restauration en ajouta cinq ou six. Nous, Messieurs, en deux années, nous avons perfectionné celles-là, dont quelques-unes étaient dans l'enfance, et nous en avons créé plus de trente, dont une vingtaine sont en plein exercice, et forment dans chaque département un vaste foyer de lumières pour l'instruction du peuple. Tandis que le gouvernement perce des routes dans les départements de l'Ouest, nous y avons semé des écoles; nous nous sommes bien gardés de toucher à celles qui étaient chères aux habitants du pays; mais nous avons mis dans le cœur de la Bretagne la grande école normale de Rennes, qui portera ses fruits; et nous lui avons donné une ceinture féconde d'écoles normales de divers degrés, une à Angers, une à Nantes, une encore à Poitiers. Le Midi a maintenant plus de cinq grandes écoles normales primaires, dont les unes sont déjà, et les autres seront bientôt en activité. Enfin nous nous croyons sur la route du bien. Que votre prudence entende la nôtre, que votre confiance nous soutienne et nous encourage, et le temps n'est pas éloigné où nous pourrons dire tous ensemble, ministres, députés, départements, communes, que nous avons accompli, autant qu'il était en nous, les promesses de la révolution de Juillet et de la charte de 1830, dans ce qui se rapporte le plus directement à l'instruction et au vrai bonheur du peuple.

Historique des écoles normales.

(Rapport au roi, mars 1833.)

Le gouvernement impérial avait senti la nécessité d'un enseignement normal pour les instituteurs primaires, aussi bien que pour les professeurs des collèges. Le décret du 17 mars 1808 porte (art. 107) :

« Il sera pris par l'Université des mesures pour que l'art d'enseigner à lire, à écrire, et les premiers éléments du calcul, ne soit exercé désormais que par des maîtres capables de communiquer facilement et sûrement ces premières connaissances nécessaires à tous les hommes. »

Cet article semblait promettre à l'enseignement élémentaire une ère de réforme et de progrès. Mais de puissants obstacles empêchèrent ou du moins retardèrent l'accomplissement de cette promesse. L'administration de l'Université se livra d'abord aux travaux d'une première organisation, qui embrassait toutes les écoles de tous genres établies ou à établir dans la vaste étendue de l'empire. L'instruction secondaire et supérieure, la plus pressante peut-être, à cette époque, pour relever l'ordre social, absorba longtemps son attention. Enfin les événements politiques et leur irrésistible entraînement firent bientôt ajourner et presque oublier le soin de l'instruction populaire, œuvre d'un temps de paix et de sécurité [1].

Cependant un essai fut tenté sur un point du territoire. A Strasbourg, par les soins réunis du recteur de l'académie et du préfet du département, s'ouvrit, en 1811, sous le titre de *Classe normale des instituteurs primaires du Bas-Rhin*, un établissement qui devait répondre aux intentions manifestées par le décret de 1808.

Dans son organisation primitive, cet établissement comptait soixante élèves boursiers, dont vingt à pension entière, vingt à trois quarts de pension, et vingt à demi-pension.

Les candidats, pour y être admis, devaient être âgés de seize ans au moins, de trente ans au plus, et posséder les connaissances préliminaires sans lesquelles ils n'auraient pu suivre avec fruit l'enseignement de l'école.

---

1. Et de liberté, faut-il ajouter. Le despotisme ne peut favoriser le plus puissant instrument de l'émancipation des esprits. Lorsque, en 1802, Monge entendit Pestalozzi exposer ses plans d'éducation ; lorsque, en 1804, Talleyrand en vit l'essai à la maison des Orphelins de Paris, tous deux s'accordèrent à dire à Bonaparte : « C'est trop pour nous, c'est trop pour le peuple. »

Le cours d'instruction normale comprenait les langues française et allemande, la géographie, l'arithmétique, des éléments de physique, la calligraphie, le dessin, la musique et le chant, l'étude des meilleures méthodes d'enseignement, quelques notions d'agriculture, enfin des exercices de gymnastique. L'étendue de ce cours était de quatre années.

Les bourses avaient été créées par un vote du conseil général du département; elles coûtaient annuellement environ 30 000 francs, répartis, sous forme de contribution proportionnelle, entre les communes, selon leur population, leurs revenus, le nombre et l'importance de leurs écoles. Le montant de ces bourses et des portions de pensions laissées à la charge des familles couvraient les dépenses de nourriture et d'instruction, ainsi que les frais de matériel et de mobilier.

Les élèves boursiers contractaient l'engagement de passer, après leur sortie de l'école, au moins dix années dans les fonctions de l'enseignement.

L'établissement recevait des pensionnaires libres, en nombre indéterminé, et qui n'étaient pas assujettis au même engagement.

La direction des études et la gestion économique étaient placées sous la surveillance d'une commission administrative, composée de citoyens notables, dont le choix était concerté entre le recteur de l'académie et le préfet du département.

L'école normale primaire de Strasbourg, ainsi constituée, a subsisté sans interruption jusqu'à ce jour, en recevant de temps en temps, dans son organisation, les changements dont l'expérience a fait reconnaître l'utilité. Le cours d'études étant de quatre ans et le nombre des élèves de soixante, elle fournissait annuellement aux communes du Bas-Rhin un contingent de quinze nouveaux instituteurs, pénétrés de l'esprit de leur état, imbus de principes moraux, formés à des habitudes régulières, et capables de les inculquer à la jeunesse en même temps que les connaissances dont elle avait besoin. Une meilleure répartition du temps et quelques réformes introduites dans le régime intérieur permirent de restreindre le cours d'études à trois années. Le département du Haut-Rhin, témoin des bons résultats obtenus

ainsi dans son voisinage, voulut y avoir part; son conseil général affecta une somme de 6000 francs à la création d'un certain
nombre de bourses ou de portions de bourses, et l'école normale
de Strasbourg, dont le département du Bas-Rhin avait d'ailleurs
augmenté la dotation, s'est trouvée, dans ces derniers temps, en
état d'admettre près de cent aspirants aux fonctions d'instituteur.

Les deux départements qui forment l'académie de Strasbourg
comprennent 1 032 communes, dont 71 seulement sont encore
privées d'écoles, savoir : 19 dans le Bas-Rhin et 52 dans le
Haut-Rhin. Il suffit de jeter les yeux sur les tableaux publiés
récemment pour reconnaître que, nulle part, le nombre des
communes dépourvues de moyens d'instruction n'est aussi peu
considérable. Parmi les 1 252 écoles primaires de garçons
ouvertes dans le ressort de cette académie, on en compte 53 du
premier degré et 90 du second. La méthode, si lente et si défectueuse, de l'enseignement individuel n'y est plus suivie que
dans 144 écoles. Ainsi, sous tous les rapports, la supériorité de
l'école populaire dans l'académie de Strasbourg est frappante,
et la conviction, aussi juste que générale, du pays l'attribue surtout à l'existence de l'école normale primaire.

Cette conviction, que nous venons de voir s'étendre du département du Bas-Rhin à celui du Haut-Rhin, gagna peu à peu les
populations des contrées limitrophes. Il est digne de remarque
que les écoles normales primaires ne sont point nées simultanément dans des départements éloignés les uns des autres.
Elles se sont, pour ainsi dire, propagées par voie de contact et à
mesure qu'une expérience immédiate, irrécusable, a répandu de
proche en proche la démonstration de leur utilité.

Ce furent les académies les plus rapprochées de celle de Strasbourg, les académies de Metz et de Nancy, qui, les premières,
imitèrent son exemple, par la fondation des écoles normales
primaires d'Heldefange et de Bar-le-Duc.

Le projet de ces deux établissements remonte à une époque
assez ancienne; mais, en 1820 seulement, on s'occupa sérieusement de le mettre à exécution.

L'école d'Heldefange fut alors placée à quelques lieues de

Metz, dans un château qui faisait partie de la dotation de la Chambre des pairs, et qui fut loué au nom du département de la Moselle. Les recettes se composaient d'une allocation annuelle de 6 000 francs votée par le conseil général, d'une somme de 4 000 francs provenant des cotisations des communes, et d'un secours accordé sur les fonds généraux de l'instruction primaire. La durée du cours d'études fut fixée à deux années. Outre les objets mentionnés au programme de l'école de Strasbourg, il comprenait la géométrie, le dessin linéaire, des éléments de mécanique et d'astronomie, des notions d'histoire naturelle, d'hygiène, la rédaction et la tenue des actes de l'état civil.

Cette école normale a été en pleine activité, depuis 1822, jusqu'à sa translation récente dans la ville de Metz, où elle est maintenant établie.

L'école de Bar-le-Duc reçut une dotation départementale de 4 000 francs; le surplus des dépenses devait être couvert par les allocations communales et par le prix des pensions, entières ou partielles, soit des boursiers, soit des pensionnaires libres. Le nombre des places de boursiers était de vingt, savoir : quatre à bourse entière, quatre à demi-bourse pour le compte du département, et douze à bourse entière pour le compte des communes. Soixante élèves étaient réunis dans cet établissement en 1829. Le cours d'études y dure deux ans, de même qu'à Metz. Il y a quelques différences entre les programmes de ces deux écoles; celui de Bar comprend, de plus, les principales notions de l'histoire générale, un précis de l'histoire de France et des leçons d'arpentage. Mais il ne fait mention ni d'éléments de physique et d'histoire naturelle, ni d'instruction sur l'hygiène, ni de gymnastique, ni enfin de rédaction des actes de l'état civil.

Les tableaux de statistique fournissent encore la preuve éclatante des services que ces deux écoles normales ont rendus à l'instruction primaire dans les lieux où elles ont été fondées. Les départements de la Moselle et de la Meuse se distinguent en effet de tous les autres par le petit nombre de communes privées d'écoles (il n'est que de quatre dans la Meuse), par l'emploi plus général des bonnes méthodes d'enseignement, et par l'abandon presque complet de la méthode individuelle.

L'ouverture des écoles normales de Strasbourg, Heldefange et
Bar-le-Duc forme, en quelque sorte, une première époque dans
l'histoire de l'instruction populaire, depuis les promesses, peu
accomplies, du décret du 17 mars 1808. Après la fondation de
ces trois établissements, on ne rencontre, de 1820 à 1828,
qu'une longue et triste lacune. D'honorables citoyens, des associations persévérantes travaillaient encore, soit à multiplier, soit
à perfectionner les simples écoles primaires. Mais les écoles normales étaient des établissements trop considérables et d'une
exécution trop difficile pour surmonter les méfiances et la mauvaise volonté du pouvoir. Toute création de ce genre demeura
donc suspendue[1].

En 1828, reparurent pour l'instruction primaire des auspices
plus favorables. Une ordonnance du 21 avril rendit à l'Université les attributions dont elle avait été dépouillée à l'égard des
écoles primaires. Le besoin de multiplier les instituteurs habiles
fut de nouveau senti et hautement proclamé. Un appel sincère
fut adressé au zèle de l'administration civile, des sociétés philan-
thropiques et de tous les bons citoyens. Des propositions furent
présentées aux conseils généraux des départements. Aussi vit-on
bientôt de nouvelles écoles normales s'organiser et porter leurs
fruits.

Dans cette seconde époque comme dans la première, le progrès de ces utiles établissements s'est opéré par une sorte de
gradation géographique, en pénétrant peu à peu des départements où ils avaient pris naissance dans les départements les
plus rapprochés.

C'est dans le département des Vosges, à Mirecourt, que s'est
ouverte la quatrième école normale. L'autorité fut activement
secondée dans cette entreprise par une association locale d'honorables citoyens.

Le département de la Meurthe suivit de près cet exemple;
une école fut annexée au collège de Toul, pour les jeunes gens

---

1. Il faut toutefois mentionner, comme se rapportant à cette époque, l'établissement formé à Paris par les soins d'une Société pour l'enseignement élémentaire,
soutenu par le préfet de la Seine, et spécialement destiné à propager la méthode
d'enseignement mutuel.

qui se destinaient à l'enseignement primaire, et pour les instituteurs déjà en fonctions, mais n'ayant que des connaissances
insuffisantes ou une méthode défectueuse. Cet établissement n'a
été que faiblement soutenu, le conseil général ayant mani-
festé l'intention de le transférer au chef-lieu du département.
L'école normale primaire qui s'organise en ce moment à Nancy
sera ouverte le 1er avril prochain.

Des cours d'instruction normale furent pareillement établis
au collège de Charleville, pour le département des Ardennes.

En même temps, on créait dans le département de la Côte-
d'Or, à Dijon, une école normale à pensionnat, destinée, sinon à
surpasser, du moins à égaler presque toutes les autres en importance et en utilité.

Les villes d'Orléans et de Bourges étaient dotées d'un établissement de même nature.

Le projet d'une école normale que dirigeraient des frères des
écoles chrétiennes, conçu à Rouen depuis plusieurs années,
recevait enfin son exécution.

Des membres d'une autre association vouée à l'instruction primaire étaient autorisés à former des écoles normales, l'une dans
le département de la Haute-Saône, l'autre dans le département
du Jura.

Un vote du conseil général du Cantal était mis à profit par
l'érection d'un pensionnat normal dans la petite ville de Salers.

Enfin, celui des départements où le bienfait de l'instruction
primaire est le plus hautement invoqué par les besoins de l'ordre
social, la Corse, obtenait la fondation d'une école normale à
Ajaccio.

C'était là, sans doute, un grand et honorable progrès ; mais ce
progrès, bientôt suspendu par la politique du 8 août 1829, eût
été infailliblement compromis et perdu, si la révolution de
Juillet ne fût venue rendre à la France ses droits et son avenir.
Avec elle a commencé, pour l'instruction primaire, une troisième
époque, déjà plus féconde que toute autre en résultats accomplis,
et qui tiendra toutes ses promesses. Les intérêts et les sentiments
du gouvernement et du pays sont désormais identiques. L'activité des esprits, la propagation des connaissances usuelles,

comme l'élan des sciences élevées, n'alarment plus le pouvoir[1]; c'est, au contraire, sur le développement chaque jour plus complet, sur l'empire chaque jour plus ferme de la raison et des lumières publiques, qu'il fonde sa force et sa sécurité. Aussi l'impulsion donnée à l'instruction primaire est-elle devenue en même temps libre et réglée, vive et tranquille. Elle ne se borne plus à des espérances hasardées, à des essais précipités. Une persévérance prévoyante s'est unie à l'ardeur du zèle ; les grands pouvoirs de l'État, l'administration centrale, les autorités des départements et des communes, les associations, les simples citoyens, tous agissent, tous tendent au même but, et se secondent réciproquement, au lieu de s'entraver.

Dans ce mouvement général, le nombre des écoles normales primaires s'est élevé, en moins de trois ans, de treize à quarante-sept[2]. Et ce n'est plus de proche en proche, avec lenteur, dans quelques départements limitrophes, que s'accomplit le progrès. Partout, au nord et au midi, à l'est et à l'ouest, au centre et aux extrémités du royaume, l'impulsion est donnée ; partout on avance rapidement vers le but. Le tableau des votes des conseils généraux, que je viens de mettre sous les yeux de Votre Majesté, ne permet pas d'en douter. Que la loi sur l'instruction primaire soit rendue, et l'époque sera très prochaine où tous les départements, soit chacun pour son compte, soit en se réunissant aux départements voisins, entreront en possession de leur école normale. Alors seront organisés sur tous les points de la France des moyens de pourvoir au renouvellement continuel des instituteurs ; et, toutes les fois que des écoles deviendront vacantes,

---

1. M. Renouard commençait ainsi le Rapport fait, au nom de la commission chargée de l'examen du projet de loi de l'instruction primaire, dans la séance du 4 mars 1833 : « Pendant longtemps, en France, parler en faveur de l'instruction primaire et travailler à ses progrès, c'était faire acte d'opposition. La Restauration, ballottée depuis son avènement jusqu'à sa chute entre deux principes contraires, obéissait à l'instinct de sa nature lorsque, malgré beaucoup de conseils et de luttes, elle redoutait et repoussait l'instruction ; car l'instruction ruine les privilèges et agrandit chaque jour le cercle de la vie publique, en y introduisant un nombre toujours croissant de citoyens. »

2. Dans son Rapport au roi, mars 1831, M. Guizot compte soixante-treize départements où le recrutement des instituteurs est assuré par les cours d'écoles normales.

il sera possible de ne confier qu'à des hommes exercés et sûrs le précieux dépôt de l'éducation populaire.   .

Maintenant que les choses en sont à ce point, c'est évidemment sur la bonne organisation et le perfectionnement progressif des écoles normales primaires que doit se porter la principale sollicitude de l'administration supérieure. J'ai déjà pris, de concert avec le conseil royal de l'instruction publique, plusieurs mesures à cet égard. Un règlement général, rédigé pour les écoles normales, institue auprès de chacune une commission de surveillance administrative et une commission pour les examens d'admission et de sortie des élèves-maîtres. Nous aurons à établir, en outre, des rapports de proportion entre le nombre des places d'instituteurs qui doivent annuellement se trouver vacantes et le nombre des maîtres nouveaux que l'ensemble des écoles normales pourra fournir chaque année. C'est là la pensée qu'il ne faut jamais perdre de vue dans les mesures relatives à cette institution. Les éléments de la comparaison à établir sont, d'une part, le chiffre des communes qui n'ont pas encore d'école, l'examen des tables de mortalité pour un nombre déterminé d'hommes âgés de 20 à 70 ans, et l'appréciation approximative des autres causes qui peuvent engager ou forcer les instituteurs à quitter leur état ; d'autre part, le nombre total des élèves des écoles normales, la durée moyenne du temps d'études dans ces écoles, et par suite le nombre des instituteurs qui doivent en sortir tous les ans.

Il n'est qu'un moyen de connaître avec précision ces derniers faits, et de les adapter dans une juste mesure aux besoins du service général de l'instruction primaire ; c'est de faire dresser et de régler annuellement le budget des écoles normales primaires, selon ce qui se pratique pour tout établissement public d'instruction supérieure et d'instruction secondaire. Je prie Votre Majesté de vouloir bien décider que cette règle fondamentale de toute bonne administration leur sera immédiatement appliquée, et je mets sous vos yeux la circulaire que j'ai rédigée dans ce dessein, ainsi que le modèle du budget qui y est annexé...

De l'enseignement primaire supérieur.

(Circulaire aux recteurs, 15 novembre 1833.)

… Il est indispensable de se former une idée juste de la mesure et de l'étendue de l'enseignement que doivent donner les écoles primaires supérieures. L'article premier de la loi du 28 juin le définit en disant qu'outre l'instruction primaire élémentaire, cet enseignement comprend nécessairement « les éléments de la géométrie et ses applications usuelles, spécialement le dessin linéaire et l'arpentage ; des notions des sciences physiques et de l'histoire naturelle, applicables aux usages de la vie ; le chant ; les éléments de l'histoire et de la géographie, et surtout de l'histoire et de la géographie de la France ».

Je fais préparer, pour ces diverses parties d'enseignement, des manuels où elles seront présentées sous la forme et dans les limites qui répondent aux besoins que la loi a voulu satisfaire. En attendant que ces manuels soient terminés, et à mesure que des écoles primaires supérieures seront formées ou réclamées dans votre académie, vous m'informerez avec soin du degré d'extension qu'y recevront ou devront y recevoir les divers enseignements déterminés par la loi, afin que je puisse juger si ces écoles sont en effet en harmonie avec les vues du législateur, et atteignent le véritable but de leur institution.

L'article premier de la loi du 28 juin ajoute que, « selon les besoins et les ressources des localités, l'instruction primaire pourra recevoir les développements qui seront jugés convenables ». Cette disposition a eu surtout pour objet de rendre les écoles primaires accessibles aux besoins des diverses localités, des diverses classes de la population, et propres à combler ainsi, en partie du moins, la lacune que laissent dans notre système d'éducation nationale les établissements d'instruction classique. Mais, en vous empressant en toute occasion d'accomplir cette intention de la loi, n'oubliez jamais que c'est d'après les besoins réels et les ressources certaines des localités qu'il faut juger de la convenance des développements que peut recevoir l'enseignement dans les écoles primaires supérieures. Il y aurait un grave péril à accueillir légèrement ces désirs illimités, ces fantaisies vagues, qui portent quelquefois des hommes, d'ailleurs bien intentionnés, à vouloir introduire dans les écoles toutes sortes d'études. Non seulement de tels plans, qui ne reposent sur aucune nécessité pratique et claire, finissent presque toujours par échouer, ce qui est, pour l'instruction publique en général, une cause de discrédit; mais ils ont l'inconvénient, plus funeste encore, de rendre superficiel, confus et inefficace l'enseignement plus modeste dont la population a réellement besoin. Toute extension de l'instruction primaire supérieure au delà des bases posées par la loi doit donc être fondée sur quelque intérêt clair et positif de la localité qui la réclame. Ainsi, l'enseignement de telle ou telle langue moderne, de telle ou telle branche des sciences physiques, chimiques ou naturelles, peut importer spécialement à telle ou telle ville; et, loin de s'y refuser, l'administration supérieure sera toujours empressée d'autoriser et de seconder des développements de ce genre; mais il est indispensable que, toutes les fois qu'on en formera la demande, on fasse connaître avec précision les faits particuliers sur lesquels elle se fonde, les intérêts auxquels doit correspondre cette extension de l'enseignement, et les avantages pratiques qu'on a droit d'en espérer. Les localités seront ainsi préservées de ces essais mal conçus, de cet engouement irréfléchi, qui nuisent à l'essence même de l'instruction en ayant l'air de l'étendre, et qui faussent et troublent les esprits au lieu de les éclairer...

Rapport au roi. (15 *avril* 1834.)

Sire,

La loi du 28 juin 1833 sur l'instruction primaire ne pouvait recevoir, dans le court espace de quelques mois, sa pleine et entière exécution. Aussi le vœu de la loi n'est-il encore accompli qu'en partie.

Je demande cependant à Votre Majesté la permission de lui

faire connaître, avec quelque détail, la marche suivie jusqu'à ce jour, les résultats déjà obtenus, et ce qui reste à faire pour réaliser dans toute son étendue la pensée du législateur.

La loi du 28 juin a imposé à l'administration des devoirs, au pays des sacrifices. Il importe de s'assurer dès aujourd'hui que l'administration s'est religieusement acquittée de ses devoirs, que les sacrifices du pays atteindront infailliblement leur but.

Destinée à pénétrer jusque dans les moindres subdivisions du royaume, à faire sentir partout son empire en évitant la contrainte, à mettre en mouvement toutes les influences locales sans hostilité pour les habitudes et les faits actuels, cette loi présentait dans son application des difficultés particulières ; elle exigeait un mode d'exécution approprié à sa nature.

C'est à la raison et à l'amour du bien, non moins qu'aux obligations légales des citoyens, qu'il fallait en appeler. Leur concours spontané, zélé, était indispensable ; et qui ne connaît les variétés, les exigences d'un tel concours, pour ne pas dire ses susceptibilités et ses caprices ?

Enfin, il fallait pouvoir compter sur la coopération intelligente, énergique, bienveillante, des hommes mêmes qui, renfermés par leurs modestes occupations dans un cercle fort étroit, auraient pu ne pas s'élever jusqu'aux vues générales de la loi, et ne pas sentir l'importance de leurs efforts personnels pour les réaliser.

C'est dire que la loi du 28 juin exigeait à la fois une exécution matérielle et une exécution, pour ainsi dire, morale. Son but et son caractère imposaient également cette double nécessité.

Il fallait donc s'occuper en même temps des personnes et des choses, préparer les esprits et organiser les faits matériels. Loin de redouter les détails, il était essentiel de descendre patiemment jusqu'au dernier degré, dans l'ordre des faits qui se rattachent à l'instruction primaire.

Il fallait surtout ne point oublier que, conçue dans un esprit pratique, sobre de dispositions ambitieuses et de prescriptions absolues, la loi du 28 juin devait cependant se montrer de bonne heure riche en résultats. Il était temps que la promesse formelle de l'enseignement populaire ne fût plus jetée à la France comme une vaine parole, comme une lueur fugitive et stérile. D'ailleurs, une action prompte, efficace, pouvait seule rassurer l'opinion, dont tant d'essais infructueux légitimaient les méfiances. La perspective certaine de grands et prochains résultats pouvait seule susciter, sur toute la surface du royaume, ce concours bienveillant, cet élan soutenu, si nécessaires au succès. Il était urgent que le pays fût convaincu qu'il s'agissait ici d'une œuvre sérieusement entreprise, certainement praticable. Les promesses du gouvernement de Votre Majesté ne devaient pas être confondues avec ces lois ambitieuses qui, faites pour la vanité d'un jour, ne préparaient que l'inaction en décrétant l'impossible.

Mais, si la promptitude dans l'action était nécessaire, la réserve ne l'était pas moins. En voulant implanter dans le sol de la France la loi nouvelle, introduire des usages et créer des faits nouveaux, on devait nécessairement rencontrer les faits actuels et les habitudes anciennes. Dès lors il fallait opter entre la transaction et la lutte, le ménagement et la violence. Je n'ai point hésité. La marche était tracée par l'esprit général du gouvernement de Votre Majesté; s'en écarter, c'eût été se créer des obstacles; l'œuvre eût été retardée et la pensée du législateur méconnue. A une action en apparence plus prompte, plus décisive, plus brillante, auraient succédé des résultats incomplets, des faits non acceptés, des oppositions sourdes et toujours renaissantes. Le pays, trompé un moment, aurait bientôt retrouvé ses méfiances; et, au lieu de progrès, il n'en serait résulté que retard, découragement et froideur.

Une impulsion vigoureuse et une grande réserve étaient donc également nécessaires. Il fallait agir et attendre à la fois; opérer sans délai tout le bien qui se pouvait faire par une action immédiate, et demander au temps, à l'expérience, au développement successif de toutes les influences salutaires, ces résultats ultérieurs que nulle force humaine ne saurait improviser. Ici encore devait se montrer cette politique active et patiente, progressive et mesurée, qui assure le succès en calculant la force des moyens, comme elle proportionne ses promesses à la possibilité des résultats. Expression sincère de la loi éternelle du bon sens, cette politique est aujourd'hui le vœu de la France. Trop

longtemps rejetée, brusquement et sans profit, d'un extrême à
l'autre, la France est fatiguée de ces tristes mécomptes qui ont
si souvent succédé aux plus brillantes espérances.

... En mettant la main à l'exécution de la loi du 28 juin, il m'a
paru que mon premier devoir était d'en faire comprendre l'esprit
et la portée à tous les hommes appelés à concourir à son exécution. Je ne pouvais me borner à leur demander des actes matériels : une loi sur l'instruction publique échappe aux limites
étroites et positives du mécanisme administratif. J'ai dû désirer
que partout les esprits, vivement excités à l'annonce d'une grande
amélioration sociale, et convaincus qu'elle était sur le point de
se réaliser, accourussent, pour ainsi dire, au-devant de la loi, et
missent à son service ce zèle dévoué, cette ferme confiance dans
l'utilité et le succès, qui sont la vraie garantie d'une exécution
sincère et animée...

Mais ce grand travail, tout extérieur, demeurait stérile s'il
n'était secondé par la coopération vive, animée, persévérante,
des véritables exécuteurs de la loi, les instituteurs primaires.
Appelés à une sorte de sacerdoce aussi modeste par ses formes
qu'il est élevé par son but, c'est dans leurs mains que repose
l'avenir de cette importante loi et, on peut le dire, l'avenir du
pays sous le rapport de l'éducation populaire. Rien n'est possible
si les précepteurs de village, aussi bien que ceux qui sont placés
sur un plus vaste théâtre, ne sont pas profondément pénétrés de
l'importance et de la gravité de leur mission.

On n'aurait cependant que trop de motifs de n'attendre de
leur part qu'insouciance et froideur. Privés jusqu'ici de toute
direction générale et commune, négligés, abandonnés à eux-
mêmes, les instituteurs primaires ont dû se regarder comme
des ouvriers isolés, dont personne ne songeait à encourager le
travail. Dès lors ils ont dû se défier d'eux-mêmes et de leur
œuvre, en méconnaître l'importance et la dignité. Ils sont rares,
les hommes qui, se sentant tous les jours démentis par l'apathie
et l'insouciance générale, trouvent dans le témoignage de leur
conscience et dans de profondes convictions un mobile et un
prix suffisants pour persévérer dans une œuvre sans éclat, et
préparer en silence des résultats éloignés.

Il était donc nécessaire, urgent, de relever à ses propres yeux cette classe respectable d'hommes voués à un service public; de leur faire sentir que désormais, quelque humble que soit leur situation, le pays n'en porte pas moins ses regards sur eux; que l'autorité supérieure, loin de les oublier, veut se les rattacher par une chaîne hiérarchique non interrompue, les diriger, les encourager, les protéger au besoin.

Mais on les aurait à la fois égarés et trompés si, dans le dessein de les animer, on eût exalté leur imagination, leurs espérances, et appelé leurs regards sur un avenir impossible. C'eût été substituer des ressorts artificiels et fragiles au dévouement moral, qui seul peut donner aux instituteurs du peuple l'énergie et la persévérance nécessaires. Une âme élevée et une imagination calme, une action énergique dans une sphère étroite, l'intelligence d'un grand but et une résignation sincère à un rôle obscur, telles sont les conditions requises dans les instituteurs primaires. Leur inspirer ces sentiments, leur faire comprendre ces conditions de leur noble mission, tel est le but de la circulaire que je leur ai adressée en leur transmettant la loi.

L'envoi a été fait à 39 300 instituteurs.

Je les avais invités à m'en accuser directement réception; 13 850 de ces réponses me sont parvenues. Elles devaient me donner quelques indications sur le zèle et la capacité des instituteurs actuels. Je les ai fait examiner avec soin, et je me plais à reconnaître que beaucoup de ces réponses démentent les craintes qu'avait fait naître l'état d'abandon où avaient été laissés les instituteurs primaires. J'y ai souvent rencontré les preuves d'une rare intelligence; elles m'ont souvent révélé un sentiment moral, un désir de bien faire si vif et si consciencieux, qu'on ne peut se refuser à pressentir là les éléments d'une puissance qui n'attend, pour donner d'excellents résultats, que d'être organisée et encouragée.

Sans doute, à côté de ces espérances, viennent se placer de tristes révélations : l'incapacité et l'apathie du maître paralysent le travail de bien des écoles; dans beaucoup d'autres, l'activité n'a d'autre principe qu'un étroit et sec égoïsme. Les antécédents devaient nécessairement porter leurs fruits. Ce n'est pas sans cause que la France attendait impatiemment la réorganisation efficace de l'instruction primaire. A tout prendre cependant, il n'y a point lieu à désespérer de ce qui existe, même pour le service de la nouvelle loi. Les instituteurs sont évidemment disposés à accueillir, à partager l'élan général dont l'instruction primaire est l'objet. Un grand nombre d'entre eux, c'est-à-dire des milliers, paraissent touchés, reconnaissants et animés eux-mêmes de cet élan. Leur apathie était due sans doute à l'abaissement où ils avaient été laissés, aux dégoûts dont on les avait abreuvés, aux chicanes et aux tracasseries locales. Ils ne tarderont pas à sentir qu'aujourd'hui un gouvernement, ami sincère de l'éducation populaire, veille sur eux et pour eux, et que, s'il n'est pas en son pouvoir de leur assurer un sort brillant, il garantit du moins une existence paisible et honorable à tous ceux qui veulent, de leur côté, contribuer au succès de l'instruction par un travail consciencieux et un zèle soutenu.

Enfin, la fréquentation temporaire des écoles normales, des écoles modèles, les conférences et autres moyens d'instruction qui seront mis à leur portée, assureront aux instituteurs dont la capacité ne répond pas au zèle les moyens de combler promptement les lacunes qui peuvent exister dans leur propre instruction [1].

Aussi ai-je l'espoir fondé que les instituteurs actuels, en redoublant d'effort et de dévouement, nous mettront en état d'attendre, sans trop d'impatience et sans de graves inconvénients, l'entrée en exercice, par l'œuvre naturelle du temps, des nouveaux instituteurs formés aux écoles normales que les départements vont posséder.

Après avoir ainsi préparé les esprits, et essayé de leur imprimer l'impulsion morale nécessaire pour assurer la véritable efficacité de la loi, il fallait s'occuper de son exécution matérielle.

Heureusement l'action administrative n'est point entravée par le système de la loi. Après avoir fixé les caractères de l'instruc-

---

1. On lit un peu plus loin : « Dans vingt-six départements, il sera accordé des indemnités à 398 instituteurs, choisis pour aller passer quelques mois à l'école normale. »

tion primaire, élémentaire et supérieure, le législateur s'est borné à déterminer les preuves de capacité requises de ceux qui désirent se vouer à cette carrière ; il a, en outre, réglé les obligations des communes et des départements, la composition et la compétence des corps chargés de surveiller et d'encourager l'enseignement populaire. A cela se borne l'intervention directe de la loi. Par cette sage économie, le droit et la responsabilité de l'administration demeurent complets ; la loi a posé des bases sans élever des obstacles ; elle a indiqué le but sans prétendre tracer pas à pas la meilleure voie pour l'atteindre. Aussi a-t-il été possible, dans l'exécution, de consulter les circonstances, de se plier aux exigences du moment et aux besoins des localités.

. . . .

16 *juillet* 1833. — L'ordonnance royale elle-même a été fort sobre en dispositions de détail et en prescriptions minutieuses. Ici encore, le caractère de la loi s'opposait à ce que tout fût réglementé d'une manière impérative, uniforme, absolue ; sur beaucoup de points, il fallait donner aux autorités locales des directions plutôt que des ordres ; témoigner le vœu d'obtenir beaucoup d'efforts, et se garder de multiplier les injonctions. Il s'agissait d'apprécier l'état particulier de chaque département, de chaque commune, de sonder les dispositions des esprits, d'exécuter sur-le-champ, de temporiser, de transiger, selon les circonstances. On aurait paralysé l'influence des autorités locales en leur prescrivant d'atteindre sans délai des améliorations aujourd'hui impossibles. Le zèle se refroidit, lorsqu'on s'aperçoit que les efforts les plus soutenus ne peuvent cependant produire tous les résultats qui, aux yeux de l'autorité supérieure, paraissent assurés. On travaille sans ardeur, lorsqu'on désespère du succès.

Il m'a donc paru convenable d'accompagner l'ordonnance du 16 juillet d'une circulaire aux préfets qui renfermât ces instructions détaillées, ces conseils de ménagement et de prudence, qui auraient été incompatibles avec les formes positives d'une ordonnance royale. MM. les préfets ont dû y trouver un guide pour l'exécution consciencieuse et intelligente de la loi, et l'indication, sur chaque objet particulier, du point qu'il serait dési-

rable d'atteindre, et des concessions momentanées qu'on doit
faire cependant aux habitudes, aux circonstances, aux difficultés
d'une exécution immédiate et complète.

...En distinguant l'instruction primaire en instruction élémentaire et en instruction supérieure, et en bornant au strict nécessaire le minimum légal de l'une et de l'autre, le législateur a
mis en évidence l'esprit pratique et, pour ainsi dire, expérimental
de la loi. Il n'y a là ni promesses fastueuses, ni espérances
exagérées ; ce sont les besoins les plus pressants de la France
en fait d'éducation populaire, et les moyens les plus simples
d'y satisfaire, que le législateur a sagement exprimés dans son
article premier. Loin de songer à tirer vanité de la grandeur de
ses désirs et de l'éclat de ses promesses, il s'est constamment
renfermé dans le cercle du possible. Il y aurait eu une sorte de
dérision à prescrire le luxe à ceux qui manquent du nécessaire.

Cette sage réserve devait être imitée dans l'exécution de la
loi. Si le législateur n'a point interdit le développement ulté-
rieur de l'instruction primaire, s'il a même témoigné l'espoir
que ce développement pourra être obtenu proportionnellement
aux besoins et aux ressources de chaque localité, toujours est-il
que le vœu fondamental de la loi est de faire jouir la France
entière du bienfait de l'instruction populaire. Il sera temps de
songer à enrichir ceux qui possèdent déjà, lorsqu'on aura été au
secours de ceux qui manquent de tout ; et, avant de convier
ceux-ci au festin de la science, il importe de les accoutumer à
une nourriture simple et frugale.

Dans plus d'un département, la moitié, les trois cinquièmes
et même les trois quarts des communes sont privées d'écoles.
Dans un très grand nombre de communes aussi, l'enseignement
est fort au-dessous des dernières limites assignées par la loi du
28 juin à l'instruction élémentaire. A peine les notions les plus
simples du calcul y sont-elles ajoutées à l'enseignement de la
lecture et de l'écriture. Dans cet état de choses, qui pourrait se
flatter de trouver un grand nombre d'instituteurs aptes à un
enseignement plus étendu que celui que le législateur a prescrit ?
Y a-t-il concurrence d'ouvriers capables là où il y a absence de
travail et de consommateurs ?

Ainsi, en voulant dépasser en ce moment le strict nécessaire, pour un grand nombre de localités, on essayerait l'impossible et on retarderait l'accomplissement de ce qui est praticable.

On manquerait par là le but essentiel de la loi, la propagation générale et rapide de l'éducation populaire.

Ailleurs, l'essai serait plus heureux en apparence, mais ne donnerait en réalité que des résultats trompeurs. Les classes pauvres, nullement préparées jusqu'ici au travail intellectuel, livrées à des instituteurs qui prétendraient les initier à une foule de connaissances qu'ils ne posséderaient eux-mêmes que très imparfaitement, ne retireraient de ces essais ambitieux que des notions confuses et indigestes, une instruction mensongère. Dépourvues, en quittant l'école, de connaissances exactes, positives et directement applicables aux objets qui les entourent, aux occupations de leur vie habituelle, quel profit leur reviendrait-il de cette aperception rapide et confuse d'un horizon très étendu ? Le dégoût de ce qui est à leur portée, l'inquiétude du demi-savoir, l'envie de s'élancer hors de leur sphère, l'impossibilité de travailler avec succès pour la société et pour elles-mêmes. Ce serait un triste résultat que l'augmentation du nombre de ces hommes qui, se croyant capables de toutes choses, ne sont propres à rien ; ce serait un triste présent pour les classes laborieuses que de leur inspirer le dégoût de leur situation, sans les douer de la capacité de l'améliorer[1].

Sans doute des esprits distingués, de rares talents peuvent éclore même dans l'école de village. Ne craignons point qu'ils y restent étouffés. Ce n'est pas de nos jours que le génie brillerait en vain, même dans le plus humble hameau. Trop d'yeux sont ouverts pour l'apercevoir. Le gouvernement de Votre Majesté s'empressera toujours de seconder le développement de ces plantes vigoureuses qui veulent s'élever au-dessus des masses. C'est là travailler à la gloire de la France.

1. A part cette expression de *classes laborieuses*, si inexacte, si dangereuse, car elle appelle logiquement celle de *classes oisives* pour toute la population qui ne vit pas du travail de l'atelier, quelle sage et utile recommandation, à méditer plus que jamais, si nous ne voulons pas que la diffusion des connaissances augmente le nombre des déclassés, fasse ainsi le malheur des individus et jette le désordre dans la société !

Sans doute aussi le jour viendra, et nous l'appelons de tous
nos vœux, où il sera à la fois possible et utile d'élever et
d'étendre l'instruction même élémentaire. Mais le véritable
moyen de rapprocher de nous cette époque de progrès consiste
précisément à se renfermer aujourd'hui dans ce qui est praticable et d'une utilité générale. Lorsque les enfants ne sortiront
plus de familles plongées dans les ténèbres de la plus profonde
ignorance, lorsqu'en revenant de l'école au foyer domestique
ils ne cesseront pas de recevoir, par l'exemple et le langage de
leurs parents, une éducation salutaire, alors on pourra avec
succès élever d'un degré l'instruction générale du peuple et
seconder ce mouvement ascendant qui est le plus noble des caractères distinctifs de notre nature. On retarderait ce mouvement par une action prématurée et à contre-sens.

Aussi n'ai-je point cherché, pour l'instruction élémentaire, à
dépasser les limites tracées par la loi.

Dans ces limites se trouve textuellement comprise l'instruction morale et religieuse.

En posant cette base fondamentale, garantie de toute bonne
instruction populaire, le législateur a rendu hommage en même
temps à un principe irrécusable et à la pensée générale du
pays. L'observation attentive des faits ne laisse aucun doute à
cet égard. Ce serait se tromper grossièrement que de juger, en
pareille matière, de l'état réel des esprits d'après des conversations frivoles, des propos hasardés et des discussions purement
spéculatives. Au moment de l'application, tout change. Parmi
les parents mêmes qui, par leurs opinions personnelles, leurs
habitudes, leurs antécédents, paraîtraient devoir repousser le
système de notre loi, la plupart veulent pour leurs enfants une
instruction morale et religieuse, et la veulent réelle, efficace ;
l'instinct du bon sens et les affections naturelles l'emportent,
quand on en vient à la pratique, sur toutes les préoccupations
de l'esprit. On peut vouloir le scepticisme, l'incrédulité même
pour soi ; on n'ose en faire courir les chances à ses enfants. La
pensée de leur avenir est trop grande, elle pèse trop sur le cœur
d'un père, pour qu'il brave, au péril de son fils, la conscience
générale des hommes, et pour qu'il ose le lancer dans la vie

sans autre guide que des opinions qui n'ont jamais obtenu l'assentiment de l'humanité.

J'aurais donc méconnu le vœu de la France comme la pensée du législateur, si je n'avais soigneusement veillé à ce que, dans toutes les écoles, les faits fussent en harmonie avec le texte de la loi…

En s'appliquant à ne point dépasser les limites légales de l'instruction élémentaire, il fallait obtenir la garantie que ces limites seraient atteintes, qu'elles le seraient dans toutes les écoles, d'une manière uniforme, avec rapidité et profit. L'expérience a prouvé que la première condition d'un tel succès est la distribution de bons livres élémentaires.

En fait d'instruction primaire, la difficulté n'est pas dans le sujet de l'enseignement; elle consiste surtout dans la méthode. Il est facile de déterminer ce qu'on doit enseigner dans de telles écoles, difficile de découvrir la voie la plus sûre pour que les idées passent, lucides et complètes, de l'esprit du maître dans celui des élèves. Le choix d'une bonne méthode est l'œuvre d'un esprit supérieur et très exercé. Or le choix d'un manuel implique celui d'une méthode. Il y aurait donc péril à ne pas prendre soin de diriger les instituteurs primaires, soit pour la rédaction, soit pour le choix des manuels qui doivent servir de base à leur enseignement. On peut être apte à l'explication d'un bon manuel, et incapable de le composer ou même de le choisir. Le silence de la loi sur les formes et les méthodes de l'enseignement a été un acte de haute sagesse : l'indifférence de l'administration serait une faute grave; la loi ne devait point préjuger des questions de science et fixer ce qui est de sa nature progressif et variable : l'administration doit veiller pour que toutes les améliorations se réalisent dans les écoles officielles. Le silence de la loi laisse une libre carrière au progrès; l'inertie de l'administration favoriserait la routine.

Je me suis donc empressé de faire composer cinq manuels :

1° Livre d'instruction morale et religieuse;

2° Alphabet et premier livre de lecture;

3° Manuel d'arithmétique;

4° Manuel de grammaire et d'orthographe ;

5° Manuel d'histoire et de géographie.

Quatre de ces manuels sont déjà publiés ; le cinquième ne tardera pas à paraître ; ils sont tous assez simples pour être employés dans les écoles élémentaires.

. . . .

Les motifs qui m'ont décidé à renfermer l'enseignement élémentaire dans les limites indiquées par la loi ne s'appliquaient point à l'enseignement primaire supérieur. Placées dans des villes populeuses, fréquentées par des élèves déjà accoutumés à quelque travail intellectuel, et dont la carrière exige une certaine étendue de connaissances, les écoles primaires supérieures peuvent souvent offrir avec avantage un enseignement plus développé que celui que la loi leur a assigné comme minimum. Il est à désirer que, dans les lieux où cela est possible, les écoles primaires supérieures ne restent pas trop au-dessous des besoins des professions industrielles. Ces écoles ne doivent pas seulement servir de complément à l'enseignement primaire élémentaire ; elles doivent aussi poser les bases de l'instruction dite *intermédiaire* ; j'espère même que, lorsqu'elles auront reçu une organisation complète, elles suffiront pleinement, dans la plupart des lieux, aux besoins de cette instruction, et qu'il sera rarement nécessaire de placer des établissements spéciaux entre l'instruction primaire supérieure et l'instruction classique. Il y aurait ainsi économie de temps et de frais ; l'enchaînement entre les divers degrés d'instruction serait plus frappant et plus simple : il ne faut pas multiplier inutilement les rouages.

Loin donc de mettre obstacle aux développements de l'instruction primaire supérieure, je les ai encouragés ; seulement j'ai exigé qu'avant de mettre la main à l'œuvre on examinât avec soin les besoins et les ressources des localités, qu'on se rendît un compte exact du but qu'on désirait atteindre et des moyens dont on pouvait disposer. En favorisant les développements que réclament des intérêts bien avérés et proportionnés à l'étendue des sacrifices, le gouvernement ne doit point seconder les fantaisies d'une sorte de vanité locale, ni lui prêter des secours qui satisferaient ailleurs des besoins trop réels.

C'est par l'article 4 que la loi du 28 juin a réalisé la promesse
de l'article 69 de la Charte. Une nouvelle liberté est assurée; la
carrière de l'instruction primaire est ouverte à tous. Mais la loi
n'a pas voulu compromettre par là l'éducation de l'enfance et
l'avenir du pays; elle a dû se défier des illusions de la vanité et
plus encore des spéculations de l'intérêt personnel. Il ne serait
que trop facile de surprendre la religion des parents dans cette
classe laborieuse trop peu instruite par elle-même pour être en
état d'apprécier le mérite d'un instituteur.

Nul n'aura besoin, à l'avenir, d'autorisation spéciale pour
enseigner : c'est là la liberté. Tous devront auparavant obtenir
un brevet de capacité et présenter un certificat de moralité :
c'est là la garantie...

Les articles 8-14 du titre III de la loi concernent l'organisation des écoles primaires publiques.

C'est là la base fondamentale du système, l'œuvre vitale de la
loi. Il faut le dire, quelque élan que puisse prendre l'instruction
primaire par la liberté de l'enseignement, les écoles privées ne
satisferont jamais que pour une bien faible part aux besoins
pressants du pays. Les effets de la libre concurrence pourront
être sensibles dans les grandes villes, dans les communes les
plus populeuses, là où le nombre des élèves est grand et l'aisance des parents assez générale; mais là où les parents ne
peuvent offrir que le denier du pauvre, là où l'instituteur doit
puiser dans sa conscience le courage de se dévouer, sur un
théâtre fort obscur, à l'avenir d'un petit nombre d'enfants, là
où on ne peut faire de l'instruction ni un moyen de grande aisance, ni une satisfaction d'amour-propre, c'est l'école publique
qui seule ouvrira ses portes à la classe laborieuse; c'est la vigilance paternelle de l'autorité qui assurera au pauvre le bienfait
de l'instruction.

L'article 9, § 2, de la loi, en harmonie avec l'article 2, donne
au ministre de l'instruction publique le droit d'autoriser, comme

écoles communales, des écoles plus particulièrement affectées à chacun des cultes reconnus par l'État.

Il est sans doute à désirer que, sous le régime, aujourd'hui réel, de la liberté de conscience, et appelés à parcourir la carrière de la vie avec des concitoyens professant un autre culte que le leur, les enfants contractent de bonne heure, en fréquentant les mêmes écoles, ces habitudes de tolérance et de bienveillance mutuelles qui, en garantissant la paix publique, ne sont nullement incompatibles avec une croyance forte et un dévouement sincère à cette croyance.

Il ne faudrait pas cependant prétendre à devancer les faits. Il peut encore être nécessaire, dans plus d'une commune, d'ouvrir des écoles distinctes pour chaque culte. Ce serait un mauvais moyen de préparer la paix pour l'avenir que d'occasionner des troubles dans le présent.

J'ai invité les préfets à peser mûrement les circonstances locales, les exigences du moment; j'ai surtout appelé leur attention sur celles des communes mixtes où d'anciennes et profondes dissidences, l'importance relative des deux populations, ou toute autre cause, exigeraient l'ouverture d'écoles distinctes, tandis que le conseil municipal, se trouvant composé en entier ou en grande majorité d'hommes d'une même religion, se montrerait enclin à n'entretenir qu'une seule école. Il y aurait là une sorte de violence indirecte faite aux pères de famille; on les placerait entre leurs répugnances religieuses et le désir de faire jouir leurs enfants du bienfait de l'instruction publique.

*   *   *   *   *   *   *   *   *   *   *   *

Pour faciliter le travail relatif aux maisons d'école et à l'exécution de l'article 13 de l'ordonnance royale, j'ai envoyé dans chaque département un recueil de divers plans d'écoles primaires pour les communes rurales, accompagnés de devis estimatifs détaillés [1].

1. La circulaire adressée aux préfets le 9 décembre 1833 contient ces deux paragraphes, qu'on aurait dû faire lire à nos architectes :

« Les évaluations des matériaux et de la main-d'œuvre paraissent, en général, n'avoir rien d'exagéré. Il est possible toutefois, et il est désirable, que, dans

. . . .

Un doute s'est élevé sur le sens et l'application de l'article 13 de la loi du 28 juin.

Dans quelques départements, on avait pensé que la limite de trois centimes additionnels, comme imposition spéciale applicable aux écoles primaires, en cas d'insuffisance des revenus ordinaires, ne pouvait en aucun cas être dépassée par les conseils municipaux. Dès lors le zèle de plus d'une commune pour l'établissement d'une bonne école élémentaire se trouvait paralysé. Le traitement fixe de l'instituteur, quelque importante et nombreuse que fût l'école, ne pouvait s'élever au-dessus du minimum. La récompense ne pouvant être proportionnée au service, on devait d'autant plus redouter l'effet de cette interprétation de la loi que, dans plusieurs localités, les instituteurs n'auraient reçu qu'un traitement inférieur à celui qu'ils avaient eu jusqu'alors. Le secours de l'État n'est promis, pour cet objet, qu'aux communes qui ne peuvent pas même atteindre le minimum du traitement fixe.

Après m'être concerté avec M. le Ministre du commerce et des travaux publics, chargé alors de cette attribution, l'interprétation que je viens de rappeler m'a paru forcée et nullement conforme au but et à l'esprit de la loi.

La limite des trois centimes n'indique que le terme des obligations que la loi impose aux communes ; là s'arrête la contrainte d'office, en cas de mauvaise volonté de la part de la commune ; là

chaque localité, une étude approfondie des ressources qui lui sont propres amène une diminution des frais de premier établissement. Toutes les autorités, et notamment les conseils municipaux, s'accorderont à prendre pour règle fondamentale de ne rien refuser au nécessaire, mais de ne rien donner au luxe. Salubrité, facilité de la surveillance, commodité du service pour le maître et pour les élèves, voilà ce qu'il faut chercher avec soin, et ce qui pourra toujours se concilier avec une grande simplicité et une économie décente.

» La moindre maison d'école présentant les deux conditions qu'énonce l'article 12 de la loi paraît devoir coûter, à moins de circonstances particulières qui atténuent les dépenses, de 2000 à 2200 francs. L'expérience a prouvé qu'avec une somme totale de 2 ou 3000 francs, on pouvait procurer un local convenable à la plus grande partie des communes rurales, en ménageant même dans la maison d'école une salle qui servira alternativement aux séances du conseil municipal et à celles du comité local, et qui renfermera les archives respectives. »
— Bon Dieu, que les temps sont changés !

commence le secours du département et subsidiairement de l'État, dans le cas seulement où, par les trois centimes, on n'aurait pas même pu fournir le minimum du traitement fixe.

Mais là ne sauraient être forcément bornés le zèle et les sacrifices d'une commune qui, après avoir fourni, au moyen des trois centimes additionnels, le minimum que la loi exige, et couvert ainsi les dépenses obligatoires et ordinaires, sent et reconnaît elle-même que les circonstances locales lui demandent un effort de plus. Qui voudrait contraindre les communes à une économie qui, en y faisant échouer l'enseignement, rendrait inutiles même les dépenses obligatoires?

Le législateur n'a pu régler les détails de chaque localité. La moyenne du traitement fixe des instituteurs communaux, avant la loi du 28 juin, était de 146 francs. L'article 12 de la loi en fixe le minimum à 200 francs. Il y a donc amélioration pour la généralité des instituteurs. C'est là tout ce que pouvait faire la loi par ses décisions générales. Les exceptions convenables à telle ou telle localité, c'est au zèle, au dévouement de ces mêmes localités qu'elle devait les abandonner. Mais ce serait une étrange pensée que d'imaginer que le législateur, en imposant une obligation générale, ait prétendu enchaîner le zèle particulier; qu'en enjoignant le bien, il ait entendu proscrire le mieux. Évidemment cela paralyserait l'enseignement primaire dans un grand nombre de communes, soit en privant les instituteurs d'un traitement proportionné à leur travail, soit en ôtant aux communes tout moyen d'achat, de constructions et de réparations, soit pour les maisons d'école, soit pour les mobiliers. À ces besoins extraordinaires, c'est par des impositions extraordinaires que les communes devront le plus souvent pourvoir, à moins qu'on ne veuille surcharger l'État de dépenses intolérables, à titre de secours aux communes. Seulement l'autorité supérieure et tutélaire doit veiller à ce que les conseils municipaux, emportés par leur zèle, ne dépassent pas les besoins réels de la commune et les forces des contribuables.

. . . .

Le revenu total de l'instituteur communal comprend, indé-

pendamment de la jouissance d'un logement et du traitement
fixe, la rétribution mensuelle des élèves. Mais, tandis que l'instituteur privé traite de gré à gré avec les parents, l'instituteur
public, qui, déjà doté d'un logement et d'un traitement fixe, ne
peut guère, à mérite égal, redouter la concurrence, a été soumis,
par l'article 14 de la loi, à deux obligations.

D'un côté, le taux de la rétribution mensuelle sera réglé par
le conseil municipal.

De l'autre, l'instituteur devra admettre gratuitement dans
l'école ceux des élèves que le conseil municipal aura désignés
comme ne pouvant payer aucune rétribution. C'est dans le traitement fixe que l'instituteur trouve la compensation de ce service.

Par ces dispositions, le législateur a tout concilié, l'intérêt
de l'instituteur, l'intérêt des parents et celui de la commune.

Sans grever la commune de dépenses excessives par l'établissement d'une instruction absolument gratuite, il a su concilier
ce qu'on doit à la pauvreté avec ce qui est dû au travail de l'instituteur : il a relevé et ennobli la condition de celui-ci. Plus de
débats fâcheux, ni de frottements pénibles. Le conseil municipal
impose, le percepteur public exige, mais sans aucune remise à
son profit.

. . . .

Une des conditions les plus indispensables pour l'établissement définitif de l'instruction primaire dans les communes, c'est
qu'elles aient en propriété un local pour la tenue de leur école
et le logement de l'instituteur. La loi, qui les astreint à fournir
le local, ne pouvait exiger qu'elles en fussent immédiatement
propriétaires. Les acquisitions auraient été impossibles, à cause
de l'énormité de la dépense ; en exigeant trop, la loi n'aurait rien
obtenu. Aussi n'a-t-elle pas fixé le titre auquel les communes
doivent posséder une maison d'école, ce qui leur permet de recourir à la voie de la location. Mais l'école placée dans une maison prise à bail n'est pas constituée d'une manière aussi permanente, elle n'attire pas l'intérêt et, pour ainsi dire, l'affection de
la commune aussi puissamment que si elle occupait une pro-

priété communale, irrévocablement affectée à cet usage. Il faut donc tâcher de rendre toutes les communes propriétaires d'une maison d'école, de même qu'elles le sont d'une église. Pour assurer le succès d'une telle entreprise, il m'a paru nécessaire de mesurer l'étendue des efforts qu'elle réclamerait. Tel est le but des renseignements consignés dans le huitième tableau, et que j'ai demandés aux préfets et aux sous-préfets, sur l'état des communes, en ce qui concerne la propriété des maisons d'école. Ce tableau fait connaître que 9654 communes ou réunions de communes possèdent, sous ce rapport, tout ce qui leur est nécessaire; qu'il en est, au contraire, 21089 qui n'ont pas de local affecté à l'instruction primaire; enfin, que 1899 communes ou réunions de communes ont fait des dispositions pour en faire construire ou pour en acheter. Il indique qu'une somme de 3 000 147 francs a été employée par les communes, en 1833, pour acquisition, construction ou réparation de maisons d'école, et qu'une somme de 2 350 877 francs a été votée par les conseils municipaux, pour le même emploi, dans leur budget de 1834; enfin il présente l'évaluation des dépenses qui seraient nécessaires pour que toutes les écoles primaires, élémentaires et supérieures, qui doivent être entretenues par les communes, fussent placées dans des locaux qui leur appartinssent. Le chiffre de cette dépense, autant qu'on peut l'établir sur des données puisées à des sources très diverses, serait de 72 679 908 francs.

C'est là sans doute une charge énorme et dont beaucoup de personnes pourront s'effrayer; mais qu'elles portent, en revanche, leur imagination sur l'accomplissement d'une telle œuvre; qu'elles voient des maisons d'école s'élevant partout, attirant partout les regards des habitants, leur inspirant, pour l'instruction primaire, cet intérêt puissant qu'enfante le sentiment de la propriété et la perspective de la durée; qu'elles pressentent, non seulement toutes les conséquences d'un tel fait pour le progrès rapide et effectif de l'éducation populaire, mais son influence sur les dispositions morales de la population, et qu'elles jugent si la grandeur des résultats ne surpasserait pas infiniment celle des sacrifices...

En supposant qu'il pût être consacré tous les ans à cette dépense 1 000 000 de francs par l'État, 4 000 000 de francs par les communes, et que les départements pussent joindre quelques secours à ces sacrifices, on arriverait, dans un délai de douze à quinze ans, à l'important résultat qu'il s'agit d'obtenir, c'est-à-dire à rendre toutes les communes du royaume propriétaires de maisons d'école.

. . . .

Ainsi a été appliquée, Sire, depuis sa promulgation jusqu'à ce jour, la loi du 28 juin 1833 ; ainsi ont été exécutées, dans toute l'étendue du royaume, les mesures ordonnées par l'administration centrale pour mettre en vigueur les dispositions de la loi. Mais, dès les premiers moments où je m'occupais de rechercher quelles devaient être ces mesures, et dès les premiers essais de leur exécution, je m'aperçus que l'état réel de l'instruction primaire en France, et tous les faits qui s'y rattachent, étaient si incomplètement, si vaguement, si inexactement connus, que l'autorité supérieure agissait sans cesse à l'aveugle, et ne retirait bien souvent de ses démarches, faute de lumières sûres pour les diriger, que des résultats très passagers ou très imparfaits.

Je reconnus en même temps que, pour imprimer effectivement à l'instruction primaire une impulsion nouvelle et féconde, pour établir réellement entre l'autorité et les instituteurs ce lien universel, ces rapports permanents qui sont écrits dans la loi, mais qu'il est si difficile, et cependant si nécessaire, de faire passer dans les faits, il fallait absolument que quelque mesure générale fît sentir partout, dans la sphère des écoles primaires, la présence du pouvoir central, frappât les esprits du sentiment de ses intentions, du spectacle de son activité, et réalisât ainsi, dès le début, et pour tous les intéressés, l'une des pensées fondamentales de la loi.

Pour atteindre à ce double but, il n'y avait qu'un moyen, une inspection générale et approfondie des écoles primaires, dans tous leurs éléments, personnes et choses, et dans toutes les parties de la France. Je me déterminai à l'ordonner. Des fonctionnaires de l'Université, recteurs, inspecteurs d'académie, proviseurs et professeurs de collèges royaux, principaux et régents de collèges communaux, furent chargés de cette mission ; des personnes connues par leur zèle pour l'instruction populaire, des membres de comités, des chefs d'institution ou de pension, de simples maîtres d'école, considérés et capables, s'offrirent pour y prendre part. Je m'empressai d'accepter leur concours.

Les inspecteurs eurent ordre de se rendre dans toutes les communes pourvues d'écoles, et de visiter toutes les écoles de garçons, soit communales, soit privées. Indépendamment des instructions générales, je leur remis une série de questions, qu'ils devaient résoudre. Ces questions avaient principalement pour objet de constater exactement : 1° les avantages matériels dont jouissait chaque instituteur ; 2° le nombre d'enfants qui fréquentaient l'école ; 3° la méthode d'enseignement qui y était suivie ; 4° les objets nécessaires à l'enseignement dont elle manquait ; 5° les matières de l'enseignement et les livres dont se servaient les élèves ; 6° l'état de l'enseignement et les progrès des élèves ; 7° la position personnelle de l'instituteur ; 8° sa capacité, son aptitude, son zèle, son caractère et la nature de ses relations avec les autorités locales, soit civiles, soit religieuses, et avec ses concitoyens. Je recommandai expressément aux inspecteurs de ne répondre à ces questions que d'après leurs observations personnelles ou les renseignements qu'ils auraient recueillis dans la commune même, auprès des autorités locales, et de ne reproduire jamais les renseignements indirects qui seraient venus à leur connaissance, qu'après en avoir vérifié l'exactitude sur les lieux mêmes.

Plein de confiance dans le dévouement des personnes que je chargeais de cette mission, je fixai l'indemnité qui leur serait allouée à un taux équivalent au simple remboursement de leurs frais. Quelques-uns des inspecteurs ont refusé toute indemnité ; d'autres ont demandé que celle qui leur était acquise fût distribuée entre les écoles qu'ils avaient visitées, et servît à augmenter le mobilier de ces établissements.

490 personnes ont été employées à l'inspection générale des écoles primaires de garçons... L'opération, entreprise au mois de septembre, a été continuée jusqu'en décembre. Je me suis trouvé

dans la nécessité de la faire ajourner pour quelques cantons situés dans les montagnes, qu'il était impossible de parcourir dès le mois d'octobre, parce qu'elles étaient entièrement couvertes de neige. Les renseignements fournis par les recteurs et par les comités d'arrondissement ont suppléé momentanément aux renseignements qu'auraient recueillis les inspecteurs.

Les personnes employées à l'inspection y ont consacré 10 278 jours, et elle a donné lieu à une dépense de 134 517ᶠʳ,75...

Je crois pouvoir l'affirmer, Sire, les résultats de cette opération sont et seront considérables. Elle a produit, dans les campagnes comme dans les villes, et jusque dans les parties les moins fréquentées de notre territoire, ce mouvement moral qui est le gage le plus sûr de l'action des lois et du pouvoir. Elle a inspiré aux autorités locales, aux instituteurs, à la population un sentiment de confiance dans la sollicitude bienveillante de l'autorité supérieure. La vue des inspecteurs, leur assistance aux exercices de l'école, leurs visites au maire, au curé, leurs conversations avec le conseil municipal, avec les pères de famille, toutes ces circonstances individuelles et vivantes ont suscité le zèle avec l'espérance dans une foule de lieux où n'avaient pas même pénétré les circulaires administratives. En même temps les rapports des 490 inspecteurs ont fourni à l'administration centrale une masse immense de renseignements et de détails, qui la mettront en état d'agir désormais, sur tous les points, en connaissance de cause et avec efficacité.

Je me propose, Sire, de faire, sur ces documents, quand j'aurai pu les étudier d'assez près, un rapport spécial à Votre Majesté, et de lui faire ainsi pleinement et précisément connaître l'état moral et matériel des écoles primaires en France, au moment où la loi du 28 juin 1833 a commencé à être appliquée[1].

. . . .

_____

1. Ce rapport a été fait par M. P. Lorain, dans son intéressant et curieux *Tableau.*

Circulaire aux Instituteurs. (18 *juillet* 1833.)

Monsieur, je vous transmets la loi du 28 juin dernier, sur l'instruction primaire, ainsi que l'exposé des motifs qui l'accompagnait, lorsque, d'après les ordres du roi, j'ai eu l'honneur de la présenter, le 2 janvier dernier, à la Chambre des députés.

Cette loi, Monsieur, est vraiment la charte de l'instruction primaire ; c'est pourquoi je désire qu'elle parvienne directement à la connaissance et demeure en la possession de tout instituteur. Si vous l'étudiez avec soin, si vous méditez attentivement ses dispositions ainsi que les motifs qui en développent l'esprit, vous êtes assuré de bien connaître vos devoirs et vos droits, et la situation nouvelle que vous destinent nos institutions.

Ne vous y trompez pas, Monsieur : bien que la carrière de l'instituteur primaire soit sans éclat, bien que ses soins et ses jours doivent le plus souvent se consumer dans l'enceinte d'une commune, ses travaux intéressent la société tout entière, et sa profession participe de l'importance des fonctions publiques. Ce n'est pas pour la commune seulement, et dans un intérêt purement local, que la loi veut que tous les Français acquièrent, s'il est possible, les connaissances indispensables à la vie sociale, et sans lesquelles l'intelligence languit, et quelquefois s'abrutit : c'est aussi pour l'État lui-même, et dans l'intérêt public ; c'est parce que la liberté n'est assurée et régulière que chez un peuple assez éclairé pour écouter en toute circonstance la voix de la raison. L'instruction primaire universelle est désormais une des garanties de l'ordre et de la stabilité sociale. Comme tout, dans les principes de notre gouvernement, est vrai et raisonnable, développer l'intelligence, propager les lumières, c'est assurer l'empire et la durée de la monarchie constitutionnelle.

Pénétrez-vous donc, Monsieur, de l'importance de votre mission ; que son utilité vous soit toujours présente dans les travaux assidus qu'elle vous impose. Vous le voyez, la législation et le gouvernement se sont efforcés d'améliorer la condition et d'assurer l'avenir des instituteurs. D'abord, le libre exercice de leur profession dans tout le royaume leur est garanti, et le droit d'enseigner ne peut être ni refusé, ni retiré à celui qui se montre capable et digne d'une telle mission. Chaque commune doit en outre ouvrir un asile à l'instruction primaire. A chaque école communale un maître est promis. A chaque instituteur communal un traitement fixe est assuré. Une rétribution spéciale et variable vient l'accroître. Un mode de perception, à la fois plus conforme à votre dignité et à vos intérêts, en facilite le recouvrement, sans gêner d'ailleurs la liberté des conventions particulières. Par l'institution des caisses d'épargne, des ressources sont préparées à la vieillesse des maîtres. Dès leur jeunesse, la dispense du service militaire[1] leur prouve la sollicitude qu'ils inspirent à la société. Dans leurs fonctions, ils ne sont soumis qu'à des autorités éclairées et désintéressées. Leur existence est mise à l'abri de l'arbitraire ou de la persécution. Enfin l'approbation de leurs supérieurs légitimes encouragera leur bonne conduite et constatera leurs succès ; et quelquefois même une récompense brillante, à laquelle leur modeste ambition ne prétendait pas, peut venir leur attester que le gouvernement du roi veille sur leurs services et sait les honorer.

Toutefois, Monsieur, je ne l'ignore point : la prévoyance de la loi, les ressources dont le pouvoir dispose ne réussiront jamais à rendre la simple profession d'instituteur communal aussi attrayante qu'elle est utile. La société ne saurait rendre à celui qui s'y consacre tout ce qu'il fait pour elle. Il n'y a point de fortune à faire, il n'y a guère de renommée à acquérir dans les obligations pénibles qu'il accomplit. Destiné à voir sa vie s'écouler dans un travail monotone[2], quelquefois même à rencontrer autour de lui l'injustice ou l'ingratitude de l'ignorance, il s'attristerait souvent et succomberait peut-être, s'il ne puisait sa force et son courage ailleurs que dans les perspectives d'un inté-

---

1. La loi du 21 mars 1832 sur le recrutement militaire, art. 14, dispensait du service les membres de l'instruction publique qui avaient contracté l'engagement de se vouer à la carrière de l'enseignement. La loi du 15 mars 1850 ajouta « de se vouer pendant dix ans ».

2. On ne s'attendait vraiment pas à trouver pareille expression dans un écrit pédagogique adressé à des instituteurs. Le fait, fût-il exact, ne serait pas bon à dire ; mais il n'est vrai que pour les mauvais maîtres. « Qui a pratiqué, à quelque degré que ce soit, l'enseignement, et n'en a pas compris, n'en a pas senti le charme passionnant, est pour moi sans excuse. » (ANTHOINE, A travers nos écoles, p. 10.)

rêt immédiat et purement personnel. Il faut qu'un sentiment profond de l'importance morale de ses travaux le soutienne et l'anime ; que l'austère plaisir d'avoir servi les hommes et secrètement contribué au bien public devienne le digne salaire que lui donne sa conscience seule. C'est sa gloire de ne prétendre à rien au delà de son obscure et laborieuse condition, de s'épuiser en sacrifices à peine comptés de ceux qui en profitent, de travailler enfin pour les hommes et de n'attendre sa récompense que de Dieu.

Aussi voit-on que, partout où l'enseignement primaire a prospéré, une pensée religieuse s'est unie, dans ceux qui la répandent, au goût des lumières et de l'instruction. Puissiez-vous, Monsieur, trouver dans de telles espérances, dans ces croyances dignes d'un esprit sain et d'un cœur pur, une satisfaction et une constance que peut-être la raison seule et le seul patriotisme ne vous donneraient pas !

C'est ainsi que les devoirs nombreux et divers qui vous sont réservés vous paraîtront plus faciles, plus doux, et prendront sur vous plus d'empire. Il doit m'être permis, Monsieur, de vous les rappeler. Désormais, en devenant instituteur communal, vous appartenez à l'instruction publique ; le titre que vous portez, conféré par le ministre, est placé sous sa sauvegarde. L'Université vous réclame ; en même temps qu'elle vous surveille, elle vous protège et vous admet à quelques-uns des droits qui font de l'enseignement une sorte de magistrature. Mais le nouveau caractère qui vous est donné m'autorise à vous retracer les engagements que vous contractez en le recevant. Mon droit ne se borne pas à vous rappeler les dispositions des lois et règlements que vous devez scrupuleusement observer ; c'est mon devoir d'établir et de maintenir les principes qui doivent servir de règle morale à la conduite de l'instituteur, et dont la violation compromettrait la dignité même du corps auquel il pourra appartenir désormais. Il ne suffit pas, en effet, de respecter le texte des lois ; l'intérêt seul y pourrait contraindre, car elles se vengent[1] de celui qui les enfreint ; il faut encore et

1. Mot inexact et malheureux. La loi punit, elle ne se venge pas. M. Guizot

surtout prouver par sa conduite qu'on a compris la raison morale des lois, qu'on accepte volontairement et de cœur l'ordre qu'elles ont pour but de maintenir, et qu'à défaut de leur autorité, on trouverait dans sa conscience une puissance sainte comme les lois, et non moins impérieuse.

Les premiers de vos devoirs, Monsieur, sont envers les enfants confiés à vos soins. L'instituteur est appelé par le père de famille au partage de son autorité naturelle; il doit l'exercer avec la même vigilance et presque avec la même tendresse. Non seulement la vie et la santé des enfants sont remises à sa garde, mais l'éducation de leur cœur et de leur intelligence dépend de lui presque entière. En ce qui concerne l'enseignement proprement dit, rien ne vous manquera de ce qui peut vous guider. Non seulement une école normale vous donnera des leçons et des exemples, non seulement les comités s'attacheront à vous transmettre des instructions utiles, mais encore l'Université même se maintiendra avec vous en constante communication. Le roi a bien voulu approuver la publication d'un journal spécialement destiné à l'enseignement primaire. Je veillerai à ce que le *Manuel général* répande partout, avec les actes officiels qui vous intéressent, la connaissance des méthodes sûres, des tentatives heureuses, les notions pratiques que réclament les écoles, la comparaison des résultats obtenus en France et à l'étranger, enfin tout ce qui peut diriger le zèle, faciliter le succès, entretenir l'émulation.

Mais quant à l'éducation morale, c'est en vous surtout, Monsieur, que je me fie. Rien ne peut suppléer en vous la volonté de bien faire. Vous n'ignorez pas que c'est là, sans aucun doute, la plus importante et la plus difficile partie de votre mission. Vous n'ignorez pas qu'en vous confiant un enfant, chaque famille vous demande de lui rendre un honnête homme, et le pays un bon citoyen. Vous le savez : les vertus ne suivent pas toujours les lumières, et les leçons que reçoit l'enfance pour-

---

aurait d'autant moins dû laisser passer cette expression, qu'il avait hautement protesté contre la théorie qu'elle renferme : « Maintenant, écrivait-il dans son beau mémoire sur *La peine de mort*, il ne s'agit plus de vengeance... Nulle législation, nul pouvoir ne veut qu'on lui impute ce besoin barbare. »

FRANÇOIS GUIZOT.   9

raient lui devenir funestes si elles ne s'adressaient qu'à son
intelligence. Que l'instituteur ne craigne donc pas d'entreprendre sur les droits des familles en donnant ses premiers
soins à la culture intérieure de l'âme de ses élèves. Autant il
doit se garder d'ouvrir son école à l'esprit de secte ou de parti,
et de nourrir les enfants dans des doctrines religieuses ou politiques qui les mettent, pour ainsi dire, en révolte contre l'autorité des conseils domestiques, autant il doit s'élever au-dessus
des querelles passagères qui agitent la société, pour s'appliquer
sans cesse à propager, à affermir ces principes impérissables de
morale et de raison sans lesquels l'ordre universel est en péril,
et à jeter profondément dans de jeunes cœurs ces semences de
vertu et d'honneur que l'âge et les passions n'étoufferont point.
La foi dans la Providence, la sainteté du devoir, la soumission à
l'autorité paternelle, le respect dû aux lois, au prince, aux
droits de tous, tels sont les sentiments qu'il s'attachera à développer. Jamais, par sa conversation ou son exemple, il ne ris-
quera d'ébranler chez les enfants la vénération due au bien ;
jamais, par des paroles de haine ou de vengeance, il ne les disposera à ces préventions aveugles qui créent, pour ainsi dire,
des nations ennemies au sein de la même nation. La paix et la
concorde qu'il maintiendra dans son école doivent, s'il est possible, préparer le calme et l'union des générations à venir.

Les rapports de l'instituteur avec les parents ne peuvent
manquer d'être fréquents. La bienveillance y doit présider : s'il
ne possédait la bienveillance des familles, son autorité sur les
enfants serait compromise, et le fruit de ses leçons serait perdu
pour eux. Il ne saurait donc porter trop de soin et de prudence
dans cette sorte de relations. Une intimité légèrement contractée
pourrait exposer son indépendance, quelquefois même l'engager dans ces dissensions locales qui désolent souvent les petites
communes. En se prêtant avec complaisance aux demandes
raisonnables des parents, il se gardera bien de sacrifier à leurs
capricieuses exigences ses principes d'éducation et la discipline
de son école. Une école doit être l'asile de l'égalité, c'est-à-dire
de la justice.

Les devoirs de l'instituteur envers l'autorité sont plus clairs

encore et non moins importants. Il est lui-même une autorité
dans la commune : comment donc donnerait-il l'exemple de l'in-
subordination ? Comment ne respecterait-il pas les magistrats
municipaux, l'autorité religieuse, les pouvoirs légaux qui maintiennent la sécurité publique ? Quel avenir il préparerait à la
population au sein de laquelle il vit, si, par son exemple ou
par des discours malveillants, il excitait chez les enfants cette
disposition à tout méconnaître, à tout insulter, qui peut devenir
dans un autre âge l'instrument de l'immoralité et quelquefois
de l'anarchie !

Le maire est le chef de la commune ; il est à la tête de la surveillance locale : l'intérêt pressant comme le devoir de l'instituteur est donc de lui témoigner en toute occasion la déférence
qui lui est due. Le curé ou le pasteur ont aussi droit au respect, car leur ministère répond à ce qu'il y a de plus élevé dans
la nature humaine. S'il arrivait que, par quelque fatalité, le
ministre de la religion refusât à l'instituteur une juste bienveillance, celui-ci ne devrait pas sans doute s'humilier pour la
reconquérir, mais il s'appliquerait de plus en plus à la mériter
par sa conduite, et il saurait l'attendre. C'est au succès de son
école à désarmer des préventions injustes ; c'est à sa prudence à
ne donner aucun prétexte à l'intolérance. Il doit éviter l'hypocrisie à l'égal de l'impiété. Rien d'ailleurs n'est plus désirable
que l'accord du prêtre et de l'instituteur ; tous deux sont revêtus
d'une autorité morale ; tous deux peuvent s'entendre pour exercer sur les enfants, par des moyens divers, une commune
influence. Un tel accord vaut bien qu'on fasse, pour l'obtenir,
quelques sacrifices, et j'attends de vos lumières et de votre
sagesse que rien d'honorable ne vous coûtera pour réaliser cette
union, sans laquelle nos efforts pour l'instruction populaire
seraient souvent infructueux.

Enfin, Monsieur, je n'ai pas besoin d'insister sur vos relations avec les autorités spéciales qui veillent sur les écoles, avec
l'Université elle-même : vous trouverez là des conseils, une direction nécessaire, souvent un appui contre des difficultés
locales et des inimitiés accidentelles. L'administration n'a point
d'autres intérêts que ceux de l'instruction primaire, qui au fond

sont les vôtres. Elle ne vous demande que de vous pénétrer de plus en plus de l'esprit de votre mission. Tandis que, de son côté, elle veillera sur vos droits, sur vos intérêts, sur votre avenir, maintenez, par une vigilance continuelle, la dignité de votre état ; ne l'altérez point par des spéculations inconvenantes, par des occupations incompatibles avec l'enseignement ; ayez les yeux ouverts sur tous les moyens d'améliorer l'instruction que vous dispensez autour de vous. Les secours ne vous manqueront pas ; dans la plupart des villes, des cours de perfectionnement sont ouverts ; dans les écoles normales, des places sont ménagées aux instituteurs qui voudraient venir y retremper leur enseignement. Il devient chaque jour plus facile de vous composer à peu de frais une bibliothèque suffisante à vos besoins. Enfin, dans quelques arrondissements, dans quelques cantons, des conférences ont été établies entre les instituteurs : c'est là qu'ils peuvent mettre leur expérience en commun, et s'encourager les uns les autres en s'aidant mutuellement.

Au moment où, sous les auspices d'une législation nouvelle, nous entrons tous dans une nouvelle carrière ; au moment où l'instruction primaire va être l'objet de l'expérience la plus réelle et la plus étendue qui ait encore été tentée dans notre patrie, j'ai dû, Monsieur, vous rappeler les principes qui guident l'administration de l'instruction publique, et les espérances qu'elle fonde sur vous. Je compte sur tous vos efforts pour faire réussir l'œuvre que nous entreprenons en commun ; ne doutez jamais de la protection du gouvernement, de sa constante, de son active sollicitude pour les précieux intérêts qui vous sont confiés. L'universalité de l'instruction primaire est à ses yeux l'une des plus grandes et des plus pressantes conséquences de notre Charte; il lui tarde de la réaliser. Sur cette question, comme sur toute autre, la France trouvera toujours d'accord l'esprit de la Charte et la volonté du roi.

Circulaire à MM. les Directeurs des écoles normales primaires. (11 *octobre* 1834.)

Monsieur le Directeur,

Dès que la loi du 28 juin 1833 a été rendue, je me suis empressé de faire bien connaître à tous les instituteurs primaires du royaume la position qu'elle leur fait et les devoirs qu'elle leur impose. Maintenant la loi est en vigueur ; le zèle des conseils généraux, des conseils municipaux, de toute l'administration, répond à la sollicitude législative ; partout les écoles s'organisent, se multiplient, et l'influence des instituteurs primaires deviendra une des plus générales et des plus actives auxquelles soit soumise la société.

Or le succès de l'instruction élémentaire, plus peut-être que de toute autre partie de l'instruction publique, dépend du maître qui la donne ; c'est dans les écoles normales que se prépare l'avenir des écoles primaires ; et j'éprouve, Monsieur, le besoin de m'adresser directement à vous, pour vous dire avec précision ce que je pense de vos fonctions, de vos devoirs, pour les mettre sous vos yeux dans toute leur étendue, et vous donner les avertissements qui vous aideront à les remplir.

La loi du 28 juin a assuré la liberté de l'enseignement primaire ; mais, en lui donnant pour garantie la concurrence des écoles privées, elle a voulu que les écoles publiques, instituées au nom de l'État, fussent assujetties à des règles générales et animées d'un même esprit. Je dois donc à vos travaux, Monsieur, l'attention la plus vigilante, et je vous dois également ces communications franches, ces directions assidues, qui peuvent seules vous mettre en mesure de faire prévaloir, dans l'établissement confié à votre zèle, la pensée qui doit constamment présider à l'instruction du peuple.

La tenue et la durée des écoles dépendent essentiellement d'une bonne administration. Vous ne sauriez apporter trop de vigilance dans les soins souvent minutieux que vous impose cette partie de vos devoirs. D'ailleurs, la bonne gestion des intérêts matériels est un des moyens les plus assurés de vous concilier la bienveillance des diverses autorités avec lesquelles vous êtes nécessairement en rapport, et surtout des autorités municipales, dont la confiance vous est indispensable. Quelque pures que soient les intentions, rien ne supplée, dans un chef d'école, à l'esprit d'ordre; c'est par là surtout qu'il captive l'estime des pères de famille, à qui l'ordre dans les affaires paraît, à juste titre, inséparable des bons principes et de la sagesse de l'enseignement. Les écoles normales doivent être administrées avec une régularité qui atteste et garantisse le bon ordre moral auquel elles sont soumises.

Leur administration a lieu tantôt par voie de régie, tantôt en vertu d'un forfait conclu avec le directeur. Quoi qu'on puisse penser du mérite de ces deux systèmes, je n'entends exclure absolument ni l'un ni l'autre; mais ils ont chacun des périls sur lesquels j'appelle votre attention.

Là où le directeur s'est chargé à forfait de la gestion matérielle de l'école, sa position est délicate. Au dehors comme au dedans de l'école, auprès du public comme auprès des élèves, il peut encourir quelque soupçon d'intérêt et de trafic; et si, par malheur, quelques actes de lésine viennent convertir en accusations positives ces bruits vagues et irréfléchis, il court le risque de perdre cette considération, cette autorité morale sans lesquelles il ne saurait faire le bien.

Dans le système de régie, c'est de l'écueil contraire qu'il faut se préserver. Tout homme que ne retient point la considération de ses dépenses personnelles se laisse aisément induire à porter, dans l'administration dont il est chargé, une libéralité, un luxe, propres à la rehausser et à le rehausser lui-même aux yeux du public. Ainsi, dans quelques écoles normales, on a imité le régime intérieur des collèges; on a voulu y introduire les mêmes uniformes, le même nombre de domestiques, la même variété d'aliments; on a exempté les élèves-maîtres de ces soins matériels qui doivent naturellement peser sur eux. Les instituteurs primaires perdraient ainsi, dans les établissements mêmes où ils seraient formés, les habitudes de simplicité, de frugalité et de travail personnel qui doivent être celles de leur vie; on leur créerait des besoins qui plus tard ne seraient point satisfaits, et l'on fomenterait en eux ce dégoût de toute situation modeste, cette soif excessive de bien-être matériel qui tourmente, de nos jours, la destinée de tant d'hommes en corrompant leur caractère.

Je vous recommande, Monsieur, d'éviter soigneusement ces deux écueils. Si votre école normale est en régie, que votre surveillance de toutes les dépenses n'en soit ni moins active, ni moins scrupuleuse; maintenez-y une simplicité sévère. Si l'entreprise vous est confiée à forfait, écartez de vous avec le plus grand soin toute idée de spéculation; que rien ne manque, soit à la nourriture des élèves-maîtres, soit à tout le régime de l'établissement, et que personne ne puisse élever le moindre doute sur la moralité et la bienveillance de votre administration.

L'enseignement, dans les écoles normales primaires, a été réglé par des programmes qui en déterminent les objets et les formes. Vous veillerez à ce que ces programmes soient scrupuleusement observés. Dans plusieurs écoles, on s'est montré enclin à les dépasser, pour étendre sans mesure, et un peu au hasard, les objets de l'enseignement. Sans doute, quelque latitude doit être admise à cet égard, en raison de la diversité des circonstances locales; les limites de l'enseignement peuvent ne pas être les mêmes dans l'école normale d'une grande ville et dans celle d'un département où la population est plus dispersée. Cependant n'oublions jamais que le but des écoles normales est de former des maîtres d'école, et surtout des maîtres d'école de village : toutes leurs connaissances doivent être solides, pratiques, susceptibles de se transmettre sous la forme d'un enseignement immédiatement utile aux hommes que leur laborieuse condition prive du loisir nécessaire pour la réflexion et l'étude. Une instruction variée et étendue, mais vague et superficielle, rend presque toujours ceux qui l'ont reçue impropres aux fonctions modestes auxquelles ils sont destinés. Ainsi, on ne sait pas lire avec les inflexions de voix convenables, on n'écrit pas correctement, on fait des fautes de grammaire et d'orthographe, et cependant on s'occupe de recherches subtiles et presque savantes sur le mécanisme et la philosophie des langues. Ailleurs, parce

que des notions d'agriculture ont été admises dans l'enseignement des écoles normales, on essaie de les convertir en véritable cours d'histoire naturelle ; ou bien, parce qu'il convient
que les instituteurs sachent rédiger les actes de l'état civil et
soient au courant des principales fonctions des autorités municipales, on prétend leur enseigner le droit civil et administratif.
Ce sont là des aberrations aussi contraires au vœu de la loi qu'au
réel et légitime intérêt des instituteurs et du peuple. Je vous
recommande expressément de les prévenir, si l'on essayait de
les introduire ; de m'en rendre compte et de les faire cesser, si
elles avaient déjà pénétré dans votre établissement.

Parmi les objets de l'enseignement, il en est un qui réclame
de moi une mention particulière, ou plutôt c'est la loi elle-même
qui, en le plaçant en tête de tous les autres, l'a commis plus
spécialement à notre zèle : je veux parler de l'instruction morale et religieuse. Votre action à cet égard doit être tantôt directe, tantôt indirecte. Si, par votre caractère et vos exemples,
vous êtes parvenu à obtenir dans l'école toute l'autorité dont je
souhaite vous voir revêtu, les leçons morales que vous donnerez
seront accueillies avec déférence ; elles seront quelque chose de
plus qu'un enseignement pour l'esprit des élèves-maîtres ; elles
agiront sur leurs sentiments et sur leurs dispositions intérieures ;
elles suppléeront à l'insuffisance de la première éducation, si incomplète et souvent si vicieuse dans l'état de nos mœurs et de
nos lumières. Ne négligez, Monsieur, aucun moyen d'exercer
cette salutaire influence ; faites-y servir les conversations particulières aussi bien que les leçons générales ; que ce soit pour
vous une pensée constante, une action de tous les moments. Il
faut absolument que l'instruction populaire ne s'adresse pas à
l'intelligence seule ; il faut qu'elle embrasse l'âme tout entière,
et qu'elle éveille surtout cette conscience morale qui doit s'élever
et se fortifier à mesure que l'esprit se développe. C'est assez
vous dire, Monsieur, quelle importance doit avoir à vos yeux
l'instruction religieuse proprement dite. Les instituteurs, qui seront appelés à y prendre, dans les écoles primaires, une part
active, doivent y être bien préparés, et la recevoir eux-mêmes,
dans les écoles normales, d'une manière solide et efficace. Ne

vous contentez donc point de la régularité des formes et des apparences; il ne suffit pas que certaines observances soient maintenues, que certaines heures soient consacrées à l'instruction religieuse, il faut pouvoir compter sur sa réalité et son efficacité.
Je vous invite à me faire exactement connaître ce qui se passe à
cet égard dans votre établissement. De concert avec MM. les
évêques et les ministres des cultes, je ne négligerai rien pour
que le but soit atteint. Vous y contribuerez puissamment vous-
même en prenant un soin constant pour qu'aucune des préventions, malheureusement trop communes encore, ne s'élève entre
vous et ceux qui sont plus spécialement chargés de la dispensa-
tion des choses saintes : que votre conduite, que votre langage
ne fournissent, à cet égard, aucun prétexte, soit au préjugé, soit
à la défiance. Vous assurerez ainsi à nos établissements cette
bienveillance des familles qui nous est si nécessaire, et vous in-
spirerez à un grand nombre de gens de bien cette sécurité sur
notre avenir moral que les événements ont quelquefois ébranlée,
même chez les hommes les plus éclairés.

Pour accomplir toute cette tâche, pour procurer, soit à l'enseignement en général, soit à l'instruction morale et religieuse
en particulier, toute leur efficacité, une condition est de rigueur,
c'est l'exactitude de la discipline. La discipline ne suffit point
pour donner la moralité, ni la science, mais elle seule met les
âmes dans la disposition nécessaire pour les recevoir. La discipline inspire le goût et l'habitude de l'ordre, dont elle offre le
spectacle; elle prépare les maîtres à maintenir à leur tour la subordination et la régularité parmi leurs élèves; et c'est en raison
de la vigueur ou du relâchement de la discipline, que la jeunesse puise dans les écoles ou ce mépris de toute règle qui la
rend plus tard rétive au frein des lois, ou cette déférence pour
l'autorité légitime qui, dans un État libre, relève la dignité du
citoyen.

Si votre école normale est organisée en internat, toutes les
conditions d'une bonne discipline sont faciles à obtenir. Si vous
n'administrez qu'un externat, les difficultés sont plus grandes,
et c'est la principale cause de l'infériorité de cette seconde classe
d'établissements. Cependant gardez-vous bien, même dans ce

cas, de rester étranger à la conduite des élèves-maîtres, et de croire que, les leçons une fois données dans l'intérieur de la maison, votre tâche est accomplie. Appliquez-vous, au contraire, à connaître les habitudes, les relations des élèves au dehors; concertez-vous avec les diverses autorités de la ville pour être toujours informé de tout événement qui pourrait intéresser leur moralité ou leur sort. Visitez-les quelquefois vous-même dans leur domicile, ou faites-les visiter par les maîtres adjoints. Par une vigilance et une bienveillance assidues, vous acquerrez sur eux, même au dehors de l'école, une influence salutaire, et vous atténuerez les inconvénients de l'externat.

Vous le voyez, Monsieur, j'attends beaucoup de vous, car vous avez beaucoup à faire. Vos fonctions ne se bornent ni aux soins administratifs, ni aux travaux de l'enseignement proprement dit : une mission plus étendue vous est confiée; il faut que votre conduite, votre caractère, soient dans une constante harmonie avec la tâche à laquelle vous êtes consacré; tous vos moments sont, en quelque sorte, remplis par un même devoir; il n'y a, pour ainsi dire, point de vie privée pour vous; l'État vous demande plus que le tribut de votre intelligence et de vos connaissances; c'est l'homme même, l'homme tout entier qu'il réclame, qu'il dévoue à une œuvre sévère de patience, de persévérance et de vertu. Concevez-en bien, Monsieur, toute la difficulté, en même temps que toute la grandeur. Depuis longtemps l'enseignement primaire universel était dans les vœux de la France; mais jamais la tentative de le fonder n'avait été faite d'une manière sérieuse, suivie, et avec des moyens proportionnés à l'étendue de l'entreprise. Plus le temps marche, plus j'acquiers la conviction que nous réussirons dans ce patriotique dessein; mais il faut accepter dans leur rigueur toutes les conditions qui peuvent seules en assurer le succès; il ne faut méconnaître ni les obstacles, ni les périls qui y sont attachés, ni même les inquiétudes et les doutes qui subsistent encore dans quelques esprits. C'est un devoir de plus pour l'administration, pour moi surtout, d'apporter une extrême sollicitude dans le choix des hommes, dans la surveillance de leur conduite, de la marche générale des écoles, de la direction et des résultats de l'enseignement. Vous partagez en une certaine mesure, Monsieur, les devoirs et la responsabilité que le gouvernement du roi s'est imposés envers la société tout entière. Vous ne sauriez, par trop de soins et de sacrifices, par un dévouement trop absolu, par une attention trop sévère sur vous-même, le seconder dans ses efforts pour l'amélioration véritable de la condition du peuple, et pour les progrès de cette raison, de cette moralité publique, qui assurent seules le repos et la liberté des nations.

Je vous invite, Monsieur, à m'accuser réception de cette lettre, et à me donner, en même temps, sur l'état et les besoins de l'école normale que vous dirigez, tous les détails qui pourraient me mettre en mesure d'y apporter les améliorations désirables.

Recevez, Monsieur, l'assurance de ma considération la plus distinguée.

Le Ministre de l'instruction publique,
GUIZOT.

————

A MM. les inspecteurs des écoles primaires.
(13 *août* 1835.)

MONSIEUR L'INSPECTEUR,

Le roi, par son ordonnance du 26 février dernier, a institué [1] et défini sommairement les fonctions qui vous sont conférées;

———

1. Art. 1er. Il y aura dans chaque département un inspecteur spécial de l'instruction primaire. — Les conditions exigées des candidats se réduisaient aux suivantes : avoir rempli quelque fonction dans les collèges royaux ou communaux, avoir servi avec distinction dans l'instruction primaire pendant au moins cinq années consécutives, ou avoir été membre d'un comité scolaire pendant le même nombre d'années. L'ordonnance du 13 novembre 1837 demanda le baccalauréat ès lettres, avec trois ans de services.

Le 4 août 1835, un arrêté ministériel divisait en trois classes les inspecteurs primaires : neuf seulement de première classe (Bouches-du-Rhône, Gironde, Nord, Pas-de-Calais, Bas-Rhin, Rhône, Seine, Seine-Inférieure, Seine-et-Oise); quinze de deuxième classe (Calvados, Côte-d'Or, Doubs, Gard, Haute-Garonne, Hérault, Ille-et-Vilaine, Isère, Loire-Inférieure, Loiret, Maine-et-Loire, Manche, Meurthe, Moselle, Somme). La troisième classe comprenait tous les autres départements.

Les traitements étaient ainsi réglés : 1500 francs, 1800 fr. et 2000 fr., indépendamment des frais de tournées.

La loi de finances du 23 mai 1834 avait alloué, pour les traitements, 110000 fr., et pour les frais de tournées, 100000 fr.

Le 7 juin 1837, le crédit fut augmenté, non sans peine, de 100000 fr.; le 13 noet le Conseil royal de l'instruction publique, par un statut du 27 du même mois, auquel j'ai donné mon approbation, a réglé d'une manière plus explicite l'exercice de ces fonctions.

M. le recteur de l'académie à laquelle vous appartenez est chargé de vous communiquer ces deux actes, qui sont votre règle fondamentale.

Mais, au moment de votre entrée en fonctions, j'ai besoin de vous faire connaître, avec précision et dans toute son étendue, la mission qui vous est confiée, et tout ce que j'attends de vos efforts.

La loi du 28 juin 1833 a désigné les autorités appelées à concourir à son exécution. Toutes ces autorités, les recteurs, les préfets, les comités, ont reçu de moi des instructions détaillées, qui les ont dirigées dans leur marche. Je n'ai qu'à me louer de leur bon esprit et de leur zèle, et d'importants résultats ont déjà prouvé l'efficacité de leurs travaux. Cependant, au moment même où la loi a été rendue, tous les hommes éclairés ont pressenti que l'action de ces diverses autorités ne suffirait pas pour atteindre le but que la loi se proposait. La propagation et la surveillance de l'instruction primaire est une tâche à la fois très vaste et surchargée d'une infinité de détails minutieux; il faut agir partout et regarder partout de très près : ni les recteurs, ni les préfets, ni les comités ne peuvent suffire à un tel travail.

Placés à la tête d'une circonscription très étendue, les recteurs ne sauraient donner aux nombreuses écoles primaires qu'elle contient cette attention spéciale et précise dont elles ont besoin; ils ne sauraient visiter fréquemment les écoles, entrer inopinément dans celles des campagnes comme dans celles des villes, et y ranimer sans cesse, par leur présence, la règle et la vie. Ils sont contraints de se borner à des instructions générales, à une correspondance lointaine; ils administrent l'instruction primaire, ils ne sauraient la vivifier réellement.

---

vembre de la même année, M. de Salvandy créait les sous-inspecteurs, au traitement de 1200 fr.; en 1843, les sous-inspecteurs de première classe obtinrent 1600 francs.

La loi du 15 mars 1850 mit un inspecteur primaire dans chaque arrondissement.

L'instruction secondaire et les grands établissements qui s'y rattachent sont d'ailleurs l'objet essentiel de l'attention de MM. les recteurs : c'est là le résultat presque inévitable de la nature de leurs propres études et du système général d'instruction publique pour lequel ils ont été originairement institués. Leur autorité et leur surveillance supérieures sont indispensables à l'instruction primaire ; mais on ne doit ni demander, ni attendre qu'ils s'y consacrent tout entiers.

Quant à MM. les préfets, ils ont déjà rendu et ils seront constamment appelés à rendre à l'instruction primaire les plus importants services. Elle se lie étroitement à l'administration publique ; elle prend place dans les budgets de toutes les communes ; elle a, dans chaque département, son budget particulier, que le préfet doit présenter, chaque année, au conseil général ; elle donne lieu fréquemment à des travaux publics qui se rattachent à l'ensemble de l'administration. Le concours actif et bienveillant des préfets est donc essentiel, non seulement à l'institution première, mais à la prospérité permanente des écoles. Mais, en même temps, il est évident que MM. les préfets, occupés avant tout des soins de l'administration générale, étrangers aux études spéciales qu'exige l'instruction primaire, ne sauraient la diriger.

L'intervention des comités[1] dans les écoles est plus directe et plus rapprochée : ils influeront puissamment, partout où ils

---

1. La loi du 28 juin 1833 établissait, près de chaque école communale, un comité local de surveillance, composé du maire ou adjoint, président, du curé ou pasteur, et d'un ou plusieurs habitants notables désignés par le comité d'arrondissement (art. 17) ;

Et, dans chaque arrondissement, un comité composé du maire du chef-lieu ou du plus ancien des maires du chef-lieu de la circonscription ; du juge de paix ou du plus ancien des juges de paix de la circonscription, du curé ou du plus ancien des curés de la circonscription ; d'un ministre de chacun des autres cultes reconnus par la loi, qui exercera dans la circonscription ; d'un proviseur, principal de collège, professeur, régent, chef d'institution ou maître de pension, désigné par le ministre de l'instruction publique ; d'un instituteur primaire résidant dans la circonscription du comité, et désigné par le ministre ; de trois membres du conseil d'arrondissement ou habitants notables, désignés par ledit conseil ; des membres du conseil général du département qui auront leur domicile réel dans la circonscription du comité. Le préfet préside, de droit, tous les comités du département, et le sous-préfet tous ceux de l'arrondissement ; le procureur du roi est membre de droit de tous les comités de l'arrondissement (art. 19).

Les comités s'assembleront au moins une fois par mois (art. 20).

le voudront, sur leur bonne tenue et leur prospérité. Cependant on ne saurait espérer non plus qu'ils y suffisent : réunis seulement à des intervalles éloignés, pour se livrer à des travaux qui sortent du cercle de leurs occupations journalières, les notables qui en font partie ne peuvent porter, dans la surveillance de l'instruction primaire, ni cette activité constante et réglée qui n'appartient qu'à l'administration permanente, ni cette connaissance intime du sujet qu'on n'acquiert qu'en s'y dévouant spécialement et par profession. Si les comités n'existaient pas, ou s'ils négligeaient de remplir les fonctions que la loi leur attribue, l'instruction primaire aurait beaucoup à en souffrir ; car elle demeurerait beaucoup trop étrangère aux notables de chaque localité, c'est-à-dire au public, dont l'influence ne pénétrerait plus suffisamment dans les écoles ; mais on se tromperait grandement, si l'on croyait que cette influence peut suffire : il faut à l'instruction primaire l'action d'une autorité spéciale, vouée par état à la faire prospérer [1].

La loi du 28 juin n'est en exécution que depuis deux ans, et déjà l'expérience a démontré la vérité des considérations que je viens de vous indiquer. Recteurs, préfets, comités, tous ont apporté dans l'application de la loi, non seulement la bonne volonté et le soin qu'on sera toujours en droit d'attendre d'eux, mais encore cette ardeur qui s'attache naturellement à toute grande amélioration nouvelle et approuvée du public. Cependant, plus j'ai suivi de près et attentivement observé leur action et ses résultats, plus j'ai reconnu qu'elle était loin de suffire, et que ce serait se payer d'apparences que de croire qu'on peut faire, avec ces moyens, je ne dis pas tout le bien possible, mais seulement tout le bien nécessaire.

J'ai reconnu en même temps, et tous les administrateurs éclairés ont acquis la même conviction, que, malgré leur égale bonne volonté et leur empressement à agir de bon accord, le concours de ces diverses autorités à la direction de l'instruction

1. M. Prunelle, député de l'Isère, rapporteur de la commission du budget pour l'année 1836, avait cependant exprimé l'espérance que l'institution des inspecteurs primaires deviendrait inutile, quand les divers comités seraient « plus familiarisés avec ce qu'exige cette honorable mission ». (Séance du 8 mai 1835.)

primaire donnait lieu quelquefois à des tâtonnements, à des frottements fâcheux; qu'il manquait entre elles un lien permanent, un moyen prompt et facile de s'informer réciproquement, de se concerter et d'exercer, chacune dans sa sphère, les attributions qui leur sont propres, en les faisant toutes converger, sans perte de temps ni d'efforts, vers le but commun.

Combler toutes ces lacunes, faire dans l'intérêt de l'instruction primaire ce que ne peut faire ni l'une ni l'autre des diverses autorités qui s'en occupent, servir de lien entre ces autorités, faciliter leurs relations, prévenir les conflits d'attributions et l'inertie ou les embarras qui en résultent, tel est, Monsieur l'Inspecteur, le caractère propre de votre mission. D'autres pouvoirs s'exerceront concurremment avec le vôtre dans le département qui vous est confié; le vôtre seul est spécial et entièrement adonné à une seule attribution. M. le recteur, M. le préfet, MM. les membres des comités se doivent en grande partie à d'autres soins; vous seul, dans le département, vous êtes l'homme de l'instruction primaire seule. Vous n'avez point d'autres affaires que les siennes, sa prospérité fera toute votre gloire. C'est assez dire que vous lui appartenez tout entier, et que rien de ce qui l'intéresse ne doit vous demeurer étranger.

Votre première obligation sera donc de prêter aux diverses autorités qui prennent part à l'administration de l'instruction primaire une assistance toujours dévouée. Quels que soient les travaux dans lesquels vous pourrez les seconder, tenez-les à honneur et prenez-y le même intérêt qu'à vos propres attributions. Je ne saurais énumérer ici d'avance tous ces travaux, et, après la recommandation générale que je vous adresse, j'espère qu'une telle énumération n'est point nécessaire.

...J'en viens maintenant aux fonctions qui vous sont propres et dans lesquelles vous serez appelé, non plus à concourir avec d'autres autorités, mais à agir par vous-même et seul, sous la direction du recteur et du préfet [1].

---

1. Il n'est pas mention des inspecteurs d'académie. C'est la loi du 11 juin 1851 qui a chargé ces fonctionnaires d'instruire, sous l'autorité du préfet, les affaires relatives à l'enseignement primaire du département (art. 9); c'est le décret du

Votre premier soin doit être, ainsi que le prescrit l'article 1er du statut du 27 février, de dresser chaque année le tableau des écoles de votre ressort qui devront être, de votre part, l'objet d'une visite spéciale. Ce serait mal comprendre le but de cette disposition que d'y chercher une excuse préparée à la négligence, une autorisation de choisir, parmi les écoles soumises à votre inspection, celles qui vous promettraient un plus prompt succès et moins de fatigue. Gardez-vous bien même d'en conclure qu'il vous suffira de visiter les établissements les plus importants, tels que les écoles des chefs-lieux d'arrondissement et de canton. En principe, toutes les écoles du département ont droit à votre visite annuelle; mais cette visite ne doit pas être une pure formalité, une course rapide et vaine; et l'article 1er du statut a voulu pourvoir au cas, malheureusement trop fréquent, où l'étendue de votre ressort vous mettrait dans l'impossibilité d'en inspecter réellement et sérieusement chaque année toutes les écoles. Dans le choix que vous serez appelé à faire, sans doute les écoles des villes trouveront leur place, mais je n'hésite pas à appeler spécialement sur les écoles des campagnes toute votre sollicitude. Placées au milieu d'une population plus active, plus près des comités qui les régissent, sous la conduite de maîtres plus expérimentés, encouragées et animées par la concurrence, les écoles des villes trouvent dans leur situation seule des causes efficaces de prospérité; il vous sera facile, d'ailleurs, de les visiter accidentellement et lorsque des motifs variés vous attireront dans les lieux où elles sont situées. Mais les établissements qui doivent surtout être de votre part l'objet d'une surveillance persévérante et systématiquement organisée, ce sont les écoles que la loi du 28 juin a fait naître dans les campagnes, loin des ressources de la civilisation et sous la direction de maîtres moins éprouvés; c'est là surtout que vos visites sont nécessaires et seront vraiment efficaces. En voyant que ni la distance, ni la rigueur des saisons, ni la difficulté des chemins, ni l'obscurité de son nom ne vous empêchent de vous intéresser

22 août de la même année qui place les inspecteurs de l'instruction primaire sous les ordres immédiats de l'inspecteur d'académie (art. 24).

vivement à elle, et de lui apporter le bienfait de l'instruction qui lui manque, cette population, naturellement laborieuse, tempérante et sensée, se pénétrera pour vous d'une véritable reconnaissance, s'accoutumera à mettre elle-même beaucoup d'importance à vos travaux, et ne tardera pas à vous prêter, pour la prospérité des écoles rurales, son appui modeste, mais sérieux.

Pour dresser le tableau des écoles que vous aurez à visiter spécialement, vous aurez soin de vous concerter d'avance avec M. le recteur et M. le préfet, afin qu'aucune de celles qui leur paraîtraient mériter une attention particulière ne soit omise sur ce tableau ; vous consulterez chaque année le rapport de votre inspection précédente ; et, pour l'inspection prochaine, qui doit commencer vos travaux, j'aurai soin que M. le recteur de l'académie vous remette le rapport des inspecteurs qui ont été extraordinairement chargés, en 1833, de visiter les écoles de votre département. Vous trouverez dans les bureaux de la préfecture les états que les comités ont dû dresser de la situation des écoles primaires en 1834. Vous étudierez avec soin les observations consignées dans ces divers tableaux, et, d'après l'état des écoles à cette époque, il vous sera facile de connaître celles qui exigent aujourd'hui votre première visite. Les rapports des comités, transmis par vous à M. le recteur et dont vous aurez pris aussi préalablement connaissance, serviront de même à fixer votre détermination. Enfin, l'article 15 de l'ordonnance du 16 juillet 1833 m'ayant chargé de faire dresser tous les ans un état des communes qui ne possèdent point de maison d'école et de celles qui n'en ont pas en nombre suffisant, ou de convenablement disposées, cet état a été rédigé, au commencement de 1834, par les soins des comités d'arrondissement ; il est déposé à la préfecture ; vous ne négligerez pas d'en prendre communication avant votre départ, afin de pouvoir plus sûrement rédiger vous-même un semblable état pour 1835, d'après la série de questions et le modèle que je vous ferai remettre à cet effet ; vous y consignerez, après votre inspection, le résultat de vos visites locales et les renseignements recueillis par vous près des comités.

Pour réunir tous les éléments qu'exigera la rédaction de cet état, il sera nécessaire que vous visitiez toutes les communes de

votre département, même celles où il n'existe pas encore d'instituteur ; vous les placerez, dans votre itinéraire, de la manière que
vous jugerez le plus convenable pour vous mettre promptement
en mesure de constater, à cet égard, l'état des choses, et d'assurer l'exécution de la loi.

Quant à l'époque à laquelle votre inspection doit avoir lieu,
je ne saurais vous donner à cet égard aucune règle générale et
précise ; sans doute, il serait désirable que toutes les époques de
l'année offrissent à l'inspecteur des écoles également peuplées,
et qu'elles ne fussent désertes que pendant les vacances déter-
minées par les statuts : c'est le vœu de la loi, c'est le droit des
communes, qui assurent un traitement annuel à l'instituteur, et
vous ne sauriez trop employer votre influence à combattre, sur
ce point, les mauvaises habitudes des familles. Mais, avant
qu'elles aient enfin ouvert les yeux sur leurs véritables intérêts,
longtemps encore, dans les campagnes, le retour des travaux
rustiques disputera les enfants aux travaux de l'école, et peut-
être y a-t-il ici, dans la situation même des classes laborieuses[1],
une difficulté qu'on ne saurait espérer de surmonter absolument. Quoi qu'il en soit, dans l'état actuel des choses, l'automne
et l'hiver sont la vraie saison des écoles, et vous ne pourrez
guère visiter avec fruit, pendant le printemps, et surtout pendant l'été, que les écoles urbaines, moins exposées que les
autres à ces émigrations fâcheuses.

Il ne conviendrait pas non plus de prendre pour époque de
votre départ le moment même où la cessation des travaux
champêtres donne aux enfants le premier signal de la rentrée
des classes : pour juger l'enseignement des maîtres et le progrès des élèves, il faut attendre que plusieurs semaines d'exercice régulier aient permis à l'instituteur de mettre en jeu sa
méthode, et renouvelé chez les enfants cette aptitude et, pour
ainsi dire, cette souplesse intellectuelle qu'émoussent aisément
six mois de travaux rudes et grossiers[2].

---

1. Vcy. la note de la page 129.
2. Ce dédain mal déguisé pour les travaux de la campagne n'est guère à sa
place dans une circulaire pédagogique. — On le retrouve dans sa correspondance.

Autant que l'on peut déterminer d'avance, et d'une façon générale, une limite subordonnée à tant de circonstances particulières, je suis enclin à penser que, pour les écoles rurales, c'est vers le milieu du mois de novembre que devront commencer d'ordinaire les fatigues de votre inspection. Quant aux écoles urbaines, il vous sera beaucoup plus facile de choisir dans tout le cours de l'année le moment convenable pour les visiter. Je m'en rapporterai du reste, à cet égard, aux renseignements que vous recueillerez vous-même dans votre département, et aux conseils que vous donneront les diverses autorités.

Quand vous aurez ainsi dressé le tableau des écoles que doit atteindre votre visite annuelle, et déterminé l'époque de votre départ ; quand vous aurez reçu de M. le recteur et de M. le préfet des instructions particulières sur les questions que leur correspondance habituelle n'aurait pas suffisamment éclaircies ; quand votre itinéraire enfin sera revêtu de leur approbation, vous en donnerez connaissance aux comités dont vous devrez parcourir la circonscription, et aux maires des communes que vous devrez visiter. Peut-être votre apparition inattendue dans une école vous offrirait-elle un moyen plus sûr d'en bien apprécier la situation ; et, lorsque vous aurez de justes sujets de défiance sur la conduite du maître et sur la tenue de son école, vous ferez bien de vous y présenter à l'improviste, ou de vous concerter avec les autorités locales pour qu'elles tiennent secret l'avis que vous leur aurez donné de votre prochaine arrivée. Mais, en général, les communications que vous aurez, dans le cours de votre inspection, soit avec les comités, soit avec les maires et les conseils municipaux, sont trop précieuses pour que vous couriez le risque d'en être privé en ne les trouvant pas réunis à jour fixe. Vous échapperez aisément aux pièges que pourraient vous tendre quelques instituteurs en préparant d'avance leurs élèves à surprendre votre suffrage ; un œil exercé

Se plaignant de n'avoir pas assez de loisir et de repos au milieu de ses affaires, il écrit : « Gouverner n'est pas labourer. On s'hébète à avoir toujours la main sur la charrue et l'œil sur le sillon. »

n'est pas dupe de ces petites représentations d'apparat. La présence des membres du conseil municipal, ou du comité local, ou du comité d'arrondissement, qui souvent vous accompagneront dans l'école, en donnant plus de solennité à votre inspection, vous mettra aussi à couvert de toute espèce de fraude de la part du maître, ou vous en seriez promptement averti par leur propre étonnement. Je ne doute pas, d'ailleurs, que vous ne preniez les précautions propres à vous garantir de toute surprise, en vous faisant remettre, par exemple, l'état nominatif des élèves qui fréquentent l'école, et en vous assurant qu'on n'y a pas appelé ce jour-là des enfants qui n'en font plus partie, pour faire briller leur savoir, ni exclu de l'examen ceux dont on aurait voulu dissimuler la faiblesse.

Aux termes de l'article 1er du statut du 27 février, vos premières relations, dans le cours de votre inspection, seront avec les comités. Je ne saurais trop vous recommander de prendre soin que vos communications avec eux ne soient pas à leurs yeux une pure et vaine formalité. Appliquez-vous à les convaincre de l'importance que l'administration supérieure attache à leur intervention ; et, pour y réussir, recueillez avec soin et ne laissez jamais tomber dans l'oubli les renseignements qu'ils vous fourniront. Rien ne blesse et ne décourage plus les hommes notables qui, dans chaque localité, prêtent à l'administration leur libre concours, que de la voir traiter avec légèreté les faits locaux dont ils l'informent. Vous vous appliquerez en même temps à tenir les comités au courant des idées générales d'après lesquelles se dirige l'administration supérieure : c'est surtout à cet égard que les comités locaux sont sujets à se tromper ; le désir même du perfectionnement les égare souvent ; vivant dans un horizon resserré, et manquant de termes de comparaison, ils se laissent aisément séduire par des promesses de progrès que répand une charlatanerie frivole, et tombent ainsi dans des tentatives d'innovation souvent malheureuses. C'est en faisant pénétrer dans les comités les vues de l'administration que vous les prémunirez contre ce péril, et que, sans faire violence aux circonstances locales, vous maintiendrez dans le régime de l'instruction primaire l'unité et la régularité qui feront sa force.

Vous rencontrerez presque toujours dans chaque comité un ou deux membres qui se seront plus soigneusement occupés des écoles et y apporteront un zèle particulier. Il n'est guère de petite ville, de population un peu agglomérée, qui n'offre quelques hommes de cette trempe ; mais ils se découragent souvent, soit à cause de la froideur de leurs alentours, soit à cause de l'indifférence de l'administration supérieure. Recherchez avec soin de tels hommes, honorez leur zèle, demandez-leur de vous accompagner dans les écoles, ne négligez rien pour les convaincre de la reconnaissance que leur porte l'administration. Ce serait de sa part un tort grave de ne pas savoir attirer et grouper autour d'elle, dans chaque localité, les hommes d'une bonne volonté active et désintéressée : rien ne peut suppléer le mouvement qu'ils répandent autour d'eux et la force qu'ils procurent à l'administration, lorsqu'elle prend soin elle-même de les encourager et de les soutenir.

Indépendamment des comités, vous aurez à traiter, dans toutes les communes que vous visiterez, avec les autorités civiles et religieuses qui interviennent dans les écoles, avec les maires, les conseils municipaux, les curés ou les pasteurs. Vos bonnes relations avec ces diverses personnes sont de la plus haute importance pour la prospérité de l'instruction primaire ; ne craignez pas d'entrer avec elles dans de longues conversations sur l'état et les intérêts de la commune ; recueillez tous les renseignements qu'elles voudront vous fournir ; donnez-leur, sur les diverses démarches qu'elles peuvent avoir à faire dans l'intérêt de leur école toutes les explications, toutes les directions dont elles ont besoin ; faites appel à l'esprit de famille, aux intérêts et aux sentiments de la vie domestique : ce sont là, dans le modeste horizon de l'activité communale, les mobiles à la fois les plus puissants et les plus moraux qu'on puisse mettre en jeu.

Je vous recommande spécialement d'entretenir avec les curés et les pasteurs les meilleures relations[1]. Appliquez-vous à leur

---

1. La loi de 1833 enlevait à l'autorité ecclésiastique la présidence du comité cantonal, que lui avait donnée l'ordonnance royale du 29 février 1816. La Chambre des députés avait même voté que le curé de la commune ne ferait plus partie de

bien persuader que ce n'est point par pure convenance et pour
étaler un vain respect que la loi du 28 juin a inscrit l'instruction morale et religieuse en tête des objets de l'instruction primaire; c'est sérieusement et sincèrement que nous poursuivrons
le but indiqué par ces paroles, et que nous travaillerons, dans
les limites de notre pouvoir, à rétablir dans l'âme des enfants
l'autorité de la religion. Croyez bien qu'en donnant à ses ministres cette confiance, et en la confirmant par toutes les habitudes de votre conduite et de votre langage, vous vous assurerez
presque partout, pour le progrès de l'éducation populaire, le
plus utile appui.

J'inviterai MM. les préfets à donner les ordres nécessaires
pour la convocation des conseils municipaux, dans toutes les
communes que vous devrez visiter.

Quant à l'inspection que vous avez à faire dans l'intérieur
même des écoles, je ne puis vous donner que des instructions
très générales et déjà contenues dans les articles 2 et 3 du statut
du 27 février: ce sera à vous de juger, dans chaque localité,
comment vous devez vous y prendre, quelles questions vous
devez faire pour bien connaître et apprécier le tenue de l'école,
le mérite des méthodes du maître et le degré d'instruction des
élèves. Je vous invite seulement à ne jamais vous contenter d'un
examen superficiel et fait en courant; non seulement vous n'en
recueilleriez pour l'administration que des notions inexactes et
trompeuses, mais vous compromettriez auprès des assistants
votre caractère et votre influence. Rien ne discrédite plus l'autorité que les apparences de la légèreté et de la précipitation; car
tout le monde se flatte alors de lui cacher ce qu'elle a besoin de
connaître, ou d'éluder ce qu'elle aura prescrit.

Je vous recommande, dans vos relations avec les maîtres, au
sein même de l'école, de ne rien faire et de ne rien dire qui
puisse altérer le respect ou la confiance que leur portent les
élèves. Nourrir et développer ces sentiments doit être le but prin-

droit, comme le maire, du comité communal de surveillance; mais la Chambre
des pairs, sur le rapport de M. Cousin, rétablit le projet ministériel et maintint
le curé. Après une longue et orageuse discussion, la Chambre des députés céda,

cipal de l'éducation et de tous ceux qui y concourent. Recueillez sur les maîtres tous les renseignements, donnez-leur à eux-mêmes, en particulier, tous les avertissements qui vous paraîtront nécessaires; mais qu'à votre sortie de l'école, le maître ne se sente jamais affaibli ou déchu dans l'esprit de ses élèves et de leurs parents.

. . . .

Après les écoles primaires communales, qui sont le principal objet de votre mission, divers établissements d'instruction primaire, et notamment les écoles normales primaires, les écoles primaires supérieures, les salles d'asile et les écoles d'adultes doivent aussi vous occuper.

Sur les deux premières classes d'établissements, j'ai peu de chose à ajouter aux prescriptions des articles 4 et 5 du statut du 27 février. Je vous recommande seulement, en ce qui concerne les écoles primaires supérieures, de ne rien négliger pour en presser la fondation dans les communes où elle doit avoir lieu. Ces établissements sont destinés à satisfaire aux besoins d'éducation d'une population nombreuse et importante, pour qui la simple instruction primaire est insuffisante et l'instruction classique inutile. En vous prescrivant chaque année, sur chaque école primaire supérieure, un rapport spécial et détaillé, le statut du 27 février vous indique quelle importance s'attache à cet établissement. Quand j'aurai recueilli, sur les essais déjà tentés en ce genre, de plus amples renseignements, je vous adresserai, à ce sujet, des instructions particulières.

Vous ne sauriez prêter à l'école normale primaire de votre département une trop constante attention, ni en suivre de trop près les travaux; entretenez avec son directeur des relations aussi intimes qu'il vous sera possible; de vous et de lui dépend la destinée de l'instruction primaire dans le département; vous serez chargé de suivre et de diriger, dans chaque localité, les maîtres qu'il aura formés au sein de l'école. Votre bonne intelligence, l'unité de vos vues, l'harmonie de vos influences sont indispensables pour assurer votre succès et le sien. Votre situation vous appelle l'un et l'autre à contracter ensemble une véritable fraternité de pensées et d'efforts. Qu'elle soit réelle et animée par un profond sentiment de vos devoirs communs : votre tâche à l'un et à l'autre en sera bien plus facile, et votre action bien plus efficace.

Lorsque vous aurez à communiquer des instructions au directeur de l'école normale, lorsque vous croirez devoir lui donner des conseils ou lui adresser des observations sur la marche de son établissement, faites-le avec tous les ménagements que demande votre position respective. Si vous remarquiez qu'il n'eût pas déféré à vos conseils ou à vos observations, vous réclameriez l'intervention du recteur ou du préfet, selon qu'il s'agirait de l'enseignement ou de quelque fait administratif dépendant de l'administration générale.

Les salles d'asile et les écoles d'adultes commencent à se multiplier ; cependant ce ne sont pas encore des établissements assez nombreux ni assez régulièrement organisés pour que je puisse vous adresser dès ce moment, à leur sujet, toutes les instructions nécessaires ; elles vous parviendront plus tard.

Les écoles privées sont aussi placées sous votre inspection : sans exercer sur elles une surveillance aussi habituelle que sur les écoles communales, vous ne devez cependant pas négliger de les visiter de temps en temps, surtout dans les villes, où elles sont nombreuses et importantes. Dans ces visites, vous ne ferez pas de l'enseignement et des méthodes l'objet particulier de votre attention ; il est naturel que les écoles privées exercent à cet égard toute la liberté qui leur appartient ; mais vous porterez sur la tenue et l'état moral de ces écoles un regard attentif : c'est le pressant intérêt des familles et le devoir de l'autorité publique. Les maîtres qui les dirigent ont d'ailleurs à remplir des obligations légales, dont vous devez constater l'accomplissement...

Il me reste à vous entretenir de quelques fonctions particulières qui vous sont également confiées, et qui, bien qu'elles ne concernent pas l'inspection des écoles, n'en sont pas moins, pour l'instruction primaire en général, de la plus haute importance.

La première est votre participation aux travaux de la commission établie en vertu de l'article 23 de la loi du 28 juin, et qui est chargée de l'examen de tous les aspirants aux brevets de capacité, ainsi que des examens d'entrée et de sortie et de fin d'année des élèves-maîtres des écoles normales primaires du département.

Des travaux de ces commissions dépend, peut-être presque autant que de toute autre cause, l'avenir de l'instruction primaire; le vice de la plupart des examens parmi nous, c'est de dégénérer en une formalité peu sérieuse, où la complaisance de l'examinateur couvre la faiblesse du candidat. On s'accoutume ainsi, d'une part, à nuire à la société en déclarant capables ceux qui ne le sont point; d'autre part, à traiter légèrement les prescriptions légales et à les convertir en une sorte de mensonge officiel, ce qui est un mal moral au moins aussi grave. J'espère que les commissions d'instruction primaire ne tomberont point dans un tel vice; vous êtes spécialement appelé à y veiller : les examens dont elles sont chargées doivent être sérieux et réellement propres à constater la capacité des candidats. N'oubliez jamais, Monsieur, et rappelez constamment aux membres des commissions au sein desquelles vous aurez l'honneur de siéger que, munis de leur brevet de capacité, les instituteurs admis par elles pourront aller se présenter partout, et obtenir de la confiance des communes le soin de donner l'éducation primaire à des générations qui n'en recevront point d'autre.

Quant à l'étendue de l'exigence qu'il convient d'apporter dans ces examens, elle est réglée par les dispositions mêmes de la loi qui déterminent les objets de l'instruction primaire, élémentaire et supérieure. Souvent les candidats essaient de faire beaucoup valoir des connaissances en apparence assez variées; ne vous laissez jamais prendre à ce piège ; exigez toujours, comme condition absolue de l'admission, une instruction solide sur les matières qui constituent vraiment l'instruction primaire. Sans doute il convient de tenir compte aux candidats des connaissances qu'ils peuvent posséder au delà de ce cercle; mais ces connaissances ne doivent jamais servir à couvrir la légèreté de leur savoir dans l'intérieur même du cercle légal.

Je ne saurais trop vous recommander de donner au rapport spécial que vous aurez à m'adresser, à chaque session, sur les opérations des commissions d'examen, votre plus scrupuleuse attention.

L'article 7 du statut du 27 février vous charge encore d'assister, aussi souvent que vous le pourrez, aux conférences d'instituteurs qui auront été dûment autorisées dans votre département; je me propose, à mesure que ces conférences se multiplieront, de recueillir à leur sujet tous les renseignements de quelque importance, et de vous adresser ensuite, sur leur tenue et sur la manière dont il convient de les régler, des instructions particulières. En attendant, vous veillerez à ce que de telles réunions ne soient jamais détournées de leur objet : il pourrait se faire que, soit par des prétentions chimériques, soit dans des vues moins excusables encore, on essayât, dans quelques lieux, d'y faire pénétrer des questions qui doivent en être absolument bannies. L'instruction primaire serait non seulement compromise, mais pervertie, le jour où les passions politiques essaieraient d'y porter la main. Elle est essentiellement, comme la religion, étrangère à toute intention de ce genre, et uniquement dévouée au développement de la moralité individuelle et au maintien de l'ordre social.

En vous appelant à donner votre avis motivé sur toutes les propositions de secours et d'encouragements de tout genre en faveur de l'instruction primaire, et à constater le résultat des allocations accordées, l'article 8 du statut du 27 février vous impose un travail minutieux, mais d'une grande utilité. Trop souvent les encouragements et les secours sont accordés un peu au hasard, et livrés ensuite à un hasard nouveau, celui de l'exécution. Il est indispensable que l'administration, en les accordant, sache bien ce qu'elle fait, et qu'après les avoir accordés, elle sache encore si ce qu'elle a voulu faire se fait réellement. Ne craignez, en pareille matière, ni l'exactitude des investigations, ni la prolixité des détails ; vous resterez probablement toujours au-dessous de ce qu'exigerait la nécessité.

Je pourrais, Monsieur l'Inspecteur, donner aux instructions que je vous adresse beaucoup plus de développement; mais elles sont déjà fort étendues, et j'aime mieux, quant aux conséquences des principes qui y sont posés, m'en rapporter à votre sagacité et à votre zèle. J'appelle, en finissant, votre attention sur l'idée qui me préoccupe constamment moi-même. Vous êtes chargé, autant et peut-être plus que personne, de réaliser les promesses de la loi du 28 juin 1833 ; car c'est à vous d'en suivre l'application dans chaque cas particulier, et jusqu'au moment définitif où elle s'accomplit. Ne perdez jamais de vue que, dans cette grande tentative pour fonder universellement et effectivement l'éducation populaire, le succès dépend essentiellement de la moralité des maîtres et de la discipline des écoles. Ramenez sans cesse sur ces deux conditions votre sollicitude et vos efforts. Qu'elles s'accomplissent de plus en plus ; que le sentiment du devoir et l'habitude de l'ordre soient incessamment en progrès dans nos écoles ; que leur bonne renommée s'affermisse et pénètre au sein de toutes les familles. La prospérité de l'instruction primaire est à ce prix, aussi bien que son utilité.

Recevez, Monsieur l'Inspecteur, l'assurance de ma parfaite considération.

Le ministre de l'instruction publique,
GUIZOT.

DEUXIÈME PARTIE
ÉDUCATION ET ENSEIGNEMENT

But de l'éducation.

Un corps sain, un esprit droit, une volonté vertueuse, c'est là ce qu'une bonne éducation se propose de former : ce but est invariable, universel. Dans tous les états, dans tous les systèmes, les parents doivent y tendre pour leurs enfants, parce qu'à tout âge, dans toutes les conditions, l'homme a besoin de santé, de raison et de vertu ; le riche et le pauvre, le puissant et le faible, le paysan, le bourgeois et le soldat sont également dans l'impossibilité de s'en passer ou de s'en dispenser ; il en faut dans une vie pleine de loisirs, comme dans la vie la plus laborieuse, pour obéir comme pour commander, dans les villes comme au milieu des champs ; et, quelle que soit la carrière à laquelle un père sage destine ses fils, il s'efforcera de leur donner ces trois qualités, source et appui de toutes les autres.

C'est déjà beaucoup que d'avoir ainsi un but immuable et bien reconnu ; personne, que je sache, n'a contesté à l'éducation cet avantage ; mais la routine et les préjugés ont quelquefois fait oublier ce but, ou du moins empêché que l'on y pensât avec toute l'attention que son importance rend nécessaire ; plus souvent encore on s'est trompé sur les moyens de l'atteindre. (*Annales de l'éducation*, 1, p. 65.)

La bonne éducation.

... Dites à un sauvage, pour premier précepte d'éducation, qu'il doit apprendre à son fils à nager, à tirer de l'arc, à manier une fronde; le sauvage se moquera de vous. «Mon fils, répondra-t-il, apprend ces choses-là tout seul, en voyant ce que je fais, ce que font mes voisins, ce que font les enfants plus âgés que lui; c'est ainsi que je les ai apprises, que les a apprises mon père. Qu'avons-nous à faire d'une éducation qui ne nous enseignera que ce que nous savons sans elle? » Mais apprenez à ce sauvage, si vous le pouvez, qu'il faut savoir maîtriser sa colère, vaincre son ressentiment, ne tuer son ennemi que quand cela est absolument nécessaire, et ne pas le manger après l'avoir tué, vous lui aurez donné de véritables et utiles préceptes d'éducation.

La théorie de l'éducation n'est qu'un supplément à ce que doivent nous apprendre nécessairement la pratique de la vie, la force des choses qui nous entourent et nous pressent de tous côtés; aussi toute espèce d'éducation me paraît-elle à peu près également bonne pour former un homme ordinaire, destiné à suivre le monde comme il va. Ce monde saura bien en faire ce qu'il lui faut. L'intérêt, la nécessité, les habitudes d'un train de vie donné par les circonstances le forceront de s'élever à ce degré médiocre de raison, d'honnêteté, de capacité, dont il aura absolument besoin, et auquel peu d'éducations seront assez mauvaises pour l'empêcher d'arriver. Mais ce qu'une mauvaise éducation n'a pu gâter, une bonne éducation l'aurait peut-être beaucoup perfectionné : une mauvaise éducation n'aurait probablement pas empêché le sauvage de savoir à la fin nager et tirer de l'arc; une bonne éducation lui aurait appris quelque chose de plus : elle aurait appris au militaire à savoir autre chose que se battre; à l'administrateur, à s'élever au-dessus d'une routine d'affaires et de préjugés, suffisante pour se trouver toujours à peu près au niveau des affaires de son état et des préjugés de son siècle. Au lieu de cet homme que son temps a formé pour son temps, son pays pour son pays, sa profession pour sa profession, et qui ne saura plus rien hors de sa place, on aurait fait un homme doué d'un caractère individuel, capable de se retrouver lui-même dans toutes les circonstances, et d'appliquer à toutes les occasions toute l'étendue de facultés que lui a répartie la nature.

Une bonne éducation sera donc celle qui, au lieu de borner l'homme à une seule destination, l'embrassera tout entier, développera en lui tout ce qu'il possède de forces, tous les sentiments dont il est susceptible, toutes les idées dont il est capable. Mais, pour ne pas perdre son temps et ses peines, elle s'attachera peu à lui répéter les leçons qu'il doit recevoir de sa situation, de ses intérêts, de la force des choses, celles qui, ayant pour but son bien-être dans l'état de société où il se trouve, lui seront suffisamment enseignées par le besoin qu'il aura de les apprendre. Les soins les plus particuliers auront pour objet la formation de ces principes qui tendent au perfectionnement moral et intellectuel de l'homme, sans se rapporter immédiatement à ses intérêts les plus ordinaires et les plus évidents. Ainsi les préceptes d'éducation, pour être utiles dans l'état de choses auquel ils s'appliqueront, auront pour point de vue principal, moins ce qu'est cet état que ce qu'il devrait être, moins les besoins qu'il fait sentir que ceux qu'il permet d'oublier...

Dans le temps du Tasse, où un mari pouvait à son gré, ou « tuer sa femme infidèle, ou la punir autrement, selon les lois »; dans un temps où un maître de maison, armant ses domestiques, pouvait s'en composer une garnison pour défendre son château, ou une armée pour attaquer celui de ses voisins; quand, obligé de veiller sans cesse à sa sûreté, à l'entretien de ses propriétés, le chef de famille ne pouvait se reposer que sur lui seul de la subsistance de deux ou trois générations réunies sous sa sauvegarde; quand il voyait son vieux père, son fils enfant, des parents orphelins, des parentes sans appui, préservés par lui seul des misères de tout genre où les aurait exposés sa perte, était-il nécessaire alors que l'éducation s'attachât à faire sentir à l'homme la nécessité de l'énergie, à le remplir de pensées fortes et sérieuses, à le pénétrer de l'idée de son importance? En ouvrant les yeux, l'héritier d'une famille était averti par les soins qui l'entouraient, par l'intérêt qui réunissait tous les regards sur ses moindres mouvements, de cette importance attachée déjà seulement aux espérances qu'il faisait naître ; presque avant d'avoir des volontés, il savait qu'il était destiné à commander ; et, tandis que, dans l'intérieur de la famille, tout concourait à l'avertir de ses droits et de sa puissance, tout, hors de sa famille, l'instruisait des devoirs courageux qu'il avait à remplir, des dangers qu'il avait à craindre, du poids qu'il avait à soutenir. Il entendait parler de possessions envahies par le plus fort sur le plus faible ; on lui racontait la détresse d'une famille abandonnée par celui qui devait la protéger, d'un fils privé de son père, d'une veuve sans secours ; et, si déjà il savait aimer quelque chose, il s'échauffait à l'idée de défendre les objets de ses affections. Tout d'un coup le trouble s'élevait dans sa famille ; l'honneur avait été outragé, la sûreté était menacée ; il voyait se préparer la vengeance, les ressentiments s'animer, les courages s'enflammer : le sien bouillonnait déjà au milieu de cette fermentation ; son jeune cœur palpitait de repousser l'insulte, de terrasser l'injustice. Peut-être, il est vrai, apprenait-il en même temps à désirer de la commettre à son tour. Il existait alors bien peu de digues capables d'arrêter ce torrent de passions que tout excitait à déborder ; mais, si de nombreuses vertus manquaient à ce temps de notre histoire, les vertus énergiques, les seules dont l'état de la société fît alors un besoin indispensable, étaient aussi les seules qui fussent trop généralement répandues pour qu'on pût les regarder comme un effet de l'éducation. Ses soins n'auraient pu suffire à former pour un pareil état de société celui auquel ils auraient été nécessaires. Toutes les âmes étaient fortes. Comme, chez les sauvages, tous les corps sont robustes, parce que tout être faible doit nécessairement périr.

L'avantage le plus précieux de la civilisation, c'est d'avoir assuré, dans tous les genres, l'existence des êtres faibles ; chacun a sa place à peu près faite, que de nombreuses barrières garantissent de l'envahissement... L'enfant n'apercevra que de bien loin les occasions où son bien-être, ou du moins sa réputation, dépendront de l'énergie et de la constance de ses résolutions, de l'activité de son caractère, de la fermeté de ses principes, de l'indépendance de ses opinions ; il ne saura pas, à moins qu'un instinct supérieur ne le lui fasse deviner, combien, dans toutes les circonstances, il peut, par son caractère, influer sur sa situation dans le monde; il ne connaîtra pas la moitié de ses facultés, qu'un caractère fort découvre toujours au besoin, mais qu'il faut qu'un caractère ordinaire ait soin d'entretenir par une considération habituelle de leur importance; et ce sont surtout les caractères ordinaires que l'éducation a besoin de former.

On a regardé l'éducation publique comme le plus sûr préservatif contre cette mollesse que laisse contracter à l'âme une vie trop préparée d'avance, trop soutenue de tous les appuis que peut désirer la faiblesse. Il est certain qu'un collège ou une pension est, pour l'enfant, une sorte de petit monde proportionné à ses forces, où il apprendra à les déployer et à les exercer, où il s'instruira à mériter la place qu'il désire, à désirer la plus avantageuse qu'il puisse obtenir; il s'y accoutumera à ne compter que sur ses propres moyens, et à rechercher, à mettre en usage tous ceux qu'il possède; il évitera d'être faible pour n'être pas malheureux, et sentira son bonheur croître avec ses efforts. Mais en même temps il connaîtra le degré de son importance et celui de sa vigueur; il ne s'avancera que jusqu'au point où il sera sûr de pouvoir se soutenir, ne réclamera de droits que ceux qu'il pourra espérer de faire reconnaître. Il fera l'apprentissage de lui-même et des autres; et, sous les rapports de courage, de justice et de prudence, il acquerra probablement tout ce que l'expérience peut lui faire acquérir...

Que, dès ses premières années, l'enfant dont on veut faire un homme apprenne qu'il est destiné à être fort; que son devoir sera de l'être non seulement pour lui, mais pour les autres; que son honneur ne consistera pas seulement dans sa situation personnelle, mais dans celle où il aura su placer ou maintenir la famille dont il fait maintenant partie, et qui fera un jour, pour ainsi dire, une partie de lui-même. Si cette famille, dans une situation précaire, ne doit son aisance qu'aux travaux, à l'activité, aux talents de celui qui la gouverne, qu'il le sache, qu'il l'entende répéter sans cesse, afin de n'oublier jamais à quels devoirs il est réservé. Il peut avoir à marier sa sœur, à suppléer aux forces de son père, arrivé de bonne heure par le travail aux

Infirmités. Si une situation plus assurée éloigne de lui l'idée d'avoir à les soutenir contre le malheur, qu'il apprenne que c'est à lui de les élever à un plus haut degré de bonheur, par l'existence que lui acquerra sa conduite ; qu'il sache que son mérite sera leur honneur ; qu'il mette son orgueil à les rendre fiers de lui, à les placer avec lui au rang qu'il se sera acquis par lui-même. Pénétré de ces idées, qu'il les mêle toujours aux plus tendres mouvements de son affection ; qu'il trouve sa récompense dans les espérances personnelles que formeront sur lui ceux qui l'environnent, dans la confiance avec laquelle ils se reposeront sur ce qu'il promet de mérite et de vertu.

Il faut avoir soin cependant que l'imagination de l'enfant, trop vivement portée sur l'avenir, ne lui fasse pas perdre le fruit et l'avantage du présent ; qu'en rêvant qu'il est homme, il n'oublie pas de le devenir. Il se pourrait que, pressé de jouir plutôt qu'occupé de mériter, il consumât en vains désirs, pour un temps qui n'est pas encore, le temps et l'activité qu'il doit employer à s'en rendre digne. Ce qui serait encore plus à craindre, c'est que, pénétré de l'idée de sa future importance, il ne crût déjà l'avoir obtenue ; qu'il n'attribuât à sa personne ce qu'on promet à l'espoir de ses vertus ; que, dans son petit orgueil, il ne se regardât comme un de ces êtres précieux qui n'ont qu'à exister pour qu'on doive leur rendre grâce, qui n'ont qu'à vouloir pour avoir raison, tellement nécessaires par leur propre nature qu'ils n'ont pas besoin de travailler à se rendre utiles, tellement respectables qu'ils sont dispensés de chercher l'estime ou l'approbation de ceux qui les entourent. Pour éviter de tomber dans l'un ou l'autre de ces inconvénients, que l'enfant apprenne à la fois, et que l'importance de sa destination commence avec ses premiers mouvements, et que cette importance, la considération qu'elle mérite ne lui seront jamais tellement acquises qu'il puisse les regarder comme inhérentes à sa personne et indépendantes de la valeur de ses actions... Qu'il sache aussi que l'enfant le plus petit, dès qu'il est capable d'une action sérieuse et d'une volonté réfléchie, acquiert le droit de considérer comme importante la direction de cette action et de cette volonté. Qu'il comprenne que tout ce qu'il fera de bien, quelque petite qu'en soit l'occasion, méritera d'être compté comme un pas vers le grand but auquel il doit tendre, et qu'il sente que son action, sans importance relativement à l'objet auquel elle s'applique, peut être d'une grande importance relativement à lui-même et aux devoirs qu'il a à remplir. Ainsi il s'accoutumera de bonne heure à regarder sa vie comme sérieuse, sans imaginer encore qu'elle soit utile; à se sentir quelque chose relativement à lui-même, sans se croire quelque chose pour les autres; à soigner ses actions, sans exiger que les autres les remarquent... Le but qui lui est proposé, il pourra l'atteindre tous les jours; tous les jours il pourra se dire, s'il n'a manqué à rien de ce qu'il devait et pouvait faire : Aujourd'hui j'ai été homme, autant qu'il était en mon pouvoir. Chaque instant amènera l'application de cette idée à l'exercice des vertus morales dont il doit composer son caractère. Il saura qu'aux yeux des gens raisonnables, l'emportement rend indigne d'être homme celui qui ne sait pas se contenir; qu'on ne peut espérer que celui qui ne sait pas céder aux autres sur des bagatelles parvienne jamais à la raison d'un homme; que l'impatience de ses fantaisies doit faire craindre qu'il ne sache pas se soumettre à la nécessité, ou sacrifier ses goûts à ses devoirs; la bonté, la complaisance, la modestie même, si l'on sait s'y prendre avec adresse, toutes les vertus aimables et douces pourront trouver de nouveaux motifs, une nouvelle garantie dans cette alliance avec la force; et l'on verra où arrive l'homme à qui l'on a inspiré la volonté d'être réellement tout ce qu'il peut être. (*Conseils d'un père sur l'éducation*, p. 268.)

De l'éducation qu'on se donne à soi-même.

Le grand but de l'éducation est d'apprendre à l'homme à s'élever lui-même, lorsque d'autres auront cessé de l'élever[1]. Ce

---

1. Condillac fait ainsi ses adieux à son élève, l'infant de Parme : « C'est à vous, Monseigneur, à vous instruire désormais tout seul... Vous vous imaginez peut-être avoir fini; mais c'est moi qui ai fini, et vous, vous avez à recommencer! »

but, sur lequel nous ne saurions fixer de trop bonne heure nos regards, devient plus difficile à atteindre à mesure qu'on en approche davantage. Le maître, qui avait marché longtemps avec l'élève et soutenu de près ses premiers pas, s'en voit éloigné peu à peu par les nouvelles relations et les nouveaux besoins qui s'emparent de cette jeune existence.

Le monde s'ouvre devant le nouveau venu : mille guides s'offrent à l'y conduire ; il est hors d'état d'apprécier leur mérite et leur bonne foi ; les passions commencent à le séduire ; de mauvais conseillers cherchent à l'entraîner ; l'inexpérience l'égarera peut-être ; en lui, hors de lui, tout est obstacle ou danger. Cependant l'éducation est finie ; il ne s'agit plus, dit-on, que de prendre un état, de se placer dans la société ; comment le jeune homme remplira-t-il cet état, comment occupera-t-il cette place? On voudrait qu'il s'y conduisît bien, qu'il s'y distinguât; on ne demande guère si cela est possible. Commet-il des fautes, soit d'ignorance, soit de volonté? les uns le traitent avec une indulgence dangereuse, les autres avec une sévérité inutile : on ne voit pas que ce qui importe uniquement, c'est qu'il soit vraiment éclairé et sévère avec lui-même, qu'il sache penser et vouloir par lui-même, que tout vienne de lui enfin; et c'est précisément là ce qui lui reste à apprendre, parce qu'on n'a pu le lui enseigner. Ce n'est pas du dehors que l'on peut combattre les ennemis qui sont au dedans. Si c'est dans l'esprit et au fond du cœur que se trouvent les plus redoutables adversaires de la raison et de la vertu de l'homme, c'est là aussi qu'il doit avoir des armes pour repousser leurs attaques : le jeune homme n'a à craindre que lui seul, et c'est lui seul qui peut se sauver. Gardez-vous donc bien de lui laisser penser alors que son éducation est achevée ; dites-lui, au contraire, que *son* éducation proprement dite, celle qui est vraiment *la sienne*, puisqu'il doit se la donner lui-même, commence, et que c'est à lui à y veiller.

Si l'on ne négligeait pas de prendre ce soin, d'où dépend peut-être la vie entière, nous aurions plus d'ouvrages et de meilleurs ouvrages destinés aux jeunes gens dont les études paraissent finies, qui sont déjà entrés dans le monde, qui vont être hommes enfin, avant de l'être devenus. Je conviens que de pareils livres sont aujourd'hui fort difficiles à faire ; l'état des connaissances humaines et celui des mœurs se réunissent pour embarrasser l'écrivain ; l'étendue des idées s'est accrue avec la variété des connaissances, et avec elle se sont multipliées les causes d'erreurs. Devenir savant est maintenant plus malaisé, et rester ignorant plus dangereux que jamais... Ces livres doivent être le résultat de connaissances étendues et profondes, et cependant rien n'y peut être traité avec étendue et profondeur...

Les difficultés qui proviennent de l'état des mœurs ne sont pas moins grandes. En matière d'instruction et de sciences, il faut marcher toujours pour être au niveau de leurs progrès ; mais, en fait de morale, il faut rester immobile et fixe au milieu des secousses que les révolutions du monde et de ses idées font subir aux principes qui la constituent. Les vérités de la science sont belles sans doute, mais on en découvre toujours de nouvelles, et elles sont toujours mêlées d'erreurs ; les vertus, ces filles des vérités morales, restent éternellement les mêmes : leur beauté durable et sans mélange ne craint ni l'altération des opinions, ni l'épreuve du temps. La *Physique* d'Aristote a perdu beaucoup de sa valeur, tandis que la conduite de Socrate saisit encore les âmes de la même admiration qu'elle inspirait à ses disciples. Prenez donc garde que ces jeunes gens qui vont étudier les incertitudes de l'esprit humain, pour démêler, au milieu de ses erreurs, le progrès lent et caché de quelques vérités péniblement découvertes, longtemps méconnues, et quelquefois oubliées, ne regardent aussi les principes moraux comme variables et incertains, ou ne négligent du moins d'en bien comprendre et d'en accepter fermement l'immobilité. Ils doivent avoir les lumières de leur siècle et la vertu de tous les temps. Placez toujours la morale devant eux, et si haut que rien ne puisse leur en masquer la vue ; ils erreront dans le labyrinthe des connaissances humaines ; ils en parcourront et les routes tortueuses et les petits sentiers ; que la vertu soit toujours pour eux ce que sont les astres du ciel pour le voyageur près de s'égarer : c'est le feu sacré qu'on ne peut laisser éteindre sans encourir la mort. Maintenant surtout, nous avons besoin de veiller sévèrement à sa conservation. Les révolutions, qui établissent quelquefois l'empire de vérités utiles, ébranlent momentanément la morale : au milieu de ces terribles bouleversements, les caractères mal disposés secouent ses liens ; les caractères faibles la perdent de vue ; et, lorsqu'une telle catastrophe arrive dans un temps où l'esprit, fier de ses découvertes dans l'ordre de la science, est peu disposé à écouter docilement la voix de la conscience, les principes les plus respectables sont quelque temps oubliés et sans pouvoir. La génération qui s'élève sera à l'abri de ces dangers si, dans toute son éducation, et surtout au moment où les jeunes gens qui la composent seront sur le point de devenir hommes, on ne cesse d'associer à toutes leurs études, à toutes leurs idées, l'idée et le sentiment de la vertu. Tous les livres d'instruction sortis de Port-Royal et, en général, ceux du dix-septième siècle, les *Logiques*, les *Rhétoriques*, les *Histoires*, Fleury, Rollin, et tant d'autres, offrent ce grand et beau caractère. On ne le rencontre guère aujourd'hui, et il importe plus que jamais de le rétablir partout. (*Conseils d'un père sur l'éducation*, p. 149.)

Des modifications dans l'éducation selon la variété des caractères.

... L'éducation ne nous donne point un caractère ; tourner vers le bien le développement de celui que nous avons reçu de Dieu, c'est là tout ce qu'elle peut tenter : elle a donc besoin de bien connaître cette première base de son travail. S'agit-il même de ces vices que nous devons tous également éviter, comme le mensonge ou l'égoïsme, il faut, pour en éloigner les enfants et leur inspirer des habitudes contraires, se servir de leurs dispositions naturelles...

Henri et Alphonse sont élevés ensemble. Henri est doux, timide, paresseux : ce qui le dérange le trouble ; il veut de la régularité et de la paix dans ses amusements comme dans ses travaux ; né bon et sensible, il redoute les gronderies, d'abord parce qu'elles l'affligent, ensuite parce qu'elles l'étourdissent : en le grondant, on parle plus haut, et cela l'effraie ; il est honnête et loyal de cœur; cependant la crainte le rendrait aisément dissimulé; il pourrait mentir, non pour avoir la liberté de faire quelque sottise à son aise, ou pour éviter la honte d'un aveu, mais pour se soustraire au bruit, au dérangement qu'amèneraient les reproches qu'il aurait à essuyer. Découvre-t-on ce qu'il a fait de mal? il a l'air bouleversé; la délicatesse de sa conscience ne lui permet pas de s'abuser sur sa faute, et la timidité de son caractère lui en rend la vue et les suites presque insupportables. Avec de telles dispositions, il est nécessairement peu entreprenant, peu actif; aussi, lorsqu'il a quelque chose de difficile à faire ou à demander, le fait-il faire et demander par son frère Alphonse. Celui-ci a dans ses qualités, comme dans ses défauts, un tour bien différent; quand il se cache, ce n'est pas qu'il ait peur, c'est pour qu'on ne l'empêche pas de faire ce qu'il désire; dès qu'il l'a fait, il l'avouera sans crainte ou le niera hardiment, selon qu'il se trouvera disposé à la bonne foi ou au mensonge: aussi est-il très franc, bien qu'il ne soit pas toujours sincère. Henri redoute plus le reproche que la punition; Alphonse s'inquiéterait peu du reproche, s'il n'était accompagné d'une punition contrariante. A-t-il une volonté? il prendra toutes sortes de moyens pour l'accomplir; l'opiniâtreté, l'adresse, les raisonnements, tout est mis en œuvre, et il faut qu'il soit observé de bien près pour ne pas trouver furtivement quelque ressource qui le mène à ses fins. Jaloux de ne jamais paraître déconcerté, il oppose à tout son assurance; on croirait, à le voir, qu'il n'est pas affligé d'avoir mérité le blâme, tant il cache avec soin la peine qu'il en ressent: ses bonnes comme ses mauvaises qualités sont indépendantes et fières; sa vivacité le fait souvent croire léger[1]; sa sensibilité vraie et forte

---

[1]. Mme de Maintenon a bien mis en lumière cette importante distinction, dans un de ses plus charmants entretiens avec les dames de Saint-Cyr: « Je ne voudrais pas qu'on jugeât qu'une fille est légère, parce qu'elle sort volontiers de son banc, ou qu'après avoir lu quelques lignes, elle regarde un oiseau qui vole. Cette vive vaudra peut-être mieux qu'une sournoise, qui vous paraît plus sage. Ce n'est pas même parler juste de dire qu'une rouge (élève de la division de sept à dix ans) est légère; car cette joie, cette vivacité, ce pétillement des enfants, qui fait qu'ils ne peuvent demeurer en place, est un effet de la jeunesse; on est ravi de se sentir jeune, d'avoir de la santé... On ne saurait bien juger qu'une personne est légère qu'elle n'ait dix-huit ou vingt ans; la légèreté est proprement dans les sentiments et dans la conduite: c'est de ne pouvoir se fixer, de vouloir tantôt une chose, tantôt une autre, de ne rien suivre. » (1705.)

se montre quelquefois dans des mots qu'il dit du fond du cœur, mais sans avoir l'air d'y attacher plus d'importance qu'à toute autre parole. Il n'aime pas à se montrer ému, on dirait qu'il craint de laisser voir qu'on peut exercer sur lui de l'influence ; le bien qu'on lui fait faire est peu de chose ; il pourra faire de lui-même tout ce qui est bien, il ne lui faut que direction et surveillance ; son frère a constamment besoin d'un appui.

Comment nous y prendrons-nous pour conduire également à la vertu deux enfants de dispositions si contraires ? Nous ne pouvons espérer de rendre l'un ferme et l'autre timide ; leurs caractères nous sont donnés ; c'est à nous d'en tirer parti : la même méthode ne saurait convenir à tous les deux. Par exemple, comment leur inspirerons-nous une égale horreur pour le mensonge ?

Henri a la conscience timorée : dès qu'on lui a montré ce qui est bien, il craint de s'en écarter, parce que le mal lui paraît un état de désordre et de trouble, contraire à ses goûts de régularité et de repos. Nous aurons donc peu de choses à lui défendre, et rarement serons-nous obligés de l'empêcher ; nous prendrons soin de ne pas multiplier autour de lui les liens, les prohibitions, les reproches : il en concevrait de l'embarras, de l'inquiétude, et, devenu toujours plus craintif, il aurait recours à une excessive réserve, peu éloignée de la dissimulation. Il a besoin que nous lui inspirions de la confiance en lui-même ; n'employons donc avec lui ni paroles dures, ni châtiments sévères ; son caractère n'est pas de force à les supporter ; il n'a pas assez d'élasticité naturelle pour se relever après avoir été contraint de plier : ce qui le gêne l'abat ; si nous voulons qu'il n'emploie jamais les petits détours de la faiblesse, il faut lui laisser un chemin libre et facile, où il ne nous rencontre que pour le soutenir et lui indiquer les mauvais pas. Appliquons-nous en même temps à fortifier en lui le sentiment de moralité que nous avons eu peu de peine à éveiller, et qui le garantira souvent des fautes où sa faiblesse pourrait l'entraîner, en l'empêchant de se mettre dans des situations extraordinaires où il aurait besoin de fermeté. Il en faut pour avouer un tort, et c'est à cause de cela que souvent Henri aime mieux cacher les siens, quoiqu'il soit d'un

naturel candide et sincère : ce qui importe, c'est qu'il ait peu de
torts à avouer, et que nos reproches ou nos punitions ne lui inspirent pas assez de crainte pour qu'il soit plus inquiet de les entendre que de les mériter.

Alphonse, qui, un jour peut-être, saura mieux se conduire
seul, ne pourrait maintenant être ainsi presque abandonné à
lui-même ; nous aurons besoin avec lui d'une sévérité plus
grande : aussi n'a-t-elle pas les mêmes dangers. Nous nous
garderons bien cependant de cette sévérité excessive qui n'a
d'autre effet, dit Montaigne, *sinon de rendre les âmes plus lâches*
ou plus malicieusement opiniâtres ; nous exposerions Alphonse à
tomber dans ce dernier défaut ; seulement nous prendrons avec
lui le ton plus ferme et l'air plus froid qu'avec son frère.
Quand Alphonse ment, ce n'est pas par crainte, c'est tout
simplement parce qu'il en a besoin ; nous nous appliquerons à
déconcerter ses calculs, en tâchant de rendre ses mensonges
inutiles ; et, comme ce moyen, employé seul, ne servirait peut-
être qu'à le rendre plus rusé, nous opposerons à l'avantage
qu'il espère tirer du mensonge un inconvénient plus sensible
encore ; nous ne le croirons pas, même quand il dira la vérité.
Ce dernier moyen me paraît le plus efficace ; on en parle beaucoup, on en menace souvent les enfants, mais on en use peu :
il exige une persévérance et une attention de tous les moments,
ce qui fait que l'on oublie trop souvent ou trop tôt de témoigner
au petit menteur cette défiance dont on l'a effrayé, et qui ne
peut manquer de produire sur lui une impression très forte ; les
enfants, ayant sans cesse besoin de ceux qui les entourent, ne
sauraient se passer d'être crus ; Alphonse a de l'amour-propre
et de la fierté ; ce qui l'offense le désole ; le respect que lui
inspire son père s'allie en lui à une sorte de crainte, fondée sur
l'idée de sa supériorité unie à celle de sa puissance : c'est de là
que peuvent naître pour Alphonse des motifs et des habitudes
d'obéissance et de sincérité. Pour Henri, le respect tient de plus
près à l'amour filial ; sa timidité naturelle fait pour lui de la
crainte un sentiment qui ne peut s'unir à rien de bon ni de
noble. C'est donc un ressort dont il ne faut jamais user. Avec
lui, la fermeté ne doit consister que dans une égalité parfaite ;

avec Alphonse, elle peut prendre plus souvent le ton de la force
et de l'autorité.

De là résulte, si je ne me trompe, une conséquence d'autant
plus importante qu'elle est presque toujours applicable ; c'est
qu'il n'existe dans l'enfance aucune disposition naturelle qui n'ait
son bon et son mauvais côté, et que le bon côté est ce qui fournit
les meilleurs moyens de corriger le mauvais. Henri est craintif et
faible, mais doux et honnête : je serai doux avec lui, et ma douceur
lui sauvera une partie des dangers de la faiblesse, tandis que je
me servirai de son honnêteté pour le fortifier contre le penchant
des caractères peu forts à se tirer d'embarras par des demi-dé-
tours et des demi-mesures. Je pourrai même profiter de sa faiblesse pour lui faire sentir les inquiétudes, les difficultés où cette
disposition plonge ceux qui s'y laissent aller, et pour lui donner
ainsi l'habitude d'une droiture simple et constante, qui lui suffira
dans la situation calme que sans doute son goût le portera à
préférer, et qui du moins, s'il est exposé aux grandes traverses
de la vie, diminuera quelques-uns des inconvénients inséparables
de son caractère. Alphonse est vif et entêté, mais plein de
fermeté et d'ardeur : je serai plus ferme que lui ; et, forcé de
reconnaître que l'entêtement le plus opiniâtre peut être contraint
de plier devant une volonté supérieure et raisonnable, il apprendra à s'épargner lui-même les fatigues et les suites du
combat, en cédant de plein gré à la raison. C'est ainsi que je
trouverai, dans le caractère même de ces enfants, les armes
différentes dont je dois me servir pour corriger ce qu'il a de
mauvais, et mettre à profit ce qu'il a de bon. Si j'étais avec
Henri moins doux que sévère, sa timidité s'en accroîtrait ;
si je témoignais à Alphonse plus de laisser-aller que de fermeté, il deviendrait chaque jour plus opiniâtre et plus impérieux. Il faut donc bien se donner de garde d'employer, pour
faire agir les enfants, des ressorts qui soient étrangers à leurs
propres dispositions naturelles ; obligés, pour les gouverner et
les diriger, de nous mettre en contact avec eux, nous devons
chercher les points par lesquels ce contact peut s'établir, afin
qu'il en résulte entre eux et nous une communication sûre et
claire, et que nos volontés, nos reproches, dictés par un certain

sentiment, prononcés d'un certain ton, trouvent, dans l'enfant auquel ils s'adressent, un sentiment correspondant qui les fasse recevoir sans objection, et leur laisse ainsi produire tout l'effet que nous en avons espéré. Un enfant d'un caractère ferme pourra se dépiter contre la fermeté de son père, mais il ne s'en étonnera pas, il la comprendra ; c'est avec ces armes-là qu'il nous attaque ; elles doivent nous servir à le repousser : s'il nous eût trouvés moins fermes que lui, il en aurait eu un peu de surprise, et à l'instant même, sûr de ses avantages, puisqu'il se serait reconnu un moyen de succès que nous n'aurions pas, il aurait saisi ce défaut de la cuirasse, pour nous faire agir et vouloir au gré de ses caprices et de son entêtement. En revanche, la sévérité ne nous servirait à rien avec un enfant doux et timide, parce qu'elle l'ébahirait et l'étourdirait sans qu'il pût la comprendre : elle est hors de son caractère, elle le frappe sans le persuader.

Mais n'allons pas nous y méprendre, et avoir avec Henri de la faiblesse au lieu de douceur, avec Alphonse de l'entêtement au lieu de fermeté : tout serait perdu dès lors ; car, loin de nous servir de la bonne moitié du caractère pour combattre la mauvaise, nous ne ferions que fortifier et féconder celle-ci. La faiblesse d'Henri serait bientôt capricieuse ou tout à fait indolente ; Alphonse n'emploierait plus son entêtement qu'à chercher les moyens de déjouer le nôtre, et nous perdrions tout l'avantage de notre supériorité naturelle, en n'opposant aux défauts de nos enfants que des défauts pareils, tandis que nous gagnons tout, au contraire, en leur opposant les qualités correspondantes. D'ailleurs, l'inégalité et l'injustice se glisseraient aussitôt dans nos rapports avec eux : faibles avec Henri, entêtés avec Alphonse, nous céderions trop à l'un, trop peu à l'autre : rien ne serait plus fâcheux. Le traitement doit être égal ; les mêmes principes doivent nous guider dans notre distribution de complaisances et de refus, de châtiments et de récompenses : qu'aucune distinction, aucune disparité ne se laisse apercevoir. C'est dans notre ton, dans notre manière d'ordonner, de parler, que nous devons nous conformer au caractère différent des deux frères. Ce que vous refusez avec fermeté à Alphonse, refusez-le également, bien qu'avec douceur, à Henri. Si vous accordez à celui-ci ce qu'il

vous a demandé avec douceur, en le refusant à son frère qui a
été impérieux dans sa demande, montrez à ce dernier que votre
refus n'est pas causé par la nature même de la chose qu'il voulait obtenir, puisque vous l'avez accordée à Henri, mais par le
ton qu'il a mis dans sa requête. Il sentira que l'inégalité de votre
traitement ne vient pas de votre injustice, mais de son propre
tort, et cette remarque, au lieu de vous nuire dans son esprit,
lui apprendra à se connaître. C'est ainsi que, sans tromper ni
aigrir ces deux enfants, vous pourrez faire tourner au profit de
chacun d'eux votre manière d'être avec son compagnon. Henri,
accoutumé à votre douceur, vous verra prendre au besoin un
ton sévère avec Alphonse, et l'idée d'une sévérité raisonnable
entrera dans sa jeune tête, tandis qu'Alphonse, témoin de la
douceur avec laquelle vous répondez aux propositions modestes
et timides de son frère, en conclura qu'il y a de l'avantage à
être doux, et pourra bien vouloir en essayer. Tâchez que chacun
d'eux vous voie pratiquer, dans toutes vos relations, la vertu que
vous voulez lui enseigner, non seulement à cause de l'exemple,
mais afin qu'il reconnaisse clairement que, si vous êtes parfois
plus exigeant ou plus sévère avec lui qu'avec ceux qui vous
entourent, c'est sa faute et non pas la vôtre.

N'imaginez pas qu'il soit peu important d'étudier ainsi de
très bonne heure les dispositions naturelles de vos enfants[1] et
d'appliquer soigneusement, dès qu'elles paraissent, les principes
que je viens d'indiquer. On disait à Platon, qui voulait que l'on
reprît un jeune enfant d'une petite faute qu'il venait de commettre, et qui avait évidemment sa source dans un penchant de
son caractère : « C'est si peu de chose ! — C'est peu de chose, il
est vrai, répondit-il, mais ce n'est pas peu de chose que l'habitude. »
Tous nos penchants ont une forte tendance à devenir des habitudes, et c'est pour cela que, s'ils sont mauvais, il faut les combattre dès qu'on les aperçoit, de peur d'avoir à lutter plus tard

---

1. « Un tailleur est obligé de prendre notre mesure pour nous faire des habits
à notre taille ; comment des parents se dispenseraient-ils de prendre la mesure
de leurs enfants, avant de travailler à les modeler et à les diriger ? » (Annales de
l'éducation, I, 67.)

contre la force de l'habitude et contre celle du penchant...
(*Conseils d'un père sur l'éducation,* p. 37-46.)

———

Des moyens d'émulation.

On entend en général par *émulation* « cette espèce de jalousie
qui excite à égaler ou à surpasser quelqu'un en quelque chose
de louable ». Cette définition suppose toujours plusieurs personnes entre lesquelles existe la rivalité. Je me permettrai de
prendre le mot émulation dans un sens plus étendu, et d'entendre par *moyens d'émulation* tous les moyens que l'on peut
employer pour exciter l'activité des enfants et hâter leurs
progrès... Cette acception, je le sais, n'est pas exactement conforme à l'étymologie ni à l'usage; mais elle est facile à saisir, et
je ne connais aucun mot propre à remplacer commodément celui
auquel je la prête.

Donner de l'émulation à un enfant est donc, dans ce sens, lui
inspirer du zèle pour l'étude, engager sa volonté à mettre en jeu
les facultés qui doivent lui servir à s'instruire; c'est le ressort
que l'éducation morale emploie pour seconder et presser la
marche de l'instruction. Ce ressort est le seul qui soit vraiment
utile et efficace. Ce n'est que de l'être moral, c'est-à-dire capable
de volonté, que l'être intelligent peut recevoir une impulsion
forte et durable. « C'est la bonne volonté, dit Plutarque, qui
est un lien plus fort que toute autre contrainte que l'on saurait
donner aux hommes, et le pli qu'ils prennent par bonne institution, dès leur première enfance, qui fait que chacun d'eux se
sert de loi à soi-même. » Je sais que, dans l'enfance, cette
volonté est plus changeante, plus faible, et qu'on doit moins
exiger d'elle; mais ce qui résulte de là, c'est tout simplement
qu'un enfant ne peut faire autant d'efforts de volonté qu'un
homme, non qu'un effort de volonté ne lui soit pas nécessaire
pour bien faire ce qu'il fait : c'est la même puissance, quoique
moins énergique; sa tâche doit être plus aisée, mais elle seule
peut la remplir.

La volonté de l'enfant est donc l'intermédiaire sur lequel on ne saurait se dispenser d'agir, si l'on veut qu'il avance dans la route de l'instruction. Cette vérité est assez généralement reconnue de nos jours ; cependant, je crois devoir y revenir, parce que les vérités, même quand elles sont reconnues, n'exercent pas aussitôt tout leur pouvoir. Il faut qu'elles aient eu le temps de déraciner les habitudes contraires, et ce temps est plus long qu'on ne pense : l'homme agit plus souvent d'après ses habitudes que d'après ses opinions ; tout le monde convient de la sagesse et de l'utilité d'un principe, tandis que personne n'en fait encore une application uniforme et soutenue : on doit alors revenir constamment sur ce principe, le suivre dans tous les détails, en justifier sans cesse la bonté, et montrer comment on peut s'en servir pour qu'il se change en une habitude salutaire. En éducation comme ailleurs, cette précaution est aujourd'hui de la plus haute importance : c'est le seul moyen de ne pas laisser perdre des vérités récemment mises en lumière, dont nous sommes loin d'avoir tiré tous les fruits qu'elles semblent promettre. Voyons donc comment on peut influer sur la volonté de l'enfant.

Quels sont les mobiles qui déterminent l'activité des hommes ? Le besoin d'agir, l'intérêt personnel, le sentiment du devoir. On pourrait, en quelque sorte, classer les individus selon qu'ils obéissent à l'un ou à l'autre de ces mobiles. Les idiots, les gens ineptes et imprévoyants agissent par un besoin de leur nature, et souvent sans songer à ce qui leur est nuisible ou avantageux. Les hommes plus réfléchis examinent ce qui leur convient, prévoient, combinent, calculent et se gouvernent selon ce qu'ils croient de leur intérêt. C'est un pas de plus vers le développement de la raison ; rien n'est encore fait pour la morale. Viennent les hommes vertueux, qui consultent avant tout la conscience, et la prennent pour guide dans toutes les occasions où elle a à parler. La même gradation se fait observer dans l'enfance : le besoin d'agir est la première cause des mouvements et des volontés de l'enfant ; à mesure qu'il grandit, il s'accoutume à agir par intérêt, quelle que soit la nature de ce qu'il considère comme tel ; le sentiment du devoir naît en lui plus tôt ou plus tard, selon qu'on néglige ou qu'on prend soin d'en favoriser le développement, mais après ces deux premiers mobiles. Comment peut-on et doit-on mettre en jeu ces différents ressorts ?

Le besoin d'agir.

Le besoin d'agir a, je crois, une puissance plus forte, plus étendue et plus durable qu'on ne le pense communément. Personne ne peut calculer jusqu'où va son influence sur la conduite des hommes, et personne, ce me semble, n'a assez insisté encore sur le parti qu'on en peut tirer pour diriger celle des enfants. Comme c'est une cause secrète et tout intérieure, dont celui-là même qui y est soumis ne se rend pas compte et que les autres ne démêlent qu'à force de sagacité, on a trop négligé de l'examiner et de s'en servir. C'est du besoin d'agir que naît l'ardeur que portent les enfants dans leurs jeux ou dans les exercices qui leur plaisent, et c'est parce qu'ils sont libres alors de satisfaire ce besoin qu'ils réussissent si bien dans ce genre d'occupations. Voyez-les au milieu d'une partie de barres : ils sont en grand nombre, ils se croisent dans leurs courses ; sont-ils jamais embarrassés pour se rappeler quel est celui qu'ils peuvent faire prisonnier, et celui par lequel ils ont à craindre d'être pris eux-mêmes ? Toutes leurs facultés, la mémoire, l'attention, le jugement, se déploient avec une énergie et une rapidité singulières ; c'est qu'ils agissent ; c'est que toutes les forces de leur esprit et de leur corps s'exercent de concert ; c'est que rien ne contrarie et ne gêne ce besoin de leur nature. Que leurs études soient arrangées de manière à leur fournir aussi les moyens de le satisfaire, ils s'y plairont et y feront des progrès. Les Grecs s'entendaient mieux que nous à mettre à profit, en s'y conformant, cette disposition de l'enfance. Chez eux, l'étude était active ; ils savaient heureusement allier les travaux de l'esprit et les exercices du corps ; c'était en causant, en discutant et en se promenant que les hommes mêmes s'instruisaient. Les enfants ne passaient pas leurs jeunes années, immobiles et muets, à être ennuyeusement endoctrinés ; ils vivaient entre eux à l'instar des hommes, et pouvaient toujours faire tourner les connaissances nouvelles qu'ils acquéraient au profit de leur activité. Je suis loin de croire que nous devions imiter servilement les Grecs; tout est différent entre eux et nous; nous avons autre chose à apprendre, à savoir et à faire : nos institutions ne sauraient et ne doivent pas être les leurs; mais les vérités restent les mêmes, quels que soient l'usage auquel elles s'appliquent et la forme qu'elles revêtent. Les Grecs savaient profiter, en éducation, de ce penchant naturel qui nous porte à agir dès que nous pouvons remuer, et ils ne réussissaient pas mal à former des hommes. Nous avons à former, non des Grecs, mais des Français : suivons, sinon la même route, du moins une route parallèle; nous rencontrerons plus d'obstacles, j'en conviens, nous serons obligés de faire plus de sacrifices; mais il faut aller droit, dût-on ne pas espérer d'aller bien loin.

Je ne saurais donc trop recommander aux parents et aux instituteurs de consulter avec soin ce besoin d'agir, qui se manifeste de bonne heure chez les enfants, et de chercher à faire tourner au profit des études nécessaires à cet âge une disposition qui tourne si naturellement au profit de ses jeux. Quand l'enfant commence à se développer, le germe d'activité qui fermente en lui ne s'est encore fixé sur aucun objet : c'est alors qu'il faut lui présenter les objets qui lui conviennent, et donner à tous ceux dont on l'occupe une forme propre à exercer ce penchant à l'action; mobile d'autant plus important à employer que, s'il n'est pas satisfait, il se porte ailleurs, et détourne les forces de ce jeune esprit du point sur lequel on voulait les concentrer. « Les enfants, dit Rousseau, oublient aisément ce qu'ils ont dit et ce qu'on leur a dit, mais non pas ce qu'ils ont fait et ce qu'on leur a fait. » Ne pas les appliquer de trop bonne heure à des études où ils n'ont qu'à écouter; prendre soin de les laisser agir eux-mêmes dans les études qu'ils doivent nécessairement faire de bonne heure, telle est la méthode à suivre, si vous voulez que leur volonté, stimulée par le plaisir qu'ils trouvent à déployer leur activité, concoure avec la vôtre à presser et à assurer leurs progrès.

Si vous savez donner à ce moyen d'émulation toute l'extension et toute la force dont je le crois susceptible, vous ne serez pas obligé d'avoir sans cesse recours à un mobile dont on se sert communément, parce que c'est le plus commode, l'intérêt.

L'intérêt.

Accoutumés à voir quel empire l'intérêt exerce sur les hommes, et maîtres d'exercer ce même empire sur nos enfants, puisque nous disposons de leurs punitions et de leurs récompenses, nous usons inconsidérément de cette facilité. Des bonbons dans le premier âge; plus tard, des plaisirs, de l'argent, les jouissances de l'amour-propre; voilà les ressorts à l'aide desquels nous faisons marcher ces jeunes créatures dans une route qui, disons-nous, leur déplairait sans cela. Les bonbons me paraissent avoir peu d'inconvénient : l'enfant, à cet âge, n'attache à la gourmandise aucune idée d'immoralité; le goût lui en passera sans peine, si nous ne lui en faisons pas une habitude, et l'importance qu'on a mise quelquefois à défendre l'usage de ces petits moyens, souvent les seuls dont on puisse se servir avec des êtres qui n'ont guère encore qu'une existence de sensation, est, selon moi, fort exagérée. C'est à l'époque où le raisonnement commence à prendre de la suite et de l'étendue, où l'enfant devient capable de distinguer les idées de devoir et de plaisir, qu'il ne faut user du ressort de l'intérêt qu'avec une extrême précaution. Je ne saurais trop insister ici sur une distinction trop souvent négligée : faire d'une récompense promise à l'enfant, s'il remplit bien sa tâche, la source de son zèle, le mobile de sa volonté, et le récompenser quand il a bien fait, sont deux choses totalement différentes. Je vois beaucoup d'avantages et nul inconvénient à ce que le plaisir, qui est le bonheur de l'enfance, se place pour elle à la suite du devoir satisfait : c'est le meilleur moyen de faire aimer la vertu à l'enfant, jusqu'à ce qu'il puisse l'aimer pour elle-même, indépendamment de ses résultats : accoutumé ainsi à trouver sa vie agréable lorsqu'il a bien agi, l'importance qu'il met à bien agir s'accroît pour lui de tout le bonheur qui accompagne sa jeune vertu, sans qu'il l'ait calculé ni arrangé d'avance. Il aime à être sage, parce qu'il aime à être heureux; mais, si l'idée du bonheur ne se sépare jamais de celle du devoir, celle du devoir marche toujours la première, et elles se fortifient ainsi mutuellement. Promettez, au contraire, à un enfant tel ou tel plaisir, telle ou telle récompense, s'il s'acquitte bien de sa tâche, toute idée de devoir disparaît; un calcul intéressé en prend la place, occupe seul son esprit; la tâche pourra être faite, mais il n'aura point appris à bien faire; ses efforts de volonté ne seront que momentanés, et le lendemain, si vous ne lui proposez pas un nouveau plaisir, vous courez risque de le voir travailler fort mal. Que l'enfant s'amuse parce qu'il a bien fait, rien de plus juste; mais qu'il ne fasse bien que pour s'amuser, rien de plus dangereux. Accoutumez les enfants à voir, non l'amusement de quelques heures, mais le bonheur de tous les moments dépendre de leur bonne conduite; ils se plairont à se bien conduire, et le devoir leur paraîtra si impérieux, si nécessaire que son accomplissement sera l'objet des efforts libres et soutenus de leur volonté. Si vous ne savez, au contraire, animer cette volonté que par la promesse d'un plaisir, le plaisir deviendra la loi suprême de l'enfant; ce sera le seul but de ses travaux : faire son devoir ne sera pour lui qu'un moyen d'arriver à ce but, une idée secondaire, qui n'acquerra à ses yeux ni la hauteur ni la gravité qu'elle doit avoir...

Il y a un double inconvénient à mettre en jeu le ressort de l'intérêt de la manière que je viens de blâmer : on n'inspire pas ainsi à l'enfant une bonne volonté vraiment efficace, et l'on dirige mal le développement de ses dispositions morales. Qu'on ne s'en prenne pas à la nature même des mobiles dont nous pouvons disposer : l'homme n'a rien en lui qui ne puisse tourner au profit du bien comme au profit du mal; tout dépend des principes d'après lesquels il s'accoutume à agir et à juger. Malheureusement on gouverne les enfants, comme les hommes, plutôt par leurs défauts que par leurs qualités : veut-on les faire obéir ? on se sert de leur faiblesse; s'agit-il de leur faire remplir une tâche ? on emploie toutes les séductions de l'intérêt. Ces dispositions, que l'on devrait combattre comme on doit combattre les dispositions de l'enfance, en ne leur donnant jamais une occasion de s'exercer, en les laissant dans une inertie absolue, sont précisément celles dont on éveille l'activité, dont on augmente la puissance... User de cette méthode avec les enfants est plus coupable encore que s'en servir pour conduire les hommes, parce que, dans ce dernier cas, elle est souvent la seule que l'on ait à sa disposition, tandis qu'avec des êtres dont le caractère et les idées sont encore flexibles, on est plus libre de choisir et d'arranger à son gré les ressorts que l'on met en jeu...

L'amour-propre.

De tous les mobiles qu'on peut employer pour inspirer aux enfants un véritable zèle, *l'amour-propre* est sans contredit le plus puissant. Il agit directement sur la volonté, et la pousse à chercher dans les facultés, qui sont les instruments dont elle dispose, toutes les ressources qu'elle y peut trouver, pour les diriger ensuite vers un seul but, objet des désirs de l'élève. De là résultent, dans les efforts de ce dernier, cette spontanéité, cette concentration de forces sans lesquelles ses progrès ne sont jamais ni grands, ni sûrs, ni rapides. Ebranlé dans tout son être par un sentiment naturellement actif et inquiet, il se meut de sa propre impulsion, et déploie, pour le satisfaire, tout ce qu'il possède de liberté et de puissance. Ce sentiment n'aspire point d'ailleurs à des plaisirs bas et matériels : les désirs dont il se compose, quelque inférieurs qu'ils soient aux intentions désin-téressées de la vertu, quelque dangereux qu'ils puissent devenir par leur dérèglement et par leur excès, sont beaucoup plus nobles que les désirs grossiers et sensuels qui gouvernent la plupart des hommes : ils sont fondés, en dernière analyse, sur la dignité reconnue de notre espèce ; et l'importance que nous mettons quelquefois à l'opinion des juges les moins éclairés, toute ridicule qu'elle est, n'en est pas moins un hommage rendu à la nature humaine, comme l'admiration presque invo-lontaire que nous inspire le courage guerrier, souvent si machi-nal et si aveugle, semble une voix secrète qui nous avertit de ce que vaut la vie de l'homme, quelque médiocre et quelque obscur que soit celui qui la sacrifie.

On aurait donc grand tort de croire que l'éducation ne doive jamais mettre *l'amour-propre* en jeu ; ce serait la priver d'un des

plus puissants ressorts dont elle dispose, et l'en priver gratuitement; car, tôt ou tard, ce sentiment se développera et viendra
exercer sur notre conduite et sur notre bonheur une influence
que nous pourrons gouverner, mais que nous ne saurions détruire. Il ne s'agit donc encore ici que d'employer avec discernement une disposition qui peut tourner au profit de tout ce qui est
bien, et à laquelle il importe d'autant plus de faire prendre dès
l'enfance une bonne direction, qu'elle est plus indestructible et
plus énergique. Je conviens que la difficulté est grande : l'amour-
propre est un sentiment personnel, un égoïsme de l'esprit, et il
faut empêcher qu'il ne fasse tort aux sentiments désintéressés,
aux émotions généreuses du cœur : il faut le soumettre à la
voix de la raison, à celle de la conscience, le garantir de préventions qu'il est toujours enclin à concevoir en sa faveur, le rendre
clairvoyant sur lui-même, prendre garde qu'il ne dégénère en
orgueil, en présomption, en rétrécissement d'esprit, en opiniâtreté, en susceptibilité, en envie. Ce sont là autant d'écueils sur
lesquels l'amour-propre peut nous conduire si nous lui laissons
le gouvernail; mais, si nous le plaçons à la rame, il poussera la
barque plus loin et plus vite que nous ne pourrions le faire sans
lui ; c'est à d'autres sentiments à la diriger...

Le désir d'être loué, en général, est un sentiment naturel et
nécessaire, un principe d'action et de sociabilité, qu'on doit se
garder de combattre. Les enfants en ont encore un plus grand
besoin que les hommes : dépourvus d'opinions, souvent même
d'idées sur le mérite et la valeur de ce qu'ils font ou de ce qu'ils
voient, ils ne sauraient trouver en eux-mêmes ces points d'appui
qui, dans un âge plus avancé, nous dispensent d'en chercher
ailleurs : peines, plaisirs, jugements, tout leur vient du dehors;
c'est au dehors qu'ils demandent ce qu'ils doivent penser et
faire; ils sont curieux de savoir ce qui peut leur valoir des
éloges, attirer sur eux l'attention : de là cet esprit d'imitation
que nous remarquons en eux; faisant comme une grande personne, ils croient bien faire, leur amour-propre en est flatté.
Sont-ils plusieurs? si l'un d'eux fait une chose qui semble nous
plaire, vous verrez tous les autres essayer aussitôt d'en faire
autant : ils sont charmés d'avoir acquis la certitude qu'à cette

manière, à cette action est attachée une louange ; et la naïveté de leur âge ne leur permet de cacher ni le plaisir qu'ils y prennent, ni le désir qu'ils ont d'y revenir sans cesse. Au lieu donc de chercher à diminuer en eux ce besoin d'éloges, cette dépendance de notre opinion, si bien d'accord avec leur situation et leur ignorance, profitons-en pour les animer à tout ce qui est bien et leur en inspirer l'amour : si nous nous en servons dans un autre but, il pourra s'ensuivre des conséquences fâcheuses, mais ce sera notre faute ; l'amour-propre, tant qu'il se borne au désir d'être loué en général et sans se comparer avec personne, ne serait jamais qu'utile si l'on savait bien de quoi il faut et de quoi il ne faut pas louer les enfants. On peut, si je ne me trompe, poser en principe qu'on ne doit jamais les louer de ce qui n'a pas dépendu de leur volonté, de ce qui ne leur a pas coûté un effort ou un sacrifice. Si vous les louez de quelques dons naturels, comme de leur intelligence ou de leur figure, vous les accoutumerez à mettre un grand prix à ce qui peut être un bonheur, mais non un mérite, et dès lors leur amour-propre prend une direction dangereuse ; car c'est en se portant sur des avantages purement accidentels qu'il devient plus tard présomption, vanité et sottise. Ne les louez pas non plus de ces bons mouvements spontanés, de ces élans du cœur qui sont aussi des dispositions naturelles, et où la volonté n'a aucune part ; ce serait les gâter qu'y associer l'amour-propre ; il les dénature toujours en y mêlant un retour sur soi-même, un plaisir sec et personnel, bien différent de celui qu'on éprouve en se laissant aller à de bons sentiments, à des émotions généreuses ; après de tels éloges, vous courriez le risque de voir vos enfants recommencer, pour les obtenir de nouveau, ce qu'ils avaient fait la première fois par une bonté ou une générosité simple et non affectée. Or ce n'est pas une bonne action qu'une bonne action faite par amour-propre, et ce qu'on doit le plus craindre dans l'enfance, c'est d'altérer la pureté naturelle du cœur et des motifs qui le déterminent.

Au lieu de louer vos enfants pour des avantages ou des vertus de ce genre, accoutumez-les, dès que vous avez reconnu qu'ils les possèdent, à les regarder comme une portion d'eux-mêmes, aussi précieuse que des yeux, une langue ou des jambes, dont ils doivent faire usage comme des membres de leur corps, mais dont ils ne doivent pas être plus vains que de savoir parler ou marcher. Votre fille a-t-elle un bon cœur, une âme généreuse? qu'il soit reconnu dans la maison qu'heureusement pour vous, et pour elle, cela est ainsi, qu'elle doit agir en conséquence, qu'elle ne saurait rien faire qui ne fût conforme à cette disposition; et elle se plaira chaque jour davantage à déployer sa bonté, sans songer à en être fière. Votre fils a-t-il reçu en partage une intelligence distinguée? faites-vous-en un droit pour lui reprocher dans l'occasion sa lenteur et sa paresse : que sa tâche soit toujours proportionnée à ses facultés; dites-lui : « Un enfant qui a de l'intelligence doit faire cela. » Et s'il ne le fait pas : « Il est honteux pour un enfant qui a de l'intelligence de n'avoir pas fait ce qu'il pouvait faire. » Vous profiterez ainsi des bonnes dispositions que vos enfants tiennent de la nature et du prix qu'ils peuvent y attacher; vous verrez ces dispositions se développer et s'accroître, et elles ne deviendront pas une source d'affectation, d'orgueil, de vanité, de jactance et de tous les défauts qui naissent d'un amour-propre excessif ou mal entendu. L'éducation publique a ici sur l'éducation particulière un grand avantage : comme les enfants n'y sont pas constamment sous les yeux du maître, personne n'y remarque toutes les petites bonnes actions qui résultent de leur caractère; ils ne s'accoutument pas ainsi à y mettre de l'importance, à en tirer vanité; elles sont plus libres et plus simples. Ainsi, rien de plus étranger à l'affectation qu'un enfant élevé au collège. Il peut y perdre beaucoup sous d'autres rapports, mais il y gagne en ce que, vivant avec des enfants comme lui, il agit avec eux d'après ses dispositions naturelles, sans qu'aucun d'eux s'avise de faire attention à ce qu'il a de bon et de l'en louer. Que les parents transportent dans leur maison cette manière d'être, qu'ils laissent à leurs enfants la même liberté, la même simplicité; qu'ils n'éveillent pas leur amour-propre sur ce qui ne doit point en inspirer. Là, c'est un ressort inutile, dangereux; ailleurs, il sera nécessaire.

Dès qu'une chose a coûté à vos enfants un effort, dès qu'ils ont eu besoin, pour y réussir, d'un acte de volonté plus ou moins difficile, plus ou moins soutenu, c'est alors que vous ne devez pas craindre de les en louer : employé comme stimulant de la volonté, l'amour-propre devient un principe d'action aussi utile qu'énergique...

Le sentiment du devoir.

... Le sentiment du devoir, considéré isolément et réduit à ses propres ressources, ne saurait être pour l'enfance un mobile suffisant; dans tous les états, d'ailleurs, et à tout âge, ce sentiment est plutôt la règle que le principe de notre activité; il nous indique ce que nous devons éviter, la route que nous devons tenir, les bornes que nous ne devons pas dépasser, les conditions enfin que la vertu prescrit à l'action de nos facultés; mais rarement ces facultés lui doivent leur première impulsion : sa destination est de nous apprendre à marcher droit plutôt que de nous faire marcher. Quelques hommes d'un caractère supérieur ont pu, sans autre motif, s'engager dans des carrières pleines de travail et de fatigue, mais leur petit nombre est la meilleure preuve de notre opinion; et celui qui a en lui-même de quoi se ranger un jour parmi ces héros de l'humanité n'a pas besoin qu'on le lui apprenne. Pourquoi exigerait-on des enfants ce qu'on ne saurait prétendre des hommes : qu'ils s'accoutument à régler constamment leurs actions d'après les lois du devoir; qu'ils soient de bonne heure éclairés sur ces lois; que le sentiment de leur sainteté se fortifie chaque jour dans leur âme? Pourquoi refuseriez-vous ensuite de profiter, en les élevant, de ces principes d'activité plus pressants et plus immédiats que Dieu a rendus inséparables de la nature humaine, en donnant aux hommes des besoins, des intérêts, des passions, et surtout ce désir d'étendre et de prolonger leur existence qui a toujours été, en petit comme en grand, la principale cause du mouvement salutaire qui, en faisant fermenter le monde, en a tiré et en tirera tout ce qu'il a produit et tout ce qu'il pourra produire de beau et d'utile?

Il n'est, à mon avis, qu'une manière indirecte d'employer

avec succès le sentiment du devoir comme moyen d'émulation ; et, par une singulière méprise, c'est celle que l'on met le moins en usage. On prêche, on endoctrine les enfants pour leur inspirer du zèle ; on leur parle d'obéissance, de sensibilité, d'obligation : c'est par ces motifs peu efficaces ou hors de leur portée qu'on veut les pousser à agir ; et, quand ils ont bien fait, c'est, leur amour-propre qu'on récompense : on les loue, on les vante, et l'on ne voit pas que c'est précisément la marche contraire qu'il faudrait suivre. Faites du besoin d'agir et d'être loué le principe de leur activité, la source de leur zèle, et tirez ensuite du sentiment d'un devoir rempli la récompense de ce zèle ; ne prêchez point d'abord ; excitez, encouragez par les moyens dont nous venons de parler ; mais insistez ensuite sur le plaisir d'avoir bien fait, sur les joies que procure une bonne conscience ; appelez sur ce point les idées et les émotions de l'enfant, toujours faciles à détourner, surtout quand il est heureux : il a travaillé dans l'espoir d'obtenir une récompense, un plaisir, une distinction ; il ne vous chicanera pas sur la nature de ce plaisir : puisez-le donc dans ce qu'il sait de vertu plutôt que dans ce qu'il a de vanité. A cet âge, le bonheur dispose toujours au bien ; profitez de cette disposition, et vous aurez à votre usage des moyens d'émulation énergiques et des moyens de récompense qui seront sans danger pour le caractère moral de votre élève. En dirigeant le contentement qu'il trouve à bien faire vers le sentiment du devoir rempli, vous lui ferez de ce sentiment un besoin impérieux, et ce besoin deviendra bientôt une habitude salutaire. Vous aurez ainsi tiré du sentiment du devoir une cause de bonne volonté, qui, bien qu'éloignée et indirecte, pourra exercer une grande influence ; tandis que, si vous aviez voulu l'employer directement et de prime abord, vous n'en auriez obtenu que de faibles résultats. Combiner ainsi les principes d'activité inhérents à notre nature avec les sentiments moraux qui doivent régler cette activité, tel est, sans doute, le but de l'éducation, quand elle cherche des moyens d'émulation pour animer le zèle et hâter les progrès des enfants dans leurs études. (*Conseils...*, p. 103-147.)

L'émulation au collège et dans la famille.

On voit rarement, dans les collèges ou dans les pensions, s'établir entre deux enfants une rivalité particulière et soutenue. Par l'organisation même des écoles publiques, ce danger est prévu et prévenu... La rivalité se perd dans le nombre des concurrents; elle n'a pas le temps de se former, de se consolider, et cependant l'émulation gagne à ce nombre, qui laisse plus de latitude à l'espérance. Il y a toujours, dans les triomphes même des meilleurs élèves, une fluctuation, des alternatives, qui ne permettent guère à l'un d'entre eux de devenir spécialement le rival mécontent et orgueilleux d'un autre; c'est tantôt Alphonse, tantôt Édouard, tantôt Henri, tantôt Auguste, qui gagne la première place ou le premier prix : ils brûlent tous de dépasser des concurrents, aucun ne songe à terrasser un adversaire; le vaincu, d'ailleurs, remporte une victoire qui le console de sa défaite; Édouard est forcé de céder à Alphonse le premier rang, mais il a obtenu le second sur Henri, celui-ci le troisième sur Auguste, et ainsi de suite; chacun sent qu'il a encore besoin d'avancer, et personne n'est humilié, car personne n'est tout à fait à terre, si ce n'est le dernier, qui n'est pas celui dont il importe le plus de s'inquiéter [1].

Dans l'éducation domestique, au contraire, l'emploi de l'émulation proprement dite entraîne tous les inconvénients opposés à ces avantages. Règne-t-il entre les enfants une grande différence d'âge, de zèle, de facultés? le plus jeune ou le moins avancé ne saurait espérer d'atteindre celui qui lui est très supérieur; le plus âgé ou le plus intelligent n'a point de concurrent à redouter; dès lors point de rivalité, mais aussi point d'émulation; le cadet ne manquera pas de dire, quand on voudra l'animer par l'exemple de l'aîné : — Mon frère est plus grand que moi, ou : Je ne suis pas si fort que lui; — et l'on n'aura rien à lui répondre;

---

1. Ce dernier même peut mériter des éloges, malgré son insuccès, s'il fait ce qu'il peut, si sa composition est meilleure qu'à la dernière épreuve. Il lui resterait toujours l'émulation avec lui-même, selon les idées de Rousseau et de M. Guizot.

l'aîné, de son côté, se reposera dans une supériorité qui ne lui coûte point d'efforts, et en prendra probablement une beaucoup trop haute idée de son mérite. Sont-ils, au contraire, assez égaux d'âge et de dispositions pour pouvoir marcher du même pas et craindre d'être dépassés l'un par l'autre? vous verrez s'établir entre eux cette rivalité qu'on ne saurait trop éviter; leurs amours-propres ne pourront se satisfaire qu'aux dépens l'un de l'autre; le vaincu n'ayant pas pour dédommagement, comme au collège, une victoire moins brillante, mais toujours honorable, tournera toute son humeur et tout son dépit contre le vainqueur, tandis que celui-ci, n'ayant à s'avouer aucune défaite, sera bien tenté de devenir orgueilleux. Vous n'exciterez ainsi qu'une émulation beaucoup plus faible, car elle n'aura ni le mouvement, ni la variété, ni les incertitudes de l'émulation des collèges, et vous aurez toujours la crainte de la voir dégénérer en rivalité. La famille la plus nombreuse n'est pas à l'abri de ces inconvénients; car l'ordre de la nature ne permet guère qu'on y trouve plus de deux enfants d'un âge assez rapproché pour pouvoir lutter l'un contre l'autre, surtout dans les premières études.

Examinez les jeux des enfants, ce théâtre où se déploie leur liberté; vous y verrez une preuve évidente de ce que je viens de dire : tant qu'ils sont en grand nombre et que l'amusement est général, leur émulation n'amène que de l'ardeur; ils jouent tous à la fois, cherchent tous à courir, à sauter de leur mieux, et sont cependant de bonne intelligence. Qu'ils ne soient que deux à s'amuser ensemble, à la lutte, à la course, n'importe comment, ils ne tarderont pas à devenir rivaux, à se disputer, et le jeu finira par une querelle.

On peut donc affirmer, sans crainte, que l'émulation proprement dite est un ressort excellent dans l'éducation publique, mais dont l'éducation domestique ne peut et ne doit presque jamais se servir, parce que, autant l'émulation d'un à plusieurs est bonne et efficace, autant l'émulation d'un à un est inutile ou dangereuse.

Les parents doivent donc bien se garder d'établir entre leurs enfants des habitudes de comparaison, et surtout d'en faire aucune eux-mêmes. Les enfants se soumettent sans humeur à la supériorité qu'ils reconnaissent seuls, non à celle qu'un tiers leur fait sentir. L'éducation publique a encore ici un grand avantage : l'ordre des mérites et des rangs y est réglé tout naturellement par la bonté relative des tâches ; à la vérité, le maître en est le juge ; mais si les élèves croient à son équité, il n'est à leurs yeux que l'interprète de la justice ; sa volonté n'a aucune part à sa décision ; il se contente de dire ce qui est, et n'ajoute ni commentaire, ni phrase. Dans les familles, au contraire, où les parents ont l'habitude d'exhorter et de sermonner beaucoup leurs enfants, ils ne manquent pas, en général, lorsque l'un a mieux fait que l'autre, de développer longuement à celui-ci son tort, c'est-à-dire son infériorité : ou ces exhortations n'ont aucun effet, ou elles en produisent de fort peu désirables. Lorsqu'une rivalité s'établit ainsi entre deux enfants, le père ou le précepteur a à traiter avec deux amours-propres, un amour-propre mécontent et un amour-propre satisfait : de l'amour-propre satisfait peuvent naître l'orgueil, l'arrogance, la dureté, toutes les passions hautaines ; l'amour-propre mécontent peut conduire au découragement, à l'indifférence, à la jalousie, à l'aigreur, aux passions basses et faibles. Il faut éviter ces deux écueils ; or, en humiliant l'un des enfants, on enorgueillit l'autre, d'abord parce qu'on lui fait croire sa supériorité plus grande qu'elle n'est peut-être réellement ; ensuite, parce que si, malheureusement, il a assez d'amour-propre pour aller jusqu'à jouir de l'humiliation de son compagnon, on étouffe dans son cœur ces sentiments tendres qui devraient le porter à ne pas éblouir de tout l'éclat de sa victoire les yeux d'un ami affligé. On se prive ainsi de deux armes avec lesquelles on peut combattre dans l'amour-propre satisfait le penchant à l'orgueil : des idées de justice et de bonté. Il n'est pas juste d'être trop fier d'un avantage que l'on peut perdre, et qui ne les donne pas tous ; c'est manquer à la bonté qu'insulter par sa joie à la tristesse d'un autre. Voilà ce que vous devez dire à l'enfant près de devenir présomptueux ; et comment le pourrez-vous si, par votre conduite avec son rival, vous lui laissez prendre une trop haute idée de ses avantages, ou si vous blessez vous-même ces sentiments de bonté qu'il est sur le point d'oublier ?

Vous ferez peut-être encore plus de mal à son camarade. L'amour-propre mécontent est extrêmement difficile à manier : dans les caractères actifs et susceptibles, il est toujours tenté de croire à l'injustice ou de se tourner en dépit et en envie ; dans les caractères mous et faibles, il amène l'insouciance et le découragement. L'humilier, c'est l'aigrir ou l'abattre. On se tromperait fort, si l'on croyait exciter par là une honte salutaire : l'humiliation est toujours funeste à l'honneur. Ou bien elle le blesse si vivement qu'il se révolte et ne nous permet plus d'avouer nos torts, ou elle le frappe si rudement qu'elle l'atterre et lui ôte la force de nous aider à le relever. Quel sentiment veut-on inspirer à l'enfant qui a mal fait ? Le besoin de faire mieux à l'avenir, si je ne me trompe ; il ne s'agit ni de le rendre malheureux d'un tort irréparable, ni de l'accabler sous le poids des regrets. Il faut associer pour lui à l'idée de sa faute un vif désir de la réparer et la certitude qu'il y parviendra, s'il le veut ; il faut que l'état de honte soit pour lui un état peu fréquent, peu prolongé, insupportable [1], et qu'il voie aussitôt par où il en pourra sortir. C'est ce que ne produit point l'humiliation : elle s'accoutume à elle-même ; l'amour-propre, pour échapper à des émotions trop pénibles, se réfugie dans l'apathie ou dans l'insolence ; et les reproches, les sermons, les châtiments, au lieu de faire naître un repentir efficace, n'amènent qu'une lâche tristesse ou une indifférence funeste.

Voilà ce que vous gagnerez à établir entre vos enfants une

---

1. Quand on a lu et approuvé cette belle page, où M. Guizot signale énergiquement le danger d'humilier l'enfant, on regrette de trouver son nom, en compagnie, il est vrai, d'illustres personnages, au bas d'un arrêté comme le suivant :

STATUT

SUR LES ÉCOLES PRIMAIRES ÉLÉMENTAIRES COMMUNALES.

Séance du conseil royal de l'instruction publique,
25 avril 1834.

L'article 29 permet, entre autres punitions :
La *mise à genoux* pendant une partie de la classe ou de la récréation ;
L'obligation de porter un *écriteau* désignant la matière de la faute.

VILLEMAIN, *vice-président.*   COUSIN, *secrétaire.*

Approuvé : GUIZOT.

rivalité et des comparaisons qui, loin de devenir un moyen d'émulation, ne serviront qu'à enorgueillir l'un et à humilier l'autre, c'est-à-dire à les placer tous les deux dans un état où ils ne croiront plus avoir, l'un le besoin, l'autre le moyen de mieux faire.

Au lieu de cela, évitez de mettre leurs amours-propres en présence : contentez-vous d'abord de leur inspirer en général le désir d'être estimés, considérés, loués; étudiez ensuite leurs caractères particuliers. Voyez quelle tournure leur amour-propre est disposé à prendre et profitez de cette disposition pour l'employer comme moyen d'émulation, mais isolément, sans les opposer l'un à l'autre, et en traitant chacun d'eux d'après une méthode différente. Il est des amours-propres de plusieurs espèces : les uns, par exemple, sont craintifs et réservés, redoutant surtout le reproche et le blâme; les autres sont ardents et inquiets, avides de succès et d'éloges. En y regardant de près, vous verrez que ceux-ci sont plus propres à presser le développement de l'esprit et ceux-là à aider le perfectionnement moral du caractère; faites-les servir à l'usage auquel ils conviennent le mieux. Un enfant d'un naturel sensible, délicat, fier, redoutera d'être soupçonné, grondé; il aura surtout besoin d'estime, et l'importance qu'il mettra à la vôtre vous fournira mille moyens de lui donner des habitudes de droiture, de loyauté, de vertu. Un autre a plus d'activité, de vivacité, de mouvement, il veut surtout avancer, se distinguer, être loué : profitez du plaisir que lui font vos éloges pour seconder son zèle et hâter ses progrès. Si vous ne les lui donnez qu'à propos et avec la mesure, avec les restrictions convenables, vous aurez, dans sa disposition naturelle, un ressort puissant à faire mouvoir, et vous pourrez le mettre en jeu sans nuire à son caractère... (*Conseils...*, p. 123.)

Pourquoi les enfants ont de l'amour-propre.

... Sais-tu, ma chère fille, pourquoi on a tant d'amour-propre quand on est jeune? C'est qu'on ne connaît pas encore l'étendue et la difficulté des choses. On se sent de l'intelligence, du cou-

rage, de la force, et, comme on n'a pas encore mis ses qualités à
l'épreuve, on croit qu'elles suffisent et qu'elles suffiront à tout.
Voilà un homme qui est dans une petite vallée au pied d'une
montagne, il n'a devant les yeux qu'un espace étroit et des
objets rapprochés. Il les voit parfaitement, rien ne lui échappe
et il se dit : « J'ai des yeux excellents, je verrai tout ce que je
voudrai. » Il commence à gravir la montagne : à mesure qu'il
monte, un espace plus étendu, des objets plus éloignés se dé-
couvrent à lui ; il les voit encore bien et il continue à s'enorgueillir de ses yeux ; il s'élève, il s'élève, l'horizon s'agrandit
toujours, sa vue devient moins nette ; il a beau s'appliquer à
regarder ce monde si vaste, ces objets si multipliés et si lointains,
beaucoup ne lui apparaissent que confusément ou lui échappent
tout à fait. Et quand il est arrivé au sommet de la montagne,
quand il a devant lui un espace immense et tout ce qui le
remplit, il reconnaît que ses yeux ne suffisent pas pour atteindre
si loin ni à tant de choses. En sorte que c'est précisément au
moment où il est parvenu le plus haut, et où il a fait de sa vue
le plus grand usage, qu'il sent sa faiblesse et renonce devant
Dieu à son orgueil. Il en est de notre intelligence et de toutes
nos facultés, ma chère fille, comme de nos yeux ; et la montagne à gravir pour nous, c'est la vie, qui nous fait reconnaître et
avouer notre insuffisance précisément à mesure que nous nous
exerçons et nous perfectionnons davantage. La parfaite sagesse
consisterait à savoir, en commençant et dès le pied de la montagne, ce que nous verrons quand nous serons au sommet. Cela
n'est guère possible, et on ne saurait demander aux enfants
d'être aussi éclairés et aussi sages que les hommes. Mais tu as
assez d'esprit et de raison, mon Henriette, pour comprendre dès
à présent que ni ton esprit ni ta raison ne sont aussi complets,
aussi sûrs qu'ils te le paraissent. Je te demande donc de ne pas
t'y confier avec présomption ; je te demande de savoir d'avance
que beaucoup de choses échappent à ta vue, et que le moment
où tu verras le plus loin et de plus haut est précisément celui où
tu sentiras le plus ton insuffisance, et où tu deviendras le plus
modeste. (*M. Guizot dans sa famille...*, p. 210.)

Consultation du bonhomme Richard, ou moyen sûr d'avoir de bons fils.

... Le bonhomme Richard (car c'est ainsi que nous l'appelions tous) habitait une ferme aux environs de Philadelphie; il était vieux et ne travaillait plus guère, quoiqu'il se portât bien et ne fût jamais malade, grâce à ce qu'il avait toujours travaillé... « Autrefois, disait-il, quand j'avais fait ma tâche de la journée, je me reposais le soir; à présent celle de ma vie est faite, et je me repose. » Son repos était rempli par les visites des fermiers ses voisins, qui venaient le consulter sur leurs affaires, le prier d'accommoder leurs différends, et qui s'en allaient instruits, arrangés et satisfaits. « Quand les bons conseils sont inutiles, répétait-il souvent, c'est encore plus la faute de celui qui les donne que la faute de celui qui les reçoit. » Aussi ne négligeait-il rien pour rendre les siens profitables, et y réussissait-il presque toujours; car sa maxime favorite avait toujours été qu'avant de vouloir enseigner la vérité, il fallait apprendre à la dire.

Un jour (c'était un dimanche), trois fermiers des environs vinrent le voir l'après-dînée, pour causer avec lui. On s'assit devant la porte de la ferme, et le bonhomme Richard, qui parlait toujours à l'artisan de sa profession, au laboureur de son champ, et au père de famille de sa famille, demanda à ses voisins des nouvelles de leurs enfants : chacun d'eux en avait plusieurs, qui de vingt, qui de seize, qui de douze, de dix ou de six ans. « J'ai vu Jack avant-hier, dit-il à l'un d'eux; quel grand et gros garçon ! Il a l'air bien actif, bien laborieux; vous avez là, mon voisin, un excellent camarade. — Oui, répondit le père, s'il devait rester avec nous; mais, depuis trois mois, il est devenu amoureux de la fille de M. Dickson; il veut l'épouser et aller habiter avec elle un terrain à douze milles d'ici, que M. Dickson leur promet, et où Jack dit qu'il bâtira une ferme. — Eh bien, mon voisin, tant mieux; nous aurons une noce, et Jack une femme; ce pauvre garçon a assez travaillé pour la mériter. — Oui; mais il ne travaillera plus. — Comment, il ne travaillera plus? Est-ce qu'il compte se marier pour ne rien faire? — Non; je veux dire qu'il ne travaillera plus dans ma ferme. — Ah! mon voisin, puisque Jack prend une femme, il faut bien qu'il ait une ferme; quand l'oiseau a des ailes, sa mère le laisse voler : votre fils aime la fille de M. Dickson, qu'il l'épouse; quand on est jeune, on est trop heureux d'aimer la fille qu'on épouse, et, quand on est vieux, trop heureux de l'avoir épousée. N'est-ce pas, mon voisin? — Oui, reprit le père; mais il est bien triste pour moi de me voir abandonné par mon fils au moment où j'aurais le plus besoin de lui. — Abandonné? et pourquoi donc? Tant que vous pourrez faire aller votre ferme, elle ira bien sans Jack; et, quand vous ne le pourrez plus, vous irez le retrouver. Croyez-vous qu'il ait moins besoin de sa future que vous n'avez besoin de lui?

» — Cela est vrai, dit un des deux fermiers; à chaque couple son nid : et, puisque les pères se sont mariés, il est juste que les enfants se marient. Mais jusque-là ils devraient faire tout ce que leurs parents leur demandent; au moins Jack a toujours été un bon travailleur. Plût à Dieu que mon Bill en fît autant! Ce petit drôle a déjà seize ans, et je n'en puis rien tirer de bon gré; il ne prend aucun intérêt à nos récoltes, et n'imaginerait jamais de faire un peu plus d'ouvrage que je ne lui en ai prescrit. — Vous lui prescrivez donc l'ouvrage qu'il doit faire? reprit le bonhomme Richard. — Certainement; sans cela il ne ferait rien du tout. — Pardon, mon cher voisin, mais j'ai toujours vu qu'un encouragement valait mieux que deux ordres, et que la bonne volonté faisait plus de chemin en une heure que l'obéissance en un jour. Vous voulez que Bill travaille beaucoup, c'est fort bien fait; mais, pour travailler beaucoup, il faut ou en avoir besoin, ou y prendre plaisir. Bill ne croit pas en avoir besoin; vous le nourrissez, vous l'habillez; c'est juste, car vous êtes son père, et sans vous il ne lui aurait fallu ni pain, ni habits. Il n'y a donc, pour l'exciter au travail, qu'un seul moyen, c'est qu'il s'y plaise. Quand il était tout petit, et que vous vouliez obtenir de lui quelque chose, vous lui promettiez un gâteau; eh bien, mon voisin, n'avez-vous plus de gâteaux à lui donner? — Plût à Dieu qu'il les aimât encore! Mais que

faire avec un grand garçon de son âge? On ne peut pas le traiter
comme un enfant. — Pourquoi pas? Vous n'avez qu'à changer
de gâteaux; il y en a pour tous les âges, comme des habits pour
toutes les tailles. Bill est devenu grand; il a plus de raison et
de force, me direz-vous; j'en conviens; mais aussi ce qu'il a à
faire est bien plus pénible : pourquoi en supprimer la récompense? Faites de lui votre associé; montrez-lui que vos intérêts
sont les siens; que, dans cinq ou six ans, il sera obligé de se
passer de vous, de travailler pour lui-même; au lieu de le
traiter en ouvrier, apprenez-lui à devenir maître; consultez-le
quelquefois, ne lui ordonnez pas toujours; laissez-lui le plaisir
de vous prouver sa reconnaissance par son zèle; quand il croira
que, de votre côté, vous êtes aussi reconnaissant de sa bonne
volonté, il sera bien aise de vous la faire voir. Tenez, mon cher
voisin, vous avez cinquante ans; supposez que les hommes
vécussent deux cents ans au lieu de quatre-vingts : vous seriez
de l'âge de Bill, et vous auriez encore votre père; ne voudriez-
vous pas qu'il s'en remît un peu à vous, qu'il vous témoignât
de la confiance, qu'il vous laissât un peu de liberté, qu'il
regardât vos efforts comme volontaires, et qu'il vous en sût
gré? De bonne foi, vous auriez grand'peine à vous arranger pour
que ce fût autrement; je parie que c'est là tout ce qu'il faut à
Bill; essayez : quand on ne dort pas bien sur une oreille, on se
retourne sur l'autre; je ne vois pas pourquoi on serait plus
entêté pour ses enfants que pour soi. »

Le fermier ne paraissait pas convaincu; cependant il dit qu'il
essaierait. — « Pour moi, reprit le troisième, j'espère n'avoir
jamais besoin de changer de méthode avec mes enfants; car je
suis précisément celle que le bonhomme Richard vient de nous
indiquer. Ils sont encore tout jeunes; l'aîné n'a pas huit ans;
je leur laisse faire tout ce qu'ils veulent; on ne leur a pas encore
appris à lire. Quand l'envie leur en viendra, à la bonne heure;
mais je ne veux les obliger à aucun travail, tant qu'ils ne
pourront pas voir à quoi il leur est bon. — Êtes-vous bien sûr
qu'ils le voient un jour, reprit le bonhomme Richard, et que
l'envie leur en vienne? — Je l'espère; il faudra bien qu'ils
sachent lire et travailler. — Sans doute, il le faudra; mais

prenez garde qu'ils ne s'en avisent un peu tard. Entendons-nous,
mon cher voisin ; quand vos enfants seront grands, vous aurez
surtout besoin de leur bonne volonté : ils sont petits ; faites-leur
prendre de bonnes habitudes ; ce n'est pas difficile. Si vous
vouliez les rendre bossus, en leur enfonçant un peu la poitrine
et leur serrant la taille, vous en viendriez bientôt à bout : il est
encore plus aisé de leur apprendre à se tenir droits. Ils ne font
rien du tout? En ce cas, certainement ils s'ennuient ; à six ans
comme à trente, la journée est trop longue pour le fainéant ;
que ne profitez-vous du besoin qu'ils ont d'être occupés, pour les
accoutumer à faire quelque chose de bon, qui puisse leur servir
un jour? Ils ne savent pas encore assez ce qu'ils veulent pour
qu'il soit bien difficile de leur faire vouloir ce qu'on veut : c'est
précisément leur volonté que vous devez former, et vous êtes
bien le maître de la tourner du bon côté, sans les tourmenter de
la vôtre. Encore une fois, mon cher voisin, servez-vous avec eux
de l'habitude ; ce qu'on a fait aujourd'hui coûtera moins
demain, encore moins après-demain, et bientôt ne coûtera plus
rien du tout. Quand on a commencé par faire le bien, on finit
par l'aimer, et, quand une fois on l'a aimé, on y revient toujours.
Ce n'est pas tout que de nourrir et d'habiller nos enfants : Dieu
nous les a donnés pour en faire des hommes, et il nous a
donnés à eux pour les aider à le devenir ; ils ne s'en tireraient
pas tout seuls ; nous devons leur apprendre à être laborieux et
raisonnables, en les accoutumant à se servir de leur raison et de
leurs forces, comme nous leur apprenons à marcher en les
obligeant à se servir de leurs jambes. Nous n'avons pas trop de
temps pour les élever ; il faut nous y prendre de bonne heure,
de peur qu'ils ne nous échappent avant d'avoir rien appris de ce
qu'ils auront besoin de savoir quand ils commenceront à vivre
pour leur compte. Ayez soin seulement de leur répéter et de leur
montrer que c'est pour leur intérêt, et non pour le vôtre, que vous
vous donnez tant de peines ; dans ce que vous exigez d'eux, ne
prenez jamais parti contre eux : le désintéressement persuade
mieux que l'éloquence. Quand vos enfants auront bien vu que
vous ne pensez jamais à vous, ils croiront aisément que vous
avez raison dans ce que vous pensez pour eux : que leur con-

fiance vienne à l'appui de votre autorité; c'est le seul moyen de la leur rendre utile; mais c'est un moyen qu'il faut prendre, car votre autorité leur est nécessaire. Quand un jardinier a planté un arbre, il ne le laisse pas là sans secours; il l'arrose, le soutient; sans cela, l'arbre pourrait bien mourir ou devenir tortu. »

Le fermier, qui était un bon homme, parut charmé de ces conseils, et fort disposé à les suivre; il aimait vivement ses enfants, voulait sincèrement leur bien, et ne demandait pas mieux que d'apprendre à les élever. Mais ils se réunirent tous pour se récrier sur les difficultés de l'éducation, sur les peines qu'elle donne, et sur le peu de profit qu'en retirent si souvent ceux qui se les sont données. Le bonhomme Richard les écoutait attentivement, souriait quelquefois, et semblait attendre qu'ils eussent fini de parler, pour leur répondre en détail et à son aise. Il reprit enfin :

« Mes chers voisins, si Dieu nous avait donné pour notre usage un animal qui fût fait comme nous, qui eût des mains, qui marchât sur deux pieds, qui sût, comme nous, dompter les chevaux et conduire les bœufs, qui fût intelligent, raisonnable, qui eût enfin une âme comme la nôtre pour réfléchir et pour vouloir, il serait malaisé, j'en conviens, de l'élever de manière à en tirer autant de parti que nous le voudrions et que cela se pourrait. Dans son enfance, il serait capable de se sentir destiné à devenir notre égal, et plus tard de vouloir l'être : il aurait des raisons et des volontés à opposer à nos volontés et à nos raisons; et quelque jour peut-être, il s'aviserait de nous dire que, puisqu'il sait raisonner, parler et agir tout comme nous, il a bien le droit d'agir, de parler et de raisonner pour son compte. Grâces à Dieu, nous n'avons pas reçu un présent si embarrassant, et encore plus difficile à garder qu'utile à mettre en usage. D'où vient donc notre embarras? De ce que nous voulons user de nos enfants comme d'un présent qui nous a été fait; mais, prenons-y garde, quand la Providence nous les donne, ces enfants, c'est bien un peu notre faute. Nous avons cherché, dans la société d'une femme, un bonheur dont nous avions besoin : rien n'est plus juste; mais ce bonheur, il faut le payer un peu : Dieu ne ne fait pas l'usure, cependant il ne donne rien gratis. En mettant Jack et Bill au monde, vous avez contracté l'obligation de les nourrir, de les vêtir, de les élever, tant qu'ils ne pourraient pas se passer de vous ; et comme Dieu, avec raison, à mon avis, se méfie un peu de notre exactitude à remplir nos obligations, il nous a inspiré pour nos enfants cette tendresse qui nous porte à faire pour eux, avec dévouement, tout ce dont ils ont besoin pour vivre et devenir à leur tour des hommes. Mais ce tour arrive ; nous devons le prévoir, et nous conduire en conséquence. Si nous avions eu la folie de croire que nos enfants étaient faits pour nous, nous ne tardons pas à être détrompés ; et ce mécompte nous désespère d'autant plus que nous aurions beau vouloir, nous ne saurions changer ici-bas ce qui a été arrangé là-haut. Que ne disons-nous, au contraire, que nous sommes faits pour eux tant qu'ils ont besoin de nous ? Ce sera plus vrai, et nous éviterons les mécomptes. Vous croyez que ce n'est pas juste ; à mon avis, vous avez tort : regardez-y bien, vous avez été payés d'avance des peines que vous vous donnez pour eux; car ils sont le fruit de votre mariage, et votre mariage a été pour vous un grand bonheur : ainsi Dieu et vous, vous êtes quittes. Mais soyez tranquilles, la Providence est généreuse ; quand nous avons tenu fidèlement nos marchés avec elle, elle nous donne toujours quelque chose en sus. Vos enfants, accoutumés à vous voir vous oublier pour eux, s'accoutumeront à ne pas se compter eux-mêmes pour tout ; ce n'est pas le bienfait qui mérite et attire la reconnaissance, c'est le désintéressement du bienfaiteur ; on obtient davantage en méritant beaucoup et en exigeant peu qu'en exigeant tout ce qu'on croit mériter. Soyez justes avec vos enfants, vous aurez peu à craindre ; soyez désintéressés, vous aurez beaucoup à espérer ; il ne faut pas mettre ce qu'on donne dans le bassin d'une balance, et vouloir que l'autre se remplisse de ce qu'on reçoit. La générosité, comme toutes les vertus, s'apprend par l'exemple et l'habitude : que vos enfants vivent dans son atmosphère, ils ne pourront plus respirer un autre air. Surtout n'en parlez pas ; dire ce qu'on a donné, c'est demander qu'on nous le rende ; et les hommes aiment mieux faire des présents que de payer leurs dettes.

» Soyez d'ailleurs de bonne foi avec vous-mêmes ; que le présent ne vous fasse pas oublier le passé. Vous êtes pères, mais vous avez été enfants ; souvenez-vous qu'alors, si vous aviez des devoirs, vous vous sentiez aussi des droits, et que, lorsqu'on blessait vos droits, on diminuait en vous le sentiment de vos devoirs. Respectez donc les droits de vos enfants, si vous voulez qu'ils chérissent leurs devoirs ; ce sont vos plus proches voisins : si vous empiétez sur eux, vous troublerez la bonne intelligence. Pensez à vos devoirs plus qu'à ceux d'autrui, et aux droits d'autrui plus qu'aux vôtres. Vous voulez que vos enfants soient raisonnables ; dès qu'ils le sont devenus, laissez-les donc libres, car la liberté est la récompense de la raison. Ils ont d'abord tenu à vous par le besoin : quand le temps de ce besoin est passé, c'est par l'affection qu'ils doivent y tenir encore ; cultivez donc cette affection, et ne prétendez pas qu'elle tire toute sa force du souvenir des besoins auxquels vous avez pourvu. N'exigez d'eux que ce que vous auriez voulu donner à leur âge. L'Évangile dit : *Ne faites pas aux autres ce que vous ne voudriez pas qui vous fût fait* ; ce qui veut dire aussi : *ne faites pas aux autres ce que vous n'auriez pas voulu qu'on vous fît* ; car, pour être juste, il faut ne rien oublier ; et, pour rendre à nos enfants cette justice qui leur est due, nous devons nous rappeler, dans notre vieillesse, ce que nous sentions dans notre jeune temps. On perd plus en formant une prétention injuste qu'en négligeant un de ses droits ; et c'est à ceux avec qui nous sommes destinés à avoir affaire toute notre vie que nous devons la justice la plus rigoureuse.

» Enfin, mes chers voisins, si vous m'en croyez, tant que vos enfants seront jeunes, vous les élèverez pour eux et non pas pour vous ; car le ciel, en vous chargeant d'être leurs instituteurs, ne vous a pas destinés à être leurs maîtres, puisque vous ne pourriez pas l'être toujours. Quand ils seront grands, vous n'oublierez pas que vous ne les avez pas élevés pour vous ; vous ne vous étonnerez pas qu'ils veuillent vivre par eux-mêmes et pour leur propre compte ; et vous placerez en eux les dernières espérances d'une vie déjà bien avancée, au lieu de prétendre asservir leur vie, qui doit encore être longue, à la vôtre déjà sur son déclin; car, comme je l'ai dit autrefois, dans un de mes almanachs : *le vieillard le plus heureux est celui qui ne pense qu'à ses enfants.* » (*Annales de l'éducation*, III, p. 322-333.)

Importance de l'instruction à notre époque, où le mérite personnel tient la première place.

Nous assistons, depuis trois quarts de siècle, au spectacle de l'insuffisance et de la fragilité de toutes les supériorités que donne le sort, de la naissance, de la richesse, de la tradition, du rang ; nous avons vu en même temps, à tous les étages et dans toutes les carrières de la société, une foule d'hommes s'élever et prendre en haut leur place par la seule puissance de l'esprit, du caractère, du savoir, du travail. A côté des tristes et mauvaises impressions que suscite dans les âmes ce trouble violent et continu des situations et des existences, il en sort une grande leçon morale, la conviction que l'homme vaut surtout par lui-même, et que de sa valeur personnelle dépend essentiellement sa destinée. En dépit de tout ce qu'il y a dans nos mœurs de mollesse et d'impertinence, c'est là aujourd'hui, dans la société française, un sentiment général et profond, qui agit puissamment au sein des familles et donne aux parents, pour l'éducation de leurs enfants, plus de bon sens et de prévoyance qu'ils n'en auraient sans ces rudes avertissements de l'expérience contemporaine. Bon sens et prévoyance plus nécessaires encore dans les classes déjà bien traitées du sort que dans les autres : un grand géologue, M. Élie de Beaumont, nous a fait assister aux révolutions de notre globe; c'est de sa fermentation intérieure que proviennent les inégalités de sa surface; les volcans ont fait les montagnes. Que les classes qui occupent les hauteurs sociales ne se fassent point d'illusion; un fait analogue se passe sous leurs pieds; la société humaine fermente jusque dans ses dernières profondeurs, et travaille à faire sortir de son sein des hauteurs nouvelles. Ce vaste et obscur bouillonnement, cet ardent et général mouvement d'ascension, c'est le caractère essentiel des sociétés démocratiques, c'est la démocratie elle-même. Que

deviendraient, en présence de ce fait, les classes déjà investies
des avantages sociaux, les anciens, les riches, les grands et les
heureux de toute sorte, si aux bienfaits du sort ils ne joignaient
les mérites de l'homme; si par l'étude, le travail, les lumières,
les fortes habitudes de l'esprit et de la vie, ils ne se mettaient
en état de suffire dans toutes les carrières à l'immense concurrence qui leur est faite, et qu'on ne peut régler qu'à condition
de la bien soutenir?... (*Mémoires*, III, p. 12.)

—————

L'action et la méditation.

... Je suis charmé que le choléra vous quitte. J'en redoutais
pour vous la tristesse, au moins autant que le danger. La
tristesse ne vaut rien à l'âge de vos enfants, surtout cette
tristesse de spectateurs, morne et oisive, qui n'a rien d'assez
personnel pour mettre l'âme en mouvement, et qui l'amollit au
lieu de la fortifier. Vous ferez bien de leur faire faire une course
au Havre. L'immobilité est un poison pour la jeunesse. Je vois
combien elle pèse à mon fils. Il devait passer ses vacances à
courir, à chasser chez vous, en Anjou, en Touraine. Il m'en a
fait très doucement le sacrifice; le choléra est partout où il voulait aller, je me suis mis à sa discrétion et il n'a pas hésité. Je
ferai de mon mieux pour animer ses vacances, mais rien ne
remplacera le mouvement extérieur, la nouveauté des lieux, des
personnes, le changement d'air enfin, et ces premiers essais de
liberté et de personnalité active. Quand Rousseau a dit :
« L'homme qui pense est un animal dépravé », il a fait, selon
sa coutume, d'une petite vérité une grande sottise, mais la petite
vérité n'en demeure pas moins. Notre temps a abusé de la
pensée; nous lui avons trop demandé; elle n'a pas, à elle seule,
de quoi animer suffisamment la vie. La nature nous porte vers
le dehors, vers l'action. C'est du dehors que vient la nourriture
du dedans, et, à s'en trop séparer, on tombe dans une situation
fausse qui jette bientôt l'âme dans une disposition maladive.
J'ai appris cela de l'expérience; car, dans ma jeunesse, l'action
m'était antipathique; et la méditation ou l'émotion solitaire

faisait mon plus vif plaisir. Et encore aujourd'hui, quoique je me plaise dans l'action, ce n'est pas ma pente la plus naturelle, ni, à mon gré, la situation la plus satisfaisante. On y sent, à chaque instant, la grossière imperfection de toutes choses; on se fatigue, on s'épuise à tâcher de la vaincre; et dans cette lutte interminable, les plus énergiques, les plus heureux efforts ont si peu d'effet visible, qu'en vérité le prix ne vaut pas le travail. La condition de spectateur, la pensée seule et pure, a des plaisirs bien plus vastes et plus libres; mais là précisément est le mal; tant de liberté ne convient pas à notre faiblesse. Nous avons besoin d'être sans cesse contenus, ramenés par le monde réel, de sentir à chaque instant le fardeau que nous portons et les obstacles qui nous entourent. Vous avez vu faire l'essai des yeux bandés : on ne parvient pas à marcher droit pendant dix pas. C'est ce qui arrive à la pensée seule et pure : elle est aveugle et s'égare bien vite. Et quand on a fait cette découverte, quand on a une fois reconnu combien l'action est nécessaire pour que la méditation ne devienne pas folle, il faut bien s'y résoudre et accepter de bonne grâce la situation naturelle et normale de l'homme... (A M. de Broglie, 26 août 1832. — *M. Guizot dans sa famille...*, p. 140.)

Les vraies qualités de l'esprit : étendue, profondeur.

... Il est fort aisé aujourd'hui d'acquérir une certaine variété de connaissances, d'apprendre un certain nombre de mots, de noms, de citations, de jugements, et de parvenir ainsi à cette facilité de conversation dans laquelle on dépense rapidement cette petite masse de faits et d'idées, que les ignorants aiment à retrouver parce qu'ils les savent; mais cette érudition de l'ignorance tue la vraie science, et ce n'est pas là le but que l'éducation doit se proposer. Ajoutons que c'est la mort de toute étendue d'esprit et de toute profondeur de pensée, c'est-à-dire des seules qualités qui puissent mettre un homme au niveau des lumières répandues aujourd'hui dans le monde, et le rendre capable, s'il y est d'ailleurs appelé, de contribuer à leurs pro-

grès autant que le permettent les faibles ressources d'un Individu... (*Annales de l'éducation*, I, p. 241.)

De l'à-propos dans l'enseignement[1].

... Toutes les vérités sont ou seront utiles; mais toutes ne
sont pas également pressantes à dire; avant de les mettre au
jour, il faut s'assurer qu'elles seront comprises; dans les esprits
qui ne veulent pas ou qui ne savent pas les entendre, elles se
convertissent en erreurs.

On doit donc bien connaître d'abord ceux à qui l'on s'adresse
et prévoir ce qu'ils entendront dans ce qu'on va leur dire, car
c'est de ce qu'ils entendront que naîtra l'effet.

Maint publiciste, en parlant de la liberté, n'a excité dans
l'esprit des peuples que l'idée de l'anarchie; tel autre, en recommandant aux gouvernements la fermeté, leur a, sans s'en douter,
conseillé le despotisme.

L'utilité de l'avis dépend moins de l'avis en lui-même que
de l'esprit qui le reçoit... (*État des esprits en 1817.*)

L'équilibre des facultés.

... Quelles que soient la portée de votre intelligence et la
sphère où elle doit agir, elle a besoin que la mémoire lui four-
nisse les matériaux de l'expérience, que l'attention les examine
sous leurs diverses faces, et que l'imagination, toujours prompte
à se décider, parce qu'elle est prompte à voir, n'empêche pas le
jugement de mûrir ses décisions. Si la mémoire manque, l'esprit sera trompé, parce qu'il oubliera ce qu'il aurait besoin de
se rappeler; si elle domine exclusivement, l'esprit, embarrassé
de ses souvenirs, deviendra minutieux, incertain, et perdra de

---

1. C'est aux publicistes et aux orateurs politiques que M. Guizot adressait ces
judicieux conseils. Le personnel enseignant peut en faire son profit. Ils sont aussi
vrais à l'école que dans la presse ou à la tribune.

son étendue. L'imagination est-elle trop forte? elle entraîne l'homme si rapidement qu'il ne peut rien examiner; est-elle trop faible? il avance terre à terre et avec lenteur, sans connaître ces plaisirs ou arriver à ces découvertes qui demandent un vol plus élevé et plus agile. L'équilibre des facultés est, dans l'intelligence humaine, ce qu'est dans le monde physique l'équilibre des forces : il maintient l'ordre sans gêner le mouvement. Toute faculté, assez puissante pour suspendre ou enchaîner l'action des autres facultés, est un despote, et, pour être sain, l'esprit a besoin d'être libre.

C'est donc un devoir impérieux pour l'éducation de s'opposer, dès l'origine, à une source si féconde d'inconvénients et d'erreurs...

Et d'abord qu'on ne s'avise pas de combattre directement une faculté prédominante; cette tentative n'aurait, je crois, pour résultat que de dénaturer et de dérouter l'esprit, qui perdrait ainsi son originalité, sa vigueur, et qui peut-être reviendrait tôt ou tard à sa disposition primitive, avec cette violence que cause une longue contrariété. C'est un beau don du ciel qu'une faculté supérieure, quelle qu'elle soit. Est-ce à nous de rejeter un présent qui nous élève et nous honore, ou d'en diminuer la valeur? Parce qu'un enfant est doué d'une imagination ardente, et que vous en craignez pour lui les écarts, vous chercheriez à l'éteindre, vous vous opposeriez à son développement? Supposons que vous y soyez parvenu; vous avez fait un homme médiocre de celui qui, en suivant sa nature, serait peut-être devenu un homme supérieur; vous l'avez privé des nobles plaisirs dont cette supériorité aurait été la source, et des services qu'elle l'aurait mis en état de rendre au genre humain. La vie d'un homme est si petite et si passagère qu'il doit s'estimer heureux lorsqu'il peut l'agrandir et la prolonger, et vous avez réduit au niveau des existences communes une existence qui eût pu être utile et distinguée! Cette étroite prudence n'est pas de la sagesse. La Providence a été plus libérale et plus sensée, lorsqu'en douant votre fils d'une faculté supérieure, elle vous a donné les moyens d'en diriger et d'en régler les progrès en fortifiant en lui les autres facultés dont il aura besoin pour tirer un jour, de la sup-

riorité qu'il a reçue en partage, toutes les richesses qu'elle peut
fournir, et les employer avec fruit. La route nous est ainsi tracée :
étudier le naturel de l'enfant, reconnaître quelle disposition est
en lui prédominante, faire de cette disposition le point central
de son éducation et de vos soins, non pour la combattre, mais
pour en seconder le développement en y rapportant vos conseils
et ses études, en cultivant en lui celles de ses facultés qui, par
leur concours et leur harmonie, rendront moins partielle et plus
profitable cette supériorité particulière qui, à leur défaut, pourrait entraîner à côté de ses avantages de graves inconvénients.
C'est là ce que vous devez faire, car c'est là ce qui est utile ; et
vous pouvez y réussir. Tout ce que vous tenterez hors de cette
route n'aboutira qu'à des efforts infructueux ou à des résultats
bien peu désirables.

N'allez pas, en revanche, par une complaisance mal entendue,
vouloir jouir trop tôt des dispositions brillantes qu'annonce votre
fils pour tel ou tel objet d'étude, et en hâter trop rapidement
les progrès pour satisfaire votre orgueil paternel. Outre le tort
que doit faire au caractère moral de l'enfant une pareille conduite en lui inspirant beaucoup d'amour-propre, elle use ses
facultés en détruisant de bonne heure leur équilibre. Les enfants
précoces ne le sont pas en tout, même quand ils paraissent l'être :
c'est le développement excessif de telle ou telle faculté particulière qui donne à leur esprit ce mouvement, cette activité dont
les parents s'enorgueillissent, dont les étrangers s'amusent et qui
trompe sur la médiocrité réelle de la plupart des autres facultés,
en trompant peut-être aussi sur la supériorité véritable de celle
que l'on cultive avec une vanité si empressée. Je n'ai pas besoin
d'insister sur les dangers de cette culture en serre chaude, qui
fait croître tout à coup les plantes jusqu'à une grande hauteur,
sans fortifier proportionnellement leur tige. Je me contenterai
d'ajouter que les parents, même les plus sages, ne sont pas
toujours à l'abri de cette faiblesse qui les porte à exercer et à
étaler avec complaisance les talents prématurés de leurs enfants ;
il les font servir à de petits usages, à des fêtes de famille ; et tel
père qui se plaint ensuite avec raison de ce que son fils néglige
sa réflexion ou sa mémoire pour se livrer à son imagination,

doit s'avouer qu'il n'a pas toujours, dans le temps où il en était chargé, maintenu lui-même un juste équilibre entre ces facultés naissantes.

Pour savoir comment cet équilibre peut être établi, il faut savoir quelle marche suit l'esprit dans son développement; dans quel ordre naissent, s'étendent et se fortifient nos diverses facultés; quels rapports les unissent, quelle influence elles exercent entre elles, et à quel degré chacune d'elles a besoin du concours des autres pour aller loin sans aller de travers. De pareilles questions embrassent toute la philosophie de l'esprit humain. Sans en parcourir toute l'étendue, on peut extraire de leur examen les préceptes les plus propres à guider les parents dans cette tâche si difficile...

L'enfant reçoit des impressions des objets extérieurs : ces impressions excitent en lui le besoin de connaître ce qu'elles sont et ce qui les cause; il fait attention à la sensation qu'il éprouve, et à l'objet d'où elle lui vient; l'*attention* est donc, après la sensibilité, la première faculté agissante, et cela doit être, puisque c'est celle qui tient les objets assez fermement présents à l'esprit pour donner aux autres facultés le temps de s'appliquer à les bien connaître; on doit donc commencer par nourrir et fortifier l'attention. (*Conseils...*, p. 52-57.)

De l'attention.

Il est nécessaire de distinguer les différents genres d'attention auxquels les enfants peuvent être enclins, et les différentes méthodes dont on doit se servir pour en guérir les inconvénients ou en étendre les avantages. D'après la remarque du docteur Reid [1], l'attention que nous prêtons aux objets extérieurs, à tout ce qui se passe hors de nous, constitue ce que l'on nomme l'ob-

---

1. Thomas Reid, né en 1710, mort en 1796, pasteur, professa la philosophie et les mathématiques à l'Université d'Aberdeen en 1752, la philosophie morale à Glasgow, en 1763. Il est le chef de l'école écossaise, qui prétend ramener la philosophie aux principes du sens commun. Ses deux principaux ouvrages sont les *Essais sur les facultés intellectuelles et sur les facultés actives de l'homme*, 1787 et 1789.

servation; et l'attention aux choses qui se passent en nous est appelée *réflexion*. L'ignorance des enfants, la curiosité qui en résulte et le besoin d'agir, les portent sans cesse à l'*observation*; la *réflexion* leur est presque étrangère : c'est ici une nouvelle preuve de cette sagesse de la Providence que nous devons toujours consulter et imiter. L'observation est la source de l'expérience, et l'expérience est le premier fondement de nos idées et de notre conduite. Plus tard, l'observation et la réflexion auront besoin de se réunir pour former l'expérience de l'homme : à l'entrée de la vie, l'observation seule est nécessaire pour l'expérience de l'enfant; elle suffit à sa petite activité ; c'est à elle à recueillir les matériaux d'après lesquels se dirigera et sur lesquels s'exercera, dans la suite, sa réflexion encore peu capable d'agir. Il faut donc bien se garder de favoriser de bonne heure ce dernier genre d'attention ; peu d'enfants à la vérité y sont disposés ; cependant on le rencontre quelquefois dans les individus d'une complexion faible, d'un caractère sensible et d'un esprit précoce : je ne sais même si la précocité ne tient pas presque toujours au développement prématuré de cette attention intérieure qui constitue la réflexion ; c'est du moins celle qu'on admire le plus dans les enfants, et c'est la plus fâcheuse parce que c'est la moins convenable à leur situation et à leur âge... Ce travail, encore inutile, use d'avance des facultés encore trop faibles pour y suffire, et empêche le développement de celles qui doivent naître et se fortifier les premières...

C'est donc l'attention d'*observation* que, dans tous les enfants, et surtout dans ceux qui y sont le moins disposés, il faut tâcher de rendre exigeante, patiente et soutenue : ils ont le besoin et le désir de connaître, par conséquent d'observer ; l'attention leur a été donnée à cette fin ; le premier pas à faire, c'est d'engager leur volonté à mettre en jeu cette faculté naissante. On doit en même temps leur apprendre de quelle manière ils pourront s'en servir pour atteindre le but qu'elle se propose ; les enfants, ainsi que les hommes, se plaisent à faire usage de leurs facultés, quand ils savent les employer et les diriger conformément à leur nature et à leur destination : courent-ils rapidement? ils aiment la course ; sautent-ils agilement? ils aiment le saut ; dès qu'ils ont appris à bien lire, la lecture devient pour eux un plaisir. On peut dire, en général, que, lorsqu'ils ne se plaisent pas à exercer telle ou telle faculté, par exemple l'attention, la mémoire, etc., c'est qu'ils ne savent pas s'en servir; c'est donc là ce qu'il importe de leur apprendre. Je ne veux pas parler ici des moyens par lesquels on influe sur la partie morale du caractère, pour inspirer de la bonne volonté et du zèle aux enfants trop souvent tentés d'en manquer; je me borne à indiquer ce qu'on peut faire pour agir directement sur les facultés intellectuelles elles-mêmes, les fortifier et les régler dans leur marche.

Ce qui empêche les enfants de faire attention, c'est ou la fatigue que ce travail leur cause, ou la distraction qui appelle ailleurs cette faculté. Quand elle est fatiguée, n'espérez pas de rien gagner en cherchant à l'exercer encore : le dégoût viendra à la suite de la lassitude et une aversion volontaire se joindra à une incapacité réelle. Quand l'attention est errante et mobile, ne croyez pas que vous la retiendrez en lui ordonnant de se fixer : les enfants ont sur le jeu de leurs facultés intellectuelles moins d'empire que les hommes ; et qui de nous pourrait se vanter de savoir maîtriser son attention selon l'ordre qu'il en recevrait? L'attention se fatigue lorsqu'elle est trop faible pour suffire à la tâche qu'on lui impose; elle se promène au hasard lorsque les objets qui se présentent à elle ont plus d'attraits que celui sur lequel on voudrait la retenir; proportionner son devoir à sa force, et rendre l'objet sur lequel elle s'exerce assez intéressant pour l'occuper tout entière, de sorte que les objets étrangers n'aient plus de prise sur elle, tels sont donc les moyens d'atteindre le but qu'on doit se proposer en la dirigeant, c'est-à-dire de la fortifier et de la fixer.

L'homme est né pour agir, et c'est pour agir qu'il a besoin de connaître : aussi les enfants, dès qu'ils ont acquis une connaissance nouvelle, cherchent-ils à la faire tourner au profit de leur activité; tout objet nouveau leur sert à quelque nouvel usage conforme à leur goût pour le mouvement; appliquer leurs facultés naissantes sans que cette application ait un but d'activité, un résultat plus immédiat, plus positif que celui de savoir, c'est là pour eux un effort pénible et contre nature. Vous leur parlez, vous leur donnez des leçons, et vous voulez qu'ils soient attentifs en vous écoutant ; s'ils pouvaient espérer de réagir sur vous, de vous soumettre aussi à leur influence, ils emploieraient volontiers toute leur force à acquérir des connaissances dont ils se serviraient ensuite pour faire à leur tour acte de puissance et de liberté ; mais dès qu'ils se bornent à vous écouter, à s'instruire sous votre dictée, cette occupation passive a peu d'attrait pour eux ; elle ne remue pas assez fortement leur esprit ; elle n'ouvre pas devant eux un avenir de mouvement, d'action, d'espérance. S'ils ont assez de bonne volonté pour vous prêter toute leur attention, cette faculté, bientôt lasse d'un effort si difficile, ne tardera pas à se refuser au zèle le plus sincère, et, si ce zèle manque, l'attention sera incessamment distraite par des objets qui intéresseront davantage l'activité naturelle de l'enfant.

Faites-le donc agir, si vous voulez que son attention se fixe et ne se fatigue pas en peu de minutes ; qu'en s'instruisant il agisse, et qu'il entrevoie qu'après s'être instruit, il aura de nouveaux moyens d'agir ; alors il sera attentif. Pourquoi les enfants apprennent-ils si aisément et sitôt leur langue maternelle? C'est qu'ils sont obligés de la parler. Pourquoi celui qui prend une leçon qu'il doit répéter ensuite à d'autres enfants moins avancés y apporte-t-il tant d'attention et de zèle? C'est qu'il aperçoit, au bout du temps où il se soumet à l'influence de son maître, le temps où il pourra exercer aussi une influence et être maître à son tour. Animée et soutenue par de tels motifs, l'attention se concentre sur l'objet dont la connaissance doit amener des résultats si agréables à l'enfance, et s'y applique aussi longtemps que le permettent les forces de son âge.

J'ai vu un enfant allemand qu'on avait amené en France sans qu'il sût un mot de français : forcé de vivre au milieu de petits camarades qui ignoraient également sa langue, il apprit rapidement tous les mots, toutes les phrases dont il avait besoin pour s'entendre et jouer avec eux ; bientôt il fut en état de ne se trouver jamais embarrassé, tandis qu'avec son maître, qui lui enseignait le français comme on enseigne communément les langues, c'est-à-dire en endoctrinant un petit être immobile, debout ou sur une chaise, il était incapable d'en traduire quatre lignes. Comme écolier, cet enfant était un être passif, peu intéressé à profiter de leçons où il n'agissait point; comme camarade d'autres enfants, c'était un être actif, attentif à observer et à retenir tout ce qui pouvait lui donner les moyens d'agir et de parler comme les compagnons de ses jeux. Cet exemple suffit pour faire sentir l'importance de ce précepte : *que l'objet sur lequel vous voulez retenir l'attention des enfants soit aussi pour eux un objet d'activité.* Quand ils apprennent, ils se sentent dépendants et faibles; dès qu'ils agissent, ils se croient puissants et libres. Quelle différence entre les motifs de constance et de zèle que peuvent fournir ces deux situations[1]!... (*Conseils...,* p. 67-72.)

Le grand avantage de l'étude : fortifier la volonté.

N'astreignez pas de trop bonne heure les enfants à ces études entièrement nouvelles pour eux, qui ne se lient à rien dans leur esprit ni dans leur vie, et qui les obligent à recevoir passivement les idées et les connaissances que vous voulez leur donner. Ce n'est pas là le moyen de fortifier et de fixer l'attention; er, tant que l'attention est faible et vagabonde, à quoi sert l'étude, telle du moins qu'on a coutume de l'imposer aux enfants? Nous devons les faire étudier, non pour qu'ils sachent, car on ne sait rien à cet âge, mais pour former les facultés à l'aide desquelles ils acquerront un jour la vraie science, et pour amasser des matériaux dont ces facultés puissent disposer quand elles seront en état de choisir; c'est pour cela que les études qui occupent à la fois la mémoire et le raisonnement, en particulier l'étude des

---

1. M. Guizot avait déjà insisté sur cet important précepte de pédagogie (voy. p. 236) :

« On doit chercher, dans les méthodes d'enseignement, à faire de l'enfant un être actif qui exerce sur ce qu'il apprend ses forces naissantes, et non un être passif, placé là pour recevoir ce que l'on veut confier à sa mémoire ou à sa pensée. Il a besoin d'agir; dès qu'il agit, son attention se fixe, et ce qu'il fait se grave dans sa jeune tête bien mieux que ce qu'il entend. Vous aurez de plus, en le faisant agir, l'avantage de voir de quelle manière il commence à penser; vous étudierez l'enchaînement de ses idées, et vous en profiterez pour prendre garde à ne lui en donner aucune qui trouble les petites opérations de son esprit, toujours retardés par ce qui le dérange. » (*Méthode pour apprendre à lire,* d'après Campe. — *Annales de l'éducation,* I, p. 100.)

langues, sont si convenables à l'enfance. Elles exercent les forces
de l'esprit, et lui fournissent des instruments dont il se servira
plus tard; mais toutes ces études, surtout dans les premières
années, ne doivent être considérées que comme des moyens de
fortifier et de fixer l'attention; c'est dans ce but qu'elles doivent
être organisées, c'est à cela que doivent tendre les méthodes
d'enseignement.

Envisagée sous ce point de vue, réglée et limitée d'après ce
principe, l'étude devient non seulement utile, mais nécessaire;
car elle est plus propre que toute autre chose à faire acquérir ce
pouvoir de la volonté sur l'attention, si nécessaire dans tout le
cours de la vie. Si vous ne présentiez jamais à l'enfant que
des objets susceptibles d'exciter et de fixer naturellement son
attention, sans que sa volonté raisonnable y prît aucune part,
vous pourriez fortifier en lui cette faculté et la rendre capable
d'un travail difficile; mais vous ne la rendriez jamais capable
de cette attention volontaire, qui se fixe et s'applique selon que
l'exige la nécessité ou le devoir. Il ne s'agit pas seulement de
donner à l'homme des facultés saines et fortes; ces facultés
doivent être, autant du moins que cela se peut, à la disposition
de sa volonté; et cela se peut bien plus qu'on n'est communément porté à le croire. Condorcet [1] était, dit-on, si bien maître
de son attention que, lorsqu'il avait été interrompu, au milieu
de son travail, par une visite ou un dérangement quelconque,
il reprenait après, sans peine, et sans perte de temps, la suite
de l'idée et de la phrase qu'il avait laissées non achevées. Ce
pouvoir de la volonté sur l'attention constitue ce qu'on appelle
l'*application*, et l'étude seule peut faire acquérir à l'enfance cette
qualité précieuse. Lorsque, par des excitants moraux, tirés soit
du sentiment du devoir, soit de l'émulation, soit du désir de
satisfaire ses parents ou ses maîtres, vous aurez disposé l'enfant

1. Condorcet (1743-1794), secrétaire perpétuel de l'Académie des sciences en 1773,
membre de l'Académie française (1782), joua un rôle important à l'Assemblée législative, où il présenta un rapport célèbre sur l'organisation générale de l'instruction publique (20 et 21 avril 1792). Compris dans la proscription des Giron-
dins, il s'empoisonna dans sa prison, 6 avril 1794. On lui doit une remarquable
Esquisse des progrès de l'esprit humain.

à faire acte de bonne volonté, et qu'il se mettra ensuite à l'étude, vous verrez son attention, mise en jeu par sa volonté, se changer en une application véritable ; et vous aurez ainsi l'avantage de fortifier à la fois l'attention même par l'exercice auquel elle se soumettra, et le pouvoir de la volonté raisonnée sur l'attention, par l'habitude que prendra l'enfant d'exercer l'une au gré de l'autre.

Voilà le grand avantage de l'étude ; avantage inappréciable, qu'il suffit d'indiquer pour montrer le danger de ces méthodes légères qui veulent faire de tout un amusement pour l'enfance, et qui détruisent ainsi ce qu'il y a de plus nécessaire dans la vie, la puissance de la volonté sur l'exercice des facultés intellectuelles. Tout acte d'attention suppose sans doute un acte de volonté ; mais ce qui importe, c'est que l'homme se rende compte de cette volonté, et qu'il sache que, s'il peut, c'est parce qu'il veut et quand il veut. Supposons qu'il soit possible, en instruisant un enfant, de l'amuser et de l'intéresser toujours assez vivement pour qu'il soit toujours empressé et attentif, sans que sa volonté, considérée comme agent raisonnable et moral, y prenne aucune part ; l'enfant grandira ; un temps viendra où il sera nécessairement forcé de faire des études qui n'auront plus la même facilité et le même attrait ; il ne saura rien, car on ne sait rien dans l'enfance ; et il n'aura pas appris à étudier, car il n'a pas appris à faire usage de sa volonté pour l'étude. Comparez-le à un enfant qu'on a accoutumé, tout en ménageant son caractère et ses forces, à s'appliquer en étudiant, c'est-à-dire à faire un acte d'attention résultant d'un acte de volonté dont il a la conscience ; celui-ci, maître de ses facultés, qui se sont accrues avec l'âge, en disposera pour vaincre les obstacles qu'il rencontrera dans ses nouvelles études ; tandis que celui-là, incapable de trouver en lui-même un principe de mouvement et d'action dans des facultés qui n'ont jamais été mises en jeu que par l'attrait même des objets sur lesquels elles se sont exercées, se rebutera aisément et restera superficiel.

Ce qui a trompé la plupart des inventeurs de ces méthodes frivoles, c'est qu'ils ont cru devoir et pouvoir instruire l'enfant sans y faire intervenir sa propre volonté : ils ont séparé l'instruction de l'éducation morale, tandis qu'elles doivent être intimement liées, et que l'une doit tirer de l'autre ses plus puissants mobiles. C'est de l'être moral, c'est-à-dire capable de volonté, que l'être intelligent peut recevoir une impulsion forte et durable. Lorsque vous êtes parvenu à donner à l'enfant ce point d'appui, que rien ne saurait remplacer, prenez soin alors de lui faciliter sa tâche; inventez des méthodes simples et promptes qui l'intéressent, éveillent son activité et aplanissent devant lui la route : il est intéressé à réussir, par cela seul qu'il a voulu lui-même entreprendre; ses succès l'encourageront : c'est à vous à les lui rendre assez faciles[1] pour ne pas le rebuter, assez laborieux pour entretenir son application ou son attention volontaire... (*Conseils...*, p. 73-77.)

De la mémoire.

... On a reconnu de tout temps que la mémoire était une des facultés qu'il importait le plus de cultiver dans l'enfance. C'est à elle à remplir les magasins de l'esprit[2]. La vie humaine est si courte qu'on ne saurait prendre trop de soin pour n'en rien perdre, et pour en bien employer les différentes époques. On pourrait presque dire que chaque faculté a son âge, un temps où elle s'exerce de préférence, plus que toutes les autres; et les

---

1. « L'intérêt de l'étude dépend beaucoup plus de celui qui enseigne que de la nature même de ce qu'on étudie. » (*Annales*, II, 350.)

2. La mémoire ne joue pas un rôle moins important pour la vie morale que pour la vie intellectuelle. Dickens a mis ce point en lumière dans l'admirable conte intitulé le *Pacte du fantôme*, dont M. Saint-Marc Girardin résume ainsi l'intention et la portée : « C'est un chimiste, à qui le diable accorde de n'avoir plus le souvenir ni du mal qu'il a souffert des autres hommes, ni de celui qu'il leur a fait. Une âme qui n'a plus la mémoire ni de la joie ni du chagrin va-t-elle pour si peu cesser d'être une âme humaine? Car enfin, qu'est-ce que la mémoire parmi nos sentiments? C'est ici une de ces gouttes de pluie ou un de ces rayons de soleil dont la végétation ne peut pas se passer. Le don de l'oubli démoralise l'âme, et l'homme qui ne se souvient plus des diverses émotions de sa vie morale, de ses joies, de ses chagrins, cet homme, tout savant qu'il est, devient une brute méchante. Pour mieux expliquer la leçon, ce possédé a le malheureux don de communiquer l'oubli moral à tous ceux qu'il touche. Aussi, partout où il va, il change à l'instant même, par son don pernicieux, le climat moral des familles. Là où régnait la joie du foyer domestique, là où le malheur inspirait la patience, parce que le malheur était supporté en commun et devenait un pieux souvenir d'affection mutuelle, les âmes frappées d'oubli deviennent aussitôt égoïstes et méchantes, tant notre âme ne peut rien perdre de sa vie morale! » (*J.-J. Rousseau, sa vie et ses ouvrages*, 1er vol., p. 123.)

années où l'homme est encore peu capable de juger et d'imaginer[1] sont sans contredit celles pendant lesquelles il doit
amasser et préparer les matériaux qu'il mettra en œuvre plus
tard. D'ailleurs, en y regardant de près, on verra que, sans la
mémoire, les plus belles facultés restent inutiles, et que toute
faculté vraiment supérieure a pour aide et pour base une mémoire forte. On a donc raison de choisir cette faculté comme la
première dont on exige un travail fréquent et soutenu. L'enfant
reçoit des impressions, il se les rappelle, ainsi que les objets
qui les ont produites ; c'est par là qu'il commence à connaître :
tel est l'ordre de la nature ; l'éducation doit s'y conformer.

Par malheur, elle n'a pas toujours assez examiné comment
s'exerçait la mémoire, quels étaient ses procédés, et à quelles
autres facultés elle se rattachait. Ainsi, l'on oubliait souvent
autrefois que la mémoire dépend essentiellement de l'attention,
et l'on faisait apprendre aux enfants des choses qui ne pouvaient
fixer leur attention, soit parce qu'elles étaient fort au-dessus
de leur portée, soit parce qu'elles n'avaient aucun attrait pour
eux. On se trompait en croyant cultiver leur mémoire. Nos
facultés sont liées entre elles par une dépendance réciproque ;
elles influent l'une sur l'autre d'après une certaine généalogie
qu'il faut connaître et suivre pour favoriser et diriger avec succès
leur développement. Comment l'enfant parvient-il à se rappeler ?
C'est ce qu'il importe de savoir, avant de chercher par quels
moyens on peut aider et fortifier sa mémoire.

J'ai dit que la mémoire dépendait beaucoup de l'attention :
c'est ce dont personne, je crois, n'aura de peine à se convaincre...
Bacon fait à ce sujet une remarque fort simple : « Si vous lisez
un passage vingt fois, dit-il, vous ne l'apprendrez pas par cœur
aussi facilement que si vous le lisez dix fois seulement, mais en
essayant par intervalles de le réciter de souvenir, et en regardant le livre lorsque la mémoire vous manque. » Beaucoup de
parents, sans doute, engagent leurs enfants à faire usage de cette
méthode pour s'aider dans leurs leçons, et ils n'ignorent pas

---

1. Opinion discutable en ce qui concerne l'imagination, très éveillée dans l'enfance.

que son utilité vient de l'effort auquel se soumet l'attention de l'élève, qui sait qu'après avoir lu il cherchera tout de suite à se répéter ce qu'il vient de lire. On peut donc affirmer sans crainte que, lorsque nous voulons apprendre pour nous rappeler, c'est de la force de l'attention que dépend surtout le succès de la mémoire.

Mais cette faculté agit quelquefois sans qu'une volonté continue y intervienne; un objet, une idée nous en rappellent une foule d'autres : la mémoire dépend donc aussi de l'association des idées, et cette opération de l'esprit lui est d'un grand secours... Sans ce principe, la mémoire, réduite à des actes isolés et sans liaison, serait pénible, incomplète et insuffisante. Elle tire principalement de l'association des idées son étendue et sa facilité...

Examinons maintenant quelles qualités doit avoir une bonne mémoire, à quelles dispositions d'esprit ou de caractère s'allient communément les unes ou les autres de ces qualités, de quelles facultés elles paraissent dépendre, enfin comment on peut remédier à leur imperfection ou à leur faiblesse.

Les hommes retiennent plus ou moins facilement ce qu'ils voient et ce qu'ils apprennent; ils en gardent plus ou moins longtemps, plus ou moins exactement le souvenir; ils se le rappellent plus ou moins promptement, lorsque l'occasion s'en présente. Une bonne mémoire doit donc être facile pour retenir, tenace pour garder, prompte à rappeler : ce sont là ses fonctions, et telles doivent être ses qualités. La facilité sans la ténacité est de peu d'avantage; la ténacité sans la promptitude du rappel devient souvent inutile.

Il est aisé d'observer dans les enfants, comme dans les hommes, de grandes différences dans la distribution de ces qualités. Les uns retiennent facilement et oublient vite ; les autres apprennent avec lenteur, mais se rappellent longtemps. Souvent ceux-ci n'ont pas, dans l'occasion, un souvenir aussi rapide que les premiers. Que fera l'éducation ? Elle commencera par chercher à reconnaître de quel genre de mémoire est doué l'enfant; elle s'appliquera ensuite à donner de la ténacité à une mémoire facile, mais peu sûre; de la facilité et de la promptitude à une mémoire tenace, mais pénible et lente.

La facilité de la mémoire est presque toujours, si je ne me trompe, une disposition naturelle, tandis que sa *ténacité* dépend beaucoup de l'attention dirigée par la volonté, c'est-à-dire de l'application. Les enfants, sur qui les objets extérieurs font une impression vive, se les rappellent dès qu'ils les ont vus; mais comme les objets changent souvent, et les affectent d'autant plus vivement qu'ils sont plus nouveaux, leur attention, sans cesse distraite, ne s'arrête pas d'elle-même sur un seul objet, et leur volonté, toujours portée à suivre les caprices de leurs impressions, ne s'efforce guère de la retenir. Ces mêmes enfants, dès qu'ils s'appliquent, dans l'intention d'apprendre, retiennent bien ce qu'ils ont appris facilement. Il y a cependant ici une distinction importante à faire. Prenez-les au moment de l'étude; donnez-leur un motif intéressé pour faire usage de leur facilité naturelle; qu'ils soient sûrs d'aller s'amuser dès qu'ils auront appris, en peu de minutes la leçon sera récitée; mais comme elle n'était pas le principal objet de leur activité, comme le jeu auquel ils se livrent ensuite éveille et fixe bien davantage leur attention, si vous essayez, au moment où ils en sortent, de leur demander ce qu'ils savaient si bien tout à l'heure, vous verrez avec quelle rapidité se sont effacés de leur esprit ces mots et ces idées qui n'ont pas été le premier but de leur application et de leurs efforts. Avez-vous réussi, au contraire, à leur inspirer, du moins pour un temps, le goût de l'étude? Apprennent-ils pour savoir véritablement, non pour aller s'amuser aussitôt après? leur attention se concentre sur leur leçon; elle ne voit rien au delà, n'abandonne pas son objet dès que la tâche proprement dite est finie, se soutient même alors, et parvient ainsi à rendre la mémoire tenace. Cette différence est aisée à observer et à prévoir. Dans le premier cas, dès que l'enfant a récité, il oublie ce qu'il vient d'apprendre; aucune arrière-pensée ne lui reste ni de sa leçon, ni des contrariétés qu'elle lui a causées, et qu'il n'a vaincues que dans un but d'amusement; tout est fini, et il va jouer. Si, au lieu de cela, il s'est appliqué à apprendre, sans autre vue ultérieure que celle de savoir, vous le verrez, lors même qu'il aura récité, rester près de vous, vous questionner sur le sujet dont il s'occupait naguère : son attention se prolonge; sa leçon fait naître en lui de nouvelles idées, auxquelles elle s'associe : il n'oubliera pas ce qu'il aura appris ainsi.

La ténacité de la mémoire exige donc d'abord que l'attention s'applique exclusivement à l'objet dont elle s'occupe, qu'elle se prolonge au delà de l'heure même de l'étude, et que cet objet soit le but final des efforts de la volonté. Pourquoi les enfants retiennent-ils si bien les jeux qu'ils ont une fois appris ? C'est qu'en les apprenant, ils n'ont pensé à rien au delà. Voyez-les au moment où ils cessent de jouer pour retourner à l'ouvrage ; ils ont l'air d'étudier, mais c'est encore le jeu qu'ils étudient ; leur esprit s'y est fixé, et médite sur cet important sujet ; aussi ne l'oublient-ils point. C'est par la même raison qu'après avoir essayé de retenir une suite quelconque de faits ou de raisonnements, et n'y avoir pas parfaitement réussi, nous nous retrouvons souvent le lendemain beaucoup mieux instruits que nous ne l'étions la veille. Notre attention est revenue dans l'intervalle sur l'objet qui nous avait occupés ; elle en a ressaisi les différentes parties, et la mémoire s'en est rendue maîtresse. N'espérez donc pas exercer utilement la mémoire de vos élèves en faisant de l'amusement qui doit suivre le travail le mobile de leur activité : ou bien ils seront tellement distraits par cette perspective, qu'ils ne pourront même pas profiter de leur facilité naturelle pour apprendre promptement leur leçon ; ou bien, s'ils en font usage, l'attention qui mettra en jeu cette facilité sera si passagère et cessera si complètement, qu'ils oublieront bientôt ce qu'ils avaient paru savoir.

N'allez pas croire cependant qu'il suffise de rendre l'enfant appliqué pour donner à sa mémoire toute la ténacité dont elle a besoin : l'application est toujours faible et courte à cet âge ; il faut la seconder et la soutenir : l'ordre est le meilleur moyen d'atteindre ce but. Personne n'ignore à quel point la classification des faits et des idées soulage la mémoire qui doit les retenir[1]. Il suffit d'ailleurs, pour s'en convaincre, de songer aux

---

1. M. Hector Malot, dans un roman justement célèbre, *Sans famille*, a mis en scène d'une façon charmante l'application de ce précepte. Un pauvre enfant ne peut venir à bout d'apprendre sa leçon, une fable de Fénelon ; son camarade, le héros du roman, lui donne d'instinct une méthode excellente, que nous signalons

inconvénients du désordre et à l'impossibilité où nous serions de nous rappeler où sont nos livres, nos papiers, nos effets, etc., s'ils n'étaient rangés suivant un certain ordre qu'il nous est facile de ne pas oublier. Établissez donc, dans les études de vos enfants et dans la manière dont vous leur présentez tout ce qui doit entrer et rester dans leur jeune tête, une méthode simple, régulière, qui les mette d'abord en état de distinguer bien nettement chaque objet, et qui leur donne ensuite des principes généraux auxquels ils puissent rapporter tout ce que leur offrira une instruction plus étendue... Le premier avantage de l'ordre est de distinguer nettement les objets d'étude, en les mettant tous à leur place, en réunissant ceux qui peuvent être réunis et en séparant ceux qui diffèrent. A cet avantage s'en joint un autre plus important encore, c'est celui de rassembler sous quelques chefs essentiels la multitude des faits et des conséquences que l'enfant doit connaître. Pour enseigner l'histoire aux enfants, ne commence-t-on pas par leur indiquer ses grandes périodes, et, dans chacune de ces périodes, les grands événements qui l'ont signalée, afin de fournir ainsi à leur mémoire des cadres, qu'elle retient sans peine, soit à cause de leur petit nombre, ou à cause de leur importance, et à l'aide desquels elle se rappelle ensuite plus sûrement les noms et les événements qu'elle y rattache? On peut user d'un procédé semblable dans l'enseignement de toutes les sciences[1] : il rend, dans certaines études, les

---

à toute l'attention de nos maîtres. Il lui fait voir par la pensée les divers détails de la scène, les moutons en sûreté dans leur parc, les chiens dormant, le berger jouant de la flûte à l'ombre d'un arbre avec les bergers voisins; et l'enfant est ravi de ne plus oublier ce qu'il a vu; et il dit joyeux à sa mère, après avoir récité toute la fable, qu'il a facilement apprise ainsi et sans pleurer : « Les mots, c'est bête, ça ne signifie rien; mais les choses, on les voit... » Comme on ferait aimer l'étude avec d'aussi intelligents procédés! quels rapides progrès on obtiendrait en moins de temps et avec moins de peine!

1. Il y a lieu d'insister sur le plan proposé avec raison par M. Guizot. « Ce qui manque à peu près partout dans l'enseignement, dit le P. Gratry, dans son livre *les Sources*, c'est l'ensemble. » Si, dès la première leçon, qu'il s'agisse d'histoire, de géographie, de grammaire, d'arithmétique, etc., le maître donnait à ses élèves une vue générale de la science qu'on étudiera en détail toute l'année, de ses grandes divisions, il éclairerait vraiment leur intelligence; il leur rendrait le même service que l'étude d'un itinéraire sur la carte, qui prépare le voyageur à s'intéresser davantage à son excursion. En histoire, par exemple, une fois le pays décrit à grands traits, faites apparaître dans une revue rapide les divers acteurs qui se succéderont sur ce théâtre. Les détails ne risqueront plus de se confondre dans

premiers pas plus lents et plus pénibles ; l'enfant a besoin de plus de temps et de plus d'efforts pour saisir et retenir quelques principes généraux, qu'il n'en mettrait à apprendre un pareil nombre de faits particuliers ; mais, dès qu'il s'en est rendu maître, il y rapporte les faits et les grave solidement dans sa mémoire. L'étude des langues en fournit un exemple remarquable. « Si quelqu'un, dit M. Dugald-Stewart [1], étudie une langue étrangère uniquement en l'entendant parler, et sans en connaître les principes, il parvient d'ordinaire à la parler avec plus de facilité que celui qui en a fait une étude grammaticale ; et cette facilité dure aussi longtemps qu'il demeure dans le pays où tout le monde en fait usage ; mais un petit nombre d'années d'absence suffit pour la lui faire oublier, et alors il se trouve aussi ignorant à cet égard qu'avant d'avoir fait cette étude. Quand on a bien étudié une langue par principe, le défaut d'usage ne la fait pas si aisément oublier. »...

C'est donc un excellent moyen, pour donner à la mémoire de la ténacité, que de ranger dans un ordre clair et systématique les objets qu'on lui confie. On y réussit en classant les faits ou les idées d'après les véritables rapports qui les lient, et en rattachant chaque série d'idées ou de faits ainsi classés aux principes généraux dont elle dépend. Je dis qu'on doit classer les faits et les idées d'après leurs rapports naturels, toutes les fois qu'on peut se dispenser d'établir des rapports arbitraires et de pure convention. Qui ne voit que ces derniers rapports sont tellement sujets à l'erreur et au changement, qu'on ne saurait sans inconvénient en faire la base de l'instruction ? Prenons la géographie pour exemple. Si vous ne l'enseignez à l'enfant que d'après les divisions politiques des États, ces cadres que vous donnez à sa mémoire, pour qu'il y place tout le reste de la science, seront sujets à de grandes incertitudes. Faites-lui connaître, au contraire, la configuration de notre globe et les divisions réelles qu'y établissent les chaînes des montagnes, les vallées, les mers,

---

le souvenir de l'enfant, si seulement il entrevoit, dès l'abord, la suite des scènes qui se dérouleront plus tard sous ses yeux : les Gaulois, les Romains, les Francs, etc., etc.

1. Dugald-Stewart (1753-1828), philosophe de l'école écossaise.

le cours des fleuves, sa mémoire pourra retenir cette classification sans craindre d'avoir à la changer plus tard : elle y rapportera toutes les classifications arbitraires, quelles qu'elles puissent être ; elle aura ainsi, au milieu des vicissitudes des États, des cases immobiles toujours prêtes à recevoir les noms qu'on voudra leur donner, tandis qu'autrement elle s'embarrassera si l'on vient à renverser l'ordre qu'elle a une fois adopté...

On voit déjà, d'après ce que je viens de dire, que l'ordre favorise non seulement la ténacité de la mémoire, mais encore sa facilité à retenir et sa promptitude à rappeler : de même que la première de ces qualités dépend surtout de l'attention, les deux autres tiennent de plus près, si je ne me trompe, à l'association des idées, à sa rapidité et aux lois qui la gouvernent. C'est donc sur cette dernière faculté qu'il faut agir pour les cultiver avec succès ; établir dans les études, et par conséquent dans les connaissances qui en résultent, un ordre philosophique est encore, sans contredit, le meilleur moyen d'y réussir. Toute classification lie entre eux les objets qu'elle comprend ; dès qu'ils sont liés, ils sont soumis à l'association des idées, et l'on sait avec quelle promptitude agit cette faculté : ce qui importe, c'est que cette liaison ne s'opère pas au hasard et par des circonstances purement accidentelles, mais d'une manière logique et conforme aux véritables rapports des choses. En vertu de cette heureuse harmonie qui existe entre l'esprit humain et la vérité, la mémoire retient plus facilement ce qui est vrai et fondé en raison, que ce qui est incohérent et absurde. On ne saurait donc, pour la servir utilement, veiller avec trop de précaution sur la justesse et la légitimité des associations d'idées que forme l'enfant ; car, indépendamment des erreurs sans nombre auxquelles leur fausseté entraînerait son esprit[1], elle aurait pour la mémoire même des inconvénients très graves. J'ai vu un enfant à qui l'on n'avait jamais bien fait saisir, en lui enseignant l'histoire, le principe suivant lequel doivent s'associer dans la mé-

---

1. Quel danger n'y aurait-il pas, par exemple, à associer : moralité et succès, travail et ennui, paresse et bonheur, bonheur et richesse, société et exploitation, salaire et esclavage, capital et tyran, patron et ennemi, travail manuel et déshonneur, propriété et vol, république et anarchie, etc. !

moire les noms et les événements dont elle parle, c'est-à-dire
celui de la contiguïté de temps et de lieu. Il ne savait point l'histoire, quoiqu'il se fût donné beaucoup de peine pour l'apprendre;
elle n'était pour lui qu'un immense chaos de personnages et de
faits, qu'il oubliait sans cesse; tandis que, si on l'eût accoutumé
de bonne heure à ne jamais voir un nom ou un fait sans l'associer à l'idée du temps et du lieu auxquels il se rapportait
réellement, ainsi qu'aux autres noms et aux autres faits appar-
tenant au même lieu et au même temps, ce chaos se serait rangé
et éclairci de telle sorte que sa mémoire en aurait été infiniment
meilleure...

Je me suis borné jusqu'ici à exposer quelques-uns des
moyens simples et naturels par lesquels on peut agir directement sur la faculté de la mémoire. Je n'ai rien dit de la mémoire
artificielle, c'est-à-dire de ces méthodes à l'aide desquelles « on
lie dans son esprit des choses difficiles à retenir avec d'autres
choses que l'on retient plus aisément, et cela dans le but de se
rappeler les premières par les dernières ». Simonide passait chez
les anciens pour l'inventeur de la première méthode de ce genre;
Quintilien paraît en faire assez peu de cas. Les modernes ont
renouvelé ces tentatives : la *Mémoire technique* (*Memoria tech-
nica*) de M. Gray, les essais de M. Feinaigle et de quelques
autres Allemands, offrent des méthodes dont quelques faits
semblent prouver l'utilité, mais dont mille raisons m'empêchent
de recommander l'usage[1]. Il vaut infiniment mieux, à mon
avis, s'appliquer à fortifier les facultés elles-mêmes, à guérir
leur faiblesse, que chercher à suppléer leur force par des secours
étrangers, qui nuisent souvent à l'économie générale de l'esprit.

---

1. Ce n'est peut-être pas assez de ne pas en recommander l'usage. Il faut en
montrer le ridicule, pour en faire comprendre le danger. Qu'on en juge par cet
échantillon de la méthode de M. de Feinaigle. Imaginez une maison avec des
chambres, les parois divisées en panneaux, chaque panneau portant un emblème,
soit une *tour*, un *canard*, un *poêlon*, etc. Voulez-vous apprendre la botanique de
Linné? Supposez que votre ami André est sur la *tour*, vous lui direz en entrant :
Mon André; et cela vous rappellera la *monandrie* (une étamine)! Dans le neuvième compartiment est le poêlon: on y fricasse *Énée* avec *André* : ce sera l'*en-
néandrie* (neuf étamines)! — Préférez-vous étudier l'histoire de France? Eh bien!
le *clos* d'eau où habite le canard vous rappellera *Clodion*! Quant à *Chilpéric*, qui
correspond au poêlon, et qui ne veut pas se laisser traiter comme *Énée*, il crie
en son mauvais français : *J'y péris!!*

On pourrait aussi multiplier à l'infini le détail des petits moyens que les parents et les maîtres peuvent prendre pour cultiver la mémoire des élèves. J'aurais pu insister, par exemple, sur l'avantage de faire entrer, autant que possible, l'instruction par les yeux plutôt que par les oreilles. « Les sensations de la vue, dit Quintilien, sont plus vives que celles de l'ouïe. » La figure étant quelque chose de permanent, tandis que le son est passager, se grave mieux dans la mémoire ; c'est d'après la figure, plutôt que d'après le son, que les enfants qui apprennent à lire reconnaissent les lettres. Qui ne sait que, dans l'étude des mathématiques, la vue des figures contribue beaucoup à faire retenir les propositions ? Quiconque a ses enfants à élever saura tirer de là mille petites ressources pour secourir une mémoire pénible. De pareils détails doivent être pris en considération par les parents ou les maîtres eux-mêmes, mais ne sauraient leur être prescrits d'avance... (Conseils..., p. 82-100.)

La vie au grand air et en liberté.

... Je ne puis vous dire quel plaisir j'ai à penser que mes enfants vont vivre au grand air [1]. Je crois cela si bon ! Laissez-les dehors le plus possible. Il n'y a pas à craindre que la vie intellectuelle de ces enfants-là n'aille pas assez vite. Ils ont l'esprit et le cœur plus avancés, plus excités qu'il ne convient peut-être à leur âge. Je ne m'en plains pas ; mais il n'y faut rien ajouter. Du loisir, du mouvement, de la liberté, c'est là ce qu'il faut soigner pour eux. Et quand ils sont dehors dans le jardin, où nul danger n'est à craindre, laissez-les faire ce qui leur plaît, comme il leur plaît, un peu seuls au besoin, sous votre surveillance lointaine. Il n'y a pas de liberté pour les enfants, s'ils ne sont pas un peu seuls, livrés à eux-mêmes. L'intervention, la simple présence d'une grande personne, même

---

1. Mᵐᵉ Guizot, à qui cette lettre est adressée (juin 1840), venait de s'installer au Val-Richer avec ses trois petits-enfants. M. Guizot était alors à Londres, où il avait été envoyé, en qualité d'ambassadeur, en février 1840.

dans leurs plaisirs, leur enlève quelquefois ce laisser-aller, cette verve qui leur sont très bons[1]... (*M. Guizot dans sa famille et avec ses amis*, p. 206.)

Méthode pour apprendre à lire, d'après Campe[2].

Toutes les méthodes pour apprendre à lire sont bonnes, en ce sens qu'il n'en est aucune par laquelle on ne parvienne, tôt ou tard, bien ou mal, à faire lire l'enfant; mais qu'elles soient toutes également bonnes, c'est ce que nul homme raisonnable ne saurait penser. Les meilleures sont évidemment celles qui fixent le plus l'attention de l'enfant sans le fatiguer, c'est-à-dire sans l'ennuyer, et qui se conforment le mieux à la marche naturelle que suivent, dans leur développement, son esprit et ses idées. Les enfants ont une logique et une volonté; l'une est plus rigoureuse et l'autre plus puissante qu'on ne pense : ils ont si peu d'expérience qu'on fausse sans peine leur logique; ils sont si faibles qu'on enchaîne aisément leur volonté ; cela est facile, mais funeste; ce qui est utile et important, c'est de seconder, dans ce qu'on leur enseigne, la justesse naturelle de cet esprit, qui ne désire que de connaître, et de diriger vers ce qu'on veut lui faire faire les premiers élans de cette volonté, qui ne demande qu'à se déployer.

On doit donc chercher, dans les méthodes d'enseignement, à faire de l'enfant un être actif qui exerce sur ce qu'il apprend ses forces naissantes, et non un être passif, placé là pour recevoir

---

1. Quelques jours plus tard (14 juin), il répondait aux objections que la grand'mère n'avait pas manqué de lui adresser : « Je pense, comme vous, qu'il ne faut pas laisser Pauline se livrer, même en plein air et en s'amusant, à toute son ardeur : ce que je désire, c'est qu'elle vive beaucoup dehors, dans un mouvement physique libre et doux. Ne lui demandez que peu d'application, peu de travail assidu, ce qu'il en faut seulement pour prévenir l'ennui, la langueur, et satisfaire un peu à l'activité de son esprit. De même pour Henriette, quoiqu'elle soit plus forte. L'intelligence de mes enfants est bien assez développée et continuera de se développer bien assez vite. C'est leur développement physique qu'il faut soigner, leur force physique; et pour cela le grand air, le mouvement extérieur, la liberté physique, la variété des impressions sont les meilleurs moyens. »
2. *Nouvel abécédaire*, en allemand, par Joach.-Henri Campe. Altona, 1778; nouvelle édition, Brunswick, 1807.

ce que l'on veut confier à sa mémoire ou à sa pensée. Il a besoin
d'agir ; dès qu'il agit, son attention se fixe, et ce qu'il fait se
grave dans sa jeune tête bien mieux que ce qu'il entend. Vous
aurez de plus, en le faisant agir, l'avantage de voir de quelle
manière il commence à penser ; vous étudierez l'enchaînement
de ses idées, et vous en profiterez pour prendre garde à ne lui
en donner aucune qui trouble les petites opérations de son
esprit, toujours retardé par ce qui le dérange.

La méthode de M. Campe, ou plutôt celle qu'il a développée,
est fondée sur ces considérations. Personne n'ignore qu'en
enseignant à lire aux enfants, ce qu'il y a de plus difficile, c'est
de retenir sur le livre leurs yeux toujours prêts à errer dans
l'appartement, et de fixer sur l'examen des lettres leur attention
trop peu absorbée par une étude où ils sont immobiles et obligés
de regarder constamment au même endroit. Si les enfants pouvaient agir et mettre dans ce petit travail plus de mouvement,
de spontanéité, n'y apporteraient-ils pas aussi plus d'intérêt,
plus de zèle ? Ne retiendraient-ils pas ce dont ils se seraient occupés eux-mêmes plus sûrement et plus nettement que ce dont on
les occupe, sinon malgré eux, du moins sans qu'ils y prennent
une part bien active ? Par exemple, ne reconnaîtraient-ils pas
mieux et plus tôt la forme des lettres, si, au lieu de se borner à
la regarder, ce qu'ils ne font pas toujours, même quand ils
paraissent le faire, ils la dessinaient, la traçaient eux-mêmes
d'abord, ce qu'ils feront sûrement avec plaisir et ne peuvent
faire sans attention ? M. Campe en est persuadé, et c'est pour
cela qu'il veut qu'on apprenne à lire aux enfants en leur apprenant à écrire : cela n'est guère praticable que pour ceux qui
apprennent à lire un peu tard, par exemple vers l'âge de cinq
ou six ans ; car c'est alors seulement que la main commence à
être assez sûre pour pouvoir tracer des traits ; mais je ne doute
pas qu'alors cette méthode ne soit plus facile, plus prompte et
moins ennuyeuse. Écrire, c'est transmettre nos pensées à ceux
à qui nous ne pouvons parler ; lire, c'est connaître les leurs ; ces
deux arts sont si intimement liés, qu'en les unissant dans l'instruction, l'étude de l'un doit faciliter celle de l'autre. Qu'on ne
se serve pas, en commençant, de plumes, d'encre et de papier ;

car où l'on ferait attention à la tenue de la plume, ce qui détournerait l'attention de l'enfant, ou on la négligerait, ce qui lui donnerait de mauvaises habitudes de main ; une grande planche noire et un morceau de craie taillé en pointe sont ce qui vaut le mieux ; l'enfant imitera en grand la forme des lettres, et apprendra ensuite bien plus aisément à se servir d'une plume. M. Campe a développé les procédés de cette méthode dans des dialogues qui sont, dit-il, le fruit de l'expérience qu'il a acquise en enseignant à ses petits-enfants. Je vais, pour en donner une idée, traduire, en l'abrégeant, le premier de ces entretiens : il commence d'une manière un peu métaphysique, et l'on pourrait amener plus naturellement l'enfant à reconnaître le besoin de certains signes pour exprimer ses pensées à ceux à qui il ne peut les dire ; il serait, par exemple, très simple et très facile d'exciter sa curiosité sur une lettre qu'on vient de recevoir devant lui ; mais j'ai cru ne pas devoir changer à ce point le dialogue de l'auteur.

« — Alfred, je pense à quelque chose ; peux-tu voir ma pensée ? — Non, bon papa.

— Peux-tu l'entendre ? — Non plus.

— Regarde bien, écoute bien ; vois-tu ou entends-tu quelque chose ? — Rien du tout.

— Tu crois donc qu'on ne peut ni voir ni entendre les pensées ? — Oui, je le crois.

— Prends garde. Quand on parle, on dit ce qu'on pense ; ne l'entends-tu pas ? — Oui.

— N'y a-t-il pas quelque moyen de le faire voir aussi ? — Je n'en connais point.

— Il y en a un, mon ami ; quand tu le sauras, tu pourras faire connaître tes pensées à tes petits camarades absents, et savoir quelles sont les leurs. N'en seras-tu pas charmé ? — Oui, bon papa ; mais comment cela s'appelle-t-il ?

— Cela s'appelle *écrire* et *lire*. En écrivant, nous rendons visible, à l'aide de certains signes, ce que nous pensons ; en lisant, nous connaissons ces signes, et nous voyons ce qu'ont pensé les autres. Veux-tu apprendre comment cela se fait ? — Certainement ; cela est-il bien difficile ?

— Non, mon ami ; tu vas voir. Approchons-nous de cette table noire. (*Il prend la craie, et trace sur la table un* a *en gros caractère.*)

Tu vois bien ce que je viens de faire? Cela s'appelle *a*. Peux-tu en faire autant? — Pourquoi pas? (*Il imite l'*a.)

— Très bien ; ton *a* est aussi beau que le mien. C'est là une lettre ; faisons-en une autre. (*Il trace un* n.) Celle-ci s'appelle *ne*. Essaye d'en faire un. — Le voilà.

— Tu connais déjà deux lettres ; passons à une troisième. (*Il trace un* e.) Ceci s'appelle *e*. Fais un *e*. (*Alfred trace un* e.)

— Fais à présent ton *a*, ton *n* et ton *e* à côté les uns des autres. (*L'enfant les retrace.*) Comment cela fait-il ? — Cela fait *âne*.

— Tu vois bien, tu sais déjà écrire et lire le mot *âne*. Ainsi, quand tu penseras à un âne, et que tu voudras faire connaître ta pensée à quelqu'un à qui tu ne pourras la dire, tu sauras écrire le mot qui désigne un *âne*, et, si tu le voyais écrit, tu saurais le lire. Tu verras que dans peu de temps je t'aurai fait connaître assez de lettres pour écrire toutes tes pensées, etc., etc. »

Je n'ai pas besoin de pousser plus loin cette conversation. En la développant et le répétant, on l'appliquera à toutes les combinaisons des lettres ; et l'enfant, amusé par un travail qui occupe à la fois ses yeux, ses doigts, sa voix, son esprit, et où il est le personnage le plus actif et le plus important, apprendra à lire avec beaucoup moins de peine, et sera bien préparé pour apprendre à écrire. Il faut avoir soin de lui faire prononcer souvent les lettres et les mots à mesure qu'il les écrit, pour qu'il en connaisse le son ; de les lui montrer en même temps dans un livre, afin qu'il s'accoutume à les retrouver dans des dimensions différentes et dans un ordre plus régulier ; enfin, de ne lui offrir d'abord que des mots dont les objets lui soient familiers, et des combinaisons de lettres simples ; car un des principes les plus vrais et les plus essentiels à observer en éducation, c'est de ne présenter à l'enfant les difficultés que successivement et l'une après l'autre. On ne saurait rompre le faisceau de flèches unies ; on les brise une à une dès qu'on les sépare ; ainsi se lèvent les obstacles... (*Annales de l'éducation*, 1, p. 105.)

De la première instruction et des abécédaires.

Depuis que l'éducation est l'objet des méditations des philosophes, depuis qu'on a commencé à en chercher les principes et les règles, non plus dans une vieille routine, mais dans la constitution de la nature humaine et dans la destination de l'homme, on a mis en avant, sur ce sujet, un grand nombre d'idées générales, qui, lorsqu'elles auront été dépouillées de toute exagération et mises chacune à la place qui lui convient, ne sauraient manquer d'exercer la plus salutaire influence. Mais ce travail n'est pas encore fait : ces idées sont encore, si je puis le dire, entassées pêle-mêle ; de plus longues réflexions et l'expérience n'ont pas encore montré dans quel ordre il faut les disposer et à quels cas chacune d'elles est applicable. De là vient que cette application se fait souvent à contre-sens, et que telle idée qui, employée en son temps et en son lieu, serait excellente, devient funeste par un usage mal entendu. Ce qu'on a dit de la nécessité de rendre l'étude facile aux enfants en est un exemple : au lieu de prêcher cette nécessité sans distinction de situation et d'âge, ou au lieu de la décrier d'une manière tout aussi vague et inconsidérée, ne vaudrait-il pas mieux examiner quelle est, dans le développement de l'enfance, la marche que doit suivre la difficulté de l'instruction, dans quelle proportion doit influer sur les soins qu'on peut prendre pour faciliter l'étude l'accroissement de l'âge et de la force d'attention, et quelles études doivent être rendues plus ou moins faciles, selon leur nature, leur but et le degré d'importance qu'elles ont pour celui qu'on en veut occuper ? Il serait, ce me semble, nécessaire et possible d'établir à ce sujet des distinctions au moyen desquelles on parviendrait à s'entendre : il faut bien reconnaître des distinctions là où la nature a mis des différences, et puisqu'il est vrai qu'un enfant de douze ans ne ressemble pas à un enfant de cinq ans, que l'histoire n'est pas la même chose que le latin, je ne vois pas pourquoi les méthodes d'instruction seraient les mêmes à douze ans qu'à cinq, et pourquoi on ferait étudier le latin comme l'histoire. On a constamment, en éducation, deux objets à considérer, l'enfant qui étudie, et ce qu'il étudie. Ces deux objets varient ou diffèrent sans cesse ; ce sont ces variations, ces différences qu'il importe d'examiner, car elles doivent nécessairement modifier les méthodes.

Ainsi, il est des études dont le but principal est de former l'intelligence même de l'enfant, son attention et son jugement, en l'accoutumant à suivre pas à pas les opérations qu'il fait lui-même, à s'en rendre compte, à analyser ce qu'on met sous ses yeux, et à acquérir ainsi cette constance d'esprit, cette habitude d'une logique rigoureuse qui lui seront si utiles dans le cours de sa vie ; c'est sous ce point de vue que doit être envisagée l'étude des langues anciennes, et c'est pour cela qu'il est absurde de prétendre la rendre prompte et facile, puisque c'est précisément par sa difficulté et sa lenteur qu'elle est propre à produire le résultat qu'on doit en attendre. Il ne faut pas augmenter cette difficulté par des méthodes qui y ajoutent l'ennui, en la prolongeant outre mesure ; mais il faut la laisser ce qu'elle est, si l'on veut profiter de ses avantages.

Il est, au contraire, certaines études qui ont pour objet d'exciter la curiosité de l'enfant, de fournir à sa mémoire des matériaux, des faits sur lesquels puisse s'exercer son intelligence, selon sa portée et le degré de son développement : l'histoire, l'histoire naturelle, l'observation des phénomènes que présente la nature sont de ce nombre. Pourquoi ne pas chercher à rendre ces études faciles et promptes ? Pourquoi les assujettir à une marche lente qui ne fera que ralentir la curiosité ? C'est ici qu'il faut saisir les occasions, suivre les indications données par l'esprit de l'enfant lui-même, pour lui fournir en abondance ces matériaux, qu'il saura classer et faire fructifier un jour. Ces études sont d'une autre nature, tendent vers un autre dessein : la même méthode ne leur est donc pas applicable. Ce n'est qu'en examinant, en distinguant ainsi les diverses branches de l'instruction qu'on parviendra à savoir quelle marche on doit adopter pour les faire concourir convenablement au but que l'on se propose.

Une autre considération non moins importante, si simple en elle-même que tout le monde la connaît, que tout le monde en

parle, et cependant fort négligée, est celle de l'âge. Toutes les
facultés se développent par l'exercice; leur exercice est ou naturel ou obligé : elles sont naturellement exercées par l'impression
que font sur l'enfant les objets qui l'entourent; il observe, il
compare, il juge sans cesse et exécute ainsi, dans sa petite sphère,
toutes les opérations de l'esprit humain. On met ses facultés
dans un exercice obligé lorsqu'on les retient sur des études
étrangères à sa vie, quand on fait entrer dans sa sphère d'observation et de jugement des objets qui n'y entreraient pas si l'on
n'avait soin de les y placer. Il est évident que ce dernier genre
d'exercice est indispensable. C'est ainsi, et seulement ainsi, que
chaque génération apprend à profiter des travaux et des lumières
de celles qui l'ont précédée. C'est par l'étude, par l'instruction,
que les siècles se lient les uns aux autres, que l'esprit s'étend,
que le caractère s'élève, et que chaque homme n'est plus un
individu isolé, borné à ses propres observations, à sa propre
expérience, à cette petite portion de lumières qu'on peut acquérir
par soi-même dans le cours d'une existence passagère. Sans
l'instruction, la marche de la civilisation et les progrès de l'esprit
humain seraient d'une extrême lenteur; chaque génération
recommencerait ce qu'a fait la génération précédente; le temps
perdu serait incalculable, et les hommes perdraient presque complètement ce pouvoir que leur donnent, sur le présent et sur
l'avenir, les idées qu'ils tirent de la connaissance et de la comparaison des choses passées. C'est donc une vraie folie que de
prétendre isoler l'enfant et de ceux qui l'entourent et de ceux qui
sont venus avant lui, que de chercher à faire sortir toutes ses
lumières de sa propre expérience, que d'exercer uniquement sa
réflexion sur ce qu'il a vu et fait lui-même : c'est vouloir lui faire
parcourir à lui seul toute la carrière qu'a déjà parcourue le genre
humain; c'est le priver volontairement des avantages réels qu'il
peut y avoir à être né après six mille ans de travaux et d'expé-
riences. N'y a-t-il donc aucun moyen d'en profiter sans énerver,
sans étouffer l'esprit de l'enfant, sans le remplir de préventions,
de préjugés, sans lui apprendre enfin à juger ce qu'on lui fait
connaître? La tâche est difficile, j'en conviens; mais s'ensuit-il
qu'il soit inutile de s'appliquer à en surmonter la difficulté?

ÉDUCATION ET ENSEIGNEMENT.   243

Et ceux qui l'ont cru se sont-ils flattés qu'il fût possible de l'éluder ?

Ne nous le dissimulons pas : plus l'esprit s'étend et s'éclaire, plus il acquiert de matériaux et d'idées, plus il a de peine à les mettre en usage, mais aussi plus il trouve en lui-même de forces et de ressources. De même, l'éducation pouvait être beaucoup plus aisée, quand elle se bornait au simple développement de l'intelligence de l'enfant, concentrée dans l'espace qu'il pouvait voir et où il pouvait agir ; mais cette éducation n'est plus de notre temps : elle est impossible et ne serait pas bonne ; aujourd'hui les connaissances et l'étude doivent nécessairement devancer l'expérience ; ce n'est plus à l'expérience que l'étude peut être bornée ; ce n'est plus de là seulement que les connaissances doivent sortir.

Je suis donc bien loin de croire qu'il ne faille pas faire étudier les enfants, qu'il faille attendre des circonstances de la vie toute l'instruction qui leur est nécessaire. Cette vaine prétention ne ferait pas même des Spartiates ou des barbares, car aujourd'hui il n'est plus possible d'en faire ; elle ne produirait que des hommes qui ne seraient bons à rien, fort en arrière de leur siècle, demi-sauvages au milieu de peuples civilisés, et dont l'esprit, plus original peut-être, serait cependant aussi bien faussé par l'isolement où on l'aurait mis, qu'il aurait pu l'être par les préjugés, les conventions, les habitudes auxquelles on aurait essayé de le soustraire.

Est-il donc impossible que l'enfant étudie et s'instruise par l'étude, sans que le développement de ses facultés soit troublé, détourné, sans que son esprit conserve et son originalité et sa justesse? Je ne saurais le croire ; je crois plutôt que nous n'avons pas encore bien examiné, bien déterminé de quelle manière on pouvait, sans contrarier la marche naturelle de l'intelligence, sans gêner sa liberté, étendre la sphère de son activité, et lui présenter les nombreux matériaux sur lesquels elle doit s'exercer. Il est évident que les difficultés dont on a entouré longtemps les premiers pas de l'enfance, le défaut de convenance entre les efforts qu'on exigeait d'elle et sa faiblesse, le peu d'utilité des études dont on l'occupait exclusivement pendant tant d'années, l'ennui qui devait nécessairement en résulter, étaient en opposition directe avec les indications de la nature. On est sorti maintenant de cette routine ; on est entré dans la bonne route, mais la connaît-on bien dans toute son étendue ? C'est ce dont il est permis de douter.

On a vu, par exemple, qu'il était absurde d'occuper longuement et uniquement la première enfance d'études sans intérêt et par conséquent sans attrait pour elle, qu'il était ridicule d'augmenter encore la difficulté de l'étude par celle de la méthode ; on en a conclu que toutes les études devaient être attrayantes, que toutes les méthodes devaient être faciles, et l'on n'a pas songé à se demander s'il était possible que toutes les études eussent le même attrait, si la promptitude et la facilité des méthodes levaient toutes les difficultés de l'étude. Indépendamment de ce que j'ai déjà dit sur la nécessité d'examiner et de distinguer la nature et le but des diverses études, on aurait dû, comme je viens de l'indiquer, prendre aussi en considération la diversité des âges, et c'est ce qui me reste à développer.

La première enfance n'est point capable d'une attention forte ; la faiblesse de ses organes lui rend nécessaire une distraction que la multitude et la nouveauté des objets qui l'entourent rendent inévitable. Il ne faut pas lui demander plus d'efforts qu'elle n'en peut faire, et cependant il faut l'accoutumer à faire tous ceux qui sont en son pouvoir. Nous connaissons mal cette puissance : quand nous songeons peu à ce qu'est l'enfant, et beaucoup à ce qu'il doit apprendre, nous en présumons trop ; quand nous songeons surtout à l'enfant même, nous n'y croyons pas assez. C'est pour cela que tant de maîtres se fâchent de ce que l'enfant ne comprend pas assez vite et ne retient pas assez bien, tandis que tant de parents faibles trouvent qu'on exige trop de lui. On peut, ce me semble, poser en principe qu'on ne saurait rendre les premières études, celle de la lecture et de l'écriture, par exemple, trop promptes et trop faciles : s'il était possible que l'enfant sût lire et écrire sans avoir la peine de l'apprendre, il n'y aurait pas de mal à cela : ce serait du temps gagné. Du moins ces études sont-elles parfaitement appropriées à l'âge auquel on les enseigne : elles ne demandent ni combi-

naisons d'esprit, ni long exercice de jugement; elles ne mettent
en jeu que la mémoire et le degré d'attention nécessaire pour
que la mémoire existe. L'enfant voit une lettre, *a*; il se rappelle
que c'est celle qu'il a déjà vue, et qui se nomme, lui a-t-on
dit, *a*; il répète le nom, sans avoir eu autre chose à faire qu'à
reconnaître l'identité. C'est de la même manière qu'il répète *papa*
en voyant son père, après qu'en le lui montrant on lui a répété
plusieurs fois le mot *papa*. De même pour l'écriture, il n'a qu'à
constater l'identité du caractère qu'il trace et de celui qu'il
imite; là se borne tout le travail de son intelligence; le reste est
un exercice manuel. L'attention est donc l'unique faculté que
ces études contribuent à exercer, car c'est la seule qui soit ici
nécessaire pour que l'enfant se rappelle et imite : or, qu'on
songe à ce qu'il doit coûter d'efforts à l'enfant pour concentrer
sur des objets où il ne voit ni intérêt, ni but, cette attention que
sa volonté ne sait pas encore manier, et qu'il est accoutumé à
laisser errer librement au gré de tout ce qui l'éveille; c'est déjà
beaucoup pour lui que de la mettre ainsi quelques moments à la
disposition d'une volonté étrangère. Que deviendra-t-elle, si on
la fatigue par des méthodes pénibles et lentes, si le plaisir de
savoir ne vient pas bientôt dédommager de la peine d'apprendre? Il arrivera ce qui arrive aux enfants qu'on jette brusquement dans l'eau, dont ils ont peur, sous prétexte de leur
apprendre à nager; ils prennent l'eau dans une aversion que la
raison a ensuite beaucoup de peine à vaincre. La nature veut
que l'enfant, avant de se tenir debout, s'essaie quelque temps
à quatre pattes; n'exigeons pas davantage de ses forces intellectuelles; exerçons-les d'abord doucement sans prétendre à les
devancer.

Quel inconvénient y aurait-il, d'ailleurs, à épargner à l'enfant,
dans ces premiers travaux de son esprit, toutes les difficultés
qu'on peut en ôter? Je ne parle pas de l'ennui qu'on lui sauve,
de la liberté qu'on lui laisse, de l'avantage qu'on trouvera un
jour à n'avoir pas fait naître de bonne heure en lui une pré-
vention trop défavorable contre l'étude. Qu'est-ce que la lecture
et l'écriture? Sont-ce des sciences qu'on doive lui faire comprendre, qui aient des principes qu'il doive saisir, des consé-

quences dont l'étendue doive s'accroître pour lui à mesure qu'il
grandira? Sont-elles pour son intelligence, pour son jugement
un véritable exercice où il puisse apprendre à enchaîner une idée
à l'autre, où il faille procéder avec lenteur pour lui faire bien
observer les pas qu'il fait, les règles de logique qu'il doit suivre?
Nullement : ce ne sont que des instruments dont on veut lui
faire acquérir l'usage, comme on lui apprend à se servir d'une
fourchette et d'une cuiller pour manger. Savoir lire n'est rien en
soi : si un enfant, après avoir appris à lire, ne lisait plus, dût-il
ne l'oublier jamais, il ne sortirait pas de là pour lui une seule
idée; il en est de même de l'écriture; ce sont donc de purs
instruments, de simples moyens mécaniques de développement
et d'instruction qu'on veut lui donner. A quoi bon en rendre
l'acquisition difficile? Ce serait aussi absurde que de vouloir
rendre l'art de marcher plus difficile à apprendre que ne l'a fait
la nature : plus, au contraire, cette acquisition aura été aisée et
prompte, plus tôt l'enfant pourra faire usage de l'instrument
qu'elle doit lui fournir; elle lui coûtera toujours assez d'efforts
pour que son attention commence ainsi à être exercée; et il n'y
a, je le répète, dans la nature même de ces études, et dans l'âge
auquel elles sont destinées, aucune raison de croire que leur
facilité doive entraîner le moindre inconvénient.

Aussi voudrais-je qu'on ne négligeât aucun moyen d'augmenter cette facilité, et que tous les abécédaires fussent composés dans cette intention. J'ai déjà parlé, dans les *Annales de
l'éducation* (tome I, p. 105), de la méthode par laquelle on pouvait apprendre à lire et à écrire en même temps, et j'en ai
développé les avantages : il me semble qu'elle est trop peu
connue et pratiquée. Beaucoup de parents ont renoncé, et, je crois,
avec raison, à la méthode de l'épèlement, méthode lente, fastidieuse, et dans laquelle l'enfant est continuellement obligé de
prononcer une lettre isolée autrement qu'elle ne se prononce
dans sa combinaison avec d'autres lettres. Qu'on remarque la
gradation qui existe dans l'étude de la lecture : on commence
par faire connaître les lettres à l'enfant; il voit un signe et donne
à ce signe un nom : ce nom doit être aussi voisin que cela est
possible du son même de la lettre, et c'est pour cela qu'il est

ridicule d'appeler le f *effe*, le h *ache*, etc.; mais on ne saurait
prétendre à ce que le nom donné à chaque lettre, et le son qu'elle
prend dans les mots, soient parfaitement identiques; car, pour
donner un son aux consonnes, il faut nécessairement y ajouter
la voyelle *e* muet[1], qui est le résultat de la simple expiration,
de la pure émission de la voix; ainsi le *d* se prononce *de*, le *p*
pe, etc. Les consonnes perdent cet *e* muet quand elles s'unissent
à d'autres voyelles; il y a donc une différence inévitable entre
la prononciation des consonnes isolées et celle des consonnes
dans les mots. L'étude des lettres isolées a donc pour but de
faire connaître le signe, et non d'en enseigner positivement la
prononciation. L'étude de cette prononciation dans les diverses
combinaisons des consonnes et des voyelles est le second degré
de cet enseignement. L'épèlement confond ces deux degrés, ces
deux opérations différentes, et les embrouille l'une par l'autre.
Qu'on exerce d'abord l'enfant à bien connaître isolément les
vingt-cinq signes dont se compose notre alphabet; qu'on les lui
présente dans tous les ordres possibles et sans ordre; qu'on les
lui fasse chercher dans des mots; qu'on les lui montre ensuite
combinés ensemble et en lui faisant prononcer chaque syllabe
en une seule fois, sans la décomposition de l'épèlement, on aura
suivi la marche indiquée par la nature même de cette étude; on
se sera épargné beaucoup de temps perdu et d'ennui[2].

Les abécédaires devraient donc présenter, après l'alphabet
régulier, des alphabets renversés et mêlés en tous sens, en assez
grand nombre pour que l'enfant, après les avoir bien étudiés,
connût parfaitement tous les signes, et se fût habitué à les
nommer; après cela viendraient des mots simples et familiers à
l'enfant, comme *papa*, *balle*, *table*, etc., où il apprendrait à pro-

1. Ancienne théorie, qui n'est pas exacte : quelques articulations se pro-
noncent parfaitement seules, sans le concours d'une voyelle, comme *f, r, s*, dont
le son peut se prolonger, tandis que *b, p, d, t*, etc., ne peuvent s'émettre qu'avec
l'adjonction au moins d'un *e* muet.
2. A ces utiles indications, je joindrai celle de la *lecture mentale*, fort en honneur dans les écoles belges. Elle consiste, avant toute étude des caractères, à
reconnaître dans des exercices oraux, sur des mots familiers à l'enfant, les divers
sons et leurs différentes combinaisons. Une fois ce mécanisme compris, la lecture devient presque un jeu. Voy. le livre très intéressant de M. Lonay, instituteur à Liège, *Enseignement simultané de la lecture et de l'écriture*, 1860.

noncer les syllabes, et s'essaierait bientôt de lui-même à les joindre pour en former des mots. A ces mots succéderaient de petites phrases où ils seraient enchâssés; et à ces phrases, de petits contes qui, en excitant sa curiosité, placeraient l'amusement à côté de la leçon...

Si les instituteurs essaient, en outre, de joindre à cet enseignement celui de l'écriture, en faisant tracer les lettres aux enfants avec de la craie et sur une ardoise ou une table noire, ils verront quels avantages en résultent pour la promptitude, la facilité et l'agrément de la première instruction. (*Annales de l'éducation*, V, p. 129-141.)

———

La ponctuation.

Paris, 23 juin 1839.

Ma chère Henriette, je te ferai encore la guerre sur ta ponctuation; il n'y en a point ou presque point dans tes lettres. Les phrases se suivent sans aucune distinction ni séparation, comme les mots d'une même phrase. Quand cela n'aurait d'autre inconvénient que de causer à chaque instant, à la lecture de tes lettres, une sorte d'embarras et de surprise, il y aurait là une raison bien suffisante pour te corriger et pour ponctuer comme tout le monde. Mais il y a une autre raison plus importante que tu comprendras, j'en suis sûr. Tu as l'esprit très prompt; tu comprends et tu fais vite; et, dès que tu as compris ou fait une chose, tu ne t'arrêtes pas du tout, tu veux passer à l'instant même à une autre. Voilà pourquoi tu ne ponctues pas. Toute ponctuation, virgule ou autre, marque un repos de l'esprit, un temps d'arrêt plus ou moins long, une idée qui est finie ou suspendue, et qu'on sépare par un signe de celle qui suit. Tu supprimes ces repos, ces intervalles; tu écris comme l'eau coule, comme la flèche vole. Cela ne vaut rien, car les idées qu'on exprime, les choses dont on parle dans une lettre, ne sont pas toutes absolument semblables, et toutes intimement liées les unes aux autres, comme les gouttes d'eau. Il y a entre les idées des différences, des distances, inégales mais réelles, et ce sont précisément ces distances, ces différences entre les idées que la ponctuation et les divers signes de la ponctuation ont pour objet de marquer. Tu fais donc, en les supprimant, une chose absurde; tu supprimes la différence, la distance naturelle qu'il y a entre les idées et les choses. C'est pourquoi l'esprit est étonné et choqué en lisant tes lettres; le défaut de ponctuation répand sur tout ce que tu dis une certaine uniformité menteuse, et enlève aux choses dont tu parles leur vraie physionomie, leur vraie place, en les présentant toutes d'un trait et comme parfaitement pareilles ou contiguës!

Mais voici qui est encore plus grave. C'est une qualité, mon enfant, et une qualité précieuse que la promptitude d'esprit. Il y a tant de choses à apprendre, à voir et à faire dans la vie, et nous avons si peu de temps à y consacrer, qu'on est très heureux d'avoir reçu de Dieu le don de cette rapidité, de cette facilité d'intelligence, qui fait qu'on peut beaucoup comprendre et beaucoup faire en peu de temps, et par conséquent se mieux acquitter de la tâche de la vie. Mais toute qualité a un défaut qui lui correspond et dont il faut se défendre avec soin; s'il s'agissait du caractère, je te dirais que les personnes très énergiques manquent souvent de douceur; les personnes très courageuses, de prudence. Pascal ou La Bruyère[1], je ne me rappelle pas bien lequel, a dit quelque part : « Une vertu n'a tout son mérite et toute sa valeur que lorsqu'elle est accompagnée de la vertu contraire. Que la fermeté soit douce, que la douceur soit énergique. Il n'y a de bon et de beau que ce qui est complet, ce qu'on peut considérer et admirer en tout sens. »

Ce qui est vrai du caractère et de ses vertus, ma chère enfant, l'est également de l'esprit et de ses qualités. Il ne faut pas qu'une qualité devienne la source d'un défaut. Or la promptitude de l'intelligence peut amener la légèreté de l'attention. Quand on comprend aisément, on ne se donne pas toujours la peine de comprendre parfaitement. Quand on court très vite, on ne regarde pas, et par conséquent on ne voit pas tout ce qu'il y aurait à regarder et à voir sur la route. Précisément parce que tu as l'esprit facile et prompt, il faut que tu l'obliges à s'arrêter sur les choses, à les examiner avec soin, à ne pas se contenter de la connaissance qu'il en prend du premier coup. Sans cela, une grande partie de ce qu'il y a dans les choses t'échapperait; tu ne saurais et tu ne ferais rien parfaitement. Et une qualité naturelle et grande te ferait tomber dans une fâcheuse imperfection.

En voilà bien long, ma chère Henriette, mais tu sais que j'aime à causer avec toi. Et d'ailleurs on ne se corrige d'un défaut que lorsqu'on a bien reconnu d'où il vient et jusqu'où il pourrait aller. Prends un parti, ne laisse jamais partir une lettre sans relire très attentivement, uniquement pour la ponctuation. Quand tu en auras une fois pris l'habitude, tu n'auras plus besoin d'en prendre le même soin, et tu verras qu'un jour l'habitude de la ponctuation deviendra pour toi de la force d'attention.

Paris, juillet 1839.

Ma chère enfant, tu me trouveras bien contrariant[1]; mais, je t'en prie, ne me jette pas à la tête tant de virgules. Tu m'en accables, comme les Romains accablèrent cette pauvre Tatia de leurs boucliers. — *Bonne maman n'a pas voulu, que nous allassions à la pépinière parceque, il faisait trop chaud. Nous avons toutes deux, très bien pris, nos leçons de piano; j'ai pris bien, celle d'écriture.* — Quelle raison pourrais-tu me donner en faveur de celles que j'ai soulignées? Il n'y a évidemment là aucune suspension, aucun intervalle entre les choses et les idées; elles se tiennent au contraire très étroitement, et il faut passer sans s'arrêter de l'une à l'autre. Pense à ce que tu fais; penses-y

---

1. A M⁽ᵐᵉ⁾ Guizot, 1ᵉʳ juillet 1839 : « Voilà la lettre d'Henriette. Pour cette fois, la ponctuation n'y manque pas; il y en a même surabondance. Elle a semé les virgules comme les grains de blé dans un champ, sans trop regarder où elles tombaient. Nous suivrons cette affaire-là ensemble. »

pour mettre une virgule ou ne pas la mettre, comme pour prendre un chemin au lieu d'un autre, quand tu veux aller quelque part. Tu ne sors pas du côté de la buanderie quand tu veux aller aux cygnes. Pourquoi? Parce que tu y penses. Prends-en la peine en toutes choses. On a de l'intelligence pour penser à ce qu'on fait, et, non pour s'en dispenser... (*M. Guizot dans sa famille...*, p. 191.)

Divers moyens d'étudier la signification des mots.

(Après avoir établi que, pour saisir les différences légères, mais réelles, des synonymes, il faut recourir à la définition, puis à l'étymologie, M. Guizot ajoute :)

Parmi les autres moyens que l'on peut employer pour reconnaître la signification primitive des mots, le plus remarquable est celui que fournit leur terminaison.

Comme les langues se sont formées avec plus de régularité qu'on n'est d'abord tenté de le croire, il est aisé de voir que les mots (les noms, par exemple) sont susceptibles d'être rangés, d'après leur terminaison, sous diverses classes essentiellement distinctes : ainsi la terminaison *eur* désigne en général celui qui agit, *compétiteur*, *agriculteur*, etc. ; la terminaison *ion* indique l'action de faire, *suspension*, *sédition*, etc. ; la terminaison *té* marque l'état où se trouve celui qui agit. L'*inaction*, par exemple, est l'acte de ne rien faire, de rester inactif, tandis que l'*oisiveté* est l'état de celui qui ne fait rien. Ces distinctions une fois établies déterminent sur-le-champ, du moins sous certains rapports, le sens propre des mots.

La comparaison de notre langue avec le latin, dont elle dérive, et avec les langues vivantes, surtout avec celles qui, nées de la même source, ont suivi à peu près la même marche dans leurs progrès, peut encore ne pas être inutile[1]. Comme il arriva

---

1. Mais non indispensable, comme le prétendent ceux qui demandent l'introduction de quelques notions de latin dans les écoles normales. Ces quelques notions, nécessairement superficielles, seraient encore plus dangereuses qu'utiles ; et pousser plus loin cette étude dépasse les limites de l'enseignement primaire.

souvent que, de deux mots synonymes, le premier est emprunté
à une langue, le second à une autre, il importe de connaître
leur sens dans la langue originaire, afin de savoir quelle est leur
acception propre dans la nôtre : je prendrai pour exemple les
synonymes *bannir*, *exiler*. Le premier vient de l'ancien mot
allemand *bann*, qui signifia d'abord ce qui gênait la liberté d'un
homme, désigna dans la suite l'acte de l'autorité judiciaire par
lequel un homme était privé de sa liberté, exclu d'une commu-
nauté civile ou religieuse, et s'appliqua enfin à cette exclusion
même, qui était toujours le résultat d'une condamnation juri-
dique. *Exiler* vient du latin *exsilium* (*exsilire*, qui veut dire
simplement *sauter dehors*). « *Exsilium*, dit Cicéron, *non suppli-
cium est, sed perfugium portusque supplicii* : l'exil n'est pas
une condamnation, mais un refuge, un port contre elle. »
(*Oratio pro Cæcina*, 100, 34.) A la vérité, les Latins connais-
saient aussi l'exil judiciaire; mais, dans son sens primitif, l'*exilé*
était simplement celui qui se trouvait contraint, par un motif
quelconque, de vivre loin de sa patrie; tel est aussi le sens dans
lequel nous avons emprunté ce mot du latin, et c'est sur cette
différence d'origine que repose la distinction établie par l'abbé
Roubaud [1] entre *exiler* et *bannir*. « Le *bannissement*, dit-il, est
la peine infamante d'un délit jugé par les tribunaux ; l'*exil* est
une disgrâce encourue sans déshonneur, pour avoir déplu :
l'*exil* vous éloigne de votre patrie, de votre domicile ; le *bannissement* vous en chasse ignominieusement... Ainsi on ne se *bannit*
pas, on s'*exile* soi-même, etc. »

Cet exemple suffit pour montrer que l'on peut, souvent avec
fruit, appeler à son secours la connaissance des langues étrangères; mais c'est un moyen dont il ne faut user qu'avec circonspection. En passant d'une langue à une autre, les mots changent
pour ainsi dire de patrie; leur ancienne figure, leur première
signification s'altèrent et se décomposent : ce serait donc à tort
qu'on voudrait tirer de leur origine des inductions positives;

---

1. Auteur d'un traité, *Synonymes*, 1796, que M. Guizot trouve supérieur à tous
ses rivaux.

c'est un guide qu'on peut consulter, mais qu'on ne doit pas toujours suivre.

Ajouterai-je enfin que, pour déterminer avec justesse le sens propre des termes, il faut connaître l'histoire des mœurs, des usages de la nation qui les emploie, et de celle à qui ils ont été empruntés? La langue est intimement liée avec les habitudes, les principes de ceux qui la parlent; elle en dépend comme l'image dépend de l'objet, comme le signe dépend du signifié : cette liaison, moins sensible lorsque la grammaire formée et perfectionnée s'est mise en quelque sorte à l'abri de la variation des opinions, ne laisse pas d'avoir toujours une influence réelle. Que l'on suive l'histoire de la langue française depuis François Ier jusqu'à nos jours, en la comparant avec celle de nos mœurs et de nos coutumes, on sera frappé de leur conformité[1]. Nous verrons notre langue, revêtue d'abord d'un caractère de franchise et de naïveté chevaleresque, perdre de sa simplicité à mesure que disparaissait celle de nos idées, pour gagner en urbanité et en sagesse proportionnément aux progrès de la civilisation. Hérissée, sous Louis XIII, des pointes et des jeux d'esprit qui faisaient les délices de ce temps, elle prit une tournure pleine de prétention et de subtilité, qu'elle échangea bientôt, sous Louis XIV, contre un caractère de noblesse, d'élégance et d'ostentation conforme à celui de ce siècle. Le siècle suivant lui donna plus de clarté : elle était formée, il la fixa, mais en laissant encore sur elle l'empreinte de l'esprit qui régnait alors. « Ce serait, a-t-on dit, une chose assez curieuse à savoir, pour l'histoire des mœurs, que l'histoire des mots. » Il n'est pas moins curieux pour l'histoire des mots de connaître celle des mœurs. Cette influence réciproque des usages et des opinions sur le langage, et du langage sur la direction et le progrès des connaissances, s'étend plus loin qu'on ne le suppose au premier coup d'œil[2].

---

1. C'est donc un assez vain regret que celui des mots perdus. « Le temps, remarque Doudan, ne laisse en arrière que ce qui ne peut plus servir. » Le mot *chevaucher*, par exemple, exprimait « l'idée des courses aventureuses du moyen âge, où l'on cherchait les grands coups de lances par monts et par vaux. Il rappelait la chevalerie, il a péri avec elle ». — « Le *doux nenni* s'en est allé avec la condition un peu niaise des jolies châtelaines. »

2. « Les hommes, dit Bacon, dans son *Novum Organum*, s'imaginent que leur

Elle n'est donc pas à dédaigner pour la détermination du sens propre des synonymes; mille exemples le prouvent. Ainsi le mot *libertin* ne désigna probablement d'abord que ceux qui faisaient usage de leur liberté[1]. Pendant le siècle de Louis XIV, on l'appliqua aux hommes trop libres dans leurs opinions politiques et religieuses. Mme de Motteville, dans ses Mémoires, se plaint des esprits *libertins* qui décrient le gouvernement. Orgon, dans *Tartufe*, dit en parlant de Valère :

> Je le soupçonne encor d'être un peu *libertin*;
> Je ne remarque pas qu'il hante les églises.

Il était donc à peu près synonyme d'*esprit fort*, *incrédule*, noms d'invention plus récente.

Lorsque, sous la Régence, la corruption des mœurs fut devenue le caractère de la société, on n'appela plus *libertins* que ceux qui se piquaient de penser librement sur les devoirs à observer dans le commerce des femmes, et ce mot devint synonyme de *licencieux*, *débauché*. Ce dernier sens lui reste aujourd'hui, mais on voit quels changements lui a fait subir l'altération progressive des principes. Le mot *prude* a éprouvé le même sort : *preude femme* signifiait autrefois une femme *vertueuse et prudente*, comme *preud'homme* signifiait un homme *sage et vertueux*. Quand les mœurs se relâchent, la vertu est souvent traitée d'hypocrisie : aussi, dans les temps modernes, le mot *prude* n'a-t-il plus désigné qu'une sagesse, une vertu affectée; il a cessé d'être

---

raison commande aux mots; mais qu'ils sachent que les mots, se retournant, pour ainsi dire, contre l'entendement, lui rendent les erreurs qu'ils en ont reçues; et telle est la principale cause qui rend sophistiques et inactives les sciences et la philosophie... Les plus grandes et les plus imposantes disputes des savants dégénèrent presque toujours en disputes de mots. »

1. On lit dans les *Remarques nouvelles* du P. Bouhours : « Libertin signifie quelquefois une personne qui vit à sa mode, sans néanmoins s'écarter des règles de l'honnêteté et de la vertu. On dira d'un *homme de bien* ennemi de tout ce qui s'appelle servitude : il est libertin; il n'y a pas un homme au monde plus libertin que lui. Une *honnête femme* dira même d'elle, jusqu'à s'en faire honneur : je suis née libertine. Ces mots, en ces endroits, ont un beau sens et une signification délicate. » Mme de Sévigné écrit, en effet : « Je suis tellement libertine quand j'écris, que le premier tour que je prends règne tout le long de ma lettre. »

un titre honorable et s'est trouvé lié par des rapports de synonymie avec des termes dont jadis il était bien éloigné.

On voit, d'après cela, quelles ressources peut fournir la connaissance des mœurs et des habitudes de la nation aux diverses époques de son histoire : on en profitera d'abord pour établir le sens propre des mots, et ensuite pour découvrir les modifications qu'ils ont subies. Ce second travail n'est pas le moins essentiel : chaque modification met un mot en contact avec de nouveaux synonymes, et, lors même qu'elle tombe en désuétude, le mot en conserve l'empreinte ; quelque positif que soit le sens qui lui est définitivement assigné, il lui reste toujours quelque chose des diverses acceptions qu'il a reçues ; ce sont des nuances que l'on ne doit jamais négliger : on apprendra à les connaître dans deux sources principales, l'usage écrit et l'usage parlé.

L'usage écrit se détermine d'après l'emploi qu'ont fait des termes les auteurs classiques de la langue. On n'a pas assez fait sentir encore la nécessité d'appuyer les distinctions établies entre les mots synonymes sur des exemples tirés des grands écrivains ; c'est le seul moyen d'assurer une autorité reconnue à des distinctions précaires tant qu'elles ne sont fondées que sur un avis isolé. Non seulement celui qui suivra cette marche donnera de la solidité à son travail, il découvrira de plus une infinité de modifications à travers lesquelles ont passé les termes dans les ouvrages de différents genres et de divers temps. Les bons auteurs sont les témoins irrécusables des variations de la langue ; ils lui en font subir eux-mêmes, que leur nom seul fait adopter ; eux seuls peuvent nous apprendre à les connaître.

Cette étude est d'autant plus importante, que nous voyons quelquefois le même mot employé par certains auteurs dans une acception différente de celle qui lui a été donnée par d'autres, et lié ainsi à diverses familles de synonymes : cela est arrivé surtout à l'époque où la langue s'est fixée. L'expression *honnête homme* nous en offrira un exemple frappant : dans Saint-Évremond, elle est constamment synonyme de celle d'*homme de bon ton, de bonne compagnie*; dans ce sens, il appelle Pétrone *un des plus honnêtes hommes du monde*; c'était même ainsi qu'on l'entendait dans la société. Cependant Boileau a pris *honnête homme*

pour synonyme d'*homme vertueux*, lorsqu'il a dit que Lucilius,
dans ses satires,

> Vengea l'humble vertu de la richesse altière,
> Et l'*honnête homme* à pied du faquin en litière.

Aujourd'hui l'expression d'*honnête homme* n'est susceptible
que de l'acception adoptée par Boileau ; celle d'*homme honnête*
ne semble pas éloignée du sens que Saint-Évremond donnait à
la première ; et cependant celle-ci doit avoir conservé quelque
chose de son ancienne signification, puisque l'abbé Roubaud a
considéré *honnête homme* et *homme honnête* comme étant encore
synonymes.

J'ai insisté sur cet exemple, pour montrer la nécessité d'étudier
chez nos auteurs eux-mêmes, seuls régulateurs et seuls juges de
l'usage écrit, les modifications, soit simultanées, soit successives,
que le sens propre des mots a pu ou peut encore admettre.

Quant à l'usage parlé, on vient de voir qu'il n'est pas toujours d'accord avec l'usage écrit ; c'est une raison de plus pour
ne pas le négliger. Il est d'ailleurs une infinité de mots qui sont
plutôt du ressort de la conversation que de celui du style, et
dont les modifications nous sont connues uniquement par la tradition, de quelque manière qu'elle arrive jusqu'à nous. Cet
usage, plus arbitraire et plus passager que l'usage écrit, parce
que celui-ci devient une règle dès qu'il est consacré dans les
livres classiques, est plus difficile à reconnaître ; il faut en
chercher les traces chez les poètes comiques, dans les corres-
pondances et dans les mémoires des contemporains... (*Dictionnaire des synonymes, Introduction.*)

Questions de morale proposées par un père à ses enfants.

LA DILIGENCE ET LES VOLEURS

M. DE FLAUMONT ... Une diligence anglaise, pleine de voyageurs, se rendait à une grande ville. On parla beaucoup des
voleurs de grand chemin qui, sur cette route, arrêtaient et

dépouillaient souvent les voyageurs ; on se demanda comment on pouvait sauver de leurs mains son argent. Chacun se vanta d'avoir pris ses mesures et d'être en sûreté, mais sans donner plus de détails.

Une jeune femme imprudente, qui voulait sans doute faire admirer son adresse, et qui ne songeait pas que la franchise était là fort déplacée, dit : « Quant à moi, je porte avec moi tout ce que je possède : c'est un billet de deux cents livres sterling (environ deux cents louis); je l'ai si bien caché que certainement les voleurs ne le trouveront pas; il est dans mon soulier, sous mon bas. »

Peu d'instants après, survinrent des voleurs qui demandèrent aux voyageurs leur bourse : ils y trouvèrent si peu de chose, qu'ils ne voulurent pas s'en contenter, et qu'ils déclarèrent, d'un ton menaçant, qu'ils fouilleraient et maltraiteraient rudement les voyageurs, si on ne leur donnait pas sur-le-champ cent livres sterling. Ils paraissaient prêts à exécuter leur menace.

« Vous trouverez aisément le double de ce que vous demandez », leur dit un vieil homme assis dans le fond de la voiture, et qui, pendant toute la route, n'avait rien dit ou n'avait parlé que par monosyllabes. « Faites seulement quitter à madame ses bas et ses souliers. »

Les voleurs suivirent ce conseil, prirent le billet, et partirent.

Que dites-vous du vieil homme?

Clémentine. Ah, papa, quelle méchanceté !

M. de Flaumont. Tous les voyageurs le pensèrent comme vous. Ils l'accablèrent de reproches et d'injures, et le menacèrent de le jeter par la portière. Le chagrin de la jeune femme était au delà de tout ce qu'on peut dire. Le vieil homme fut insensible aux injures, aux menaces, et s'excusa une seule fois en disant que chacun devait d'abord penser à soi.

Quand la diligence arriva le soir dans la ville, le vieillard s'éloigna avant que personne eût pu lui faire sentir son mécontentement. La jeune femme passa une nuit affreuse. Quelle fut sa surprise lorsque, le lendemain matin, on vint lui remettre quatre cents livres sterling, un fort beau peigne, et la lettre que voici !

« Madame,

» L'homme que vous détestiez hier, avec raison, vous envoie la somme que vous avez perdue, des intérêts qui la doublent et un peigne d'une valeur à peu près égale. Je suis désolé de la peine que j'ai été obligé de vous faire. Quelques mots vous expliqueront ma conduite. J'arrive des Indes, où j'ai passé dix années fort pénibles : ce que j'y ai gagné, par mon travail, se monte à trente mille livres sterling, que j'avais hier en billets dans ma poche ; si j'eusse été fouillé avec la sévérité dont on nous menaçait, je perdais tout. Que devais-je faire ? Je ne pouvais m'exposer à être obligé de retourner aux Indes les mains vides. Votre franchise m'a fourni le moyen de me tirer d'embarras : aussi je vous prie de ne faire aucune attention à ce petit présent, et de me croire à l'avenir tout dévoué à vous. »

GUSTAVE. Ah ! papa, la jeune femme n'avait plus aucune raison de se plaindre, et le vieil homme n'avait pas tort, puisqu'il lui a rendu bien plus qu'on ne lui avait pris.

CLÉMENTINE. Oui ; mais, à sa place, j'aurais beaucoup mieux aimé n'avoir pas le peigne, et n'avoir pas été obligée de quitter mes souliers et mes bas devant des voleurs.

GUSTAVE. Oh ! cela ne lui a pas fait grand mal.

HENRI. Mais, papa, si les voleurs, malgré leur promesse, avaient sévèrement fouillé tout le monde, et qu'ils eussent pris au vieux homme ses trente mille livres sterling, il n'aurait pas pu rendre à la jeune femme ses deux cents livres, et ç'aurait pourtant bien été lui qui les lui aurait fait perdre.

M. DE FLAUMONT. Henri a raison : le vieux homme faisait un mal certain sans avoir la même certitude qu'il pourrait le réparer.

HENRI. Certainement ; on ne peut pas se fier à la parole des voleurs.

GUSTAVE. Mais aussi il était sûr que, s'il ne faisait pas cela, on lui prendrait ses trente mille livres sterling.

M. DE FLAUMONT. Il est vrai ; mais crois-tu, mon cher Gustave, qu'il soit permis, pour se sauver d'un grand malheur, de causer à un autre un malheur aussi grand ? Car, enfin, la perte de deux cents livres sterling était pour la jeune femme une aussi grande perte que l'aurait été pour le vieux homme celle de ses trente mille, puisque c'était là aussi toute sa fortune.

GUSTAVE. Oui, papa; mais il savait bien qu'il les lui rendrait.

M. DE FLAUMONT. Il le voulait, sans doute; mais Henri t'a montré comment il était possible qu'il ne pût pas faire ce qu'il voulait. D'autres accidents pouvaient encore l'en empêcher; s'il avait perdu son portefeuille en route, s'il était mort subitement, etc.

CLÉMENTINE. Mon Dieu, oui, et la jeune femme n'aurait eu ni ses deux cents livres sterling, ni les deux cents livres de plus, ni son beau peigne.

M. DE FLAUMONT. Il livrait ainsi sa probité et le sort de sa compagne de voyage aux chances d'un avenir toujours incertain, le tout pour s'épargner un malheur, très grand à la vérité, mais dont la certitude ne lui donnait pas le droit de faire le malheur d'un autre. C'est là la différence qu'il y a entre la prudence et la vertu; la prudence commence par songer à se tirer d'affaire, et croit avoir assez fait quand elle s'est promis de réparer le mal qu'elle a fait à autrui; la vertu ne se contente pas de l'espérance de réparer un jour ce mal; elle ne le fait pas et se trouve ainsi souvent plus malheureuse, mais toujours plus tranquille; aussi la vertu peut seule ne pas redouter l'avenir; c'est en faisant le mal, même dans l'idée qu'il pourra devenir un bien, ou avec la ferme volonté de le réparer, que les hommes se jettent dans des embarras et souvent dans des fautes dont ensuite rien ne peut les tirer. On ne peut se flatter, quelque prudent que l'on soit, d'avoir prévu toutes les chances et de s'être arrangé de manière à ce qu'aucune ne soit fâcheuse; tandis qu'en s'imposant la loi d'être d'abord vertueux, on acquiert la certitude qu'on ne fera jamais à personne un tort qu'on doive se reprocher ensuite, comme en ayant été la cause volontaire.

GUSTAVE. Mais, papa, que fallait-il donc faire?

M. DE FLAUMONT. Je n'en sais rien; tout ce dont je suis sûr, c'est qu'il ne fallait pas commencer par faire ce qu'a fait notre vieillard. Tu verras un jour par toi-même combien il arrive de

malheurs dans ce monde par la fausse idée qu'ont si souvent les hommes qu'ils pourront arranger et diriger les événements au gré de leurs desseins; ils règlent leur conduite dans cette espérance; et ensuite les événements se multiplient, s'embarrassent tellement, arrivent d'une manière si imprévue, qu'ils voient échouer fort souvent leurs projets et toujours leur vertu, qu'alors ils ne peuvent plus rattraper. Il faut, au contraire, assurer d'abord sa vertu, et après tirer, aussi bien qu'on peut, parti des circonstances. Qui sait, d'ailleurs, toutes les ressources que peut trouver un homme fermement décidé à ne rien faire contre sa conscience? Il est fort commode, sans doute, de prendre le premier moyen qui s'offre à l'esprit; mais est-on bien sûr que ce soit là le seul, et qu'en se donnant un peu plus de peine, on n'en trouverait pas un autre aussi efficace et plus honnête? Qu'après être resté vertueux, on soit ingénieux et inventif, on sortira presque toujours d'embarras. Si tous les gens ruinés se faisaient voleurs, ce serait, sans contredit, la voie la plus facile et la plus prompte pour refaire fortune; c'est cependant un parti que ne prennent pas les honnêtes gens, et, dans la nécessité de chercher d'autres ressources, ils manquent rarement d'en découvrir. Je ne vois pas trop, dans ce moment-ci, de quoi notre vieux homme aurait pu s'aviser pour sauver ses trente mille livres sterling; mais peut-être, s'il ne se fût pas arrêté tout de suite à l'idée de dénoncer la jeune femme, lui serait-il venu dans l'esprit quelque autre expédient, et cela aurait beaucoup mieux valu...
(*Annales de l'éducation*, IV, p. 306.)

LE DEVOIR DIFFICILE

(M. de Flaumont raconte à ses enfants, Henri, Clémentine et Gustave, l'histoire d'un brave ouvrier, nommé Paul, père de plusieurs enfants, qui, retenu par la considération de sa famille, n'a pas risqué sa vie pour sauver un malheureux tombé à l'eau dans un endroit très périlleux. Désolé de n'avoir porté qu'un secours impuissant, il ne croit pas pourtant avoir mal fait. C'est sur ce point que les enfants sont consultés.)

CLÉMENTINE. Certainement qu'il avait bien fait de se conserver pour ses enfants.

HENRI. Ah, oui ! C'est toujours un moyen commode pour s'excuser de n'avoir pas fait ce qu'on doit.

GUSTAVE. Mais il ne devait rien à cet homme, qui avait eu la maladresse de se laisser tomber dans l'eau et qu'il ne connaissait pas.

HENRI. Papa nous a dit qu'on devait toujours faire aux autres tout le bien qu'on pouvait, et Paul pouvait fort bien essayer de sauver cet homme ; il n'était pas sûr de périr avec lui.

CLÉMENTINE. Ah ! cela était bien vraisemblable.

HENRI. Il y aurait un beau mérite à faire des actions courageuses, si on était sûr qu'il n'y a pas de danger !

M. DE FLAUMONT. Mais songe donc, mon fils, qu'en s'exposant à ce danger, qui était très grand, et où il devait probablement rester, il exposait aussi ses enfants à mourir de misère, ou à devenir de mauvais sujets, faute de moyens honnêtes pour gagner leur vie. Crois-tu donc que ce ne soit pas là une considération assez importante pour contre-balancer le désir qu'il pouvait avoir de sauver cet homme qui se noyait ?

HENRI. Cela est possible, mon papa ; mais il est sûr cependant qu'on estimera toujours davantage celui qui aura exposé sa vie pour en sauver un autre, que celui qui aura si bien considéré toutes les raisons qu'il y avait pour ne pas le faire.

M. DE FLAUMONT. Cela est tout simple ; on voit d'une manière indubitable le courage de celui qui fait une action courageuse, et on ne peut pas être aussi sûr des motifs de celui qui s'y refuse ; mais suppose qu'il te soit parfaitement prouvé que Paul avait réellement le désir de pouvoir se jeter à l'eau pour sauver cet homme, et qu'il n'a été retenu que par l'intérêt de ses enfants, ne penses-tu pas qu'il mériterait l'estime plutôt que le reproche ?

HENRI. Ce qu'il y a de sûr, c'est que je ne voudrais pas me trouver dans une pareille situation.

CLÉMENTINE. En effet, on ne sait pas trop comment s'en tirer.

GUSTAVE. Eh bien ! pendant que tu aurais réfléchi, l'homme serait resté dans l'eau, et ainsi il en aurait été tout de même.

M. DE FLAUMONT. L'incertitude est bien sûrement, dans ces cas-là, ce qu'il faut éviter le plus; car elle empêche de tout; et c'est pour cela qu'il faut s'accoutumer à réfléchir sur l'ordre de nos devoirs, afin de savoir bien positivement ceux qui doivent passer avant les autres.

HENRI. Mais quand il s'en trouve à la fois deux qui sont également d'obligation?

M. DE FLAUMONT. C'est ce qui n'existe pas; car on n'est jamais obligé à ce qu'on ne peut pas; et penses-tu, par exemple, que Paul pût à la fois se jeter dans l'eau et ne s'y pas jeter?

GUSTAVE, *en riant.* Ah! voilà qui est bien impossible.

M. DE FLAUMONT. Crois-tu donc qu'il pût être obligé en même temps de faire une action, et de faire ce qui rendait cette action impossible?

HENRI. Non, certainement.

M. DE FLAUMONT. Il est donc bien clair que, s'il y avait une de ces deux actions à laquelle il fût nécessairement obligé, son devoir était d'écarter tout ce qui pouvait l'empêcher, même ce qui lui eût paru être un devoir dans un autre cas.

CLÉMENTINE. Et vous êtes d'avis, mon papa, n'est-ce pas, que le devoir de faire vivre ses enfants doit passer avant tout?

M. DE FLAUMONT. Non pas avant tout assurément. Le premier de tous les devoirs est d'être honnête homme, de ne faire de tort à personne, de ne point trahir les intérêts dont on est chargé.

CLÉMENTINE. Mais on est bien chargé des intérêts de ses enfants.

M. DE FLAUMONT. On l'est d'abord des intérêts de sa probité; car personne ne peut en être chargé que vous. La première chose qui nous est prescrite, c'est de ne pas faire d'injustice aux autres; mais ce n'est pas leur faire une injustice que de ne pas leur faire tout le bien dont ils ont besoin; et, parce que l'homme qui se noyait avait besoin du secours de Paul, ce n'était pas une injustice que de le lui refuser pour se conserver à ses enfants.

HENRI. Parce que ses enfants en avaient besoin aussi. Mais, papa, selon ce que vous dites, ce n'aurait pas été non plus une injustice que de ne pas faire à ses enfants tout le bien dont ils avaient besoin, et ils n'avaient pas plus besoin de lui que l'homme qui était là à se noyer et n'avait que lui pour le secourir.

M. DE FLAUMONT. Non, assurément; mais penses-tu qu'on puisse faire du bien à tout le monde?

GUSTAVE. Il faudrait donc pour cela passer la journée à courir les rues pour donner à tous les pauvres.

CLÉMENTINE. Ou même courir le monde, afin de chercher ceux qui pourraient avoir besoin de vous, et y dépenser toute sa fortune.

HENRI. Il est sûr que c'est ce qui m'a bien souvent embarrassé.

M. DE FLAUMONT. C'est que tu n'as pas songé que chaque homme, n'étant qu'une très petite partie du monde, ne pouvait être chargé spécialement que d'une très petite portion du bien qui doit se faire dans le monde; c'est même le seul moyen qu'il se fasse quelque chose de bon; car, si tout le monde voulait tout faire, on ne saurait auquel entendre; il faut donc que chaque homme examine quelle est la portion de bien à faire dont il peut être naturellement chargé. Ainsi, quand ce ne serait pas un devoir de justice de s'occuper d'abord de l'existence et du bien-être des enfants qu'on a mis au monde en se mariant, ce serait un devoir de raison, puisqu'il serait absurde de négliger le bien qu'on peut faire chez soi pour aller faire du bien au dehors. Il faut donc remplir d'abord ce devoir-là, et chercher ensuite ce qui reste de moyens pour accomplir ceux qui viennent après, comme la bienfaisance et le dévouement envers ceux qui n'ont de droit sur nous que parce qu'ils ont besoin de nous.

HENRI. Avec tout cela, papa, j'aurai toujours de la peine à comprendre que, parce qu'on a des enfants qui ont besoin de nous, il faille renoncer à secourir les autres quand cela pourrait nous exposer.

M. DE FLAUMONT. Tu as raison de ne le pas comprendre, car cela n'est pas vrai; on peut et on doit certainement, même dans ce cas-là, s'exposer à un danger médiocre pour rendre un grand service. Ainsi, par exemple, si la rivière avait été tranquille, ou, peut-être, s'il y avait eu seulement beaucoup de chances pour se sauver, Paul aurait eu tort de ne se pas jeter dans l'eau.

CLÉMENTINE. Mais, puisqu'il pouvait périr, c'était toujours s'exposer à manquer à son devoir envers ses enfants.

M. de Flaumont. Sans doute; mais aussi ne courait-il pas le risque de manquer l'occasion de sauver un homme, quand il était vraisemblable qu'il pouvait le faire sans nuire à ses enfants.

Clémentine. Oui, voilà le cas qui redevient embarrassant.

M. de Flaumont. C'est alors que les devoirs peuvent se comparer et se balancer. Mais si on te disait qu'en faisant éprouver un petit désavantage à tes enfants, comme, par exemple, d'être quelque temps moins bien vêtus et moins bien nourris, tu peux sauver la vie à un homme, ne croirais-tu pas devoir le faire?

Clémentine. Certainement.

M. de Flaumont. Dans l'impossibilité où nous sommes de savoir comment tourneront les choses soumises au hasard, je crois qu'il faut s'arrêter à ce qui offre les chances probables du plus grand bien, et regarder comme tel un petit désavantage auquel on soumet ses enfants, pour procurer à un autre un très grand avantage. Es-tu content, Henri?

Henri. Allons, papa, je vais tâcher de devenir bien adroit, pour que le danger soit toujours petit.

(Cette excellente conclusion met fin à la première partie du récit. On apprend dans la suite que Paul, après avoir casé ses enfants et assuré leur sort, n'écouta plus que son courage dans une circonstance analogue. Il réussit à sauver un jeune homme que la misère avait poussé au suicide; mais il tomba gravement malade, et, même après son rétablissement, il demeura sujet à de cruelles douleurs; néanmoins il paraissait heureux, quand il pensait qu'il avait établi ses enfants.)

— Ah! dit Henri avec un grand soupir, je suis bien aise de la fin de cette histoire.

Clémentine. Oui; mais ce pauvre Paul, qui reste accablé de rhumatismes!

Gustave. Il est sûr que sa bonne action n'a pas été trop bien récompensée.

M. de Flaumont. Elle l'a été comme une bonne action doit s'attendre à l'être, par le sentiment d'avoir bien fait. C'est la récompense qui lui revient, et qui est tout à fait indépendante des suites qu'elle peut avoir d'ailleurs.

CLÉMENTINE. Cela fait pourtant de la peine, de voir un honnête homme qui souffre pour avoir bien fait.

M. DE FLAUMONT. Cela ferait plus de peine encore s'il avait mal fait. Aimerais-tu mieux qu'il n'eût pas sauvé André?

CLÉMENTINE. Oh, non!

M. DE FLAUMONT. Il aurait encore été possible que Paul en mourût. Dans ce cas-là même, aurait-on pu regretter qu'il se fût exposé pour sauver André?

HENRI, *vivement.* Non, certainement, on n'aurait pas pu le regretter.

M. DE FLAUMONT. Cela vous prouve que la récompense est, comme je vous l'ai dit, tout à fait indépendante de l'action; car enfin, si un ouvrier faisait de l'ouvrage pour quelqu'un qui ne le paierait pas, vous regretteriez qu'il eût fait cet ouvrage, parce que son salaire est la récompense naturelle de son travail, au lieu que vous ne regretterez jamais qu'un homme ait fait une bonne action, même quand elle lui aurait mal tourné, parce que vous sentirez toujours qu'il a été payé par son action même.

Au surplus, mes enfants, ajouta M. de Flaumont, ne croyez pas que la vertu soit toujours si difficile. Nos véritables devoirs sont assez ordinairement placés autour de nous, de manière à ce que nous puissions les remplir sans de grands efforts. Mais cependant, comme il peut arriver que les efforts nous deviennent nécessaires, il faut s'être donné de quoi les soutenir. Il faut avoir préparé son âme à regarder le devoir comme aussi indispensable quand il est difficile que quand il ne l'est pas. Il faut en même temps avoir préparé son esprit à n'en point augmenter les difficultés au point de le rendre impossible. Ainsi il ne faut point s'exagérer un devoir, parce que cela ferait manquer à d'autres; mais, après s'être bien dit qu'il ne peut exister en même temps deux devoirs contraires, il faut, dans les cas difficiles, s'attacher au point le plus important, et regretter seulement sur le reste de ne pouvoir suivre ses sentiments, sans regarder comme un devoir ce qu'un autre devoir vous a empêché de faire. (*Annales de l'éducation*, V, p. 305.)

Bonté et fermeté.

Londres, 1er octobre 1840.

... On me dit que tu as été bonne pour les petites Dillon. Tu as bien raison de penser aux autres, grands ou petits, et de t'occuper de leurs plaisirs. On ne pense jamais assez aux autres, on n'est jamais assez occupé d'eux. Tu verras, en avançant dans la vie, que le principal défaut de beaucoup de gens, c'est de ne pas savoir se suffire à eux-mêmes. Ils ont besoin, tantôt qu'on fasse leurs affaires, tantôt qu'on les amuse. Et ils sont très reconnaissants quand on leur rend l'un ou l'autre de ces services. Avec bien peu de chose quelquefois, avec un peu d'activité et de persévérance pour autrui, on se concilie une bienveillance générale, très douce en soi, et qui peut être très utile [1]. Et puis, c'est un vrai devoir d'être bon, aimable, de l'être à tous les moments de la journée. On fait ainsi beaucoup, beaucoup de bien : on établit autour de soi comme une atmosphère suave et douce, qui attire tout le monde et dans laquelle tout le monde aime à se trouver.

Il y a pourtant un autre conseil que je veux te donner en même temps, mon enfant, et qui semble contraire à celui-là. Il faut savoir refuser aux gens, même aux gens qu'on aime, les choses qu'il serait déraisonnable de leur accorder, qui seraient mauvaises en elles-mêmes ou injustes, ou nuisibles pour eux ou pour d'autres. Ce serait charmant de n'avoir jamais qu'à être bon et aimable, qu'à dire *oui*. Il faut savoir dire *non*, et le dire très décidément. J'ai vu bien du mal produit dans le monde et dans l'intérieur de la famille, parce qu'on ne savait pas dire *non*, parce qu'on cédait, avec une molle complaisance, à des exigences, à des désirs que pourtant on blâmait. Tu auras à

---

1. Savoir se rendre utile : c'était un des sujets favoris de Mme de Maintenon, dans les instructions qu'elle aimait à adresser aux demoiselles de Saint-Cyr. Elle se donnait elle-même en exemple, suivant son habitude, et l'on sait qu'elle dut, en grande partie, sa merveilleuse fortune à cette qualité, qu'elle possédait, en effet, au plus haut degré. Voy. l'*Instruction à la classe bleue*, 1702.

apprendre cette vertu-là, ma chère fille. Pascal, je crois, dit quelque part[1] : « Je n'estime pas un homme qui possède une qualité, s'il ne possède en même temps la qualité contraire. S'il est doux, je veux qu'il soit ferme; s'il est hardi, qu'il soit prudent, etc. »

Pascal a raison. Les mérites qu'il demande sont difficiles. Mais en fait de mérites, mon enfant, la difficulté n'est jamais une raison de renoncer. L'ambition du bien est la seule qui doive être illimitée[2]. (A Mlle Henriette Guizot. — *Lettres de M. Guizot à sa famille...*, p. 214.)

Influence des bons exemples. Qualités obligent.

Londres, 1er août 1840.

Tu as bien raison, ma chère enfant, de croire que ta bonne maman est pour beaucoup dans tes bonnes dispositions. Son autorité, son exemple, son affection, ses conseils, ses conversations, tout cela vous est profondément salutaire, et c'est là ce qui me donne tout ce que je puis avoir de sécurité loin de vous. Aie toujours pour ta bonne maman le même respect, la même confiance. Non seulement tu t'en trouveras bien à présent, pen-

---

1. « Je n'admire point l'excès d'une vertu, comme de la valeur, si je ne vois en même temps l'excès de la vertu opposée, comme en Épaminondas, qui avait l'extrême valeur et l'extrême bénignité; car autrement ce n'est pas monter, c'est tomber. On ne montre pas sa grandeur pour être à une extrémité, mais bien en touchant les deux à la fois, et en remplissant tout l'entre-deux. » (Pascal, éd. Havet, p. 93.)

2. On rapprochera utilement de cette bonne lettre de M. Guizot à sa fille celle de M. de Tocqueville à sa nièce et à sa sœur (6 janv. 1818) : « Continuez à penser aux autres plus qu'à vous-mêmes; songez à être aimables et bienveillantes plus encore qu'à le paraître; surtout et avant tout, restez simples, franches, spontanées et naturelles (notez tous ces points-ci); soyez ainsi parce que vous jugez que cela est bien, et, quand vous aurez acquis l'expérience qui vous manque encore, vous découvrirez que cela était en même temps très utile; vous vous apercevrez avec plaisir, que vous êtes devenues, presque sans le savoir, des femmes plus distinguées que la plupart de celles qu'on rencontre dans le monde, non seulement plus respectées, mais plus prisées, mieux aimées, plus recherchées, par la raison, chère Denise, que la véritable amabilité n'est pas dans les manières, mais dans l'esprit et surtout dans le cœur. » (*Correspondance*, II, p. 134.)

dant ton enfance et ton éducation, mais il t'en restera dans tout
le cours de ta vie une impression dont tu reconnaîtras souvent
l'excellente influence. Ceux que nous avons aimés et qui nous
ont fait du bien nous en font encore quand ils sont séparés de
nous[1]; et il y a, dans ce qu'ils ont fait pour nous, dans les
paroles qu'ils nous ont dites, un baume qui ne s'évapore point
en leur absence, et qui purifie et fortifie notre âme comme s'ils
étaient encore là pour l'y répandre.

Je n'en persiste pas moins, mon Henriette, dans le bien que
je pense de toi. A Dieu ne plaise que je t'inspire de l'orgueil!
Tu vois que l'orgueil, la présomption, l'amour-propre, sont au
contraire les défauts que je te reproche et que je combats en toi;
mais il faut être juste envers soi-même comme envers les autres;
il faut connaître ses qualités comme ses défauts, ses bonnes dispositions comme ses mauvais penchants; voici pourquoi : une
qualité naturelle, une bonne disposition est un engagement, un
devoir reconnu et accepté auquel on n'ose plus manquer. Quand
il est établi dans un régiment qu'un homme est brave, il en
devient plus brave, il reste brave au milieu des épreuves les
plus difficiles. On serait bien plus coupable de ne pas faire le
bien auquel on est naturellement disposé, de ne pas déployer
un mérite qu'on possède habituellement. Point d'humilité exagérée ou affectée d'ailleurs, ma chère enfant; il faut avoir le
cœur et l'esprit profondément modestes, car nous sommes toujours, les meilleurs mêmes, infiniment au-dessous de ce que
nous devrions être; nous avons continuellement besoin du
secours de Dieu, et nous ne lui apportons jamais nous-mêmes,
en retour de ce qu'il nous donne, tout ce que nous pourrions.
Mais la modestie n'exclut point en nous le sentiment de ce que
nous valons, et la dignité, la fierté morales qui naissent de ce
sentiment. Que de choses j'aurais à te dire sur tout cela, ma
chère fille! Je me désole sans cesse de ne pas être avec vous,
toujours avec vous, pendant que vous grandissez, que votre ca-

1. *Not lost, but gone before* (non perdus, mais partis avant), écrivait-il quelques
semaines plus tôt à sa fille Henriette, en lui recommandant de penser à sa mère
dans la même intention morale.

ractère et vos idées se forment. Il faut se résigner pour un temps et rendre grâce à Dieu de ce que, loin de moi, vous êtes en si bonnes mains. (*Lettres...*, p. 206.)

Une promenade d'Adolphe dans Paris.

En parcourant l'église de Saint-Gervais, Adolphe demanda à son père de lui faire lire l'histoire de ce saint et celle de son compagnon saint Protais : son père y consentit, en lui disant toutefois qu'il ne fallait point ajouter une confiance entière à ces sortes d'histoires telles qu'elles nous sont parvenues, parce qu'il y en a un grand nombre de fausses, et que presque toutes sont mêlées de fables quelquefois fort ridicules. « Cependant, ajouta M. de Vauréal, il y en a quelques-unes qu'on ne peut se dispenser de connaître, parce qu'elles ont fourni le sujet de très beaux tableaux. Ainsi, par exemple, il y a un très beau tableau de Lesueur sur le martyre de saint Gervais et de saint Protais ; il y en a trois de Philippe de Champagne sur l'*invention*, c'est-à-dire la découverte de leurs reliques par saint Ambroise... Ils étaient autrefois dans cette église, pour laquelle ils ont été faits ; on les a depuis transportés au musée, où, si tu veux, nous pourrons les aller voir en revenant... »

M. de Vauréal montra ensuite à son fils l'endroit où avait été enterré Philippe de Champagne le peintre, dans cette même église qu'il avait ornée de ses tableaux. « Elle enferme, ajouta-t-il, plusieurs autres hommes célèbres, ou du moins connus, Scarron, comme je te l'ai dit ; Lafosse... »

ADOLPHE. L'auteur de la tragédie de *Manlius*, que j'ai vue l'autre jour ?

M. DE VAURÉAL. Oui, mon fils. Plusieurs autres hommes de lettres, et trois chanceliers de France, entre autres le chancelier Le Tellier. C'est ici que Bossuet a prononcé son oraison funèbre.

ADOLPHE. Ce devait être bien difficile de faire l'oraison funèbre du chancelier Le Tellier ; car il me semble que c'était un méchant homme.

M. DE VAURÉAL. Sur quoi le juges-tu ainsi ?

ADOLPHE. N'est-ce pas lui qui, lorsque Louis XIV voulut nommer Le Pelletier contrôleur général des finances, lui dit : *Sire, il ne vaut rien, il n'est pas assez dur ?*

M. DE VAURÉAL. Lui-même.

ADOLPHE. Eh bien ! le contrôleur général n'était-il pas celui qui proposait les impôts ? Il voulait donc qu'on fût assez dur pour écraser le peuple d'impôts : cela n'était pas d'un homme bon.

M. DE VAURÉAL. Non, assurément ; mais Le Tellier avait vécu dans le gouvernement et non pas dans le peuple ; il s'était peu occupé des besoins du peuple et beaucoup de ceux du gouvernement. Te rappelles-tu un conte que je t'ai fait lire, intitulé *l'Arbre et la Forêt ?*

ADOLPHE. Ah ! j'entends ; Le Tellier oubliait que le peuple est composé d'hommes, et ne s'embarrassait pas qu'on causât à chacun de ces hommes des malheurs qui l'auraient peut-être touché s'il les avait vus tomber sur un de ces hommes en particulier. C'est égal, je ne l'aime pas.

M. DE VAURÉAL. On ne peut aimer ceux en qui on a connu des sentiments qui nous déplaisent ; mais on n'en est pas moins obligé d'être juste envers eux, et ce serait ne pas l'être que de juger tout leur caractère sur un mot qui peut tenir au défaut de lumières et de réflexion.

ADOLPHE. Le chancelier Le Tellier était-il donc un bon ministre ?

M. DE VAURÉAL. Je ne te dis rien là-dessus ; ce sera à toi, quand tu pourras étudier l'histoire, à te former toi-même un jugement sur les hommes et les choses : c'est seulement une règle générale que je te donne ; tu pourras l'appliquer à un autre mot de Le Tellier, qui probablement augmentera ton éloignement pour lui, et qui est bien plus sûrement encore dans le cas dont nous parlons. Le dernier édit qu'il ait signé en sa qualité de chancelier, et étant malade de la maladie dont il mourut, est celui de la révocation de l'édit de Nantes.

ADOLPHE. Celui qui a chassé les protestants de France, et les a rendus si malheureux ?

M. DE VAURÉAL. Précisément. Le Tellier trouvait cela si beau, et en était si enchanté, qu'après avoir signé cette révocation, dans le transport de sa joie, il dit ces paroles du cantique de saint Siméon : *Mon Dieu, vous laisserez maintenant mourir en paix votre serviteur.* Il disait cela de bonne foi, et beaucoup de gens très pieux partageaient alors son opinion. Ainsi, c'était par un sentiment de religion, c'est-à-dire par un sentiment très respectable, très nécessaire, et qui a produit de grandes vertus, qu'ils se réjouissaient d'une grande injustice et d'un grand malheur. Tu vois donc tout ce qu'on peut faire et vouloir de mal sans de mauvaises intentions[1].

. . . .

Ils entrèrent dans la rue *Jean-Pain-Mollet.* Adolphe aurait bien voulu savoir encore d'où venait un pareil nom : son père lui dit qu'on l'ignorait ; que tout ce qu'on savait, c'est qu'elle portait ce nom au treizième siècle, et que c'était aussi le nom d'un bourgeois de Paris, qui avait probablement donné le nom à la rue. Mais d'où lui venait ce nom à lui-même ? C'est ce qu'on ne dit pas.

« Il y a beaucoup de mots, et surtout de noms, dont il est absolument impossible de présumer l'origine, ou parce qu'ils ont été corrompus, ou parce qu'ils viennent de circonstances particulières et si peu intéressantes, qu'on n'en a pu conserver le souvenir, et quelquefois si bizarres qu'il serait impossible de les deviner. D'où penses-tu, par exemple, que vienne le mot de *pistolet?* »

Adolphe dit qu'il n'en savait rien.

M. DE VAURÉAL. Les *pistoles,* comme tu sais, étaient une ancienne monnaie valant dix francs ; on fit des pièces de monnaie d'une moindre valeur, qu'on appela *pistolets,* et comme, dans le même temps, on commença à fabriquer des armes à feu plus courtes que les armes ordinaires, on les nomma *pistolets,* parce que c'étaient de petits fusils, de même que les vrais pistolets étaient de petites pistoles. Cette monnaie a disparu dans les variations des monnaies, et son nom est demeuré aux pistolets, armes à feu, qui n'ont aucun rapport direct avec les pistoles. Si un auteur du temps ne nous avait pas conservé ce fait, il serait impossible de le deviner ; mais il est encore bien plus difficile de deviner l'origine des noms propres ; car, pour qu'une chose dont tout le monde se sert prenne un certain nom, il faut bien que tout le monde ait consenti à le lui donner, et alors quelqu'un pourra se souvenir de la raison qui le lui a fait donner. Mais pour donner un nom à un homme, il aura suffi de cinq ou six de ses voisins ou des gens de sa connaissance, qui l'auront désigné par ce nom-là. Ainsi, je suppose qu'un boulanger nommé *Jean* ait eu de la réputation pour faire le *pain mollet*, on l'aura désigné par cet attribut. Son fils aura été connu comme le fils de *Jean-Pain-Mollet*, et le nom sera resté à la famille, tandis que ceux qui le lui auront donné les premiers seront morts, et que personne n'en saura plus la raison. Il en est de même des noms des rues qu'on aura désignées par une enseigne singulière, par un événement qui s'y sera passé : l'événement, souvent peu important, sera oublié, l'enseigne aura été changée, mais le nom reste, quoiqu'on n'en sache plus l'origine. Cependant, au bout de quelque temps, d'autres personnes pourront être frappées d'une autre particularité, et donner à la rue un nouveau nom ; en sorte que la plupart des rues de Paris en ont changé plusieurs fois. Celle où nous entrons, par exemple, s'appelait très anciennement *la Pierre-au-lait* ; il est aisé de comprendre qu'une pierre sur laquelle on vendait du lait ait pu lui faire donner ce nom-là. Un grand nombre d'écrivains vinrent ensuite s'y établir, et on l'appela la rue des *Écrivains*. C'est au coin de cette rue que se trouvait la maison de *Nicolas Flamel*, très célèbre au commencement du quinzième siècle.

ADOLPHE. Qui l'a rendu célèbre, mon papa ?

M. DE VAURÉAL. De pauvre écrivain qu'il était, il devint tout d'un coup très riche, sans qu'on ait jamais pu savoir comment ; et, ce qui doit faire supposer qu'il ne devait pas sa fortune à de mauvaises actions, c'est qu'il ne l'employa qu'à faire du bien.

ADOLPHE. Est-ce là, mon papa, ce qui l'a rendu célèbre ?

M. DE VAURÉAL. Non, mon fils ; le bien qu'on fait autour de

sôt procure un grand bonheur, mais on ne peut prétendre à en tirer de la réputation ; et, quoique Nicolas Flamel ait fait bâtir à ses frais le petit portail de l'église *Saint-Jacques-la-Boucherie*..., cela n'aurait abouti qu'à faire conserver son nom dans quelques recueils d'antiquités, si les gens de son temps, frappés de sa fortune subite et extraordinaire, ne s'étaient imaginé qu'il avait trouvé la pierre philosophale.

ADOLPHE. Qu'est-ce que c'est que la pierre philosophale?

M. DE VAURÉAL. Pour savoir ce que c'est, il faudrait qu'elle existât ; tout ce que je puis te dire, c'est qu'il y a des gens qui s'imaginent qu'en fondant, et refondant, et mêlant ensemble certains métaux, ils parviendront à une certaine composition, au moyen de laquelle ils pourront faire de l'or : ils appellent cette composition, qui n'existe pas et ne peut exister, la *pierre philosophale*, et se ruinent à la chercher. Du temps de Nicolas Flamel, beaucoup de gens y croyaient et l'on trouva tout simple de supposer que sa fortune venait de là ; en sorte qu'il est resté en grande réputation parmi les chercheurs de pierre philosophale ; et, comme cette prétendue pierre doit avoir aussi la vertu de faire vivre éternellement, ils sont convaincus que Nicolas Flamel n'est pas mort, mais qu'il court le monde avec sa femme Pernelle. Paul Lucas, qui voyageait en Asie au dix-septième siècle, assure avoir vu un dervis, intime ami de Flamel, qui l'avait quitté aux Indes trois ans auparavant.

ADOLPHE. Cela est imprimé?

M. DE VAURÉAL. Assurément.

ADOLPHE. Et il y a des gens qui le croient?

M. DE VAURÉAL. Il y a bien des gens qui croient aux *devins*, qui se font dire leur bonne aventure, c'est-à-dire prédire ce qui leur arrivera... (*Annales de l'éducation*, IV, p. 53-61.)

Étude de la langue anglaise.

Londres, juillet 1840.

Je vous remercie toutes les deux de vos lettres anglaises ; elles sont très bien tournées et avec très peu de fautes. Je serai charmé que vous connaissiez bien la langue, l'histoire, la littérature de l'Angleterre. Je m'en suis toujours beaucoup occupé, et j'y prends chaque jour plus d'intérêt. C'est une grande et honnête nation qui a beaucoup de défauts, à qui il manque beaucoup de choses, mais en qui les grandes qualités dominent : la moralité, la sincérité, la fierté, l'énergie, la persévérance. Plus je la vois, plus je l'estime. Elle ne sait pas rendre ses mérites doux ni agréables aux autres hommes, elle a quelque chose de hautain, de peu communicatif, dur même, quoiqu'elle ait un grand fonds de bonté...

Je voudrais une chose, ma chère Henriette, c'est que tu t'accoutumasses à entreprendre de longues lectures, point pour t'en fatiguer chaque jour : il faut peu lire chaque jour d'un long ouvrage, mais il faut en lire un peu chaque jour, et tous les jours, et il faut lire des ouvrages entiers. Il y a bien plus de profit à lire un bon ouvrage, qu'à en effleurer une vingtaine. Il ne peut pas être question de longues lectures anglaises tant que vous êtes à Trouville ; mais voici, ma chère enfant, ce que je voudrais que tu entreprisses quand vous serez de retour au Val-Richer. Prends, soit dans mon cabinet, soit dans la galerie, l'*Histoire d'Angleterre* du docteur Lingard ; je voudrais que tu la lusses en même temps que celle de Hume. Tu liras une époque, par exemple l'histoire des rois anglo-saxons, jusqu'à la conquête de l'Angleterre par les Normands, dans l'ouvrage de Hume ; puis tu le laisseras reposer et tu liras la même époque dans le docteur Lingard. Et ainsi de suite. Quand tu auras lu de la sorte, lentement et simultanément, les deux ouvrages, tu commenceras à savoir l'histoire d'Angleterre.

Si cela n'effrayait pas Pauline, elle pourrait entreprendre la même lecture. Mais je crains qu'elle ne trouve cela bien long et je ne veux pas qu'elle se fatigue. (*M. Guizot dans sa famille...*, p. 226.)

Importance des études historiques.

Nos goûts deviennent aisément des manies, et une idée qui nous a longtemps et fortement préoccupés prend, à nos yeux,

une importance à laquelle notre vanité ajoute souvent trop
de foi.

Pourtant, plus j'y ai pensé, plus je suis demeuré convaincu
que je ne m'exagérais point l'intérêt que doit avoir, pour une
nation, sa propre histoire, ni ce qu'elle gagne, en intelligence
politique comme en dignité morale, à la connaître et à l'aimer.
Dans ce long cours de générations successives qu'on appelle un
peuple, chacune passe si vite ! Et dans notre passage si court,
notre horizon est si borné ! Nous tenons si peu de place, et nous
voyons, de nos propres yeux, si peu de choses ! Nous avons
besoin de grandir dans notre pensée pour prendre au sérieux
notre vie. La religion nous ouvre l'avenir et nous met en présence de l'éternité. L'histoire nous rend le passé et ajoute à
notre existence celle de nos pères. En se portant sur eux, notre
vue s'étend et s'élève. Quand nous les connaissons bien, nous
nous connaissons et nous nous comprenons mieux nous-mêmes ;
notre propre destinée, notre situation présente, les circonstances
qui nous entourent et les nécessités qui pèsent sur nous
deviennent plus claires et plus naturelles à nos yeux. Ce n'est
pas seulement un plaisir de science et d'imagination que nous
éprouvons à rentrer ainsi en société avec les événements et les
hommes qui nous ont précédés sur le même sol, sous le même
ciel ; les idées et les passions du jour en deviennent moins
étroites et moins âpres. Chez un peuple curieux et instruit de
son histoire, on est presque assuré de trouver un jugement plus
sain et plus équitable, même sur ses affaires présentes, ses conditions de progrès et ses chances d'avenir... (*Mémoires*, III,
p. 170.)

___

Une première leçon d'histoire de France.

Vous habitez, mes enfants, un pays depuis longtemps civilisé
et chrétien, où, malgré bien des imperfections et bien des misères
sociales, trente-huit millions d'hommes vivent en sûreté et en
paix, sous des lois égales pour tous et efficacement maintenues.
Vous avez raison d'avoir de grands désirs pour notre patrie, et

de la vouloir de plus en plus libre, glorieuse et prospère ; mais il faut être juste envers son propre temps et apprécier à toute leur valeur les biens déjà acquis et les progrès déjà accomplis. Si vous étiez tout à coup transportés de vingt ou trente siècles en arrière, au milieu de ce qui s'appelait alors la Gaule, vous n'y reconnaîtriez pas la France. Les mêmes montagnes s'y élevaient, les mêmes plaines s'y étendaient, les mêmes fleuves y coulaient ; rien n'est changé dans la structure physique du pays ; mais sa physionomie était bien différente : au lieu de nos champs bien cultivés et couverts de productions si variées, vous verriez des marais inabordables, de vastes forêts point exploitées, livrées aux hasards de la végétation primitive, peuplées de loups, d'ours, d'aurochs même, ou grands bœufs sauvages, et d'élans, animaux qui ne se rencontrent plus aujourd'hui que dans les froides régions du nord-est de l'Europe, comme la Lithuanie et la Courlande. D'immenses troupeaux de porcs erraient dans les campagnes, presque aussi féroces que des loups, dressés seulement à reconnaître le son du cor de leur gardien. Nos meilleurs fruits, nos meilleurs légumes étaient inconnus ; ils ont été importés en Gaule, la plupart d'Asie, quelques-uns d'Afrique et des îles de la Méditerranée, d'autres, plus tard, du Nouveau Monde. Une température froide et âpre régnait sur cette terre. Les rivières gelaient presque tous les hivers, assez fort pour être traversées par les chariots. Et trois ou quatre siècles avant l'ère chrétienne, sur ce vaste territoire, entre l'Océan, les Pyrénées, la mer Méditerranée, les Alpes et le Rhin, à peine six ou sept millions d'hommes vivaient grossièrement, tantôt renfermés dans des maisons sombres et basses, les meilleures bâties en bois et en argile, couvertes en branchages ou en chaume, formées d'une seule pièce ronde, ouvertes au jour par la porte seulement, et confusément agglomérées derrière un rempart assez artistement construit en poutres, en terre et en pierres, qui entourait et protégeait ce qu'on appelait une ville.

Encore n'y avait-il guère de villes semblables que dans la portion la plus peuplée et la moins inculte de la Gaule, c'est-à-dire dans les régions du sud et de l'est, au pied des montagnes de l'Auvergne et des Cévennes, et le long des côtes de la Méditerranée. Au nord et à l'ouest, de chétifs villages, presque aussi mobiles que les hommes; et dans quelque îlot, au milieu des marais, ou dans quelque recoin bien enfoncé des bois, de vastes enclos, formés d'arbres abattus, où la population, au premier cri de guerre, courait se renfermer avec ses troupeaux et ses meubles.

Et le cri de guerre retentissait souvent. Des hommes grossiers et oisifs sont fort enclins à se quereller et à se combattre. La Gaule, d'ailleurs, n'était point occupée par une seule et même nation, attachée aux mêmes souvenirs et aux mêmes chefs. Des populations fort diverses d'origine, de langue, de mœurs, et venues à diverses époques, s'y disputaient incessamment le territoire. Au midi, des Ibères ou Aquitains, des Phéniciens et des Grecs. Au nord et au nord-ouest, des Kymris ou Belges. Partout ailleurs les Galls ou Celtes, la plus nombreuse de ces races, et qui ont eu l'honneur de donner au pays leur nom...

Chacune de ces races, loin de former un seul peuple engagé dans la même destinée et soumis aux mêmes chefs, se divisait en peuplades à peu près indépendantes qui se rapprochaient ou se séparaient selon des circonstances changeantes, et qui poursuivaient, chacune pour son compte et à son gré, leurs aventures ou leurs fantaisies. Les Ibères-Aquitains comptaient vingt tribus; les Galls, vingt-deux nations; les premiers Kymris, mêlés aux Galls entre la Loire et la Garonne, dix-sept; les Kymris-Belges, vingt-trois. Ces soixante-deux nations se subdivisaient en plusieurs centaines de tribus; et ces petites agglomérations se répartissaient entre des confédérations ou ligues rivales qui se disputaient la suprématie dans telle ou telle partie du territoire. Trois grandes ligues existaient parmi les Galls : celle des Arvernes, formée des peuplades établies dans la contrée qui a reçu d'elles le nom d'*Auvergne*; celle des OEduens, en Bourgogne, qui avait pour centre *Bibracte* (Autun); celle des Séquanes, en Franche-Comté, dont le centre était *Vesontio* (Besançon). Parmi les Kymris de l'ouest, la ligue armorique ralliait les tribus de la Bretagne et de la basse Normandie. De ces alliances destinées à grouper des forces éparses naissaient des passions ou des intérêts nouveaux, qui devenaient autant de nouvelles causes de discorde

ct d'hostilité. Et, dans ces diverses agglomérations, le gouvernement était partout à peu près aussi irrégulier, aussi impuissant
à maintenir l'ordre et à fonder un état durable. Kymris, Galls
ou Ibères étaient à peu près également ignorants, imprévoyants,
livrés à la mobilité de leurs idées, à l'emportement de leurs passions, avides de guerre, d'oisiveté, de pillage, de festins, de
plaisirs grossiers et féroces. Les uns et les autres se faisaient
gloire de suspendre au poitrail de leurs chevaux, de clouer à la
porte de leurs maisons les têtes de leurs ennemis. Les uns et les
autres immolaient à leurs dieux des victimes humaines, brû-
laient ou tuaient à coups de flèches leurs prisonniers, garrottés
à des arbres ; ils prenaient plaisir à se placer sur la tête, autour
des bras, à dessiner sur leur corps nu des ornements bizarres
qui leur donnaient un aspect farouche. Le goût effréné du vin
et des liqueurs fortes était général parmi eux ; les marchands
d'Italie, et surtout de Marseille, en portaient dans toute la Gaule ;
de distance en distance étaient établis des entrepôts où les Gaulois affluaient, venant vendre pour une cruche de vin leurs
fourrures, leurs grains, leurs bestiaux, leurs esclaves ; « aisément, dit un historien ancien, pour la liqueur on avait l'échan-
son. » Ce sont là, mes enfants, les caractères essentiels de la
barbarie, tels qu'ils se sont manifestés et qu'ils se retrouvent
encore sur plusieurs points de notre globe...

Évidemment il y avait entre toutes ces peuplades, quelle que
fût la diversité de leur origine, une assez grande similitude
d'état social et de mœurs pour que le rapprochement ne fût ni
très difficile ni très long à accomplir.

En revanche, et par une conséquence naturelle, il était précaire et souvent de courte durée : ibériennes, galliques ou kym-
riques, ces peuplades se déplaçaient fréquemment, par nécessité
ou par goût, pour se soustraire aux attaques d'un voisin plus
fort, pour se transporter dans de nouveaux pâturages, à la suite
de quelque dissension intérieure, ou bien aussi pour le seul
plaisir de guerroyer, de courir les aventures, pour échapper à
l'ennui d'une vie monotone. Depuis les temps les plus reculés
jusqu'au premier siècle avant l'ère chrétienne, la Gaule paraît
en proie à ce mouvement continuel et désordonné des popula-

tions; elles changent de résidence, de voisinage, disparaissent sur un point, reparaissent ailleurs, se croisent, se fuient, s'absorbent réciproquement. Et le mouvement ne se renfermait pas dans l'intérieur de la Gaule : les Gaulois de toute race allaient, en bandes quelquefois très nombreuses, chercher au loin du butin et un établissement. L'Espagne, l'Italie, la Germanie, la Grèce, l'Asie Mineure, l'Afrique ont été le théâtre de ces expéditions gauloises qui ont amené de longues guerres, de grands bouleversements de peuples, et quelquefois la formation de nations nouvelles. Il faut, mes enfants, que je vous fasse un peu connaître cette histoire extérieure de nos ancêtres gaulois, qui méritent bien que nous les suivions un moment dans leurs courses lointaines. Puis, nous reviendrons sur le sol même de notre patrie, pour ne plus nous occuper que de ce qui s'est passé dans ses limites. (*L'Histoire de France racontée à mes petits-enfants*, I, p. 1-14.)

De l'impartialité dans le jugement du passé.

Deux tendances opposées se font remarquer dans les opinions et les travaux dont les anciennes institutions politiques de l'Europe ont été l'objet. Les uns, comme enivrés de l'éclat du jour nouveau qui se levait sur le genre humain, n'ont vu, dans les siècles antérieurs, que ténèbres, désordre, oppression, sujet d'indignation ou d'indifférence. Un dédain superbe du passé s'est emparé des esprits. Ce dédain a été érigé en système. Ce système a offert tous les caractères d'une impiété véritable. Lois, sentiments, idées, mœurs, tout ce qui avait appartenu à nos pères a été traité avec froideur ou mépris. Il semblait que la raison, le besoin de la justice, l'amour de la liberté, tout ce qui honore et conserve le monde, fût une découverte du jour, une invention de la génération qui venait de naître. En reniant ses aïeux, cette génération oubliait que bientôt elle allait les rejoindre dans la tombe, et qu'à son tour elle laisserait des enfants.

Cet orgueil, Messieurs, n'est pas moins contraire à la vérité des choses que fatal à la société qui en est atteinte. La Providence ne traite point les générations humaines avec tant d'injustice qu'elle déshérite complètement les unes pour réserver à d'autres tous ses bienfaits. Sans doute le bonheur et la gloire ne sont pas également répartis entre les siècles. Mais il n'en est aucun qui n'ait possédé des titres légitimes au respect de ses descendants. Il n'en est aucun qui n'ait fait son effort dans la grande lutte du bien contre le mal, de la vérité contre l'erreur, de la liberté contre l'oppression. Et non seulement chaque siècle a soutenu pour son propre compte cette lutte laborieuse ; mais ce qu'il a pu gagner, il l'a transmis à ses successeurs. Le terrain plus favorable sur lequel nous sommes nés, nous le devons à nos pères ; ils y sont morts après l'avoir conquis. Il y a donc une aveugle et coupable ingratitude dans le mépris des temps qui ne sont plus. Nous recueillons leurs travaux et leurs sacrifices. Ce n'est pas trop d'en garder la mémoire pour en payer le prix..;

A côté de cette manie qui a porté tant d'hommes, éclairés d'ailleurs, à négliger l'étude des anciennes institutions de l'Europe, ou à ne jeter sur leur histoire qu'un regard inattentif et dédaigneux, on a vu paraître une autre manie peut-être encore plus déraisonnable et plus arrogante. Ici, comme partout, l'impiété a provoqué la superstition. Le passé si méprisé, si abandonné des uns, est devenu pour les autres l'objet d'un culte idolâtre. Ceux-là voulaient que la société, se mutilant elle-même, abjurât sa vie antérieure ; ceux-ci lui ont demandé de rentrer dans son berceau pour y demeurer immobile et impuissante. Et comme les premiers, maîtres de l'avenir, y créaient à leur gré, en matière de gouvernement et d'ordre social, les plus brillantes utopies, les seconds ont rêvé, à leur tour, des utopies dans le passé. L'œuvre semblait plus difficile ; le champ ouvert à l'imagination n'était pas libre, et les faits pouvaient la gêner dans son travail. Mais que ne surmonte pas un esprit prévenu ? Platon et Harrington, dans la pleine liberté de leur pensée, avaient construit l'idéal de la république[1] ; on a construit, avec plus de confiance encore, l'idéal de la féodalité, et celui du pouvoir

---

1. Platon, dans son traité de *la République* ; Harrington, dans son roman politique intitulé *Oceana*, 1605.

absolu, et même celui de la barbarie. Des sociétés régulières, morales, libres, ont été conçues et façonnées à loisir pour être ensuite transportées dans les vieux siècles. Après avoir tenté de résoudre, selon des principes opposés aux tendances modernes, le grand problème de l'alliance de la liberté et du pouvoir, de l'ordre et du mouvement, on a demandé aux faits anciens d'accueillir ces théories et de s'y adapter. Et comme, dans le nombre des faits, il s'en rencontre qui sont dociles et se prêtent d'assez bonne grâce à ce qu'on exige d'eux, les inventeurs de de cette antiquité prétendue n'ont manqué ni de citations ni de preuves pour lui prêter un corps et même une date dans le passé. Ainsi, la France, après avoir employé plus de cinq siècles à s'échapper du régime féodal, a découvert tout à coup qu'elle avait eu tort d'en sortir, car elle y était heureuse et libre; et l'histoire, qui se croyait chargée de tant de maux, d'iniquités et d'orages, s'est étonnée d'apprendre qu'elle ne nous apportait que les souvenirs de deux ou trois âges d'or.

Je n'ai pas besoin, Messieurs, de m'élever vivement contre ce culte fantastique et superstitieux du passé. A peine mériterait-il qu'on en fît mention s'il ne se rattachait à des systèmes et à des tendances où la société tout entière est intéressée. C'est un des accidents de la grande lutte qui n'a jamais cessé d'agiter le monde. Les intérêts et les idées qui l'ont successivement possédé ont toujours voulu le rendre stationnaire dans la situation qui le livrait à leur empire; et, quand il leur a échappé, c'est toujours en lui offrant de cette situation les plus séduisantes images qu'on a essayé de l'y rappeler. Il n'est pas à craindre que le monde se laisse prendre à cette ruse de guerre. Le progrès est la loi de sa nature. L'espérance, et non le regret, est le principe de son mouvement. L'avenir seul possède la vertu de l'attraction. Les peuples chez qui existait l'esclavage ont toujours pourvu, par leurs lois, à ce que l'homme affranchi ne retombât point dans la servitude. La Providence n'a pas été moins soigneuse pour le genre humain, et les chaînes qui n'ont pu le retenir ne peuvent plus le reprendre. (*Histoire des origines du gouvernement représentatif et des institutions politiques de l'Europe*, I, p. 6.)

Les exigences de la liberté.

Thraséas mourant disait à son gendre Helvidius Priscus : « Regarde, jeune homme : tu vis dans des temps où il est bon d'affermir son âme par de tels spectacles, et de voir comment meurt un homme de bien. » Grâce au ciel, ce n'est pas de semblables leçons que nous avons besoin aujourd'hui, et l'avenir n'exige point que nous nous préparions à l'attendre par de si rudes épreuves. Mais appelés à posséder et à garder des institutions libres, elles nous imposent, dès la jeunesse, une préparation forte, des habitudes laborieuses et persévérantes. Elles veulent que, de bonne heure, nous apprenions à ne redouter ni la peine, ni la lenteur et l'intensité des efforts. Les études sévères préparent seules aux destinées graves. La liberté n'est pas un bien qu'on acquière ou qu'on défende en se jouant ; et, si l'homme y arrive après n'avoir porté dans ses premiers travaux que des dispositions molles ou impatientes, elle refuse de lui livrer l'honneur et les avantages qu'il s'en était promis. Ce fut l'erreur du siècle dernier, au moment même où il aspirait à pousser les esprits dans une carrière plus large et plus active, de prétendre que tout leur fût facile, que l'étude devînt un amusement, et que les obstacles fussent écartés des premiers pas d'une vie qui allait devenir si grande et si occupée. La mollesse de tels préceptes était empruntée à la mollesse des temps où la liberté n'était pas. Nous savons aujourd'hui qu'elle commande à l'homme qui veut en jouir un plus ferme exercice de lui-même. Nous savons qu'elle ne souffre ni la langueur des âmes, ni la légèreté des esprits, et que les générations laborieusement studieuses dans la jeunesse deviennent seules des générations d'hommes libres. (*Histoire des origines du gouvernement représentatif...*, I, p. 28.)

Nécessité d'introduire des réformes dans l'enseignement classique.

... François va faire sa philosophie et des mathématiques. C'est un nouveau monde; il est dégoûté de l'ancien. Il a fallu toute sa douceur et sa confiance en moi pour que cette dernière année de grec et de latin ne lui fût pas nauséabonde. Évidemment il y a là quelque chose qui ne répond plus à l'état actuel, à la pente naturelle de la société et des esprits. Je ne sais pas bien quoi, je le cherche. Pour rien au monde, je ne voudrais abolir ni seulement affaiblir cette étude des langues, la seule vraiment fortifiante et savante à cet âge. Je tiens extrêmement à ces quelques années passées en familiarité avec l'antiquité; car, si on ne la connaît pas, on n'est qu'un parvenu en fait d'intelligence. La Grèce et Rome sont la bonne compagnie de l'esprit humain, et au milieu de la chute de toutes les aristocraties, il faut tâcher que celle-là demeure debout. Je regarde aussi en gros la vie du collège, cette vie pleine d'affaires et de liberté, comme intellectuellement excellente[1]. De là seulement sortent des esprits forts, naturels et fins à la fois, des esprits très exercés, très développés sans aucun tour factice, sans aucune empreinte particulière. Je suis de plus en plus frappé de tous les avantages de l'éducation classique; et cependant je conviens, je vois dans la personne de mon fils qu'il y a là quelque chose et quelque chose d'important à changer. L'enseignement est trop maigre et trop lent. Il y a trop loin de l'atmosphère intellectuelle du monde réel à celle du collège. Les méthodes sont adaptées à des classes très nombreuses, ce qui fait que les élèves forts sont sacrifiés aux élèves médiocres, et les classes sont très nombreuses parce qu'une foule d'enfants, ne trouvant

---

1. « Guillaume a repris avec moi ses études. J'apprends ce qu'il apprend. Nous lisons ensemble Homère et Thucydide, Virgile et Tacite, et nous causons indéfiniment de ce que nous lisons. Cela ne remplacera pas le collège, que rien ne peut remplacer, et qui était pour lui une patrie où il avait des affaires, mais c'est un travail assidu et un mouvement d'esprit qui lui plaît. » (A M. de Barante, 15 avril 1848.)

nulle part à apprendre ce dont ils ont besoin et envie, viennent
là apprendre ce dont ils n'ont ni besoin ni envie. Pour dire
vrai, le collège et presque tout notre système d'instruction publique sont encore faits à l'image de l'ancienne société. Les
rêveries du dix-huitième siècle, les sottises de la Révolution en
ce genre, nous ont dégoûtés, et justement, des essais nouveaux
qui ont si mal réussi, et en rentrant dans l'ancienne voie nous
sommes retombés dans l'ancienne ornière. Il faudra en sortir,
mais avec grand'peine et grande précaution, car, malgré tout,
nos collèges et leurs méthodes valent infiniment mieux que les
méthodes et les écoles que nous auraient données M. de Tracy
et M. de Laplace, s'ils avaient pu donner quelque chose qui durât
seulement autant qu'eux. (A M. de Broglie, 20 août 1832. —
M. Guizot dans sa famille..., p. 138.)

TROISIÈME PARTIE

FRAGMENTS D'HISTOIRE DE LA PÉDAGOGIE

Des idées de Rabelais en fait d'éducation.

... Un écrivain qui a exagéré la licence à une époque où la licence était déjà excessive, qui n'a presque jamais été gai sans bouffonnerie et est souvent resté bouffon sans gaîté, qui a dépensé en inventions audacieusement bizarres les richesses de son imagination, et qui semble s'être imposé la loi de ne jamais dire sérieusement que des extravagances, Rabelais ne paraît pas devoir être, en fait d'éducation, un grand maître. Et pourtant, il a reconnu et signalé les vices des systèmes et des pratiques d'éducation de son temps; il a entrevu, au début du seizième siècle, presque tout ce qu'il y a de sensé et d'utile dans les ouvrages des philosophes modernes, entre autres de Locke et de Rousseau.

Rabelais a tracé tout un plan et raconté toute une histoire d'éducation sensée, douce et libérale. Comment s'y prendre pour exécuter, au milieu des violences fanatiques et des ignorances grossières de son temps, une pareille œuvre? Rabelais commence par se soustraire au danger de se heurter directement contre les idées reçues et les mœurs qu'il veut combattre; en se transportant, lui et ses personnages, dans un monde tout à fait extravagant et imaginaire, il se donne la liberté de les élever comme il lui plaît. Les régents des collèges du seizième siècle ne pouvaient prétendre à ce que Pantagruel qui, « à peine né, *humait à chacun de ses repas le laict de quatre mille six cents vasches*, et pour la première chemise duquel on avait *levé neuf cents aulnes de toile de Chastelleraut »*, fût traité comme un de ces petits garçons qui tremblaient devant leur férule. Voilà donc Rabelais, grâce à ses folies, parfaitement maître de l'éducation de Pantagruel [1]...

Ponocrates [2], « considérant que nature ne endure mutations soudaines sans grande violence », voulut d'abord le laisser se livrer à ses premières habitudes, « affin d'entendre par quel moyen en si longtemps ses anticques précepteurs l'avoient rendu tant fat, niays et ignorant ». Il le toléra ainsi pendant quelques jours, et ne tarda pas à s'apercevoir que l'ennui des premières études avait en outre rendu Pantagruel fainéant et paresseux. Ponocrates s'appliqua alors à le réformer, non par la contrainte, mais en lui faisant prendre peu à peu un autre genre de vie ; jamais il ne chercha à asservir la raison de son élève ; il voulait la rendre capable de commander, non la restreindre à obéir ; car il pensait que c'est « l'usance des tyrans qui veulent leur arbitre tenir lieu de raison, non des saiges et sçavants, qui par raisons manifestes contentent les lecteurs ». Aussi Pantagruel prit-il bientôt goût au travail : « lequel, combien qu'il semblast pour le commencement difficile, en la continuation tant doulx feut, légier et délectable, que mieux ressemblait un passe-temps de roy que l'estude d'un escholier »...

Les connaissances que Ponocrates cherchait à faire acquérir à son élève étaient intéressantes et variées ; les méthodes dont il se servait avec lui excitaient son activité sans fatiguer son attention. Quelles étaient ces connaissances que Rabelais regardait comme véritablement utiles, ces méthodes qu'il conseillait ?

Pantagruel étudie l'astronomie, mais non pour y chercher l'astrologie et deviner l'influence des astres. « Laisse-moy, lui

---

1. « Rabelais, comme on sait, a écrit deux romans, l'histoire du géant Gargantua, et celle de son fils Pantagruel... J'ai réuni en une seule éducation ce que dit Rabelais des deux éducations qu'il raconte, et j'ai choisi celle de Pantagruel, parce qu'il est le héros du principal des deux ouvrages. » (Note de M. Guizot.)

2. C'est le nouveau maître auquel Gargantua confie le soin de refaire l'éducation de son fils, au sortir des mains du grand docteur sophiste, Thubal Holoferne, qui l'avait rendu « fou, niays, tout resveux et assoté ».

écrit son père, l'astrologie divinatrice et l'art de Lullius, comme abus et vanités. » Le soir, Ponocrates et lui, « en pleine nuict, devant que soy retirer, alloient, au lieu de leur logis le plus descouvert, veoir la face du ciel; et là notoient les comètes, si aulcunes estoient, les figures, situations, aspects, oppositions et conjunctions des astres ». Le matin, en se levant, « ils considéroient l'estat du ciel, si tel estoit comme l'avoient noté au soir précédent, et dans quels signes entroit le soleil, aussi la lune pour icelle journée ».

A côté de cette méthode d'observation, Ponocrates place, pour Pantagruel, les mathématiques. « On leur apportoit des chartes, non pour jouer, mais pour y apprendre mille petites gentillesses et inventions nouvelles, lesquelles toutes issoient de arithméticque. En ce moyen entra en affection d'icelle science numérale..., et non seulement d'icelle, mais des aultres sciences mathématiques, comme géométrie, astronomie et musicque... ils faisoient mille joyeulx instrumens et figures géométricques, et de mesme praticquoient les canons astronomicques. Après, s'esbaudissoient à chanter musicalement à quatre et cinq parties, ou sus un thème, à plaisir de gorge. »

Ce n'était pas seulement à cela qu'ils « s'esbaudissoient »; Ponocrates savait que le meilleur moyen de rendre l'étude intéressante et profitable, c'est de la rendre active et d'en chercher l'occasion dans les circonstances ordinaires de la vie. Voulait-il faire étudier à son élève ce qu'on pouvait étudier alors des sciences naturelles, c'est-à-dire lui faire connaître les caractères et les propriétés des principaux objets de la nature? Pendant leur repas, « ils commençoient à deviser joyeusement ensemble, parlans de la vertus, propriété, efficace et nature de tout ce qui leur estoit servy à table : du pain, du vin, de l'eaüe, du sel, des viandes, poissons, fruicts, herbes, racines, et de l'apprest d'icelles. Ce que faisant, apprint en peu de temps tous les passages à ce compétens en Pline, Dioscoride, Galien, Aristotelès, Elian et aultres[1]. Iceux propous tenus, faisoient souvent, pour

1. C'est plutôt là de l'érudition que de la science. Le livre tient trop de place dans ce genre d'étude, qui réclame avant tout l'observation directe de la nature et l'ex-

plus estre asseurés, apporter les livres susdits à table. Et si bien et entièrement retint en sa mémoire les choses dictes, que pour lors n'estoit médecin qui en sceust à la moitié tant comme il faisoit. »

N'est-ce pas ainsi que s'y prendrait aujourd'hui un père qui voudrait donner à ses enfants des notions d'histoire naturelle et de physique?

Ponocrates et son élève allaient-ils se promener? La botanique les occupait alors ; « passans par quelques prez ou aultres lieux herbus, visitoient les arbres et les plantes, les conférans avec les livres des anciens qui en ont escript... et en emportoient leurs pleines mains au logis : desquelles avoit la charge un jeune page, nommé Rhizotome, ensemble des pioches, bêches, tranches et aultres instruments requis à bien arboriser. »

Si le temps pluvieux ne leur permettait pas d'aller herboriser, « ils visitoient les boutiques des drogueurs, herbiers et apothécaires, et soigneusement consideroient les fruicts, racines, feuilles, gommes, semences, axunges pérégrines, ensemble aussi comment on les adultéroit ».

Ces visites s'étendaient souvent à toute la science que nous appelons technologie; car « semblablement ou alloient veoir comment on tiroit les métaulx, ou comment on fondoit l'artillerie ou alloient veoir les lapidaires, orfebvres et tailleurs de pierreries..., les tissutiers, les veloutiers, les horlogers..., imprimeurs, tincturiers, et aultres telles sortes d'ouvriers, et partout, donnans le vin, apprenoient et consideroient l'industrie et invention des mestiers ».

Et qu'on ne croie pas qu'en dirigeant ainsi l'attention de son élève vers l'étude de la nature, Ponocrates lui laissât négliger les sciences morales; il lui enseignait, au contraire, à chercher dans tout ce qu'il voyait ou apprenait quelque bon précepte de conduite. Lorsque Pantagruel repassait dans sa mémoire les leçons qu'il avait reçues, « il y fondoit quelques cas practiques

<hr/>

périmentation. Au dix-septième siècle, Nicole recommandait encore l'*Histoire naturelle* d'Aldrovandus de Bologne, 1520-1605, immense et indigeste compilation, où la poésie, les légendes, les préjugés, les superstitions tiennent la plus grande place.

concernans l'estat humain, lesquels ils estendoient aucunes
fois jusques deux ou trois heures ». D'ailleurs, la distribution
de sa journée le rappelait sans cesse aux idées les plus sérieuses :
dès qu'il était levé, « lui estoit leue quelque pagine de la divine
Escriture, hautement et clairement, avec prononciation compé-
tente à la matière... Selon le propos et argument de ceste leçon,
souventes fois se adonnoit à révérer, adorer, prier et supplier le
bon Dieu, duquel la lecture monstroit la majesté et jugement
merveilleux. » Quand le soir arrivait, « avec son précepteur ré-
capituloit briefvement, à la mode des Pythagoriques, tout ce
qu'il avoit leu, veu, sceu, faict et entendu au décours de toute
la journée. Si prioient Dieu le créateur en l'adorant, et ratifiant
leur foy envers luy, et le glorifiant de sa bonté immense ; et luy
rendant grâce de tout le.temps passé, se recommendoient à sa
divine clémence pour tout l'advenir. Ce faict, entroient en leur
repos. »

Certes, ce sont là des journées bien employées[1]. Il n'est pas
jusqu'à la gymnastique proprement dite que Rabelais n'ait pris
soin d'y faire entrer. Il décrit avec le plus grand détail les exercices de toute espèce auxquels se livrait l'élève de Ponocrates ;
et ces exercices ne sont pas de vains jeux, leur utilité est toujours clairement indiquée ; ils tendent en général à faire de
Pantagruel ce que devaient être tous les jeunes gentilshommes
d'alors, un homme d'armes fort et adroit... Du reste, Rabelais
ne veut pas non plus que ces exercices deviennent une fatigue
ou un travail pénible : « Tout leur jeu n'était qu'en liberté... »

L'éducation de Pantagruel n'est point abandonnée tout entière à son précepteur ; son père aussi y concourt et la surveille
avec une tendresse sensée et active.

Gargantua écrit à son fils :

« Non sans juste et équitable cause, je rends grâces à Dieu,
mon conservateur, de ce qu'il m'ha donné povoir veoir mon
antiquité chanüe refleurir en ta jeunesse ; car, quand par le
plaisir de luy qui tout régist et modère, mon âme laissera ceste

---

1. Elles commençaient vers quatre heures du matin !

habitation humaine, je ne me réputeray totalement mourir,
ains passer d'ung lieu en aultre, attendu que en toy et par toy
je demoure en mon image visible en ce monde, vivant, voyant
et conversant entre gents d'honneur et mes amis, comme je
soulois[1]. »

N'est-ce pas là un des plus nobles motifs que l'on puisse présenter à un jeune homme pour l'engager à se distinguer, à bien
vivre, et à honorer ainsi cette image de son père, qu'il est destiné à perpétuer dans le monde? Et les conseils de ce père ne
doivent-ils pas inspirer à son fils autant de reconnaissance que
d'ardeur lorsqu'il ajoute en les lui donnant : « Je ne dy cela par
deffiance que j'aye de ta vertus, laquelle m'ha esté jà par cy-
devant esprouvée, mais pour plus fort te encouraiger à proffiter
de bien en mieulx. Et ce que présentement t'escriz n'est tant à
fin qu'en ce train vertueux tu vives, que de ainsi vivre et avoir
vescu tu te resjouisses et te refraischisses en couraige pareil pour
l'advenir. »

Je voudrais citer dans toute leur étendue les conseils que précèdent des sentiments si affectueux et si vrais. Je choisis un
passage remarquable par l'élévation des sentiments et l'étendue
des idées : on y voit un père charmé que la destinée ait fait
naître son fils dans un temps plus éclairé, et plus favorable
au développement des facultés de l'homme que n'était celui où
il naquit lui-même; il exhorte ce fils à profiter de toutes les ressources qui s'offrent à lui, à prendre part aux lumières de son
siècle, à honorer les sciences et les lettres dans ceux qui les cul-
tivent, et à ne pas associer, au sot orgueil de la richesse et du
rang, le stupide orgueil de l'ignorance : « Quand j'estudiois, lui
dit-il, le tems n'estoit tant idoine ne commode ès lettres comme
est de présent, et n'avois copie[2] de tels précepteurs, comme tu
as eu. Le tems estoit encores ténébreux et sentant l'infélicité et
calamité des Goths, qui avoient mis à destruction toute bonne
littérature. Mais, par la bonté divine, la lumière et dignité ha
été de mon eage rendue ès lettres... : les impressions tant élé-

1. Comme j'avais l'habitude.
2. Abondance ; de là, l'adjectif *copieux*.

gantes et correctes en usance, qui ont été inventées de mon eage par inspiration divine, comme à contrefil l'artillerie par suggestion diabolique. Tout le monde est plein de gents sçavans, de précepteurs très doctes, de librairies[1] très amples... Parquoy, mon fils, je t'admoneste que employes ta jeunesse à bien profficter en estude et en vertus... »

Et pourquoi Gargantua veut-il que son fils fasse toutes ces études, acquière toute cette instruction? A-t-il le projet d'en faire un savant, un lettré, de le vouer à l'un de ces états pour lesquels on convient que la science est indispensable? Non; Gargantua sait que Pantagruel est destiné par sa naissance à suivre une carrière où, selon les idées communes, on peut se passer de savoir; mais il sait aussi que, dans toutes les carrières, le savoir et les lumières sont un honneur comme une force; et il recommande à son fils d'employer à les acquérir les années de sa jeunesse...

Jamais, au milieu de ses travaux, Pantagruel n'oubliait que la vertu doit être le premier but des efforts de l'homme. « Science sans conscience n'est que ruyne de l'âme, lui avait écrit son père : il te convient servir, aimer et craindre Dieu..., en sorte que jamais n'en sois désemparé par péché. Aye suspects les abus du monde; ne mets ton cueur à vanité, car ceste vie est transitoire, mais la parole de Dieu demoure éternellement... Révère tes précepteurs, fuy les compaignies des gents esquels tu ne veulx poinct ressembler...; et quand tu congnoistras que auras tout le sçavoir de par delà acquis, retourne vers moy affin que je te voye et donne ma bénédiction davant que mourir. »

Une éducation si bien dirigée ne pouvait demeurer vaine. Rabelais a montré, dans le développement du caractère de Pantagruel, quels en devaient être les fruits. Ce caractère est surtout remarquable par la droiture et la confiance. A côté de l'immoralité de Panurge et de la grossièreté de frère Jean, Pantagruel apparaît toujours plein de raison, de facilité et de bonté. Discute-t-il? il abuse quelquefois étrangement de l'érudition et de

1. *Librairie*, bibliothèque; en anglais, *a library*.

la dialectique; mais c'est presque toujours pour en revenir à des maximes simples, droites, au bon sens et à la justice. A-t-il à agir? il se montre ferme et calme. Lorsque, pendant ses voyages, il essuie en mer cette horrible tempête, décrite par Rabelais d'une manière si vive et si pittoresque, tandis que Panurge s'abandonne au désespoir de la peur, tandis que frère Jean et tous les matelots luttent contre les vents et contre les vagues, jurent, s'emportent, Pantagruel, tranquille et pieux, reste debout sur le pont du navire, tenant fortement le grand mât pour l'empêcher de se rompre; et quand, au plus fort de l'orage, tous les nautonniers se croient perdus, il ne laisse échapper que ces mots : « Le Dieu servateur nous soit en aide!... »

Qu'on suive Pantagruel dans tout l'ouvrage, on verra que, sans fracas, sans ostentation, même sans intention morale, Rabelais l'a peint tel qu'il devait être après l'éducation qu'il avait reçue, c'est-à-dire bon et raisonnable, toujours curieux d'étendre ses connaissances et de garder ses vertus, cherchant partout la vérité, examinant et tolérant les opinions des autres sans laisser ébranler ses propres principes, digne, simple et ferme au milieu des mœurs déréglées, des indécentes brutalités et de l'immoralité licencieuse de ceux qui l'entourent.

J'en veux faire remarquer un trait particulier, d'autant plus frappant qu'il se lie de plus près aux résultats de l'éducation que je viens d'exposer; c'est le respect de Pantagruel pour son père. Nul écrivain, peut-être, n'a donné à l'amour filial et à l'autorité paternelle plus de force et de gravité que n'a fait le cynique Rabelais. De son temps commençait à naître cette funeste guerre civile et religieuse qui, pénétrant dans l'intérieur des familles, brisait les liens les plus sacrés et rendait ennemis ceux que la nature appelait à s'aimer et à se soutenir mutuellement. Quelques années plus tard, Montaigne pouvait dire, en parlant des enfants : « Si ce sont bestes furieuses comme nostre siècle en produit par milliers, il les faut hayr et fuyr pour telles. » Et c'est au moment où fermentaient tant de discordes, publiques et dogmatiques, que Rabelais a peint un père élevant son fils avec la bonté la plus facile, le désintéressement le plus complet; et ce fils, pénétré pour son père de l'affection la plus tendre, du respect le plus profond, de la reconnaissance la plus vive... (*Conseils...*, p. 182-200.)

Des idées de Montaigne en fait d'éducation.

... Né avec un esprit hardi et libre, mais avec un caractère indolent et paresseux, Montaigne ne craignit pas d'attaquer toutes les idées des hommes, et il aurait craint de déplacer une charge ou d'altérer un titre. Ne changez rien, semblait-il dire, quoique tout soit mal : car rien ne peut être mieux; comme si ce mieux que l'homme conçoit, et vers lequel sa pensée ne cesse de tendre, ne devait pas s'introduire enfin, quoique lentement et par degrés, dans un monde où l'homme domine, et où il domine par la pensée !

En éducation comme en tout autre sujet, Montaigne avait clairement entrevu ce mieux que, par haine pour les innovations, il nous défend presque de chercher : sa pénétration lui avait fait voir sans peine que la manière dont on élevait les enfants de son temps n'était conforme ni à notre destinée ni à notre nature; et comme il sentait qu'à cet égard on pouvait innover, du moins dans l'intérieur des familles, sans craindre aucun bouleversement immédiat, il conseilla franchement, à ceux à qui il adressait ses pensées sur l'éducation, d'adopter des méthodes toutes différentes de celles qui étaient généralement suivies. Aussi son chapitre sur l'*Institution des enfants*, à Mᵐᵉ de Foix, et celui sur l'*Affection des pères aux enfants*, à Mᵐᵉ d'Estissac, n'offrent-ils aucune de ces réserves, de ces réticences par lesquelles il semble souvent vouloir écarter l'application de ses propres idées; il y développe à la fois et avec force les inconvénients de la méthode ordinaire et les avantages de celle qu'il propose. Tandis qu'ailleurs il se contente de renverser sans rien mettre à la place de ce qu'il détruit, ici il indique en même temps le mal et le remède, insiste non seulement sur ce qu'on doit éviter, mais sur ce qu'il faut faire, et substitue sans crainte des préceptes positifs aux préjugés qu'il combat. Considérés sous ce rapport, ces deux chapitres acquièrent, si je ne me trompe, une grande importance; ils prouvent que Montaigne était autre chose qu'un sceptique ingénieux et hardi, et que, s'il a trop désespéré de l'espèce humaine en général, il a cru à la possibilité de perfectionner les hommes en particulier, leur intelligence, leur caractère et leur conduite.

Le but que Montaigne assigne à l'éducation est grand et utile : les moyens qu'il propose sont bons, simples et facilement applicables; aujourd'hui, beaucoup de gens en sont convaincus d'avance; au seizième siècle, il était presque seul à le savoir. « Que doivent apprendre les enfants? demandait-on à Agésilas. — Ce qu'ils doivent faire étant hommes, » répondit-il. Ce mot, cité par Montaigne lui-même, est devenu le texte de tout ce qu'il a dit sur l'éducation. « Ma science est d'apprendre à vivre, répète-t-il sans cesse ; un enfant en est capable au partir de la nourrisse, beaucoup mieux que d'apprendre à lire ou à écrire. » Ce philosophe mobile, qui tantôt se laissait aller à une molle indolence, tantôt s'échauffait d'un enthousiasme généreux, stoïcien plutôt par admiration pour les vertus fortes de l'antiquité que par caractère, épicurien par penchant et par goût, Montaigne ne pouvait voir sans mépris ou sans colère les inutilités ou les horreurs dont se remplissait la vie de ses contemporains; il sentait que l'homme est né pour agir, et s'indignait de le voir tantôt consumer ses années en de vaines disputes de mots, tantôt les employer à des crimes : il le voulait actif et vertueux, courageux et modéré, propre au maniement des affaires, mais sans ambition comme sans crainte.

... Ce n'est point un savant, un philosophe, un citoyen, un père de famille que Montaigne élève; c'est un homme capable de devenir et bon père de famille, et excellent citoyen, et philosophe éclairé, et savant habile, s'il prend le parti d'y consacrer sa vie... Aucune destination déterminée n'est le but de ses préceptes : il veut faire un homme d'une raison droite et forte, d'un caractère ferme à la fois et flexible, capable de juger et de se conduire toujours par lui-même, de rester toujours le même dans toutes les situations; dont la vertu « sçache être riche et puissante et sçavante, et coucher en des matelats musqués; aymer la vie, la beauté, la gloire, la santé; mais dont l'office propre et particulier soit sçavoir user de ces biens-là regléement, et les sçavoir perdre constamment[1] »; un homme enfin qui « puisse faire toutes choses et n'ayme à faire que les bonnes ».

C'est autour de ce point central, former la raison et le caractère même de l'enfant, que tournent toutes les idées de Montaigne sur l'éducation : il ne considère son instruction que sous ce rapport, ne la recommande qu'autant qu'elle sert à ce but, rejette toute préférence en faveur de certaines études, et blâme tout ce que de vaines conventions sociales veulent changer au développement naturel de nos facultés. « Nous ne saurions faillir à suivre nature, dit-il ; le souverain précepte, c'est de se conformer à elle. » Telle est la première règle qu'il impose aux maîtres ; tel est, à ses yeux, l'unique moyen de faire acquérir à l'élève une raison « née en luy de ses propres racines, et qui se sente de quoy se soutenir sans aide ». On va voir que, dans le développement de ses idées, il est constamment demeuré fidèle à cette loi.

Et d'abord, « que la disposition de la personne se façonne quant et quant l'âme. Ce n'est pas une âme, ce n'est pas un corps qu'on dresse ; c'est un homme : il n'en faut pas faire à deux. » Ainsi tout ce qui servira au développement de l'une de ces deux parties de notre être ne vaudra rien si c'est aux dépens du développement de l'autre. Cependant les soins de l'éducation physique ne l'occupent point ; il n'y entendait rien, et ne parlait que de ce qu'il savait ; il se contente de dire que « les jeux mesmes et les exercices feront une bonne partie de l'estude : la course, la lutte, la musique, la danse, la chasse, le maniement des chevaux et des armes ». C'est vers l'éducation morale que se dirige toute son attention.

L'homme est né pour agir ; sa vie se compose de deux moitiés : l'une, celle des événements, ne dépend pas de lui ; l'autre, celle des actions, lui appartient en propre ; c'est l'arme avec laquelle il maîtrise ou supporte les événements. C'est donc à agir qu'il faut lui apprendre ; et comment le lui apprendre,

---

1. Sans perdre son égalité d'humeur.

sinon en le faisant agir? Loin de nous donc cette éducation qui fait de l'enfant un être passif, dont tous les mouvements sont comprimés, et en qui l'on infuse, pour ainsi dire, des idées qui lui sont étrangères ; « on nous les placque en la mémoire, toutes empennées, comme des oracles où les lettres et les syllabes sont de la substance de la chose. » Est-ce ainsi que nous pouvons apprendre ce qui seul nous importe véritablement, à juger et à vouloir? « Je voudrois que le Paluel ou Pompée, ces beaux danseurs de mon temps, nous apprissent des caprioles à les voir seulement faire, sans nous bouger de nos places, comme ceux-cy veulent instruire nostre entendement sans l'ébranler. » Formons donc l'entendement de l'enfance ; c'est la faculté qui emploie les matériaux qu'ont rassemblés les autres, c'est elle « qui approfite tout, qui dispose tout, qui agit, qui domine et qui règne ». Ce sera à elle à diriger la vie, et, dès qu'il vit, l'enfant doit apprendre à vivre.

Comment nous y prendre? Ce ne sera certainement pas en cultivant uniquement la mémoire de son élève que l'instituteur exercera son jugement : « qu'il ne luy demande pas seulement compte des mots de sa leçon, mais du sens et de la substance, et qu'il juge du profit qu'il aura faict, non par le tesmoignage de sa mémoire, mais de sa vie... C'est tesmoignage de crudité et d'indigestion que de regorger la viande comme on l'a avalée ; l'estomach n'a pas faict son opération s'il n'a faict changer la façon et la forme à ce qu'on luy avoit donné à cuire. »

Ainsi les études de l'enfant ne seront pas des études vaines et de pure curiosité ; on l'accoutumera à en tirer tout ce qu'elles peuvent lui fournir dans sa sphère étroite, sans doute, mais proportionnée à ses forces : il n'apprendra pas tant « la date de la ruine de Carthage que les mœurs de Hannibal et de Scipion... ; il ne dira pas tant sa leçon comme il la fera : il la répétera en ses actions. On verra s'il y a de la prudence en ses entreprises ; s'il y a de la bonté, de la justice en ses déportements ; s'il y a du jugement et de la grâce en son parler, de la vigueur en ses maladies, de la modestie en ses jeux, de la tempérance en ses voluptés... ; le vray miroir de nos discours est le cours de nos vies. »

Et pourquoi l'enfant ne connaîtrait-il pas, ne pratiquerait-il pas ces vertus? Elles seront, comme lui, petites et faibles; elles n'en seront pas moins réelles; c'est lorsque nous prétendons les lui donner en le prêchant au lieu de les lui faire acquérir par l'usage, qu'il n'y arrive jamais; apprendra-t-il à se servir de sa volonté si vous l'empêchez de vouloir? Sans liberté point d'énergie : cela est aussi vrai de nos forces morales que de nos forces corporelles; on estropie un esprit comme un bras ou une jambe, en le tenant trop longtemps au maillot : « Nostre âme n'est rien tant qu'elle ne branle qu'à crédit, liée et contrainte à l'appétit des fantaisies d'autruy, serve et captivée sous l'authorité de leur leçon. Que le jugement conserve donc ses franches allures; nous le rendons servile et couard, pour[1] ne luy laisser la liberté de rien faire de soy. » Est-ce un esclave ou un homme que nous avons à former? Si c'est un esclave, à quoi bon tant de peines? Il en saura toujours assez pour rester dans l'esclavage; si c'est un homme, s'il doit le devenir un jour, dussions-nous ne pas le vouloir, permettons-lui d'en étudier de bonne heure le rôle; il n'aura pas trop de temps pour s'en instruire.

Quel sera le théâtre où nous commencerons à l'y exercer? Envoyons-le à l'école; il y trouvera des enfants de son âge qui marcheront avec lui, et sans doute des maîtres capables de diriger ses premiers pas. L'étrange direction ! « C'est une vraye geaule de jeunesse captive. Arrivez-y sur le point de leur office; vous n'oyez que cris et d'enfans suppliciés et de maîtres enyvrés en leur colère. Quelle manière pour esveiller l'appétit envers leur leçon, à ces tendres âmes et craintives, de les y guider d'une troigne effroyable, les mains armées de fouets! » Otez, ôtez-moi cet épouvantable appareil dont vous environnez la sagesse : « qui me l'a masquée de ce faux visage pasle et hideux ? Il n'est rien plus gay, plus gaillard, plus enjoué, et à peu que je ne die follastre. » Croyez-vous la leur faire aimer en la rendant pour eux le prétexte d'un malheur précoce? « Si vous avez envie qu'ils craignent la honte et le chastiement, ne les y endurcissez

---

1. *Pour* indique ici la cause, et non le but.

pas... J'accuse toute violence en l'éducation d'une âme tendre
qu'on dresse pour l'honneur et la liberté. Il y a je ne sçay quoy de
servile en la rigueur et en la contrainte ; et tiens que ce qui ne
se peut faire par la raison, et par prudence et adresse, ne se faict
jamais par la force... Je n'ay veu autre effect aux verges si non
de rendre les âmes plus lasches ou plus malitieusement opi-
niastres. » Rendez-moi mon élève; « je sçaurai luy faire gouster
la science et le devoir par une volonté non forcée, et de son
propre désir; je sçaurai élever son âme en toute douceur et
liberté, sans rigueur et sans contrainte; je m'appliquerai à luy
grossir le cœur d'ingénuité et de franchise. » Nous verrons s'il
sera un jour moins soumis aux lois de la vertu.

N'imaginez pas que je lui laisse mener une vie molle et
oisive, que je flatte tous ses penchants, que je me prête à ses
humeurs; je vais lui élever l'esprit, lui roidir l'âme et les
muscles; j'y saurai employer une sévère douceur : « La philosophie a des discours pour la naissance des hommes comme
pour la décrépitude... Les premiers de quoy on luy doit abreuver
l'entendement, ce doivent estre ceux qui resglent ses mœurs
et son sens, qui luy apprendront à se cognoistre et à sçavoir bien
mourir et bien vivre. »

L'enfant est né avec un caractère, avec des dispositions naturelles ; j'ai besoin de les connaître avant de chercher à les diriger; c'est par là que commencera ma tâche. Je me garderai
bien « de lui criailler sans cesse aux aureilles, comme qui ver-
seroit dans un entonnoir ». Au lieu de lui parler toujours, je
veux l'écouter et le laisser parler à son tour : je l'observerai
dans ses jeux, car « les jeux des enfans ne sont pas jeux, et
les faut juger en eux comme leurs plus sérieuses actions... Je le
feray trotter devant moy, pour juger de son train...; à faute de
cette proportion, nous gastons tout; il faut la savoir choisir, et
s'y conduire mesurément. » Qui veut mener les hommes les
étudie : serais-je moins soigneux pour mon élève, quand c'est
son intérêt seul, et non le mien, qui doit me guider?

L'autorité qui m'est donnée sur sa conduite, je ne l'ai pas sur
sa raison. Appelé à agir avant de savoir penser, sa situation
l'oblige de soumettre à ma volonté une partie de la sienne,

encore incapable de lui suffire; je dois, jusqu'à un certain point, diriger des actions dont il ne saurait être le maître sans inconvénient pour ceux qui l'entourent et pour lui-même : mais son jugement, de quel droit et avec quel profit l'assujettirais-je au mien? Ma tâche est de lui apprendre à penser par lui-même, afin qu'un jour il sache vouloir et agir seul : à Dieu ne plaise que j'exerce sur son esprit l'empire que je dois avoir sur ses mouvements et ses démarches! « Je ne logeray rien en sa teste par simple authorité et à crédit. » Ce que je lui diray, ce que je lui montrerai, « je veux qu'il se le sache approprier... Les abeilles pillotent de çà de là les fleurs, mais elles en font après le miel, qui est tout leur; ce n'est plus thym, ny marjolaine. Ainsi, les pièces empruntées d'autruy, il les transformera et confondra pour en faire un ouvrage tout sien, à sçavoir son jugement. »

Pour cultiver ce jugement et lui fournir les moyens de se développer par l'exercice, irai-je les chercher dans des études presque aussi vaines dans leurs résultats que fatigantes par leur monotonie et leur longueur? Le tiendrai-je quatre ou cinq ans « à entendre les mots et les coudre en clauses; encore autant à en proportionner un grand corps, estendu en quatre ou cinq parties; autres cinq pour le moins à les sçavoir briefvement mesler et entrelacer de quelque subtile façon ? » Non certes ... : « Nous ne cherchons pas à former un grammairien ... Qu'il soit bien pourveu de choses; les paroles ne suivront que trop; il les traisnera si elles ne veulent suivre... Ostez, ostez toutes ces subtilités épineuses de la dialectique, de quoy nostre vie ne se peut amender... Ny ne trouverois bon quand, par quelque complexion solitaire et mélancolique, on le verrait adonné d'une application trop indiscrette à l'estude des livres, qu'on la lui nourrist. Cela les rend ineptes à la conversation [1] civile... La science qu'il choisira un jour, logique, physique, géométrie, rhétorique, ayant desjà le jugement formé, il en viendra bientost à bout. » Il faut d'abord à ce jugement une nourriture plus usuelle et des exercices plus simples.

---

1. A la société.

« Si vous aimez la vie, disait Franklin, ne dissipez pas le temps, car la vie en est faite. » Ce précepte si sensé, Montaigne semble l'avoir adopté pour premier principe d'éducation. Non seulement il s'élève contre ces études vaines ou d'une utilité secondaire, qui font si souvent de l'enfance un temps de malheur et presque toujours un temps perdu; il substitue à cette pédanterie scolastique ces études de tous les instants qui naissent de tous les objets dont l'enfant est entouré, et font tout servir au développement de sa raison et de son caractère. Il avait conçu de l'éducation une idée bien différente de celle qui la renferme dans les livres[1]; elle était à ses yeux ce qu'elle est aujourd'hui aux yeux de tout homme raisonnable, le résultat des relations, des circonstances au milieu desquelles l'enfant se trouve placé; le produit de tout ce qui peut agir sur ses pensées naissantes, sur son jugement, sur ses goûts, sur ses volontés; c'est de tout cela qu'il veut qu'on sache tirer parti, de manière à ne perdre aucun moment dans une affaire si pressée; loin de croire que l'enfance ne soit pas l'âge de l'étude, il sait au contraire que c'est l'âge où tout est un objet d'étude, et peut devenir un sujet d'instruction. « A nostre élève, dit-il, un cabinet, un jardin, la table et le lict, la solitude, la compagnie, le matin, le vespre, toutes heures luy seront unes, toutes places luy seront estude. » L'enfant observe tout ce qu'il voit et réfléchit sur tout ce qu'il observe; c'est par l'observation et par la réflexion que se forme son jugement : il faut donc lui apprendre à observer et à réfléchir tant que l'occasion s'en présente, tant qu'il veut; c'est ainsi que sa jeune vie ne sera pas inutilement dissipée et que son éducation ne sera jamais interrompue. « On l'advertira

---

1. Channing a célébré avec une vive éloquence l'influence des bons livres : « Remercions Dieu des livres. Ils sont la voix de ceux qui sont loin et de ceux qui sont morts; ils nous font les héritiers de la vie intellectuelle des siècles écoulés. Les livres sont les vrais niveleurs, etc. » Mais il a eu soin d'ajouter ensuite : « Nous n'avons pas besoin de beaucoup de livres pour atteindre le grand objet de la lecture... La science recueillie dans les livres a moins de valeur que les vérités dont nous sommes redevables à l'expérience et à la réflexion... La grande utilité des livres, c'est d'exciter en nous la pensée; c'est de nous porter vers les questions qui ont occupé les grands hommes pendant des siècles; c'est d'exercer le jugement, l'imagination et le sentiment... Les plus grandes sources de vérité, de lumière, d'élévation d'esprit ne sont pas les bibliothèques, mais notre expérience intérieure et extérieure. » (Œuvres sociales.)

d'avoir les yeux partout... Qu'on luy mette en fantaisie une honneste curiosité de s'enquérir de toutes choses... »

L'enfant veut apprendre à vivre : il a besoin de connaître et d'agir ; c'est pour cela qu'il observe et qu'il compare ; ses facultés tendent naturellement à se fortifier et à s'étendre ; plus on le laissera s'en servir, plus elles deviendront fortes ; plus on multipliera le nombre et le genre des occasions où il pourra les exercer, plus elles deviendront étendues. La force et l'étendue sont évidemment les deux qualités que Montaigne désire le plus de faire acquérir à l'esprit de son élève ; leur absence lui paraît la source de nos erreurs ; et une erreur, à son avis, n'est jamais sans importance. Le siècle où il vivait lui offrait de cruels exemples des fâcheux effets de ce rétrécissement d'esprit qu'accompagne une opiniâtreté souvent farouche, et qui déchire le monde pour le soumettre à des opinions dont il n'entrevoit pas la faiblesse ou la vanité. Il semble que Montaigne ait voulu, en opposant son scepticisme continuel à l'aveugle entêtement de ses contemporains, leur montrer qu'ils s'égorgeaient pour des absurdités ou des misères, et que c'était une folie que de commettre tant de violences et de causer tant de maux pour des idées dont tout homme raisonnable pouvait et devait même douter. Un attachement irréfléchi à des opinions reçues dans l'enfance, à des préjugés de secte ou de nation adoptés ou défendus sans examen, lui paraissait la principale cause de ce despotisme cruel que les hommes de son temps prétendaient exercer sur l'esprit de leurs frères, et c'était surtout de cette funeste erreur qu'il voulait préserver son élève. Le scepticisme est tolérant de sa nature ; et du temps de Montaigne, un peu de scepticisme n'eût pas été un grand mal ; or, il n'y en avait nulle part, car les hommes irréligieux eux-mêmes n'étaient pas sceptiques. C'est pour cela qu'il veut qu'on accoutume le jeune homme à voir les choses en grand, et à ne pas s'enfermer dans ses idées ou dans ses habitudes personnelles. « Nous sommes tous contraints et amoncellés en nous, dit-il, et avons la veue raccourcie à la longueur de nostre nez... A qui il gresle sur la teste, tout l'hémisphère semble estre en tempeste et orage... Mais qui se présente comme dans un tableau ceste grande image de nostre

mère nature, en son entière majesté; qui lit en son visage une
si générale et constante variété; qui se remarque là-dedans, et
non soy, mais tout un royaume, comme un traict d'une pointe
très délicate, celuy-là seul estime les choses selon leur juste
grandeur. »

Nul doute que le philosophe ne tînt surtout à rendre son élève
capable de juger et d'estimer de la sorte; tous ses préceptes particuliers tendent vers ce but; il voudrait « qu'on commençast à
le promener dès sa tendre enfance ». Il semble craindre qu'un
enfant nourri « au giron de ses parents » ne s'attache trop à leurs
habitudes, à leurs idées; c'est moins peut-être pour lui fortifier
le corps et le caractère, loin des sollicitudes et des soins de la tendresse paternelle, que pour donner à son esprit de l'indépendance
et de l'étendue, qu'il commande de lui faire courir et voir le
monde de bonne heure, afin qu'il apprenne « à frotter et limer sa
cervelle contre celle d'autruy ». Ces conseils ont quelque chose
d'un peu exagéré et de trop exclusif, mais ils partent d'une idée
fondamentale parfaitement juste et raisonnable : c'est que chaque
homme s'appartient à lui-même, sa raison doit être à lui comme
son existence, personne n'a le droit d'asservir l'une ou l'autre, et
le but de son éducation doit être de lui faire acquérir une raison
capable de gouverner par elle-même une vie qui n'est qu'à lui.
Ce principe, évident pour qui consulte la justice et le simple
bon sens, est le fondement sur lequel reposent toutes les idées
de Montaigne. Doué d'une droiture parfaite et rigoureuse, mais
peu porté à l'oubli de soi-même, il n'était jamais entraîné par
ces élans d'une âme sensible qui, en se dévouant aux autres, se
laisse aller ensuite trop aisément à croire qu'ils doivent aussi
lui être dévoués. Montaigne ne s'était jamais donné à personne,
et l'inflexible justice de son caractère et de sa raison lui faisait
sentir et dire en revanche que personne n'était obligé de se donner à lui. Il proclama hautement et en toute occasion cette
vérité, qu'on ne saurait trop répéter, et qui, mise en pratique,
rendrait plus rares qu'on ne croit les torts des hommes entre
eux et les malheurs qui s'ensuivent.

Peut-être Montaigne ne sent-il pas assez que cette justice
rigoureuse ne suffit pas pour satisfaire et mettre à profit des

sentiments naturels à l'homme, et qu'il importe de nourrir dans son cœur, puisqu'ils forment ce qu'il y a de plus beau dans sa nature, ces sentiments désintéressés et généreux qui, en nous détachant d'une vie courte et étroite, en nous dégageant des liens de la personnalité, nous laissent libres d'entreprendre et de consommer ces grandes et touchantes actions, ces actes d'un dévouement sublime, qui, dans la vie la plus modeste ou dans le rang le plus élevé, deviennent la source de la satisfaction intérieure la plus parfaite ou de la gloire la plus pure. Mais, s'il n'est pas allé jusqu'à cette haute idée morale, Montaigne s'est incontestablement placé dans la seule route par laquelle on puisse y arriver raisonnablement : on ne se donne que lorsqu'on s'appartient; et en exigeant que chaque homme fût élevé de manière à s'appartenir réellement, à être véritablement son propre maître, Montaigne n'a point interdit, à ceux qui en seraient capables, la faculté de se donner volontairement et de leur choix, quand ils croiraient cet abandon de leur devoir. La justice est le terrain sur lequel doit marcher la vertu; elle pourra s'élever ensuite, d'un libre essor, au-dessus de ce sentier, mais ce sera sans le perdre de vue; car, dès qu'elle s'en écarte, elle s'égare, et la morale la plus sublime, lorsqu'elle n'a pas la raison pour base, entraîne plus de maux qu'elle ne fait de bien.

Sachons donc à Montaigne un gré infini d'avoir su reconnaître et d'avoir osé dire une vérité plus féconde qu'on ne le pense en résultats importants. Ses préceptes d'éducation ont ceci de remarquable qu'il s'occupe presque exclusivement de la raison de son élève; il lui apprend à se connaître, à se juger lui-même, ceux qui l'entourent, ses relations, les devoirs qu'elles lui imposent, les droits inaliénables qu'elles ne sauraient lui ôter. Il s'inquiète peu de le rendre directement bon et sensible; il le veut juste, raisonnable, et semble croire que le reste naîtra alors naturellement dans un caractère droit et dans un esprit accoutumé à ne jamais s'exagérer sa propre importance.

Je ne sais si je me trompe; mais ce silence presque absolu que Montaigne a gardé sur cette partie de l'éducation qui s'attache, comme on dit, à former le cœur de l'élève, me paraît

une nouvelle preuve de son bon jugement. C'est une plante
délicate que la sensibilité; dès qu'on y touche, elle se plie, se
courbe en cent manières, dont aucune n'est sans danger; il ne
faut point la faire pousser, mais la laisser croître. Des soins
particuliers ne lui sont point nécessaires, et ne sauraient être sans
inconvénients. D'ailleurs, il y a peut-être dans la justice plus de
bonté que dans la sensibilité même, et je doute qu'un homme
accoutumé à être toujours juste, dans toute l'étendue du terme,
puisse jamais être dur; car la dureté est une injustice, puisqu'elle blesse le droit de tout homme à n'être jamais affligé
inutilement par un autre. C'est aux affections dont l'enfant
ressent chaque jour l'influence, au dévouement dont il se voit
l'objet, aux exemples d'humanité et de douceur dont il est
entouré, aux habitudes qu'il contracte, qu'on doit remettre le
soin de développer dans son cœur ces sentiments tendres qui ne
s'apprennent point, auxquels ne peut s'appliquer aucun précepte, mais qui se transmettent, comme par héritage, à ceux
qui ont vécu, dès l'enfance, dans leur douce et bienfaisante
atmosphère.

Cette omission de Montaigne ne saurait donc être regardée
comme une lacune réelle dans ses préceptes d'éducation. Il est
d'autres idées, plus élevées et plus pures, qu'il a passées sous
silence, et que je crois devoir rappeler. Montaigne était plutôt un
honnête homme qu'un homme vertueux; l'indolence de son
caractère se refusait à cette activité généreuse que peut allumer
l'amour du bien : « Je suis, dit-il lui-même, impropre à faire
bien et à faire mal qui vaille. » Il croyait, d'ailleurs, que
l'homme n'est dans ce monde que pour vivre, et que, si la vertu
doit être la règle de la vie, cette vie est à elle-même son propre
but. « Je vis du jour à la journée, et parlant en révérence, ne
vis que pour moy. » C'est concevoir de la destination de l'homme
une bien misérable idée. « La vie n'est rien par elle-même, a
dit Rousseau; elle ne devient quelque chose que par l'emploi
qu'on en fait. » Montaigne ne s'était jamais inquiété de cet emploi : il ne s'était jamais élevé à ces graves et consolantes pensées
qui nous montrent l'homme comme un être destiné à remplir
une existence éphémère par le développement de facultés qui,

dirigées vers un but moral, peuvent, dans la sphère la plus étroite, exercer une incalculable puissance. Nul homme ne peut ajouter une coudée à sa taille ni un jour à ses années; la mesure de son corps et de sa vie est bornée; il lui faut peu de place pour vivre et moins encore pour mourir; mais qui assignera des bornes à ses sentiments et à ses pensées? qui empêchera cet être si faible de s'élever au-dessus du monde, d'étendre le pouvoir de son exemple au delà des mers et du tombeau? Depuis le bon père de famille qui, en élevant des fils semblables à lui, commence une série de gens de bien dont on ne saurait calculer la durée[1], jusqu'au grand homme illustre qui, par l'éclat de son caractère, à mille lieues de sa demeure et mille ans après sa mort, éveille une foule de sentiments généreux dans le cœur de ceux qui entendent prononcer son nom, l'influence de la vertu s'étend et se propage sans qu'il soit possible d'en arrêter ou d'en mesurer les effets. C'est là le but et le fruit de la vie; c'est là ce qui doit consoler de sa brièveté et de ses malheurs. Hors de là, il n'est qu'égoïsme pour ceux qui peuvent encore y mettre quelque prix, et désespoir pour ceux à l'âme desquels l'égoïsme ne peut suffire. Je crains, je l'avoue, que Montaigne n'ait été des premiers[2], et que l'absence de cette idée n'ait souvent flétri sa vie, ou arrêté en lui le développement d'un caractère toujours droit, honnête et naturellement généreux. Ce qui est incontestable, c'est qu'on ne trouve dans ses préceptes d'éducation aucune trace de cette grande vérité, si nécessaire à inculquer aux hommes dès l'enfance : c'est que l'homme est dans ce monde pour agir, pour y faire tout le bien dont sa situation le rend capable, et non pour

---

1. Cette importante considération a été bien mise en lumière dans ce passage éloquent de Doudan : « Kant était né dans une famille où l'austérité de la morale réglait toute la vie... Sa mère sut si bien lui inspirer, par l'exemple, l'horreur du mensonge, que le vieux professeur, au bout de sa carrière, disait que son respect inviolable pour la vérité, il le devait à sa mère... Singulier et admirable effet des vertus les plus obscures! Une pauvre femme, née dans les dernières classes de la société, prépare ainsi pour le monde une doctrine sévère et salutaire qui dominera peut-être bien des intelligences. Le devoir accompli dans l'ombre produit, par sa puissance secrète, des résultats immenses; et, parce que la femme d'un honnête sellier de Kœnigsberg ne s'est jamais permis un mensonge, voilà que la morale de Kant, c'est-à-dire la doctrine qui régnera en Allemagne avec une admirable autorité, en prendra plus d'élévation et de pureté! »

2. Parmi les égoïstes.

y vivre content d'une vertu négative et stérile, aussi bornée et
aussi faible que son existence et son pouvoir personnel...

On parle toujours de la gaieté et de l'aimable insouciance de
Montaigne ; je le trouve triste, profondément triste, de cette
tristesse raisonnée qui, ne trouvant rien de propre à la guérir,
ne sait que s'étourdir et se distraire. Il aime la vie, et rien dans
la vie n'a de prix à ses yeux ; le vide du cœur est pour lui le
seul moyen d'échapper à la douleur ; il se déprend de tout pour
pour n'avoir rien à regretter ; la mort, sans cesse présente à sa
pensée, ne lui laisse de plaisir que celui de vivre, de vivre seul,
sans affections et sans espérances : il s'applique à glacer son
âme pour pouvoir la lui livrer à la fin sans déchirement et sans
effroi. Je ne saurais voir qu'avec une amertume profonde cet
homme d'un esprit si fort, d'un caractère si élevé, d'un cœur si
droit et si juste, ne vivant que pour travailler à s'éteindre, se
travaillant pour s'isoler, et s'isolant pour mourir. Un seul
homme [1] lui a paru digne de son affection ; il l'a aimé comme
il pouvait aimer, d'une amitié rare, tendre, presque sublime ; il
le perd, et ne sait plus aimer personne : il *n'épouse* plus que
soi ; son siècle ne lui inspire que du mépris, ses enfants que de
l'indifférence ; pour se détacher de lui-même, il a besoin de se
détacher de tout, et il ne sait que « se plonger la teste baissée,
stupidement, dans la mort, sans la considérer et recognoistre,
comme dans une profondeur muette et obscure, qui l'engloutit
d'un sault et l'estouffe en un instant, d'un puissant sommeil,
plein d'insipidité et d'indolence » !

Quand on a vu Montaigne absorbé par cette lugubre idée,
quand on a suivi les raisonnements par lesquels il y est arrivé,
quand on a reconnu dans son insouciance l'indifférence réfléchie
d'un homme qui a pris le parti de ne se soucier de rien de tout
ce qui est hors de lui, quand on a découvert d'où venait cette
philosophie qui ne sait opposer que l'insensibilité au malheur,
on ne s'étonne plus de. trouver Montaigne froid et égoïste ; on
sait comment il en est venu là, pour avoir méconnu cette haute

----

1. Étienne de la Boétie, auteur du *Discours sur la servitude volontaire*.

destination morale de l'homme qui le lie à ses proches, à ses
amis, aux générations futures, qui lui fait voir à quels travaux
il doit s'appliquer, quel est le but de sa vie, quel en peut être
le fruit, quelles espérances il peut concevoir pour ce genre
humain dont il est membre. Montaigne ne s'était point élevé à
ces grandes pensées, qui l'auraient guéri du besoin de s'isoler, et
auraient ajouté de la consolation à son courage. Son siècle, il est
vrai, était peu propre à les lui donner ; et ce dont on s'étonne,
avec plus de raison, c'est qu'au milieu du triste système qu'il
avait adopté, il ait conservé cette inflexible droiture de caractère,
cette hauteur de morale qui lui font placer la vertu au-dessus
de tout. A ce nom de vertu, il s'échauffe, il s'élève ; la franche
admiration qu'elle lui inspire lutte dans son cœur contre sa
propre doctrine ; et le plus indifférent des hommes, épicurien
par penchant, égoïste par principe, ne peut entendre prononcer
le nom de Socrate sans un généreux saisissement d'amour et de
respect.

C'est là le phénomène ; c'est là ce dont on doit faire hommage
au caractère naturel du philosophe et à la force de sa raison qui,
tout en jugeant mal de la valeur et du but de la vie, de la dignité et de la destination du genre humain, est restée attachée
aux lois d'une morale sévère, a déclaré que l'honnête devait être
préféré à l'utile, et a du moins laissé à l'homme la vertu quand
elle lui ravissait l'espérance.

C'est cette raison supérieure, dont l'unique tort est de n'avoir
pas saisi l'ensemble de l'histoire et des destinées de notre espèce,
mais qui ne s'est presque jamais trompée dans les détails auxquels elle a appliqué ses forces, que nous avons reconnue dans
les idées de Montaigne sur l'éducation. Toutes ces idées sont à
lui ; elles sont le fruit des méditations de cet esprit juste et ferme,
qui marchait droit à la vérité, tout en ne croyant pas à son
existence. Nous avons vu dans Rabelais ce que pouvait indiquer
le simple bon sens, quand on voulait le consulter, sans remonter même aux principes de ses préceptes. Mais Montaigne
nous a offert tout ce que pouvait offrir une tête saine, libre et
forte, qui creuse les lois de la nature humaine, pénètre jusqu'à
leur origine, les suit dans leurs applications, et appuie toutes ses

opinions sur une connaissance profonde de l'homme, de ses droits et du développement de ses facultés. Qu'on croie tout ce qu'il conseille, qu'on fasse tout ce qu'il recommande ; on pourra avoir à y ajouter ; on aura besoin de conduire l'élève plus loin qu'il ne l'a fait ; mais il faut passer par la route qu'il a prise ; s'il n'a pas tout dit, tout ce qu'il a dit est vrai, et, avant de prétendre à le devancer, qu'on s'applique à l'atteindre. (*Conseils...,* p. 205-253.)

On ne fait ni tout ce qu'on veut, ni tout ce qu'on peut.
(Critique générale de Rousseau.)

La grande cause de la mésintelligence qui règne entre ceux qui donnent des préceptes et ceux à qui ils les adressent, c'est que les uns s'imaginent qu'on fait toujours tout ce qu'on veut, tandis que les autres ne s'avouent pas qu'on ne fait jamais tout ce qu'on peut. Qui n'a entendu dire cent fois, au moment où se présentait une tâche un peu longue, un peu difficile : *si je pouvais!* et qui n'a entendu s'écrier cent fois, lorsque l'occasion est manquée, lorsqu'il n'y a plus à revenir sur ce qui est fait : *si j'avais voulu!* Avant l'action, quand elle doit coûter des efforts, les hommes ne croient pas à leur puissance ; quand il n'y a plus qu'à regretter, qu'à se repentir, ils s'en prennent à leur volonté ; là, c'est la paresse ou la faiblesse qu'on écoute ; ici, c'est quelquefois l'amour-propre qui ramène une confiance devenue inutile. Ainsi se passe, ou plutôt ainsi se perd la vie ; cependant, comme il faut tâcher de ne pas perdre ce qui passe sans retour, il serait bon que les uns sussent nettement ce qu'ils peuvent exiger, et les autres ce qu'ils peuvent faire.

C'est surtout en éducation que cette limite serait utile à tracer : il n'est rien sur quoi les philosophes se montrent plus impérieux, et leurs lecteurs plus paresseux. Rousseau, en écrivant un livre sur l'éducation, commence par dire, ou à peu près, qu'une bonne éducation est impossible. Ce n'est pas qu'il le pensât ; c'est que, toujours porté à exagérer, et toujours de bonne foi dans ses exagérations, il énonçait toujours l'idée qui le frappait dans le moment, sans restriction, sans la rapprocher des autres idées avec lesquelles elle aurait dû nécessairement se combiner, et par conséquent sans lui donner ce caractère de vérité relative, partage modeste de la plupart des vérités dans ce monde où tout se tient, se lie et se modifie réciproquement. Lui dit-on qu'un homme a des affaires, des fonctions, des devoirs? « Des affaires, des fonctions, des devoirs! s'écrie-t-il; ah! sans doute le dernier est celui de père? » Non, certainement; mais, quand ce serait le premier, cela n'empêcherait pas qu'un père n'eût encore des devoirs, des fonctions et des affaires. Songez-vous à donner à votre fils un gouverneur? il vous appellera *âme vénale*, et fera ensuite un livre pour enseigner au gouverneur l'art de se bien conduire avec son élève. A quoi bon accroître ainsi des difficultés déjà assez grandes, et jeter de nouvelles pierres dans une route déjà assez embarrassée? —C'est ainsi, dira-t-on, et seulement ainsi, qu'on peut exciter l'attention des hommes sur des devoirs et des difficultés qu'ils méconnaissent; il importe plus de frapper fort que de frapper juste: tant pis pour le pays où de pareils moyens sont nécessaires; on ne frappe jamais juste en frappant trop fort; et la vérité tout entière est déjà assez dure à entendre sans qu'on lui grossisse ainsi le ton. Qu'on lui laisse parler son langage, sans lui prêter celui de l'exagération et de l'humeur; elle entraînera moins peut-être, mais elle persuadera mieux; en entraînant toujours, on égare quelquefois; en ne cherchant qu'à persuader, on ne rebute personne. La vérité n'est point arrogante, point impérieuse; quoiqu'elle soit inflexible, elle s'accommode à toutes les circonstances, à toutes les situations; elle sait revêtir mille formes différentes pour pénétrer et s'appliquer partout; elle a des ressources pour toutes les occasions: en dépit des hommes qui la méconnaissent ou la dénaturent, elle avance et étend par degrés son empire; elle sait, comme le dit de Dieu un proverbe portugais, *écrire droit sur des lignes de travers*. Elle n'oublie rien, fait tout entrer en ligne de compte, et paraîtrait constamment applicable, si on savait la voir toujours telle qu'elle est réellement.

Que les philosophes qui écrivent sur l'éducation n'exigent

donc pas, d'un ton tranchant, qu'on suive exactement leurs conseils, qu'on fasse ce qu'ils disent et comme ils le disent ; qu'ils ne prescrivent pas, jour par jour, la manière dont la sagesse du maître doit arranger la vie de l'enfant. On n'arrange point une vie, on n'arrange point une journée ; on ne reproduit point des scènes et des aventures consignées dans un livre ; on ne fait point d'un enfant, d'une famille, de cette infinité de circonstances qui environnent une éducation, tout ce qu'on a prévu, tout ce qu'on en veut faire. On a beau crier contre la médecine, quand l'enfant est malade, le médecin est appelé. En vain le père ou le gouverneur serait un homme parfait, d'une raison sans défaut, il n'empêchera point que l'enfant n'ait souvent autour de lui des parents faibles ou déraisonnables, des gens peu éclairés : si le succès de sa méthode et de ses principes dépend de la réalisation entière et absolue des événements et des circonstances qu'il crée et qu'il combine, il y faut renoncer ; car l'homme n'a pas le pouvoir de créer à son gré les événements, de combiner d'avance toutes les circonstances. Heureusement que la vérité n'est pas resserrée dans l'étroite enceinte d'un plan écrit. Autant il serait absurde à l'écrivain de prétendre à prévoir tous les intérêts, toutes les situations qui doivent en modifier l'application, et à donner des règles pour chacune de ces situations diverses, autant il est peu philosophique de la présenter comme inapplicable hors d'une certaine situation et sans le concours de tous les détails qu'il plaît à l'auteur de rassembler pour rendre son ouvrage plus complet ou plus facile. Rousseau a prévu cette objection dans sa préface, et, à mon avis, il n'y a point répondu. « On ne cesse, dit-il, de me répéter : Proposez ce qui est faisable ; c'est comme si l'on disait : Proposez de faire ce qu'on fait. » Ce n'est pas cela ; c'est comme si l'on disait : Ne proposez pas ce qui n'est pas faisable ; montrez-nous la vérité de manière à ce qu'on puisse toujours la suivre, l'appliquer ; de manière à ce que, dans toutes les situations, elle puisse exercer sa salutaire influence. « J'aimerais mieux, ajoute-t-il, suivre en tout la pratique établie que d'en prendre une bonne à demi ; il y aurait moins de contradiction dans l'homme ; il ne peut tendre à la fois à deux buts opposés. » Il n'en faut avoir qu'un seul ;

mais il faut prendre, pour y marcher, la route par laquelle on peut espérer de l'atteindre. C'est avec les hommes qu'on fait du mal, c'est avec les mêmes hommes qu'on fait du bien : quand de mauvaises institutions, de mauvaises habitudes et des préjugés ont établi le mal dans le monde, il ne faut pas, pour l'en bannir, prétendre à faire un autre monde; il faut se servir du bien qui se trouve dans celui qui est, pour attaquer le mal tantôt par un bout, tantôt par un autre. Cela n'empêche point de concevoir la perfection, l'ensemble heureux de toutes les circonstances les plus favorables au succès de la vérité; cela n'empêche point de chérir cette perfection et d'y tendre : cela apprend seulement l'art de rendre ces idées de perfection applicables dans tous les cas. « Il me suffit, dit Rousseau, que, partout où naîtront des hommes, on puisse en faire ce que je propose; et qu'ayant fait d'eux ce que je propose, on ait fait ce qu'il y a de meilleur et pour eux-mêmes et pour autrui. Si je ne remplis pas cet engagement, j'ai tort sans doute; mais, si je le remplis, on aurait tort aussi d'exiger de moi davantage, car je ne promets que cela. » Je doute que Rousseau ait tenu tout ce qu'il avait promis : nul homme n'a dit en éducation plus de vérités, et de vérités importantes; nul homme ne les a mises plus rapidement et plus vivement en circulation; mais je ne crois pas qu'il les ait dites de la manière la plus utile et la plus sûre[1].

Si l'on réduisait à un petit nombre de principes simples toutes les idées contenues dans l'*Émile*; si on les débarrassait de tous les accessoires qu'y a joints l'auteur, de ces scènes, de ces combinaisons qu'il présente comme de rigueur, et qui ne sont pas

---

1. Il y a loin de cette critique juste et mesurée aux emportements du fougueux évêque d'Orléans. « J'ai dû lire l'*Émile*, écrit M. Dupanloup; je n'ai pu l'achever, et ce n'est pas tant le dégoût de l'irréligion et de l'immoralité, c'est le dégoût du sophisme perpétuel qui me fit tomber le livre des mains. » — « Je ne crois pas avoir jamais rencontré sur ma route un livre plus misérable, une raison plus faible et plus vaine dans l'ostentation de sa force, un éclat plus trompeur, des lumières plus fausses, des raisonnements plus vides de sens, avec des images plus véhémentes, un style plus enflammé, et des principes d'égarement plus redoutables..., et au fond une impiété plus grossière, quelquefois même une niaiserie plus étrange et une corruption plus hypocrite... Ce livre rétrograde non seulement au delà du dix-huitième siècle, il rétrograde au delà de l'humanité (!)... En fait d'éducation, son nom est un nom infâme, et son autorité une effroyable déception... »

plus nécessaires que possibles à reproduire, de ces prétendues conditions qu'il veut attacher à l'exécution de son plan, on verrait qu'il n'y a rien là d'impraticable, ni même de très difficile. Les parents qui opposent au ton absolu de ses préceptes cette réponse, souvent très fondée : *on ne fait pas tout ce qu'on veut,* se convaincraient bientôt qu'en ne voulant que ce qu'il faut, que ce qu'il est toujours raisonnable de vouloir, on peut le faire sans trop de peine ; mais c'est là ce que la plupart des écrivains, et Rousseau surtout, ont presque toujours négligé de montrer : portés à s'exagérer l'importance de leurs moindres idées, pleins d'une sorte d'amour paternel pour les moindres détails de leurs projets, ils semblent répéter sans cesse : « Si vous ne faites pas tout ce que nous vous disons, tout est perdu » ; et c'est là ce qui n'est jamais vrai, parce qu'il y a nécessairement dans un livre beaucoup de paroles perdues, inutiles à un grand nombre de lecteurs. C'est le principe lui-même, ce sont les vérités fondamentales qu'il faut prouver jusqu'à l'évidence, dont il faut remplir les esprits, qu'il faut rendre inattaquables : cette conviction une fois produite, qu'on laisse aux parents le soin de les adapter aux circonstances dans lesquelles ils se trouvent, et la liberté de choisir le mode d'application qui leur convient.

Il faut, quand on écrit pour servir véritablement les hommes, plus de désintéressement qu'on ne pense. Là plupart des écrivains semblent vouloir exercer sur leurs lecteurs un despotisme réel ; le plaisir d'être obéis paraît être ce qu'ils désirent le plus vivement, et le despotisme ne vaut rien, même quand c'est le bien qu'il ordonne, parce qu'il ne l'ordonne presque jamais de la manière dont chacun peut et doit l'exécuter. Un philosophe doit s'appliquer à convaincre l'esprit des hommes, et non prétendre à régler leur conduite ; il veut leur apprendre à bien user de leur liberté, et non les asservir ; il sait qu'une fois convaincu, l'esprit commande à la volonté et règle les actions : il prouve plus qu'il ne prescrit ; il agit comme il veut que le précepteur agisse avec son élève ; il s'adresse à la raison, la forme, la dirige, et ne croit pas devoir exercer sur la conduite de tous les instants cette influence immédiate et absolue qu'il ne saurait se flatter de rendre toujours sage et salutaire.

Peut-être est-il impossible de commencer par là; peut-être les hommes ont-ils besoin d'abord que le despotisme de l'éloquence et du caractère de l'écrivain les force à recevoir, à pratiquer des vérités qu'ils ne connaissent pas bien encore, et qu'ils écouteraient peu si on ne les leur disait pas d'un ton de maître. Telle a, du moins, été presque toujours la marche des choses; un grand bien nouveau est ordinairement accompagné d'un mal; ainsi le veut notre propre nature; mais quand ce premier effet a été produit, quand le mouvement se calme, on doit tâcher de signaler et de repousser le mal, afin que le bien reste seul à l'usage du monde. Nous en sommes, si je ne me trompe, à cette époque où la raison seule a le droit d'exercer un grand pouvoir.

Bannissons donc toute exagération, toute domination philosophique et littéraire : que les hommes qui veulent s'éclairer s'éclairent et agissent ensuite librement; ce qui importe, c'est de leur montrer nettement quel est le but où ils doivent tendre, et quelles sont les routes qu'ils ne peuvent prendre sans s'en écarter. Quand ce qui est mal sera bien reconnu, quand ce qui est bien sera bien prouvé, ils choisiront d'eux-mêmes les moyens d'application qui s'accorderont le mieux avec leur situation, leurs fonctions, leurs devoirs, leurs affaires. Sans avoir le génie ou la science de l'écrivain, ils feront ce choix mieux qu'il n'aurait pu le leur prescrire d'avance, parce qu'ils connaîtront toutes ces circonstances particulières qu'il ignore et qu'il ne peut prévoir; ils ne diront plus alors qu'*on ne fait pas tout ce qu'on veut*, parce que, voulant fermement un bien de la réalité duquel ils seront convaincus, ils se régleront d'après leur propre volonté guidée par leur raison, et non d'après la raison et la volonté d'un autre.

Mais qu'ils fassent en même temps tout ce qu'ils peuvent : ces mots, *on ne fait pas tout ce qu'on veut*, ne sont bien souvent que l'excuse de la paresse, qui rejette sur le défaut de pouvoir ce qu'elle rougirait d'attribuer au défaut de volonté. Il y a, comme je l'ai dit, très peu d'hommes de bonne foi qui, en revenant sur les diverses actions de leur vie, ne se disent : j'aurais pu mieux faire si j'avais voulu. Rien n'est sincère comme le repentir : voilà pourquoi il faut, avant l'action, tâcher de prévoir ce que le repentir nous pourra dire après. Je dis *il faut*, parce que c'est là le mot magique dans cette vie. On se dit : *il faut* faire mes affaires, et on les fait; *il faut* me tirer d'embarras, et on s'en tire. Si l'on se pénétrait également d'avance de cette idée, *il faut* faire, pour bien élever mes enfants, tout ce que je puis, on le ferait. On n'imagine pas tout ce qu'ajoute de puissance à la volonté de l'homme le sentiment de la nécessité. « C'est un des grands moyens de la raison, que de faire croire à l'impossibilité des choses déraisonnables; et ce qui fait la force de la vertu, c'est qu'elle met les actions illégitimes au rang des actions impossibles. » Je voudrais que les parents apportassent, dans l'éducation de leurs enfants, cette vertu qui fait regarder comme impossible de ne pas faire tout ce qu'on peut; ils verraient alors qu'il leur reste bien peu de choses à regretter, et que le père, comme l'homme de bien, qui fait tout ce qu'il peut, est bien près de faire tout ce qu'il veut. (*Annales de l'éducation*, IV, p. 321.)

Pédagogie de Kant.

... Emmanuel Kant, professeur de philosophie à l'université de Kœnigsberg [1], a été un de ces hommes qui, du sein d'un repos longtemps obscur, ont produit, dans le genre humain, ces révolutions dont on ne saurait calculer l'influence, parce que, ne changeant rien d'abord à la réalité des choses, n'agissant que sur le monde des idées, leurs effets ne sont ni rapides, ni visibles. Frappé de l'incertitude des connaissances humaines, non de cette incertitude de détail, que tant d'esprits médiocres prennent pour base d'un scepticisme irréfléchi, et qui ne prouve

---

1. Né en 1721, mort en 1805, le père de la philosophie allemande. Dans ses ouvrages, *Critique de la raison pure*, *Critique de la raison pratique*, *Critique du jugement*, il pose le principe du devoir comme le fondement même de toute certitude. Ses préceptes de conduite sont empreints de la plus grande élévation : « Agis de telle sorte que tu traites toujours l'humanité, soit dans ta personne, soit dans la personne d'autrui, comme une fin, et que tu ne t'en serves jamais comme d'un moyen. » — « Agis de telle sorte que la maxime de ton action puisse être érigée par la volonté en une loi universelle. »

que l'insuffisance des travaux faits jusqu'à nos jours, mais de ce principe d'incertitude qui attaque tout le savoir de l'homme en attaquant tous les moyens qu'il a de connaître, et qui semble le mettre hors d'état d'arriver à la vérité, il essaya de fixer la limite à laquelle devaient s'arrêter nos connaissances proprement dites, et de distinguer, d'après la nature même de notre esprit, ce qui, dans ces connaissances, devait être regardé comme certain d'avec ce qui ne pouvait jamais le devenir. Cet important problème, auquel se lient toutes les recherches sur l'origine de nos idées, sur l'essence de nos facultés, sur les bases de la morale et de la religion, a été résolu par lui d'une manière que je suis loin de croire à l'abri de toute objection, qui laisse encore un vaste champ ouvert aux méditations et aux doutes, mais qui me semble et plus logique et plus satisfaisante que toutes les solutions qu'en avaient données Platon, Aristote, Descartes, Leibniz, Locke et tant d'autres. Un esprit qui s'applique à traiter de pareilles questions doit nécessairement embrasser toutes les questions secondaires qui s'y rattachent ; quand on a sondé la nature de l'homme, on veut savoir de quelle manière se déploie son activité, et par quels moyens on peut agir sur elle pour la développer et l'ennoblir. Parmi ces moyens, l'éducation est sans contredit un des plus puissants : aussi Kant, après en avoir souvent parlé dans plusieurs de ses ouvrages, en fit-il l'objet de leçons spéciales, qu'il donna à l'université de Kœnigsberg ; ces leçons, recueillies et publiées après sa mort, forment une brochure de cent quarante-six pages, dont les idées, moins neuves aujourd'hui qu'elles ne l'étaient à l'époque où les énonça l'auteur, portent un caractère de sagesse, de justesse, de fermeté et d'ensemble qui les rend encore fort remarquables[1].

« L'homme, dit Kant, est la seule créature qui ait besoin d'être élevée », parce que c'est la seule qui, livrée à elle-même, sans secours et sans instruction, n'atteigne pas le but de son existence, et n'arrive pas au développement de toutes ses facultés.

---

1. M. Thamin, chargé du cours de pédagogie à la Faculté des lettres de Lyon, a donné une nouvelle édition de la traduction de M. J. Barni, avec une importante préface (1886).

« L'animal est par son instinct tout ce qu'il doit être ; une raison étrangère a tout fait d'avance pour lui. Mais l'homme a besoin de sa propre raison : il n'a point d'instinct, et doit se faire lui-même son plan de conduite : il n'est pas en état de le faire en naissant ; d'autres doivent prendre soin de l'en instruire. »

Le but de l'existence de l'homme n'est pas seulement sa conservation et sa propagation ; il a cela de commun avec les animaux ; mais, séparé d'eux par des caractères distinctifs et des facultés qui lui appartiennent spécialement, le développement de ces caractères, de ces facultés qui constituent sa nature propre fait une partie, et la principale partie, du but de son existence.

C'est à donner à la nature *humaine*, c'est-à-dire à ce qui fait l'homme, la prépondérance sur la nature *animale*, que doivent tendre les efforts de la vie, et par conséquent ceux de l'éducation.

« Puisque les facultés de l'homme ne se développent point d'elles-mêmes, l'éducation est un *art* : la nature n'a point mis en nous d'instinct pour nous enseigner comment il faut s'y prendre. La naissance et les progrès de cet art sont ou purement mécaniques, ou raisonnés. Ils sont mécaniques, lorsque nous ne faisons qu'apprendre des circonstances ce qui nuit ou ce qui sert à l'homme. Un art de l'éducation, formé de cette sorte, doit être plein de défectuosités et d'erreurs, car aucun plan n'en est la base. Il faut donc que cet art soit raisonné, s'il veut développer la nature humaine, de manière à lui faire atteindre sa destination. »

« L'homme n'est élevé que par des hommes qui ont été élevés eux-mêmes, et qui, pour avoir été mal élevés, sont souvent de mauvais précepteurs. Si un être d'une nature supérieure se chargeait de notre éducation, alors seulement nous verrions ce que peut devenir un homme. »

« C'est cependant à l'éducation à nous dévoiler le grand secret de la perfection possible de l'espèce humaine. Une théorie de l'éducation est un bel idéal à tracer ; peu importe que nous ne soyons pas encore en état de la réaliser : une idée n'est point chimérique, parce que des obstacles s'opposent à son exécution ; elle est alors l'image d'une perfection dont l'expérience n'offre point encore le modèle. Cette perfection est-elle pour cela impossible ? Commençons par nous en former une idée juste et complète, et malgré les difficultés que nous rencontrerons sur notre chemin, l'application de cette idée ne sera point impraticable. »

« Un principe que devraient toujours avoir devant les yeux les hommes qui font des plans d'éducation est celui-ci : *Il faut former les enfants non pas tant pour l'état actuel du monde que pour un état plus avancé et meilleur.* »

Cette importance attachée au soin de travailler au perfectionnement de la nature humaine, soit dans l'espèce en général, soit dans les individus en particulier, revient sans cesse dans les ouvrages de Kant et honore sa philosophie...

Après avoir indiqué le but de l'éducation en général, il examine de quelles parties elle se compose. L'enfant, selon lui, doit être : 1° *discipliné*, c'est-à-dire soumis à des règles qui empêchent la *nature animale* de dominer la *nature humaine*. La discipline apprivoise l'homme, si l'on peut le dire, et lui fait faire le premier pas hors de l'état sauvage. « Cet état consiste dans l'indépendance de toute loi. C'est la discipline qui commence à faire sentir à l'homme la contrainte des lois. Ainsi on envoie de bonne heure les enfants à l'école, non pour qu'ils y apprennent quelque chose, mais pour qu'ils s'accoutument à se tenir tranquilles, à observer ponctuellement ce qu'on leur prescrit, afin qu'à l'avenir ils ne veuillent pas voir accomplir sur-le-champ toutes leurs fantaisies. L'homme tient de sa nature un tel goût pour la liberté que, lorsqu'il en a pris quelque temps l'habitude, il lui sacrifie tout. On voit les sauvages, même après avoir servi longtemps des Européens, ne pouvoir se faire à leur genre de vie ; ce n'est point en eux, comme l'ont pensé Rousseau et d'autres, un noble amour de la liberté, mais une certaine grossièreté animale, caractère d'un être en qui la *nature humaine* proprement dite ne s'est point encore développée. Aussi les enfants à qui l'on n'a jamais résisté, que l'on a abandonnés à leurs caprices, conservent-ils toute leur vie quelque chose de sauvage [1]. »

---

1. Ici Kant se sépare de Rousseau, et avec raison ; il n'en est pas moins, en

2° L'enfant doit être *cultivé*, c'est-à-dire qu'on doit l'instruire, lui fournir des connaissances et des idées dont il puisse se servir un jour pour arriver au but vers lequel il voudra tendre. Ce but varie à l'infini, suivant la situation, les intérêts, les dispositions; on ne peut donc déterminer d'avance le genre et le degré de culture que l'enfant doit recevoir. Ce qu'on peut dire, c'est que cette culture doit toujours favoriser, en le dirigeant, le développement des facultés. « Elle est ou *libre* ou *scolastique*[1]; l'exercice libre de l'esprit est un jeu, un plaisir; l'exercice *scolastique* est une affaire. Il faut tâcher d'accoutumer l'enfant à exercer librement son esprit en toute occasion; mais l'exercice *scolastique* doit être pour lui une obligation. On peut être occupé en s'amusant, et cela s'appelle être occupé dans son loisir; mais on peut l'être d'obligation, et cela s'appelle travailler... Dans la plupart des systèmes d'éducation éclos de notre temps, on a cherché à faire de l'étude un jeu : Lichtenberg[2], dans le *Magasin de Gœttingue*, s'est moqué de cette ridicule prétention de faire de tout un jeu pour un enfant qui, destiné à avoir un jour des affaires, devrait le plus tôt possible en prendre l'habitude... Il y a d'ailleurs ici une différence essentielle à remarquer : dans le travail, l'occupation peut ne pas être agréable en elle-même, mais on l'entreprend dans un certain but; dans le jeu, au contraire, l'occupation en elle-même est agréable, mais sans but. Qu'on se promène : si l'on ne veut que se promener, plus la promenade se prolonge, plus elle nous plaît; mais qu'on sorte pour aller quelque part, le motif qui nous y conduit est le but de nos pas, et nous prenons le chemin le plus court. Il faut donc que l'enfant s'accoutume à travailler; et où cultivera-t-on en lui le goût du travail, si ce n'est à l'école? »

3° L'enfant doit être *civilisé*. Kant veut dire par là qu'on doit

pédagogie, un des disciples de l'auteur d'*Émile*, qui a exercé sur l'illustre philosophe une profonde influence, et avec lequel il est d'accord sur bien des points, notamment sur les soins à donner à la première enfance, tant pour le corps que pour l'éducation. On verra plus loin que Kant ne consent pas à retarder l'enseignement religieux jusqu'à dix-huit ou vingt ans.

1. « Kant entend ici par culture *scolastique* le travail de l'écolier, de l'école, quel qu'il soit, et non ce genre d'études pédantesques que nous désignons ordinairement par ce mot. » (Note de M. Guizot.)

2. Lichtenberg, physicien et écrivain satirique allemand, 1742-1799.

lui apprendre à s'accommoder de la société au milieu de laquelle
il est destiné à vivre, à s'y conduire avec prudence, à s'y trouver
bien, et à y être agréable. Loin de s'élever, avec une humeur qui
se pare du nom d'austérité, contre ces formes de convention qui
font, dans le monde, la sûreté et l'agrément du commerce de
tous les jours, en émoussant la pointe des intérêts et des amours-
propres, contre cette sagesse adroite qui sait se plier aux circonstances, afin de les rendre à leur tour flexibles et commodes,
Kant recommande d'habituer l'enfant à acquérir ce que l'on
appelle ordinairement *esprit de conduite*, pour qu'il sache diriger
habilement ses projets, et se servir des moyens extérieurs qui
peuvent les faire réussir. « Cette partie de l'éducation, dit-il, varie
selon les goûts et les habitudes de chaque siècle. On faisait
autrefois grand cas des cérémonies, de l'étiquette ; il eût été
absurde alors d'en inspirer l'aversion à l'enfance. » Rien ne
rend ces observances plus faciles que de les apprécier à leur
juste valeur.

4° Enfin, et notre philosophe a placé cette idée après les autres,
parce que c'est et la plus importante et la plus difficile à développer, l'enfant doit devenir *un être moral*. « Qu'il puisse faire toutes
choses, dit Montaigne, et n'ayme à faire que les bonnes. » —
« La moralité, dit Kant, doit se fonder sur des principes, et non
sur des habitudes de discipline. Celles-ci ne font qu'empêcher
les désordres ; ceux-là forment et affermissent le jugement. Qu'on
accoutume donc l'enfant à agir d'après des principes... Ces principes doivent venir de lui-même ; qu'on cherche à lui donner de
bonne heure des idées nettes de ce qui est bien ou mal. Si on
veut le rendre vraiment moral, qu'on le punisse peu. La moralité est quelque chose de si saint, de si sublime, qu'il ne faut pas
la rabaisser au rang d'une discipline de tous les instants. Tous
les efforts de l'éducation morale doivent tendre à former un
caractère. Avoir du caractère, c'est être toujours prêt à agir
d'après des principes. L'enfant commence par obéir à des lois :
les principes sont aussi des lois ; ce sont des lois que l'homme
se fait lui-même, et auxquelles il se soumet librement... » La
contrainte de l'obéissance est donc nécessaire ; le grand problème,
c'est d'apprendre à l'enfant, en le faisant obéir, à se sentir mo-

ralement libre, et à se servir de sa liberté; sans ce sentiment
l'enfant ne serait plus qu'une machine, et l'éducation un pur
mécanisme.

Je ne puis m'arrêter ici sur les moyens que Kant propose
pour résoudre ce problème; ils sont d'ailleurs connus aujourd'hui
et familiers aux parents raisonnables. Il traite aussi du développement particulier de nos principales facultés, des châtiments,
des récompenses, de l'éducation physique, etc. Mais la brièveté
de son ouvrage et une certaine raideur d'esprit qui l'a empêché
de porter dans les observations de détail, dans les applications
de tous les jours, autant de sagacité et de justesse qu'il a mis
de force et d'ensemble dans les vues générales, rendent cette
partie moins intéressante et moins utile. J'ai exposé la marche
de ses idées; on y a remarqué, sans doute, une classification
dont la régularité n'est pas celle de la nature; on ne saurait,
pour me servir de ses expressions, *discipliner* d'abord, *cultiver*
ensuite, *civiliser* après, et soigner enfin la *moralité*. Tout marche
à la fois dans le développement de l'homme, tout se combine;
on n'agit point sur des parties séparées; le sentiment du devoir,
base de la moralité, se manifeste avant que l'enfant puisse se
faire des principes de morale; l'esprit de conduite, les formes
de la politesse ne s'acquièrent qu'insensiblement, assez tard,
et il y aurait de grands inconvénients à vouloir les inculquer
trop tôt à l'enfance. La nature fait des hommes et non pas des
livres; ce que le philosophe est obligé de séparer, d'analyser,
d'examiner successivement, elle le produit, le développe simultanément, et c'est à sa marche qu'il faut se conformer, non à
l'ordre des idées du philosophe. Mais ce sont ces idées, rendues
claires par leur classification, qui nous apprennent à reconnaître
et à observer les pas de la nature. Les livres ont donc aussi leur
utilité; ils nous indiquent ce qu'il faut regarder, même quand
nous ne devons pas faire ce qu'ils disent.

Quelques lecteurs seront sans doute étonnés aussi des termes
nouveaux et insolites par lesquels Kant exprime ses idées; j'en
ai supprimé un grand nombre; je n'ai conservé que ceux qui
m'ont paru faciles à expliquer et difficiles à remplacer par des
périphrases. Ce n'est pas une des moindres difficultés de la phi-

losophie allemande que la nouvelle terminologie qui s'y est introduite depuis la publication des ouvrages du philosophe de Kœnigsberg. Cette terminologie, qu'il n'avait adoptée que dans le dessein d'introduire dans le langage philosophique une précision scientifique égale à celle des sciences physiques, chimiques et mathématiques, est devenue une source d'obscurités et d'abus.

Je n'ajouterai plus qu'un mot sur l'opinion de Kant en fait d'éducation religieuse. Cette opinion se rapproche trop de celle qui a déjà été énoncée dans ce journal, pour que je n'aie pas quelque intérêt à montrer comment elles se confirment mutuellement. « On a souvent demandé, dit Kant, s'il fallait donner de bonne heure aux enfants des idées de religion. Les idées religieuses supposent toujours, observe-t-on, une sorte de théologie. Comment parler de théologie à l'enfance, qui ne connaît ni le monde, ni elle-même ? Comment cet âge, qui ne sait pas encore ce que c'est que le devoir, comprendrait-il un devoir envers Dieu ? Il est certain que, si les enfants pouvaient n'être jamais témoins d'aucun hommage rendu à l'Être suprême, s'ils n'entendaient jamais prononcer le nom de Dieu, ce serait se conformer à l'ordre des choses que de leur faire remarquer d'abord le but de tout ce qui existe, ce qui convient à l'homme, la régularité et la beauté de la nature, l'ensemble de ce vaste univers, pour leur offrir ensuite l'idée d'un créateur, d'un législateur. Mais comme cet isolement est tout à fait impossible, si on ne leur parlait de Dieu que fort tard, et que cependant ils l'entendissent nommer, qu'ils vissent le culte qu'on lui rend, cela leur inspirerait une indifférence funeste, ou leur donnerait de fausses idées de la divinité, par exemple une crainte exagérée de sa puissance. Or, comme on doit prendre garde que l'imagination des enfants ne se mêle avec trop d'ardeur de ce genre de sentiments, il faut, pour prévenir ce danger, leur présenter de bonne heure des idées de religion. »

Les développements que l'on a déjà donnés de ce principe dans l'article auquel je viens de renvoyer me dispensent de m'y arrêter davantage. Je me contenterai de faire remarquer que le philosophe qui insiste si positivement sur la nécessité d'une instruction religieuse est un des hommes qui ont montré dans leurs idées le plus de rigueur logique et en même temps de libéralité. (*Annales de l'éducation*, IV, p. 68-79.)

De la pédagogie allemande. Son caractère général.

Lettre d'un mari à sa femme, sur un ouvrage allemand intitulé : *Éducation et instruction des femmes*, par Mᵐᵉ Betty-Gleim. — 1810.

« Forme l'homme de manière à ce qu'il se prépare pour l'éternité, sans être inhabile aux travaux et aux embarras de la vie : forme-le de telle sorte que, plus aura été longue la portion du temps qui lui aura été accordée, plus il soit digne de l'éternité; qu'il apprenne, dans cette existence passagère, à se rapprocher de l'être immuable; que chaque instant de sa vie mérite d'être éternel. »

C'est là, mon amie, l'épigraphe d'un ouvrage sur l'éducation des femmes qui vient d'obtenir en Allemagne un grand succès : c'est l'ouvrage d'une femme; je l'ai lu pour y chercher ce qui pourrait vous intéresser ou vous servir : j'y ai trouvé de quoi vous intéresser, et peu de choses dont vous pussiez vous servir. Les travaux des Allemands sur la partie morale de l'éducation sont rarement d'une utilité immédiate; on n'y rencontre guère ces observations qui peignent la nature prise sur le fait, et qui, en faisant connaître la marche des idées et des dispositions de l'enfance, indiquent celle qu'il faut suivre pour les diriger. Les Allemands méditent beaucoup et observent peu; ils savent beaucoup de grandes vérités, et ne voient pas les petites; aussi, comme la foule des petites vérités a bien quelque influence sur la nature des grandes, ils ont rarement de celles-ci une idée juste, nette et précise. Leurs combinaisons sont fortes, belles et rigoureuses; mais ils oublient souvent une partie des éléments qui y devraient entrer. Leur amour pour le beau moral leur persuade trop aisément qu'il suffit de l'avoir conçu pour y arriver et y conduire les autres; ils se livrent à l'enthousiasme qu'inspire ce but sublime, développent en cent manières son importance et sa beauté, mais s'inquiètent peu de la route qui y mène; leurs moralistes ont plus d'esprit et de vertu que d'expérience et de raison : aussi manquent-ils quelquefois de cet aplomb que donne à la morale une sagesse formée par l'habitude du monde et des affaires ; ce qu'ils disent est si élevé, si pur, que, pour avoir le droit de le dire de ce ton calme et positif, il faut montrer en même temps que l'on connaît toutes les faiblesses du cœur, tous les détours du caractère, toutes les vicissitudes de la vie, toutes les incertitudes de l'esprit des hommes. Il y a dans leurs idées une sorte d'innocence qui diminue leur autorité auprès de ceux qui ont plus d'expérience du mal et moins d'amour pour le bien. Aussi leurs ouvrages sont-ils plus propres à inspirer cet amour qu'à devancer cette expérience ; ils élèvent plus qu'ils n'éclairent, et les hommes en sont aujourd'hui à un tel point de science que, pour leur prêcher la vertu avec succès, il faut d'abord les convaincre qu'on en sait plus qu'eux...

En général, les Allemands me paraissent s'occuper trop exclusivement, si je puis le dire, de la partie mystérieuse de l'existence de l'homme [1]. (*Annales de l'éducation*, IV, p. 204.)

L'éducation progressive, ou Étude du cours de la vie, par Mᵐᵉ Necker de Saussure.

Seul entre les créatures de ce monde, l'homme s'observe et se juge ; seul, il a reçu le don de se placer, pour ainsi dire, hors de lui-même, et de contempler sa vie. Il se voit sentir, penser, agir ; il compare ses sentiments, ses idées, ses actions, à un certain type extérieur et supérieur qu'il appelle vérité, raison, morale, et qu'il se regarde comme tenu de reproduire ; il évalue, d'après cette comparaison, son propre mérite, comme il le ferait pour un étranger ; il siège sur le tribunal devant lequel il comparaît ; il assiste comme spectateur à un drame dont il connaît les règles et dont il est lui-même l'acteur.

---

1. L'opinion de M. Guizot, si versé dans la connaissance de la langue et de la littérature allemandes, a une grande autorité. La conclusion naturelle de cette appréciation générale si nette et si précise, c'est que nos maîtres auront tout profit à méditer les œuvres de nos éducateurs nationaux, sans se perdre dans les innombrables élucubrations pédagogiques de l'Allemagne.

Ce drame, c'est la vie. Non seulement l'homme se sépare en pensée de son être individuel pour l'observer et le juger, mais il sépare aussi son être de sa condition actuelle, de la scène où il a été jeté, du rôle qu'il joue, de la carrière qu'il parcourt. Tous ne considèrent pas cette condition du même œil et n'en conseillent pas le même emploi : les uns veulent que l'homme ne songe qu'à en jouir ; les autres qu'il s'en affranchisse et plane au-dessus de toutes ses épreuves ; d'autres, qu'il la fasse servir à se préparer pour une autre destinée plus importante, plus longue, et dont le théâtre est ailleurs. Mais voluptueux, philosophes ou dévots, épicuriens, stoïciens ou chrétiens, nul ne regarde l'homme comme attaché à la glèbe de la vie ; dans tous les systèmes, quelque divers qu'ils soient, la vie est pour l'homme un moyen, non un but. Les faits qui la remplissent se viennent placer sous sa main comme des matériaux dont il dispose. Qu'il les exploite pour son plaisir, ou pour son développement moral, ou pour son salut éternel, ils lui appartiennent, et c'est lui qui décide de ce qu'ils deviendront :

> Qu'en fera, dit-il, mon ciseau ?
> Sera-t-il dieu, table ou cuvette ?
> Il sera dieu.

Toutes choses ici-bas servent au monde ; l'homme seul se sert du monde à son profit et selon son dessein...

Qu'est-ce à dire, sinon que sa propre éducation, l'éducation de cet être qu'il appelle *moi*, au moment même où il le contemple, est ici-bas, sinon l'unique, du moins la première œuvre de l'homme, œuvre dont la vie lui fournit l'occasion et les moyens ? C'est dans les situations, les événements, les scènes si variées et si mobiles de la vie, que l'homme apprend d'une part à se connaître, de l'autre à se conduire ; elle est à la fois pour lui le miroir où il se regarde et l'arsenal où il puise les armes à l'aide desquelles il se gouverne, se combat, se modifie selon le dessein qu'il en a conçu. Et ceci n'est point une œuvre que l'homme soit libre d'accomplir ou de laisser là, comme il lui plaît ; il vit, c'est assez ; qu'il s'y prête ou qu'il y résiste, qu'il s'en rende compte ou qu'il l'ignore, il recevra les leçons de la vie et en subira les effets. De ce puissant spectacle auquel il assiste et prend part, naîtront à chaque instant mille causes qui agiront sur lui, l'exciteront et le comprimeront tour à tour, provoqueront en lui des idées, des sentiments, des dispositions, des résolutions dont il pourra se défendre ou s'applaudir, mais qu'il ne saurait empêcher de naître. La vie est par elle-même une éducation continuelle, inévitable, intraitable, qui se saisit de son élève, et le tient et le façonne bien plus sûrement que le père le plus impérieux. L'homme appliquera-t-il à ce fait qui le presse de toutes parts sa glorieuse faculté de connaître et de juger ce qui se passe en lui, pour le régler? Sa pensée et sa volonté s'empareront-elles de son expérience pour la faire servir au développement et au perfectionnement de son être? Il faut bien répondre à cette question, car elle est nécessairement posée.

L'énoncer, c'est y répondre. Nul doute que l'homme ne doive présider lui-même à l'éducation qu'il reçoit de la vie; à ce prix seulement il la recevra en homme, non comme la plante dont le climat, le lieu, les circonstances extérieures règlent la direction et le progrès. A l'intelligence il appartient de recueillir et de remanier l'expérience pour en faire de la sagesse et en tirer de la vertu. Que l'homme se serve de tous les faits qui l'entourent pour se faire lui-même tout ce qu'il doit être; alors les faits et l'homme auront atteint le but du rapport qui les unit...

De cette idée est né l'ouvrage de Mᵐᵉ Necker de Saussure [1]; le titre même essaie de l'exprimer.

« Tout est éducation dans la vie humaine, dit Mᵐᵉ Necker en commençant; chaque année de notre existence est la conséquence des années qui précèdent, la préparation de celles qui suivent : chaque âge a une tâche à remplir pour lui-même, et une autre relative à l'âge qui vient après lui. Et si, à mesure que nous avançons dans la vie, la perspective même s'abrège devant nous, s'il paraît moins nécessaire de se préparer pou

---

1. Mᵐᵉ Necker de Saussure, 1765-1841, est la fille du savant Bénédict de Saussure. — Le premier volume de l'Éducation progressive, Étude de l'Enfance, avait seul paru lorsque M. Guizot écrivit cet article (1828). Deux autres volumes ont suivi : l'un continuait de régler l'éducation des premières années jusque vers l'âge de quatorze ans; l'autre est consacré à l'Étude de la vie des femmes.

une autre route toujours moins longue, il est un autre point de
vue inverse de celui-là ; il est un intérêt qui s'accroît avec les
années. Moins il nous reste de temps à vivre, et plus, aux yeux
de l'homme religieux, chaque moment acquiert de valeur. Celui
qui vise à obtenir le prix de la course sent, à mesure qu'il
approche du terme, redoubler son courage et son espoir...

» Considérée sous ce rapport, la vie se divise naturellement
en trois périodes.

» Pendant la première, qui embrasse la durée de l'enfance,
l'éducation est dirigée par des intelligences supérieures à celle
de l'individu qu'il s'agit d'élever.

» Durant la seconde, qui comprend l'adolescence et cette portion de la jeunesse que les lois soumettent encore à l'autorité
paternelle, l'élève doit de plus en plus coopérer à sa propre
éducation.

» Enfin, pendant la troisième, l'individu, devenu l'arbitre
de sa destinée, est appelé à travailler seul à son propre perfectionnement. »

Mme Necker promet de suivre l'homme dans ces trois périodes
de sa carrière et de rechercher quelle est, dans chacune, l'éducation qu'il doit recevoir ou se donner. Mais, au ton même de la
promesse, on s'aperçoit que, très capable de concevoir cette
grande entreprise, elle n'ose se flatter de l'accomplir. Dans son
Introduction, où elle trace le plan de l'ouvrage entier, ni l'étendue, ni la précision ne manquent au prospectus, pour ainsi dire,
de la première période, de l'enfance ; l'auteur a évidemment
bien mesuré et parcouru le champ qu'il se propose d'exploiter.
L'adolescence apparaît dans ce lointain déjà un peu vague où
tout se rapetisse et se trouble. « Le nombre des objets d'intérêt
qui s'offrent alors à l'homme est si grand ; il y a une telle accu-
mulation de sentiments, de pensées, de lumières, d'impressions
nouvelles, que je ne pourrai sans doute développer pleinement
un tel sujet. Obligée de m'en tenir à une esquisse légère, je
m'attacherai du moins à l'objet essentiel, la religion ; et, dans
cet intervalle si court qui, chez les femmes, sépare l'enfance du
mariage, je montrerai combien il importe de donner aux mères
futures des principes de piété. » Arrive l'âge mûr : le prospec-

tus de Mme Necker se resserre encore. Dans cette période où la vie, à la fois fixée et active, est devenue complète, où l'homme est en rapport avec bien plus d'objets et exerce bien plus d'influence, et une influence bien plus variée qu'à aucune autre époque, l'intérieur de la famille et, dans la famille même, la relation des parents aux enfants semblent presque le seul fait que Mme Necker se propose de considérer. Elle n'annonce rien, ni sur les diverses situations sociales, ni sur la vie publique, ni sur tant de liens, de sentiments, de travaux qui entrent alors dans le tissu de la destinée humaine et agissent sur l'âme avec tant d'empire. Le sujet est infiniment plus vaste et plus riche que le projet de l'auteur. La vieillesse approche, cet âge où, comme le dit Mme Necker, « tout s'affaiblit, tout se décolore, tout s'enfonce dans le lointain, où nous voyons que les choses peuvent aller sans nous, où nous nous détachons et des autres et de nous-mêmes ». C'est l'époque où la pensée de l'homme se replie sur son âme, et en même temps se porte au delà de sa vie ; où, par conséquent, l'éducation qu'il peut se donner lui-même est essentiellement intérieure, méditative et religieuse. Les promesses de Mme Necker redeviennent plus étendues et plus précises ; elle indique d'avance avec clarté, même avec éclat, les principaux faits qu'elle veut étudier, les résultats essentiels qu'elle espère en tirer. En sorte qu'à en juger d'après son *Introduction*, la première et la dernière partie de son ouvrage seraient celles où elle tiendrait le mieux les promesses de son titre : l'enfance et la vieillesse seraient les deux époques où elle montrerait vraiment quels moyens fournit la vie à l'éducation progressive de l'homme et comment il doit s'y prendre pour les mettre à profit.

Il y aurait dans ce pronostic peu de chance d'erreur, et le volume entier confirme ce que l'*Introduction* fait présumer. Il est divisé en trois livres. Dans le premier sont rassemblés, sur la nature et la destinée humaine, les considérations générales qu'en pareille matière presque tout écrivain place en tête de son travail pour en bien établir le point de départ et le but ; c'est comme une vue de l'ensemble du pays prise avant de se mettre en route pour en parcourir quelques provinces. Les deux livres suivants sont consacrés à l'histoire critique de la première enfance, histoire si détaillée qu'à la fin du volume, à peine Mme Necker l'a-t-elle conduite jusqu'à l'âge de quatre ans. Si chaque époque était taillée sur le même patron, le terme de l'ouvrage se laisserait à peine entrevoir. L'idée générale à laquelle il se rattache embrasse, il est vrai, la vie de l'homme tout entière; mais c'est évidemment au milieu des enfants, non des hommes, que sont nées et ont grandi les idées qui le remplissent; c'est en s'occupant de l'éducation de l'enfance que Mme Necker a laissé de temps en temps ses regards se prolonger sur celle des autres âges; et comme l'*Introduction*, la distribution matérielle du livre avertit que, complaisamment arrêtée dans le cercle de sa première étude, elle s'y renfermera peut-être tout à fait.

Je pénètre au delà de la forme; j'interroge l'esprit même qui anime tout l'ouvrage et dont il émane; j'en reçois la même réponse. Deux mérites y brillent surtout : d'une part, un sentiment profond de cette portion de la nature et de la destinée de l'homme qui dépasse sa condition actuelle; de l'autre, une rare sagacité à démêler les plus petites scènes du cœur, les moindres détails de la vie; l'instinct des choses qui, par leur grandeur, ne se laissent atteindre à aucune mesure humaine, et l'intelligence de celles qui, par leur finesse, échappent souvent aux regards; l'élan religieux [1] et le talent de l'observation pratique. A ce tour de la pensée de l'auteur, qui ne voit d'avance ce que sera le livre? N'est-il pas clair que c'est aux deux termes de la vie, dans l'enfance et dans la vieillesse, que Mme Necker se posera de préférence pour les observer et leur adresser ses conseils?...

L'ouvrage est sérieux et révèle dans l'auteur, s'il est possible, une âme plus sérieuse encore... Deux points de vue y dominent, le point de vue religieux et celui du moraliste. Le livre n'est

---

1. « Les idées religieuses que professe Mme Necker, dit M. Guizot à la fin de cet article, tiennent de près à un système théologique très précis, très complet, très impérieux. Il eût donc pu se faire que la théologie dominât dans sa religion, et la jetât quelquefois, même en fait d'éducation morale, dans des voies au moins douteuses et périlleuses... Mme Necker a évité ce danger avec une supériorité de sens et de cœur très remarquable... Quelque spéciales que soient ses croyances, l'esprit qui les anime est élevé, généreux, libre même; si bien que, même en ne partageant pas toutes ses opinions, on doit reconnaître qu'elles l'ont rarement trompée. »

point écrit, à proprement parler, dans le point de vue philosophique ; les principes du sujet et leurs conséquences n'y sont pas
scientifiquement recherchés, reconnus, réduits, exposés ; on y
pourrait désirer une description à la fois plus complète et plus
simple des questions et des faits, plus d'ordre et d'unité dans les
idées, plus de rigueur dans le langage. Ce sont là les conditions
et les procédés du philosophe. Le moraliste ne s'y astreint pas ;
il se pose, pour ainsi dire, en face de la nature vivante, la regarde
avec curiosité et plaisir, observe les faits à mesure qu'ils se présentent à lui, et s'applique à les reproduire avec vérité, dans le
seul dessein d'en frapper l'imagination de ses lecteurs, et d'en
faire jaillir ces vives applications, ces instructions pénétrantes
qui laisseront dans leur pensée une trace profonde, et plus tard,
à leur insu peut-être, exerceront sur leur conduite une salutaire
influence. Mme Necker a droit, sous ce rapport, d'être placée à
côté de nos plus éminents écrivains. Il est impossible de porter
dans l'observation de la nature humaine au sein de l'enfance
plus de rectitude et de finesse d'esprit, une intelligence plus
tendre, une sensibilité plus raisonnable, une imagination à la
fois plus ingénieuse et plus fidèle. Elle excelle également à
démêler les faits moraux et à les peindre, et à les mettre en
regard du but que se propose l'éducation, réunissant ainsi, pour
le simple argument comme pour l'utilité pratique de son ouvrage,
toutes les conditions du succès. Veut-elle faire comprendre, par
exemple, que le premier devoir de l'éducation est de développer
l'énergie de la volonté ? Elle ne se contente point de tirer d'une
observation vague une recommandation générale ; elle pénètre
au vif dans l'âme et la situation des enfants ; et du tableau
qu'elle trace, son conseil sort si clair, si frappant, qu'il n'y a pas
moyen d'en méconnaître la bonté. « C'est, dit-elle, une manière
d'énerver la volonté, que de la laisser toujours soumise à une
influence étrangère ; et l'éducation, en se dépouillant, de nos
jours, de ses formes âpres et sévères, n'a pas évité cet écueil.
Une servitude douce, volontaire même, amollit les âmes au
moins aussi sûrement qu'une plus rude. Souvent nous nous
faisons illusion à cet égard ; le plaisir que l'enfant paraît trouver
à nous obéir nous rassure ; il nous paraît libre parce qu'il

est heureux, et nous prenons son zèle pour de l'énergie. Mais quand la volonté ne s'est pas déterminée elle-même, quand elle n'a fait que suivre, fût-ce de plein gré, l'impulsion d'autrui, on ne saurait compter sur sa constance. Dans cet état de demi-assujettissement, elle peut se montrer vive, empressée, fidèle même, en restant étrangère à celui qu'elle meut... C'est là ce qui se voit surtout dans l'éducation. Obtenir l'assentiment de l'élève est sans doute un immense bonheur; une fois qu'on y a réussi, les plus grands obstacles semblent aplanis; l'obéissance n'a rien de servile; tout s'exécute avec facilité, avec joie; il y a du vent dans les voiles, et l'on avance rapidement. Cependant il ne faut pas s'y méprendre : ce n'est pas en adoptant les désirs d'un autre qu'on apprend à se décider, et ce qu'on appelle la bonne volonté n'est pas la vraie. Un enfant animé du plaisir de plaire à ses parents peut vaincre les premières difficultés de l'étude ; il peut être un modèle de conduite tant que l'envie d'être approuvé d'eux subsiste encore, et rester sans force et sans consistance lorsque ce motif n'existe plus. Il faut qu'il ait appris à se proposer un but à lui-même, à choisir, à ses risques et périls, les meilleurs moyens d'y parvenir. La détermination libre et réfléchie, la faculté de prévoir les inconvénients attachés au parti qu'on a pris et la résolution de les braver, voilà ce qui donne une bonne trempe à l'esprit et de la fermeté au caractère. »

Ailleurs, pour expliquer et rendre sensibles, en les expliquant, les fâcheux effets de cette complaisance molle et mobile qu'on appelle la gâterie : « Ce qui plie, dit-elle, ne peut servir d'appui, et l'enfant veut être appuyé. Non seulement il en a besoin, mais il le désire, mais sa tendresse la plus constante n'est qu'à ce prix. Si vous lui faites l'effet d'un autre enfant, si vous partagez ses passions, ses oscillations continuelles, si vous lui rendez tous ses mouvements en les augmentant, soit par la contrariété, soit par un excès de complaisance, il pourra se servir de vous comme d'un jouet, mais non être heureux en votre présence. Il pleurera, se mutinera, et bientôt le souvenir d'un temps de désordre et d'humeur se liera avec votre idée. Vous n'avez pas été le soutien de votre enfant, vous ne l'avez pas préservé de cette fluctuation perpétuelle de la volonté, maladie des êtres faibles et livrés à une imagination vive ; vous n'avez assuré ni sa paix, ni sa sagesse, ni son bonheur ; pourquoi vous croirait-il sa mère ? »

Ailleurs encore, pour prouver la nécessité de mettre de bonne heure en jeu, par quelque occupation à la fois sérieuse et libre, l'activité intérieure des enfants : « Dans les familles pauvres, dit-elle, où la mère a du bon sens et de la douceur, les petits enfants sont peut-être plus raisonnables et plus avancés que dans les autres ; aussi jouissent-ils d'un avantage particulier : ils s'intéressent à tout ce qu'ils voient, ils le conçoivent et y prennent part. Toutes les occupations du ménage sont à leur portée ; souvent ils peuvent s'y associer. Laver, étendre du linge, éplucher, cuire des légumes, cette suite de travaux variés dont ils sont témoins, qu'ils aident même à exécuter, donnent de l'exercice à leur esprit, leur inspirent le goût de se rendre utiles, tout en les amusant beaucoup. Occupés sans qu'on s'occupe d'eux, leur vie n'est pas en eux-mêmes, et ils ont le sentiment d'un intérêt commun auquel chacun doit concourir selon ses forces. Que peut-il y avoir de mieux pour un petit enfant ? »

Je pourrais multiplier tant qu'il me plairait ces citations ; l'ouvrage abonde en morceaux aussi sensés et spirituels, écrits avec une grâce dont le charme même est un mérite utile [1], car elle n'est que l'expression de la vérité reproduite dans toutes les nuances de sa physionomie et sous ses traits les plus délicats. (*Conseils...*, p. 5.)

Visite à deux écoles anglaises : école populaire à Norwood, collège d'Eton.

Je fis, dans mes excursions aux environs de Londres, deux visites, non plus de châteaux, mais d'établissements publics, qui

------

1. M. Guizot, dont l'esprit se complaît dans les idées abstraites et les formules métaphysiques, admire la grâce et le charme du style de Mme Necker. Le commun des lecteurs y trouve plutôt de la force, de la profondeur, de l'élévation. La lecture de cet écrivain exige une réelle tension d'esprit ; mais on est récompensé de sa peine.

m'intéressèrent vivement. J'allai voir deux grandes écoles consacrées, l'une aux conditions sociales les plus humbles, les plus dénuées, l'autre aux classes élevées et puissantes. Il y avait alors, et sans doute il y a encore, à Norwood, une école populaire qui réunissait environ mille enfants pauvres, nés dans les manufactures ou recueillis dans les rues de Londres. Le premier objet qui frappa ma vue, en entrant dans la vaste cour de la maison, fut un grand vaisseau avec ses mâts, ses voiles, ses agrès; la cour était comme le pont du vaisseau, d'où partaient les mâts et tout l'équipement. Quatre-vingts ou cent petits garçons, de sept à douze ans, étaient dans la cour, commandés par un vieux matelot. A un signal donné par lui, je vis tous ces enfants s'élancer sur le vaisseau, grimpant le long des mâts, des vergues, des cordages. En deux minutes, un petit garçon de neuf ans était assis à la sommité du grand mât, à cent vingt pieds au-dessus du sol, et remuait fièrement de là, avec son pied, le grand pavillon. Tous les autres étaient répandus de tous côtés, les uns tranquilles, les autres en mouvement. C'était une lutte réglée de hardiesse, d'adresse, de sang-froid, d'activité naïve et sérieuse. La plupart de ces enfants deviennent en effet des matelots. On les préparait aussi à d'autres professions. Dans les diverses parties de l'école, de petits menuisiers, de petits tailleurs, de petits cordonniers, de petits palefreniers, de petites blanchisseuses étaient à l'œuvre, les uns occupés de leur apprentissage manuel, les autres réunis dans les salles de lecture ou de chant. Beaucoup d'entre eux avaient l'air chétif et maladif, triste fruit de leur origine; mais ils vivaient évidemment là sous un régime de travail salubre, de discipline bienveillante, et dressés pour un honnête avenir. Un petit garçon de douze ans, bossu, dirigeait l'école de chant avec intelligence et autorité.

Cinq semaines après ma visite à l'école de Norwood, le 4 juin, j'étais au collège d'Éton; je parcourais, avec le digne et savant principal que cette école vient de perdre, le docteur Hawtrey, les salles d'étude, le réfectoire, la bibliothèque où s'élèvent les huit ou neuf cents membres du parlement, juges, généraux, amiraux, évêques futurs de l'Angleterre. Tout, dans cette maison, a bon et grand air, un air de force, de règle et de liberté. Debout, au milieu de la cour, est la statue de Henri VI, ce roi imbécile, à peine roi de son temps, et qui n'en préside pas moins, depuis quatre siècles, dans la maison qu'il a fondée, à l'éducation de son pays. Autour de la maison, les plus belles prairies, et dans ces prairies les plus beaux arbres qu'on puisse voir. En face, Windsor, ce château royal qui a gardé toutes les apparences d'un château fort, et qui perpétue, au sein de la pacifique civilisation moderne, l'image de la vieille royauté. Rien que la Tamise, entre Windsor et Éton, entre les rois et les enfants. Et la Tamise couverte, ce jour-là, de jolis bateaux longs et légers, remplis de jeunes garçons en vestes rayées bleu et blanc, avec de petits chapeaux de matelot, ramant à tour de bras pour gagner le prix de la course navale. Les deux rives couvertes de spectateurs à pied, à cheval, en voiture, assistant avec un intérêt gai, quoique silencieux, à la rivalité des bateaux. Et au milieu de ce mouvement, de cette foule, trois beaux cygnes étonnés, effarouchés, se réfugiant dans les grandes herbes du rivage pour échapper aux usurpateurs de leur empire. C'était un charmant spectacle, qui a fini par un immense dîner d'enfants, sous une grande tente entourée, comme jadis les dîners royaux, de la foule des spectateurs. Je n'y trouvai à reprendre que l'abondance un peu excessive du vin de Champagne, qui finit par jeter ces enfants dans une gaîté trop bruyante, même pour une fête en plein air. (*Mémoires*, V, p. 181-183.)

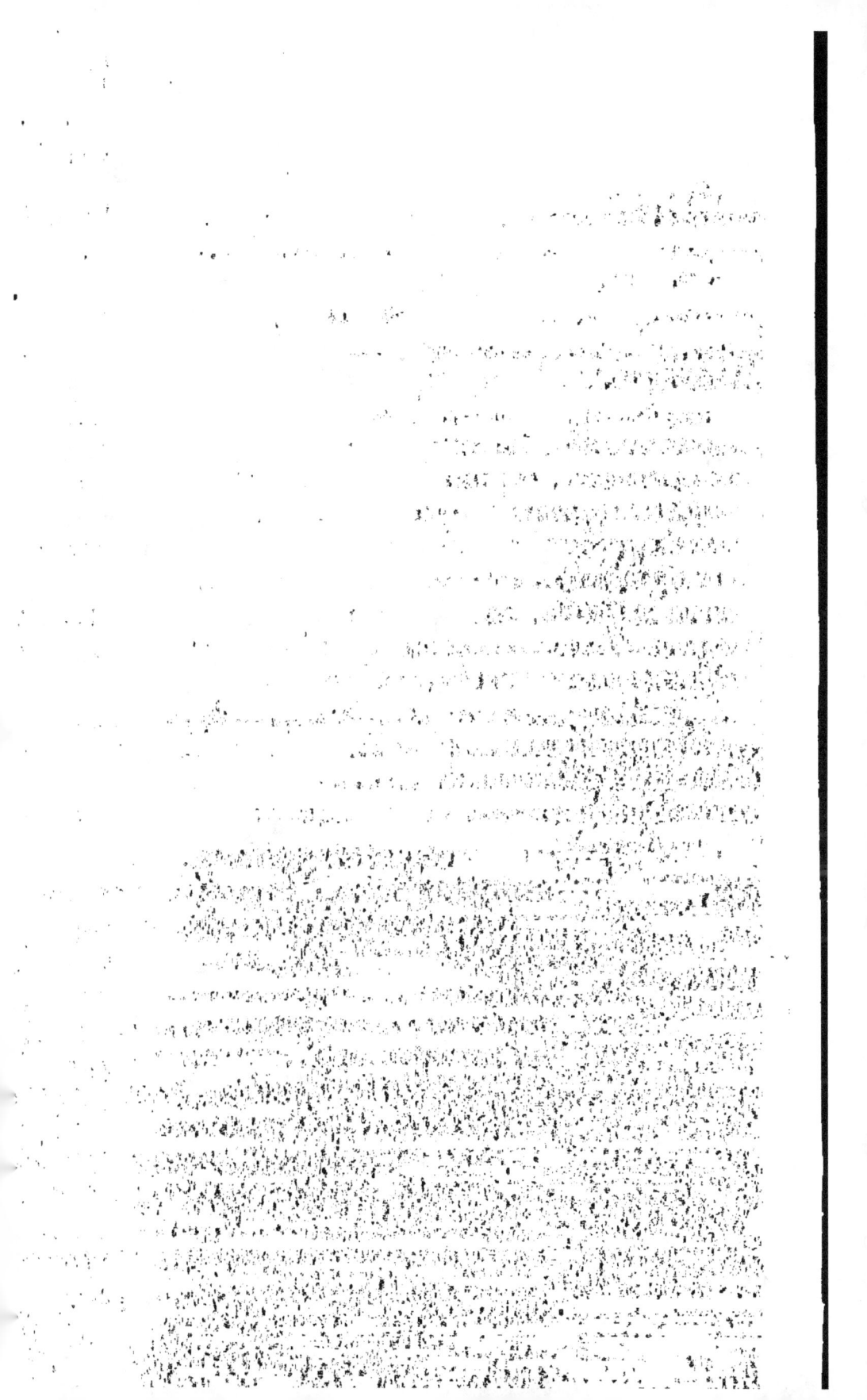

APPENDICE

M. FÉLIX CADET

Ce livre, hélas! est un ouvrage posthume : M. Félix Cadet l'avait à peine terminé, il attendait encore, pour le publier, l'autorisation de la famille de M. Guizot[1], quand une mort subite l'a ravi prématurément à la tendresse des siens et à l'affection de ses collègues de l'Université. Nous croyons rendre à sa mémoire l'hommage auquel il eût été le plus sensible, en reproduisant ici les appréciations de ses collaborateurs de l'enseignement sur sa vie, son caractère et ses œuvres.

Voici d'abord la lettre qu'a bien voulu nous écrire M. le vice-recteur de l'académie de Paris, l'éducateur éminent que M. Cadet se plaisait à proclamer son inspirateur et son maître :

« MONSIEUR,

» Vous me demandez mon témoignage sur M. Félix Cadet. J'aurais été heureux de le lui rendre à Viroflay, au milieu de tous ses amis, le jour des funérailles. Vous savez quelles circonstances impérieuses m'en ont empêché, à mon grand regret.

» C'est en 1870, lorsqu'il fut attaché à l'Inspection des écoles du département de la Seine, que je l'ai connu.

» Il venait de Reims, où il occupait avec distinction la chaire de philosophie. Sa notoriété dépassait de beaucoup celle d'un profes-

---

1. Mᵐᵉ de Witt, née Guizot, nous a fort gracieusement accordé cette autorisation, ainsi que la maison Hachette : nous leur en adressons tous nos remercîments. — Nous exprimons aussi notre vive gratitude à la maison Belin, qui s'est empressée d'accueillir l'ouvrage, et qui l'a édité avec le soin qu'elle apporte à toutes ses publications.

seur de lycée. Sous les auspices de la Société industrielle, il avait
ouvert des conférences publiques sur des sujets de morale sociale
et d'économie politique, qui étaient suivies par des auditeurs appar-
tenant à toutes les classes : magistrats, hommes de lettres, chefs de
maison, patrons, ouvriers. M. Cadet ne cherchait point le succès
dans les surprises de l'éloquence. C'est à la raison que s'adressaient
ses leçons, et l'impression en était d'autant plus vive que, sous la
simplicité de la parole, on sentait les plus libérales et les plus
fermes convictions.

» D'autres titres avaient signalé M. Cadet. Lettré délicat et sûr, il
avait obtenu à l'Académie française une mention honorable dans un
concours sur le *Lexique du style et de la langue de Corneille*. Cinq
ans après, en 1863, l'Académie des sciences morales et politiques
décernait la même récompense à son mémoire sur *les Devoirs* de
Cicéron et, en 1866, elle couronnait son travail sur Boisguilbert,
bientôt suivi d'une étude complète sur les *Précurseurs de l'économie politique*, Vauban, Turgot, Quesnay. Enfin, en 1874, pour la
seconde fois, l'Institut lui attribuait un prix pour son *Éloge de
Channing*.

» J'aime à rappeler ces succès, qui assurèrent tout d'abord à
M. Cadet, dans l'enseignement primaire, une grande autorité. Mais
ce que je dois surtout ajouter, c'est qu'arrivé à Paris, il re-
nonça modestement à toutes les espérances que lui donnait le
droit de concevoir un talent déjà si mûr, pour se consacrer, sans
réserve, à ses laborieuses fonctions. On ne sait pas toujours assez
ce que le service public impose de sacrifices à ceux qui s'y dé-
vouent. Ce n'est que dix ans plus tard, quand l'inspection générale
lui rendit un peu de loisirs, que M. Cadet trouva le temps nécessaire pour recueillir, dans des volumes justement appréciés, sur
Rollin, Pestalozzi, Mme de Maintenon, Port-Royal, le fruit de son
expérience pédagogique.

» En 1870, les écoles de Paris étaient en cours de réorganisation.
De nouveaux programmes avaient été établis. Il s'agissait d'en répandre l'esprit et de créer le personnel, qui faisait défaut, l'école normale n'existant pas encore. Ouvrier de la première heure, M. Cadet
a été l'un des plus vaillants promoteurs de la régénération scolaire
qui date de cette époque. La tâche était lourde pour tous. La circonscription de chaque inspecteur ne comprenait pas moins de trois
arrondissements. Dans chaque établissement, les classes, les dernières
surtout, étaient bondées d'élèves. M. Cadet s'y enfermait des journées
entières et dirigeait tous les exercices en commun avec les maîtres.
Observateur sagace et ingénieux, il excellait à inventer et à diver-
sifier les moyens d'action sur l'esprit des enfants. On retrouve ce
don du pédagogue dans les programmes qu'il a préparés pour les
écoles maternelles et que le Conseil supérieur de l'instruction publique a revêtus de son approbation. J'ai longtemps moi-même con-

servé comme des types à proposer en exemple certains de ses rapports sur les écoles de Vaugirard. Très clairvoyant, ne ménageant point les conseils, ni, lorsqu'il le fallait, les observations, M. Cadet était en même temps très bienveillant, très soucieux de l'intérêt des personnes et résolu à les défendre. Il était attaché à ses collaborateurs, et ses collaborateurs avaient pour lui une affection dont le souvenir subsiste encore. Il a toujours été trop dévoué à ses fonctions pour ne pas rendre partout d'importants services : je ne crois pas qu'il ait été jamais utile avec plus de bonheur. Il y eut là pour lui comme une période d'épanouissement. Il était naturellement réservé et semblait froid. Au fond, il n'était discret que pour lui-même : que de fois ne l'ai-je pas vu s'animer, avec une ténacité qui ne cédait qu'à des raisons décisives, lorsque l'intérêt d'une de ses écoles ou d'un de ses maîtres était en jeu!

» L'administration universitaire a récompensé en M. Cadet le fonctionnaire distingué, qu'elle a appelé, jeune encore, à l'inspection générale. L'Institut a honoré le savant et l'écrivain. C'est l'inspecteur primaire dont j'ai voulu faire revivre un instant l'image, en le montrant tel que je l'ai connu, profondément estimé et aimé[1].

» Agréez, etc.

» GRÉARD. »

Les extraits suivants sont empruntés au journal « *l'Instruction primaire* », qui venait d'insérer les deux premiers articles de M. Cadet sur *l'École au salon*, aux autres journaux d'enseignement et enfin à quelques lettres particulières.

« Nous venons de conduire à sa dernière demeure l'honorable inspecteur général dont nous annoncions dernièrement la mise à la retraite, M. Félix Cadet.

---

1. M. Cadet faisait partie de la commission des bibliothèques pédagogiques. Au début de la séance du 6 juillet 1888, M. Gréard, président, se fit l'interprète du sentiment général en rendant hommage à sa mémoire dans les termes suivants : « M. Félix Cadet était un des professeurs distingués qui, partis de l'enseignement secondaire, sont arrivés à l'inspection générale de l'enseignement primaire. Il avait apporté dans ces délicates fonctions son expérience des choses de l'éducation, un savoir étendu, la netteté d'un esprit aiguisé par la philosophie, et surtout la passion de l'enseignement populaire...

» C'était un savant et un écrivain de marque ; il laisse divers mémoires couronnés par l'Institut.

» Dans ses fonctions d'inspecteur général, il s'est montré jusqu'au dernier jour actif et généreux. On peut dire qu'il aimait mieux encore les écoles primaires que les écoles normales. Ses rapports se faisaient remarquer par la sûreté du jugement, par la justesse et la sobriété de la forme...

» Nous ne pouvons que déplorer la perte d'un homme qui a donné, sans compter, à la cause de l'enseignement le meilleur de son esprit et de son cœur. » (*Extrait du procès-verbal.*)

» Le temps nous manque pour rappeler aujourd'hui ce qu'a été et ce qu'a fait M. Cadet : nous ne faillirons pas à ce devoir. Mais, connaissant la vive et sincère affection que portait à notre ancien collègue et ami le personnel enseignant de France, instituteurs, inspecteurs primaires, directeurs et directrices d'écoles normales, nous ne voulons pas attendre pour annoncer à tous la douloureuse nouvelle...

» M. Cadet assistait, il y a quelques jours, dans notre école, à une séance littéraire et musicale donnée par nos élèves-maîtres : il était aussi vaillant de corps, aussi jeune d'esprit que lorsque nous inspections ensemble, il y a vingt ans bientôt, les écoles primaires de la ville de Paris.

» C'est une mort subite, d'ailleurs, qui a enlevé M. Cadet à l'affection des siens...

» L'assistance à son convoi était nombreuse et triste. Le deuil était conduit par ses gendres, M. Merchier, professeur au lycée de Lille, et M. le docteur Darin, et par son frère, M. Ernest Cadet, chef de bureau au ministère de l'instruction publique.

» M. Buisson, directeur de l'enseignement primaire, M. Boissier, membre de l'Institut et du Conseil supérieur de l'instruction publique ; les inspecteurs généraux, MM. Vapereau, Carré, Vessiot, Pécaut, Jacoulet, Liès-Bodart, Félix Hément ; les inspecteurs de Paris, MM. Berthon et Cuissart ; les chefs de bureau du ministère, MM. Roujon, Armagnac, Turlin, Debras, Petit, Ébrard, Caron, Gœpp, Bauchart, etc. ; les membres de la municipalité de Viroflay, où habitait M. Cadet depuis plusieurs années, avaient voulu, par leur présence, donner au fonctionnaire d'élite, à l'homme de bien que nous regrettons tous, un dernier hommage d'affection et d'estime, à sa famille en pleurs un suprême témoignage de respectueuse sympathie. » (A. Lenient, l'Instruction primaire, 8 juillet 1888.)

« ... Il était né à Paris le 24 décembre 1827. Brillant élève du lycée Saint-Louis, où il fut le condisciple de Challemel-Lacour, de Lambert Thiboust, de M. l'évêque Perraud (de l'Académie française), il obtint en 1847, au concours général, classe de philosophie, un premier accessit en dissertation latine et le premier accessit en histoire naturelle. Il débuta dans l'enseignement public l'année suivante, comme régent au collège de Bédarieux (Hérault). Licencié ès lettres la même année, il enseigna l'histoire successivement à Ajaccio et à Soissons. Reçu agrégé des classes supérieures, il abandonna l'histoire pour la philosophie, qu'il professa à Mâcon, Moulins, Alger et Reims.

» Pendant les vingt années de son professorat, il consacra ses loisirs à des publications qui lui valurent bientôt les suffrages de l'Institut. La première en date fut une édition des Lettres choisies de Sénèque, suivie peu après des Opuscules philosophiques de Pascal.

Un *Lexique du style et de la langue de Corneille* (1858) obtint de l'Académie française une mention honorable : c'était la « savante étude d'un esprit pénétrant », dit le rapporteur Villemain. Cinq ans plus tard (1863), l'Académie des sciences morales et politiques accorda à son tour une mention à un examen du *De Officiis* de Cicéron. Chargé à Reims du cours d'économie politique ouvert par la Société industrielle de cette ville, M. Cadet publia en 1866 un travail sur l'économiste Boisguilbert, qui fut couronné par l'Académie des sciences morales...

» Lorsque fut entreprise la grande œuvre de réorganisation de notre enseignement primaire, M. Félix Cadet en devint un des collaborateurs les plus dévoués. Appelé en 1870 aux fonctions d'inspecteur primaire à Paris, il fit, à l'usage des élèves des cours de l'Hôtel de Ville, une série de leçons de pédagogie dont la substance fut résumée par lui en un volume qu'on lira toujours avec fruit (*Lettres sur la pédagogie*, Ch. Delagrave, 1882). En 1852, M. Cadet fut nommé inspecteur général ; il continua à travailler, par d'utiles publications, à l'éducation de cette nouvelle génération d'instituteurs et d'institutrices dont la France avait besoin ; outre de nombreux articles dans les périodiques scolaires, on lui doit (en collaboration avec son gendre, M. le Dʳ E. Darin) quatre volumes de la *Bibliothèque pédagogique* publiée par la librairie Delagrave : *Rollin, Traité des études, directions pédagogiques* (1882) ; *Pestalozzi, Comment Gertrude instruit ses enfants* (1882) ; *Mᵐᵉ de Maintenon, Choix de lettres, entretiens et instructions* (1884) ; *L'éducation à Port-Royal* (1887) ; chacun de ces volumes est précédé d'une introduction remarquablement écrite.

» ... Sa mémoire vivra parmi ceux qui ont connu cet homme de bien, au caractère modeste et bienveillant, dont les talents ont été appréciés de ses pairs, de ses supérieurs et de ses élèves. » (*Revue pédagogique*, 15 juillet 1888.)

« ... M. Félix Cadet ne doit point disparaître sans recevoir ici quelques lignes de regrets. Professeur de philosophie au lycée de Reims, il fut, il y a vingt-cinq ou vingt-six ans, chargé du cours d'économie politique ouvert par la Société industrielle de cette ville et s'en acquitta avec une rare distinction. Ses leçons, publiées dans la Revue de la Société industrielle, sont au plus haut degré remarquables par la sûreté des doctrines comme par la clarté, l'élégance et la finesse de l'exposition. Un certain nombre d'entre elles, dans lesquelles M. Cadet avait cru devoir, après la discussion des idées, faire l'histoire des hommes, ont été publiées à part en un volume intitulé : *Les Précurseurs*. Vauban, Boisguilbert, Quesnay, Turgot sont les principales figures de cette galerie. J'ai dit autrefois, dans le *Journal des économistes*, tout le bien que je pense de cet ouvrage, l'un des plus remarquables sans contredit qui aient été publiés de nos jours, et que cependant, par je ne sais quelle modestie ou quel oubli de soi-même, l'auteur a, pour ainsi dire, laissé dans l'ombre. Il en a été presque de même de son *Histoire de Boisguilbert*... Absorbé, depuis qu'il avait été attaché au service de l'enseignement primaire, par ses fonctions, que jusqu'à ces derniers mois il avait remplies avec la plus scrupuleuse conscience, M. Cadet avait malheureusement été trop perdu de vue par la génération économique actuelle. Ce n'était pas, à ce qu'il m'a semblé, une raison suffisante pour faire le silence sur sa tombe. C'en était une, au contraire, pour rendre justice à ses travaux et pour rappeler à ceux qui n'y penseraient pas des sources d'études et d'informations qui restent parmi les plus pures et les plus précieuses. » (Frédéric PASSY[1], *Journal des économistes*, n° de juillet 1888.)

« ... L'oubli de soi-même ! Quel éloge qu'un tel reproche, et combien sont rares par tous les temps, et surtout dans le nôtre, ceux qui le méritent ! M. Cadet s'y est pourtant exposé encore, en laissant le silence se faire sur sa belle *Histoire de Boisguilbert*, que l'Institut avait couronnée, et dans laquelle, suivant l'expression de M. Wolowski, « l'économiste normand revit tout entier ».

« Peu après, l'Académie des sciences morales et politiques couronnait son *Mémoire sur Channing*, qu'il avait l'intention de compléter et de publier; le temps lui a fait défaut.

» ... Tout récemment encore, quelques mois avant sa retraite et sa mort, M. Félix Cadet nous donnait, sur *l'Éducation à Port-Royal*, un livre intéressant et solide, où le caractère, le mérite, la valeur des grands éducateurs de cette maison sont appréciés avec une remarquable sûreté de jugement.

» Esprit ferme et droit, épris du vrai, du bien, M. Félix Cadet n'écrit que pour être utile; mais à ces qualités solides, il joint des qualités aimables, le naturel, la finesse, qui rendent la lecture de ses ouvrages aussi agréable que profitable.

» Il aimait les arts, il les cultivait; hier encore, nous lisions de

---

1. En 1883, M. Frédéric Passy, qui venait de présider à Rouen le congrès de l'Association française pour l'avancement des sciences, écrivait à M. Félix Cadet : « Mon cher collègue, Bastiat, en envoyant à Coudroy son livre des *Harmonies*, lui écrivait : « Je ne te dirai pas que ce livre t'est offert *par l'auteur*, car il est autant à toi qu'à moi. » Je vous envoie mon discours de président à Rouen, en vous disant à mon tour que je ne puis vous l'offrir, mais seulement vous le rendre, car il est beaucoup plus à vous qu'à moi. A vrai dire, je n'ai fait que réduire aux dimensions d'une séance un peu longue ce que vous avez admirablement exposé en dix; et je sais que je vous dois tout ce qu'il y a d'intéressant dans ce travail, de même que je vous en dois la première idée. — Je serais heureux si le succès qu'il a eu pouvait contribuer à appeler l'attention sur votre livre, beaucoup trop négligé du public et de vous-même, et provoquer l'impression d'une édition complète de votre *Histoire de l'économie politique, Précurseurs et Vulgarisateurs*. Ce serait un vrai service rendu à la science. Personne n'a mieux fait que vous, ni aussi bien : vous savez que c'était l'avis de mon oncle, qui était sévère et compétent, et c'est le mien. »

lui, dans *l'Instruction primaire*, de charmants articles sur *l'École au salon.*

» Ce qu'il fut comme inspecteur, il ne nous appartient pas de le dire; mais, en affirmant qu'il porta, dans l'exercice de ces fonctions délicates, autant d'équité que de bienveillance, nous sommes sûrs de ne pas rencontrer de contradicteurs.

» Doux, bon, modeste jusqu'à l'effacement volontaire, il laisse un souvenir aimable à tous ceux qui l'ont connu. Quant à ceux qui tenaient à lui par les liens du sang, il leur laisse des regrets douloureux. La valeur réelle d'un homme se mesure à l'affection qu'il inspire, et nous avons pu voir à quel point M. Félix Cadet était aimé. » (A. VESSIOT, *l'Instituteur*, 20 Juillet 1888.)

« ... En philosophe et en économiste, M. Félix Cadet avait compris que l'œuvre importante entre toutes de notre époque était l'organisation de l'enseignement primaire sur de larges bases, en rapport avec les progrès du temps et les destinées de la démocratie. L'agrégé des classes supérieures descendit de sa chaire de philosophie pour s'associer, avec le titre modeste d'inspecteur primaire, à l'œuvre de M. Gréard, l'éminent initiateur de la réforme des écoles de la ville de Paris.

» M. Félix Cadet cachait une grande bienveillance sous des dehors très réservés; il exerçait une puissante action autour de lui; il savait attendre le résultat d'un essai, d'une expérience consciencieuse, pour marcher en avant : aussi n'avait-il jamais à revenir en arrière...

» ... La mission de l'inspecteur général, personne ne l'a mieux remplie que M. Félix Cadet. Il ne vivait que pour continuer l'œuvre à laquelle il s'était voué tout entier : une mise à la retraite imprévue semble avoir brisé son existence. Il est décédé à Viroflay, le 29 juin dernier, emportant avec lui les regrets de tous ceux qui l'ont connu, l'affectueuse estime de ses anciens collègues de l'inspection générale et de l'inspection primaire de la Seine, laissant l'exemple de la modestie associée à la supériorité des connaissances, de la discrétion et de la mesure en tout et pour tout. » (CHAUMEIL, *le Progrès de l'enseignement primaire*, 1er septembre 1888.)

« ... M. Cadet était un lettré, un savant, un économiste distingué, ce qui ne l'empêchait pas de connaître à fond les questions d'éducation et d'enseignement primaire. Ses *Lettres sur la pédagogie*, ses articles sur diverses questions spéciales se rapportant à l'éducation et aux écoles, sont justement appréciés. C'était un esprit fin, délicat, qui savait plaire et intéresser. Doué d'une physionomie douce et sympathique, M. Félix Cadet était encore modeste et bon. Il aimait à faire le bien. » (E. C., *l'Éducation nationale*, 8 juillet 1888.)

« ... Ce n'est pas seulement une intelligence d'élite qui vient de disparaître, un des hommes qui, par l'étendue et la supériorité de ses connaissances, faisait le plus grand honneur à l'enseignement primaire, c'est un cœur droit et généreux, un esprit honnête et sûr, modeste jusqu'à s'oublier soi-même, mais assez convaincu et assez ferme pour pouvoir aller, sans qu'il y parût et comme sans effort, jusqu'au bout de ses convictions; sachant aussi, — plusieurs peuvent en témoigner aussi bien que nous, — unir à des dehors un peu réservés toute la chaleur de l'amour du juste, du bon et du beau, lequel se traduit dans la pratique, quand on est un haut fonctionnaire, par une délicate bienveillance. De tels hommes sont rares dans tous les temps, et c'est avec respect, quand ils ont passé, qu'il faut s'arrêter pour saluer leur tombe. » (C. D., *Manuel général de l'instruction primaire*, 14 juillet 1888.)

« ... M. Cadet vivra longtemps dans le souvenir des institutrices par ses admirables *Lettres sur la pédagogie*, composées spécialement pour elles. L'auteur a mis dans cet ouvrage toute son âme, tout le dévouement et l'amour qu'il portait aux écoles primaires, le fruit de longues années d'expérience et d'observations. C'est sans contredit un des meilleurs traités de pédagogie que nous possédions, un de ces livres que les institutrices ne sauraient trop méditer et relire. On ne peut mieux l'apprécier qu'en lui appliquant cette définition de La Bruyère : « Quand une lecture vous élève l'esprit et qu'elle » vous inspire des sentiments nobles et courageux, ne cherchez pas » une autre règle pour juger de l'ouvrage; il est bon et fait de main » d'ouvrier. » (J. W., *l'Institutrice*, 15 juillet 1888.)

« ... J'étais bien sincèrement attaché à M. Cadet. J'avais eu le bonheur, en quelques rencontres dont je garderai toujours un précieux souvenir, d'éprouver son exquise, son infinie délicatesse d'esprit et de cœur. Votre perte est donc un peu la nôtre, comme elle sera celle de tous ceux qui ont connu M. Cadet, de tous ceux auxquels sa bonté si discrète et si charmante s'est intéressée dans sa longue et bienfaisante carrière... » (*Lettre d'un ancien inspecteur d'académie.*)

« ... Il m'avait marqué beaucoup de bienveillance, et c'était un des inspecteurs généraux de l'enseignement primaire que j'honorais le plus pour son savoir, sa compétence et sa bonté. » (*Un inspecteur d'académie.*)

« ... Il voulait bien m'honorer d'une bienveillance toute particulière... Ce coup imprévu atteint l'Université tout entière, qui perd un de ses membres les plus sympathiques et les plus distingués... » (*Un inspecteur primaire.*)

« ... J'ai appris avec une bien douloureuse émotion la mort de M. Cadet. En maintes circonstances, j'ai été personnellement à même d'apprécier son extrême et délicate bonté et l'élévation de son esprit et de son caractère... » (*Un directeur d'école normale.*)

« ... Nous avons eu le bonheur de recevoir trois fois sa visite, et, chaque fois, il avait été si bon et si bienveillant que nous l'attendions avec confiance... Il s'intéressait à chacune de nous et il nous laissait encouragées et pleines d'ardeur pour mettre en pratique ses précieux conseils... Dans notre école, on bénit sa mémoire, on garde le souvenir de sa bonté, on s'associe au deuil de sa famille et de ses amis, aux regrets du personnel de toutes les écoles normales qu'il a eu l'occasion de visiter. » (*Une directrice d'école normale.*)

« ... J'aimais et j'admirais celui que vous pleurez. Il avait su m'attacher à lui par sa rare délicatesse, par sa droiture encore plus rare, par la générosité de sa nature et l'élévation de son caractère. C'est grâce à ses conseils que j'ai pu faire quelque bien, et, tant que je vivrai, il me sera doux de me ressouvenir qu'il s'est intéressé à moi et qu'il m'a donné des marques de sa confiance et aussi de ses sympathies... Il était assurément au milieu des siens ce qu'il était dans sa famille universitaire, c'est-à-dire le type personnifié de la bonté...» (*Un directeur d'école normale.*)

La bonté, c'est le mot qui vient naturellement sur les lèvres dès que l'on parle de M. Félix Cadet. Un autre trait caractéristique, et qui révélait l'éducateur, c'était son amour pour les enfants. Il savait si bien se mettre à leur portée, leur parler leur langage, les intéresser et les amuser! Il avait tant de plaisir à prendre part à leurs jeux, il y apportait tant de gaieté, d'entrain, de jeunesse! Aussi, de leur côté, les enfants l'adoraient.

Est-il besoin d'ajouter aux témoignages de ses collaborateurs celui de sa famille? Disons seulement que sa grande réserve et sa grande modestie voilaient peut-être un peu, aux yeux du monde, ce qu'il y avait en lui de charme réel et de séduction. C'était surtout dans l'intimité de sa petite maison de Viroflay, où sa vie s'écoulait paisiblement entre ses fleurs et ses livres, entre l'étude et le jardinage, que se déployaient à l'aise toutes les qualités charmantes de son esprit et de son cœur : sa sollicitude vraiment paternelle, sa douce autorité, sa sagesse aimable et souriante, jointe à la conscience la plus droite, à la délicatesse la plus exquise, sa bonne grâce et sa bonne humeur, son goût éclairé pour les arts, son amour de la vérité et de la justice, sa passion du bien. Aussi, quel vide aujourd'hui à ce foyer dont il était la joie et l'honneur, où l'entourait tant d'affection, d'estime et de respect! En s'en allant, il a véritablement emporté une part de notre vie.

Comment son souvenir ne resterait-il pas toujours présent, toujours cher et sacré à ceux qui l'ont aimé?

Dr E. 

TABLE DES MATIÈRES

PREMIÈRE PARTIE

LÉGISLATION ET ADMINISTRATION

DEUXIÈME PARTIE

ÉDUCATION ET ENSEIGNEMENT

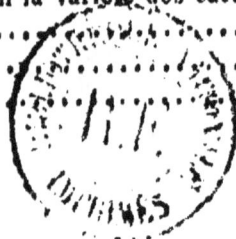

TROISIÈME PARTIE

FRAGMENTS D'HISTOIRE DE LA PÉDAGOGIE

APPENDICE

www.ingramcontent.com/pod-product-compliance
Lightning Source LLC
Chambersburg PA
CBHW050452270326
41927CB00009B/1707

9 782012 673878